سؤال النهضة

والحاجة إلى منظور السُّننية الشاملة

كلية الدراسات الإسلامية
جامعة حمد بن خليفة

سؤال النهضة

والحاجة إلى منظور السُّننية الشاملة

د. الطيب برغوث

دار جامعة حمد بن خليفة للنشر
HAMAD BIN KHALIFA UNIVERSITY PRESS

دار جامعة حمد بن خليفة للنشر
صندوق بريد 5825
الدوحة، دولة قطر

www.hbkupress.com

الطبعة العربية الأولى عام 2021

الترقيم الدولي: 9789927141980

تمت الطباعة في الدوحة-قطر.

مكتبة قطر الوطنية بيانات الفهرسة – أثناء – النشر (فان)

برغوث، الطيب، 1951- مؤلف.

سؤال النهضة والحاجة إلى منظور السننية الشاملة / د. الطيب برغوث. - الطبعة العربية الأولى. - الدوحة، دولة قطر : دار جامعة حمد بن خليفة للنشر، 2021.

صفحة ؛ سم

تدمك 978-992-714-198-0

أعلى صفحة العنوان: كلية الدراسات الإسلامية، جامعة حمد بن خليفة.

يتضمن مراجع ببليوجرافية (صفحات 307-315).

1. الإسلام -- القرن 20. 2. الحضارة الإسلامية. 3. التجديد الإسلامي. 4. الحداثة الإسلامية. 5. الإسلام والسياسة. أ. جامعة حمد بن خليفة. كلية الدراسات الإسلامية. ب. العنوان.

BP163 .B3745 2021

297.0904– dc23

202128316496

إهداء

إلى كل من يريد أن يكون من القادة العظام الذين يساهمون في تحقيق النهضة الحضارية لمجتمعاتهم، ويمكِّنونها من أداء دورها في محيطها وفي العالم، وتبوُّء المكانة اللائقة بها فيهما، وتحصين نفسها من عوامل الضعف والتخلُّف والغثائية الحضارية المهينة، أهدي هذا الكتاب.

إلى كل شباب الأمة الذين يبحثون عن الطريق الصحيح نحو العظمة والمجد والخلود، ونيل المقامات الأخروية الكريمة العالية، أهدي هذا الكتاب الذي يتحدث عن «منظور السننية الشاملة»، باعتباره خريطة طريق النهضة الحضارية الإنسانية المتوازنة، ودليل القادة العظام الذين يريدون أن يكون لهم لسان صِدق في الآخرين، وأن يُحشروا مع النبيين والصديقين والشهداء والصالحين وحسن أولئك رفيقًا.

إلى هؤلاء الذين يريدون أن يكونوا من المتميزين المحظوظين في مجتمعاتهم وفي العالم، أقدم مشروع «منظور السننية الشاملة» الذي به يحققون تميزهم، وينالون حظوظهم من العظمة والمجد والخلود، ومن المقامات الأخروية الكريمة الرفيعة.

إلى كل أجيال الأمة التي تريد أن تنال شرف إعادة بعث وبناء خير أمة أُخرجت للناس، لتكون رحمة للعالمين في العاجلة والآجلة، أهدي هذا المشروع الذي يحقق لهم ذلك كله، بإذن الله تعالى وتوفيقه.

إلى كل هؤلاء التوَّاقين الذين يريدون بناء شخصياتهم بناءً متوازنًا، ويعدون أنفسهم للانخراط في قوافل الرساليين العظماء، البُناة لعَمَد وعظمة وعزة مجتمعاتهم وأممهم، والمعزِّزين للرحمة الكونية في عالمهم، أهدي هذا الكتاب.

إلى كل من يدرك أهمية وقيمة مشروع «منظور السننية الشاملة»، ويسعى بجدية إلى المساهمة في نشر الوعي به في المجتمع والأمة والعالم، وتمكين الناس من الاستفادة منه، أهدي هذا الكتاب.

محبكم

الطيب برغوث

المحتويات

تصدير الكتاب

إن صدور كتاب من مؤلف في قامة الدكتور الطيب برغوث لهو فاتحة لنقاش علمي يؤسس لزوايا جديدة للنظر والبحث، ويرفد الحركة العلمية بمصطلحات جديدة تزيد من معرفتنا بآفاق الأنفس وسنن العمران. ولما كان هذا الكتاب يُعنَى بسؤال النهضة، فإنه قد دخل في تلافيف قول شائك ومعقد، وقليل من الباحثين استطاع أن يملك ناصية القول فيه، ذلك لأن الحِجاج أو الكتابة فيه تبدو لأول الأمر سهلة وميسورة، ولكن بالطبع ليست كذلك إلا لمن خبر دروبها وأمعن النظر في السؤال بجد واجتهاد. ويمكننا القول: إنه تستوي رغبة العامي والريِّض والحاذق في الخوض في سؤال النهضة، ولكل من هؤلاء قول حول: لماذا تقدم غيرنا وتأخرنا عن ركب الحضارة، وبتنوع أدوات النشر المعاصرة ومشاعية امتلاكها وسرعة انتشارها، تجد لكل من المستويات سابقة الذكر فنونًا من القول تنتج أفكارًا ميتة فاقدة للفاعلية في موضوع النهضة إلا الحاذق الذي ينير الطريق ببيانه الناصع ليزيح عنا الأخيلة المريضة، وينتهض لإثارة الأسئلة القوية المتفرعة عن سؤال النهضة. وهذا على وجه الدقة ما قام به صاحب كتاب «سؤال النهضة والحاجة إلى منظور السننية الشاملة».

لا أشك أن صاحب هذا الكتاب رجل محقق في مجاله، ولن نجافي الصدق إن قلنا إن نسبه في تاريخ الأفكار يتصل بابن خلدون في المقدمة، ومالك بن نبي في كتابه شروط النهضة، فلئن بَيَّن ابن خلدون أن الطرطوشي قد حوَّم حول الغرض ولم يصبه، وجاء هو بعلم مبتكر هو علم العمران، والذي يبين لنا السنن التي تحكم الاجتماع البشري، وتنتقل من المستوى الظاهري الذي يعالجه المؤرخون إلى الباطن الذي هو موضوع علمه الجديد، فإنه كذلك قد جعل وحدة التحليل التي يتحرك من خلالها هي الدول. فلذلك كانت عنايته بقيام الدول وازدهارها وسقوطها. لكن مالك بن نبي رأى أن يوسع من زاوية النظر لتنتقل من وحدة تحليل الدول إلى مستوى أرحب وهو الحضارة، فكانت الدورة الحضارية هي

مجال نظره الجديد وعلمه المبتكر لكنه كذلك في آخر ما كتب فطن إلى وحدة الحضارة الإنسانية، ولا حاجة لنا من شأن إعلاء الدورة الحضارية وعبثية قيامها وازدهارها وسقوطها. وإنما عالمية الحضارة الإنسانية تقتضي نظرًا أخلاقيًّا روحيًّا يسعى لرد القداسة إلى تلك الحضارة، ومن هنا تأتي أهمية هذا السِّفر الذي نقدمه للقارئ، إذ إنه يوسع من زاوية النظر ليدلنا على منظور السننية الشاملة، والذي يعد فتحًا جديدًا في مجاله وعلمًا مبتكرًا في مجال فهم الحضارة الإنسانية.

فصاحب هذا الكتاب ملء السمع والبصر لا يحتاج منَّا لكثير تعريف، ولكن لما اقتضت الأعراف في تقديم الكتب التنبيه على خلفية صاحبها، نقول: إنه قد جمع في تأهيله العلمي بين العلوم الشرعية من مظانها أول عهده بالتعليم ثم خبِر العلوم المعاصرة مثل علم الاجتماع من مظانه كذلك، فتكاملت في تكوينه العلمي والمهني هذه المعرفة الدقيقة بعلوم العصر، والتراث الإسلامي، فلا غرو أن يكون أفضلَ مَن كَتَب من هذا المنظور السنني التكاملي، وكذلك فإن صلته بمالك بن نبي قديمة، حيث إن أول عمل علمي أنجزه عام 1981 كان بعنوان: «نظرية مالك بن نبي في الثقافة». وفوق هذا وذاك، فقد جمعَ بين العلم والعمل، فصِلَتُه بحركة البناء الحضاري الإسلامي جعلته يُسهم في تكوين المؤسسات العلمية والدعوية في الجزائر والنرويج. وهذه الحصيلة العلمية في سيرته التي أنتج فيها أكثر من أربعين كتابًا في موضوعات تدور حول الإصلاح والتغيير والتجديد، وتطوير مفاهيم علمية وبناء نظرية في مجال الفعالية الحضارية من منظور إسلامي سنني إنساني كوني متكامل يبني خطًّا ناظمًا بين بدايات علم العمران عند ابن خلدون، والدراسات الحضارية عند مالك بن نبي، ليصل إلى نهاياته المنطقية على يد صاحب هذا السفر القيم.

لهذا الكتاب قصة ارتبطت بالدكتور بدران بن لحسن، فهو الذي نظَّم أهم مؤتمر عُقِدَ عن مالك بن نبي تحت عنوان: «أسئلة النهضة في الذكرى السبعين لكتاب شروط النهضة» عام 2019. وقد حضر هذا المؤتمر وشارك فيه أهل الفكر والنظر والسياسة، وكل من له صلة بمالك بن نبي. بالإضافة إلى أساتذة الجامعات من كل أنحاء العالم. وازدانت الجلسة الافتتاحية بحضور سمو الشيخة موزا بنت ناصر، ولفيف من المفكرين وقادة الرأي بدولة قطر. وقدَّم الدكتور الطيب برغوث ورقة علمية مفتاحية نالت استحسان الجميع، ومن ثم

طلب منه الدكتور بدران بن لحسن تطويرها لتكون كتابًا تقوم كلية الدراسات الإسلامية بجامعة حمد بن خليفة بنشره، وقد بذل كل من الدكتور بدران بن لحسن والدكتور حسام الدين خليل جهدًا مقدرًا في متابعة هذا الكتاب حتى وصل إلى صورته النهائية، ولا تملك الكلية إلا أن تتقدم بوافر الشكر والامتنان لجهديهما المقدرين في إنجاز هذا العمل العلمي الرائد، والله ولي التوفيق.

كلية الدراسات الإسلامية
جامعة حمد بن خليفة

مقدمة

النهضة الحضارية الحقيقية هي الحركة التنموية الشاملة المتوازنة، التي تتكامل فيها المصالح الدنيوية مع المصالح الأخروية باستمرار، وأي اختلال في العلاقة العضوية بينهما، ينعكس مباشرة على توازنها وعمقها الإنساني والروحي والأخلاقي والاجتماعي، الذي هو روحها وجوهرها ومركز القوة فيها.

والذين يظنون أن هناك انفصالًا في الحركة الحضارية بين البُعدين الدنيوي والأخروي، أو يمكن الفصل بينهما بدون تأثر أي منهما سلبًا، واهمون، بل وجهلة بمنطق الحياة وصيروراتها الحضارية، لأن الوعي الدنيوي والنجاح الدنيوي، بدون الوعي الأخروي والنجاح الأخروي، لا يمكن أن يتحققا على الوجه الصحيح، والعكس صحيح كذلك.

فإن النجاح الأخروي لا يمكنه أن يتحقق إلا عبر نجاح دنيوي مستحق. فالدنيا هي معبر الآخرة أو مزرعة الآخرة كما يُقال. والنجاح الدنيوي، أو ما يُتصوَّر أنه نجاح دنيوي، بعيدًا عن الوعي الأخروي الخادم للمصير الأخروي للإنسان، يقود إلى الترفيَّة المنهكة، والغطرسة المهلكة للحضارات الإنسانية بشكل مطَّرد. كما أن الوعي الأخروي، أو ما يُزعَم بأنه وعي أخروي، الذي لا سلطان له على حركة الحياة، أو لا يخدم الحياة الدنيوية ولا يحافظ على توازنها ولا يرقِّيها، يقود إلى الإضرار بالحياتين الدنيوية والأخروية معًا، وهذا هو الخسران المبين.

والإستراتيجية الصحيحة للحياة، هي الجمع التكاملي بين البعدين الدنيوي والأخروي معًا في وحدة عضوية لا ينفك بعضها عن بعض بأي حال من الأحوال، وجعل كل منهما في خدمة الآخر، لأن أي انفكاك بينهما يؤثر سلبًا عليهما معًا بعمق وشدة.

وهذا ما جاء التأكيد على ضرورته في القرآن الكريم، وبناء الحياة كلها على ضوئه، كما يتضح ذلك في مثل قوله تعالى: ﴿وَٱبۡتَغِ فِيمَآ ءَاتَىٰكَ ٱللَّهُ ٱلدَّارَ ٱلۡأٓخِرَةَۖ وَلَا تَنسَ نَصِيبَكَ

مِنَ ٱلدُّنْيَا ۖ وَأَحْسِن كَمَآ أَحْسَنَ ٱللَّهُ إِلَيْكَ ۖ وَلَا تَبْغِ ٱلْفَسَادَ فِى ٱلْأَرْضِ ۖ إِنَّ ٱللَّهَ لَا يُحِبُّ ٱلْمُفْسِدِينَ﴾ [القصص: 77].

ولم تتخلَّف السنة النبوية عن التأكيد على هذه الإستراتيجية العضوية المندمجة أيضًا، كما نرى ذلك في مثل قول الرسول عليه الصلاة والسلام: «**من كانت الآخرة همَّه جعل الله غناه في قلبه، وجمع له شمله، وأتته الدنيا وهي راغمة، ومن كانت الدنيا همَّه، جعل الله فقره بين عينيه، وفرَّق عليه شمله، ولم يأته من الدنيا إلا ما قُدِّر له**» (صحيح الترمذي، رقم 2465).

فالحضارات بما هي مستويات متقدمة من القدرة المتجددة على تلبية المتطلبات الضرورية والحاجية والتحسينية للمجتمع بشكل متزايد من ناحية، وعلى حماية المنجزات الحضارية المختلفة لهذا المجتمع من ناحية ثانية، وعلى تحقيق الإشعاعية أو التكاملية الحضارية الجوارية أو العالمية من ناحية ثالثة، وعلى ضمان المواكبة الاستباقية أو المرافقة لحركة المداولة الحضارية العالمية من ناحية رابعة، وعلى تمكين كل فرد في المجتمع من شروط تحضير حياته الأخروية من ناحية خامسة؛ هذه الحضارات، بهذا المعنى وهذا المضمون والوظيفة والدور، هي التي توفر للأفراد والمجتمعات الشروط الموضوعية التي ترتقي بإنسانيتهم وعطاءاتهم الدنيوية وأشواقهم الأخروية، إلى أعلى مستويات كمالها وخيريتها وبركتها، فإذا ما فقد مجتمع ما حضارته أو عجز عن استئنافها، فقدَ الشرط الأساسي لكرامته الإنسانية، واضطره منطق سنن المدافعة والمداولة الحضارية المهيمن على الوجود الحضاري البشري، إلى التقهقر إلى الدركات السفلى من الضعف والهامشية والغثائية والتعاسة والمهانة الحضارية.

من هنا، شكَّل بناء وتجديد الوعي الحضاري، الهمَّ والاهتمام المركزي في الفكر والخبرة والجهد البشري عبر الأجيال، وسيظل كذلك، حتى إن تجزَّأ وتنافر هذا الوعي في أحيان كثيرة، ولم يتوزَّع بشكل متوازن على كل الساحات أو المنظومات الكونية الكبرى، التي أودع الله فيها بتوازن محكم، كل سنن وشروط وإمكانات الوعي والخبرة والفعالية الحضارية.

فكل أو جُل ما أنتجه العقل والجهد البشريان من معارف وعلوم وخبرات متنوعة، وما راكماه من تجارب ثقافية وحضارية ضخمة، يتمحور بشكل مباشر أو غير مباشر حول بناء

الوعي الحضاري، وامتلاك شروط النهضة الحضارية، على الرغم من تباين الرؤى لمفهوم الوعي الحضاري والنهضة الحضارية من ثقافة إلى أخرى، ومن مجتمع إلى آخر، بسبب تباين المنظورات الكونية المؤثرة على الفكر والحركة البشريين باستمرار، سواء من حيث سننية هذه المنظورات أو لا سننيتها، أو من حيث شموليتها أو جزئيتها، أو من حيث تكامليتها أو تنافريتها، أو من حيث معاصرتها ووفائها بحاجيات الناس أو تخلفها عن عصرها وعدم قدرتها على الوفاء بهذه الحاجيات.

فالمنظورات الحضارية بما هي رؤى شاملة لله والكون والحياة والإنسان والسنن الفاعلة في حركة التاريخ، هي الموجهات الرئيسية للوعي الحضاري والحركة الحضارية معًا، سواء بطريق مباشر أو غير مباشر، إذ ليس هناك من البشر من لا يملك منظورًا كونيًّا جزئيًّا أو كليًّا، صحيحًا أو مضطربًا، من أقصى المؤمنين إلى أقصى الملحدين وما بينهما، فالكل يصدرون في مواقفهم عن منظورات كونية معينة.

هنا تكمن المعضلة الأولى أو الأُم في الفكر والوعي والخبرة البشرية، وهي **معضلة المنظور الكوني**: هل هذا المنظور سنني شامل للوعي بكل أبعاد إستراتيجية الاستخلاف البشري في الأرض أولًا، وللوعي بمعطيات «ميزانية التسخير الكونية» التي وضعت بين يدي الإنسان لإنجاز خلافته في الأرض بشكل صحيح ثانيًا، أم أن هذا المنظور جزئي منقوص الوعي بأبعاد إستراتيجية الاستخلاف في الأرض من ناحية، ومنقوص الوعي كذلك بمعطيات «ميزانية التسخير الكونية» من ناحية أخرى؟

والمعضلة الثانية المتولدة عن المعضلة السابقة، هي معضلة انفصال حركة الحياة عن مؤطراتها المرجعية السننية الكلية القطبية، وتجزُّئها وتنافرها مع مرور الوقت، وتحوُّل هذه الجزئيات إلى مؤطرات مرجعية كلية جديدة، منقطعة جزئيًّا عن جذورها المرجعية السننية القطبية أو المركزية الثابتة، ثم تنبثق عن هذه الجزئيات الكلية الجديدة المنقطعة عن أصولها ومؤطراتها المرجعية الأُم، جزئيات أخرى جديدة، ما تلبث أن تنفصل بدورها عن سابقتها، وتتحول إلى مؤطرات مرجعية كلية مستقلة...

وهكذا دواليك، تتسع الهوة بين المؤطرات المرجعية السننية الأُم، وسلسلة المؤطرات المرجعية الجزئية المتوالدة عبر المراحل التاريخية والأجيال المتعاقبة، ويغرق الأفراد

والمؤسسات والمجتمعات في تداعيات هذه المنظورات الجزئية المتوالدة مع مرور الزمن، وينفصل تفكيرهم وسلوكهم وعملهم عن المؤطرات المرجعية السننية الكلية الحقيقية، وتسترسل منظوراتهم الكونية في التجزيئية المتنافرة اللانهائية، ويتعمق الاختلاف والتباين والصراع والاهتلاك الذاتي والاجتماعي والحضاري في حياة الفرد الواحد، ومسيرة المؤسسة الواحدة، وحركة المجتمع الواحد، وفيما بين الأفراد والمؤسسات والمجتمعات! وهو ما يفقد الكثير من هذه الجهود شروط تكامليتها وانسجاميتها وتوازنيتها وفعاليتها البنائية في نهاية المطاف.

إن المجتمعات التي تنفصل جزئيًّا أو كليًّا عن بؤرة أو جذر المنظور السنني الكوني المرجعي المؤطر لحركة الحياة البشرية، تُصاب بالتيهان وفقدان الوزن الحضاري الإنساني، مثلها تمامًا مثل أي مفردة كونية تخرج عن مجال جاذبيتها الوظيفية، فتتيه في الفضاء أو تتبخر فيه.

وفي القرآن الكريم إشارات، كثيرة وبليغة ومؤثرة، إلى خطورة انفصال حركة الحياة عن بؤرة وجذر الدائرة المركزية الأُم في منظور السننية الشاملة، وما يترتب على ذلك من ارتباك وتيه وتنافرية واهتلاكية وضنكية حضارية منهكة، نذكر منها على سبيل المثال قوله تعالى: ﴿وَمَن يُشْرِكْ بِٱللَّهِ فَكَأَنَّمَا خَرَّ مِنَ ٱلسَّمَآءِ فَتَخْطَفُهُ ٱلطَّيْرُ أَوْ تَهْوِى بِهِ ٱلرِّيحُ فِى مَكَانٍ سَحِيقٍ﴾ [الحج: 31].

فالحياة البشرية، فردية كانت أم جماعية، لها بؤرة ارتكاز وتوازن محورية، تنشدُّ وتنجذب إليها حركة الأفراد والمجتمعات والحضارات باستمرار، حتى تحافظ على ذاتيتها وتوازنها وقوتها وفعاليتها الإيجابية، فإذا وهنت صلتها بهذه البؤرة المحورية أو انفصلت عنها، أثَّر ذلك سلبًا على عمق هويتها وتوازنها وقوتها وفعاليتها، وأصبح هؤلاء الأفراد وهذه المجتمعات، كريشة في مهب الرياح والعواصف الثقافية والحضارية المتدافعة، تقذف بها يمنة ويسرة، لأنها أصبحت بلا وزن ولا قيمة أو كرامة.

ومن أجل المحافظة على ديمومة العلاقة الصحيحة القوية، ببؤرة وجذر الدائرة السننية المركزية الأم للمنظور الكوني المرجعي السنني المؤطر للحياة البشرية، والواقي لها من الارتباك والتيه والتنافرية واختلال التوازن وانعدام الوزن الإنساني، جاءت ضرورة العناية بالدورات التجديدية الكبرى، كآلية سننية مركزية حاسمة لإرجاع الأمور إلى نصابها، ووصل

كل المنظورات المرجعية الجزئية بجذرها المركزي، وهو **منظور السننية الشاملة**، وتخليص كل منها من مفرزات الاستجابات العرفية الزمنية التي لم تعد مجدية، أو ثبت خطؤها، واستحداث استجابات عرفية جديدة، أكثر انسجامًا وتناغمًا مع معطيات الدائرة المركزية الأُم، في منظور السننية الشاملة.

وهذا ما يؤكد عليه حديث التجديد، الذي جاء فيه قول رسول الله عليه الصلاة والسلام: «**إن الله يبعث لهذه الأمة على رأس كل مائة سنة من يُجدِّد لها دينها**» (سنن أبي داود، رقم 4291). وهو حديث يندرج في سياق القانون المحوري للتغيير والإصلاح الحضاري المتضمن في قوله تعالى: ﴿إِنَّ ٱللَّهَ لَا يُغَيِّرُ مَا بِقَوْمٍ حَتَّىٰ يُغَيِّرُواْ مَا بِأَنفُسِهِمْۗ وَإِذَآ أَرَادَ ٱللَّهُ بِقَوْمٍ سُوٓءًا فَلَا مَرَدَّ لَهُۥۚ وَمَا لَهُم مِّن دُونِهِۦ مِن وَالٍ﴾ [الرعد: 11].

وخص الدين هنا، أي الإسلام تحديدًا، باعتباره خلاصة الوحي الرسالي للبشر، لأنه هو الذي يحيل على كل أبعاد منظور السننية الشاملة، ويُخرج الوعي والاهتمام البشريين من القطبية أو المحورية الجزئية المتنافرة، إلى القطبية والمحورية السننية الكلية المتكاملة، التي تُوزِّع الوعي والاهتمام والحركة الإنسانية على كل الساحات السننية المرجعية التي تتوزَّع عليها أو فيها سنن وإمكانات الفهم والوعي وإدارة الحياة.

كما تُوزِّع هذه القطبية السننية الكلية المتكاملة، الاهتمامَ والحركةَ معًا، على تنمية كل أبعاد الشخصية الإنسانية، وتلبية احتياجاتها جميعًا من ناحية، وتنمية كل أبعاد الحركة الثقافية والاجتماعية والحضارية، وتلبية احتياجاتها اللازمة من ناحية أخرى.

هذا هو محور اهتمام هذه الدراسة، التي وإن كانت تتحدث عن أطروحة «شروط النهضة» لمالك بن نبي، بمناسبة الذكرى السبعين لصدور كتاب **شروط النهضة** المرجعي المهم، إلا إن أفقَها وهدفها وطموحها المحوري، لا يقف عند محصلة هذه الأطروحة المهمة في فقه النهضة الحضارية، بل يبني على ما هو سنني فيها، ويمضي إلى ما كانت تستهدفه أطروحتا «المقدمة» و«شروط النهضة»، وغيرهما من قبل ومن بعد، بل وإلى أبعد من ذلك، وهو محاولة الإمساك بمفاصل مضغة أو بؤرة الخريطة السننية الكلية لفقه النهضة الحضارية، كما رسمت معالِمَها حركة الوحي من ناحية، وأكدت ذلك حركة الخبرة الحضارية البشرية من ناحية أخرى.

تحاول هذه الدراسة رسم خريطة كلية عن منظور السننية الشاملة، كأفق ومصب وشرط محوري لأي نهضة حضارية إنسانية متوازنة، تتكامل فيها الأبعاد الإنسانية والروحية والأخلاقية والاجتماعية، وترتقي إلى أعلى مستويات فعاليتها وجماليتها وخيريتها وبركتها.

فمنظور السننية الشاملة هو الطريق الصحيح الآمن، نحو النهضة الحضارية الإنسانية المتوازنة من ناحية، ونحو الحياة الأخروية المأمولة من ناحية أخرى. وهذا ما نبَّه إليه القرآن الكريم في مثل قوله تعالى: ﴿وَأَنَّ هَٰذَا صِرَٰطِي مُسْتَقِيمًا فَٱتَّبِعُوهُ ۖ وَلَا تَتَّبِعُوا۟ ٱلسُّبُلَ فَتَفَرَّقَ بِكُمْ عَن سَبِيلِهِۦ ۚ ذَٰلِكُمْ وَصَّىٰكُم بِهِۦ لَعَلَّكُمْ تَتَّقُونَ﴾ [الأنعام: 153].

وهذا المنظور هو ما تحركت في إطاره أطروحتا «المقدمة» لابن خلدون، و«شروط النهضة» لمالك بن نبي، وغيرهما من المحاولات الفكرية والمشاريع الإصلاحية الجزئية هنا وهناك، وما ينبغي، بل يجب، أن تتحرك في إطاره ونحوه، كل المحاولات والمشاريع الفكرية والإصلاحية على مستوى المجتمعات الإسلامية والإنسانية مستقبلًا.

وبما أن محتوى هذه الدراسة يدور كله حول مشكلة النهضة الحضارية، والشروط التي يجب أن تتوفر لأي مجتمع لكي ينجز نهضته الحضارية المتوازنة، ويستمتع ببركاتها، فقد سمَّيت الكتاب «**سؤال النهضة والحاجة إلى منظور السننية الشاملة**»، اقتناعًا مني بأن هذا المنظور هو الجواب الأشمل على أسئلة النهضة الكبرى التي شغلت وتشغل، وستظل تشغل، الفكر الإسلامي خاصة، والإنساني بشكل مستمر.

وأود في النهاية أن أشكر الأخوين العزيزين: الدكتور **عماد الدين شاهين** عميد كلية الدراسات الإسلامية بجامعة حمد بن خليفة بقطر، والدكتور **بدران بن الحسن**، اللذين كان لهما فضل في كتابتي لهذا الكتاب، من خلال حرصهما على مشاركتي في الملتقى الدولي الذي عقدته الكلية حول **أسئلة النهضة في الذكرى السبعين لكتاب «شروط النهضة»** لمالك بن نبي رحمه الله.

أشكر إخواني في كلية الدراسات الإسلامية بجامعة حمد بن خليفة، الذين حرصوا بدورهم على طباعة هذا الكتاب، وفي مقدمتهم الدكتور حسام الدين والدكتور بدران اللذان ضغطا عليَّ ولاحقاني حتى أتممت تحريره، فبارك الله فيهم جميعًا وأجزل لهم الثواب.

وعلى الرغم مما بذلته من جهد في محاولة الارتقاء بهذا الكتاب إلى المستوى المرضي لي شخصيًّا، فإن الوقت لم يسعفني في تضمينه أفكارًا أخرى عديدة، كنت أود تناولها فيه، وهو ما أدعو الله تعالى أن يوفقني إليه مستقبلًا، حتى أحقق بذلك بعض طموحي، من تناول هذا الموضوع المهم، وهو التأكيد على الأهمية الحيوية البالغة لتعميق الوعي بالحاجة الملحة جدًّا إلى **منظور السننية الشاملة** في حياة الأفراد وحركة المجتمعات، وكونه المدخل الأكثر أصالة وفعالية وأمانًا، لكل من يريد من الأفراد أن يحقق التوازن والانسجام والتكامل والخيرية العالية في شخصيته، ولكل من يريد من المجتمعات أن يحقق نهضته الحضارية الإنسانية المتوازنة، ويستمتع بخيريتها وبركاتها الدنيوية والأخروية.

والله ولي التوفيق.

تروندهايم

الأحد 14 رمضان 1440هـ/ 19 مايو 2019م

الدكتور الطيب برغوث

الباب الأول

أسئلة النهضة وأطروحة «شروط النهضة»

باعتبار النهضة الحضارية هي قدر كل المجتمعات البشرية، لتلبية ضروريات وحاجيات وتحسينيات حياتها من ناحية، ومواجهة مضاعفات التحديات التي تفرضها عليها حركة المدافعة والمداولة الحضارية بشكل مستمر من ناحية ثانية، والمحافظة على أمنها ووجودها وفعاليتها الحضارية في الساحة العالمية من ناحية ثالثة، فإن كل هذه المجتمعات الإنسانية تسعى جاهدة من أجل تحقيق نهضتها الحضارية.

والمجتمعات الإسلامية المعاصرة، منذ ما يزيد على قرنين من الزمن، تسعى جاهدة من أجل تحقيق نهضتها الحضارية، ومبارحة مرحلة الضعف والغثائية والتبعية الحضارية التي تنهك قواها، وتستنزف طاقاتها، وتهين كرامتها الإنسانية، وتعطل دورها الحضاري المحوري المتميز في العالم، كما ترسم معالمه هذه الآية الكريمة: ﴿وَكَذَٰلِكَ جَعَلْنَٰكُمْ أُمَّةً وَسَطًا لِّتَكُونُواْ شُهَدَآءَ عَلَى ٱلنَّاسِ وَيَكُونَ ٱلرَّسُولُ عَلَيْكُمْ شَهِيدًاۗ﴾ [البقرة: 143].

وفي سياق البحث عن شروط النهضة الحضارية للمجتمعات الإسلامية المعاصرة، قامت جهود كثيرة من أجل التنمية والتحديث، وظهرت أعمال فكرية كثيرة من أجل التشخيص والتقييم والتقويم، وطرح الخطوط العريضة للخيارات المتاحة والشروط المطلوبة، التي تحركت على ثلاثة محاور رئيسية، وهي:

1. محور الإصلاحية أو الأصالية، الذي انجذب في عمومه كثيرًا نحو سلطة التراث والتاريخ، ورأى فيها الخيار الأساسي لاستعادة المجتمعات الإسلامية عافيتها وتوازنها وقوتها، كما يوحي بذلك شعار: «لا يصلح آخر هذه الأمة إلا بما صلح به أولها»، أو شعار: «كل خير في اتباع من سلف، وكل شر في ابتداع من خلف».

2. محور التحديثية أو الحداثة والعصرنة، الذي انجذب بدوره كثيرًا، بل وتماهى أحيانًا كثيرة مع سلطة الحداثة الغربية الشكلية، ورأى فيها خيارًا كونيًّا وحيدًا لتحقيق النهضة الحضارية، والانعتاق من كابوس الضعف والتخلف والغثائية الحضارية.

3. محور التلفيقية الشكلية، التي حاولت التوفيق بين معطيات المحورين السابقين، إلا إن جهدها اتسم في عمومه بالتلفيقية، وجانب التركيبية العميقة المتوازنة في كثير من الأحيان.

ويفترض أن يكون هناك محور رابع، وهو محور التجديدية السننية المتوازنة، التي تأخذ فعلًا ما هو جوهري وسنني في الخبرة التراثية من ناحية، وما هو جوهري وسنني في الخبرة الحداثية المعاصرة من ناحية أخرى، وتركب منهما مشروع نهضة حضارية متوازنة ومتميزة، ولكن هذا الاتجاه ظل هامشيًّا أو مهمشًا، سواء على المستوى الفكري والثقافي أو على المستوى العملي الميداني.

ومن بين الجهود الفكرية الجدية المتميزة التي تحركت على المحور الرابع، جهد مالك بن نبي رحمه الله، الذي أنجز أطروحة تشخيصية وتقييمية وتقويمية واستشرافية مهمة في أربعينيات القرن الماضي، وهي أطروحة **شروط النهضة**، التي أودع فيها الخطوط العريضة لرؤيته لشروط النهضة الحضارية للمجتمعات الإسلامية المعاصرة.

حاولت هذه الأطروحة الفكرية المتميزة أن تضع خريطة طريق للنهضة الحضارية الإسلامية المعاصرة، من خلال تركيزها على الأسئلة الجوهرية أو المحورية للنهضة الحضارية بصفة عامة، والنهضة الحضارية الإسلامية بصفة خاصة.

والدارس لهذه الأطروحة يلحظ فعلًا مدى أهميتها في الفكر الإسلامي المعاصر، بل وفي الفكر الإسلامي بصفة عامة، إذ تضاهي «مقدمة» ابن خلدون في مضمونها الفكري السنني الجوهري، وتعد امتدادًا أصيلًا متميزًا لها.

وهذا ما سيحاول هذا الباب من الكتاب التركيز عليه، وبيان الخط والسياق، أو الأفق الفكري والمعرفي، الذي تحركت في إطاره أطروحة «شروط النهضة»، والنتائج المعرفية التي تمخضت عنها هذه الأطروحة، والأصداء التي تركتها، والعوائق التي اعترضت وصولها إلى الساحة الفكرية والثقافية، والاجتماعية والسياسية بشكل أوسع وأعمق.

فصل تمهيدي
في إشكالية الدراسة وآفاقها المعرفية والوظيفية

إشكالية الدراسة

إذا كانت المعرفة والثقافة السننية المتوازنة - بكل ما تعنيانه من مطابقة أو محاولة مطابقة للفهم والحركة مع سنن الله في خلقه - هما الشرط المحوري لأي نهضة حضارية إنسانية متوازنة، توفر للإنسان العيش الكريم، والتمتع بكل حقوقه الإنسانية، والتمكُّن من القيام بواجباته تجاه نفسه ومجتمعه وعالمه وبيئته وخالقه...

وإذا كانت أطروحة **المقدمة** لابن خلدون، هي الشرارة أو النقلة المعرفية السننية الأولى المبكرة، التي ساهمت فيما بعد في إطلاق أطروحة **شروط النهضة** لمالك بن نبي، على طريق المساهمة في بناء وتأسيس وعي وثقافة النهضة الحضارية، بعد ثمانية قرون من الزمن...

وإذا كانت أطروحة «شروط النهضة» هي الشرارة أو النقلة المعرفية السننية الثانية المهمة، التي ساهمت في إطلاق تيارٍ أو حراك معرفي آخذ في الاتساع، على طريق تعميق البناء والتأسيس لوعي وثقافة النهضة الحضارية في الساحة الثقافية الإسلامية المعاصرة...

فهل بإمكان هذا التيار المعرفي والثقافي الذي أطلقته أطروحتا «المقدمة» و«شروط النهضة»، أن يشكِّل الشرارة أو النقلة المعرفية السننية الثالثة، التي تؤسس للمصب المعرفي والثقافي المحوري الضروري، الذي يجب أن تلتقي فيه كل روافد المعرفة والخبرة البشرية وتتفاعل وتتكامل، لتمنح الإنسان الشروط الموضوعية الشاملة لبناء نهضته الحضارية الإنسانية المتوازنة؟

وهل يمكن لهذا التيار أن يحدث نقلة معرفية على طريق استكمال بناء الوعي بمنظور السننية الشاملة، الذي يشكِّل المصب المحوري الطبيعي لكل روافد المعرفة والخبرة البشرية؟

وهل يمكن لأطروحة «منظور السننية الشاملة» الذي تدعو إليه هذه الدراسة، أن يشكِّل أرضية عامة لهذه الشرارة أو النقلة المعرفية السننية المهمة الثالثة التي يتحرك نحوها الجهد والطموح البشري باستمرار؟

هذا ما تركِّز عليه هذه الدراسة، وتتمحور حوله، من خلال محاولة الإجابة عن الأسئلة المحورية التالية:

ما **منظور السننية الشاملة**؟ وما أهميته؟ وما حاجة الأمة والإنسانية إليه؟ وما موقع أطروحة **شروط النهضة** لمالك بن نبي، وأطروحة **المقدمة** لابن خلدون من قبل - وما بينهما وما بعدهما - من أطروحة **منظور السننية الشاملة**؟ وكيف نمضي بهذا المنظور قدمًا، ليتحول إلى مصب كلي لكل روافد المعرفة والخبرة والحركة الثقافية والاجتماعية والحضارية الإنسانية؟

ولهذا جاءت هذه المداخلة تحمل في الأصل عنوان «**أطروحة شروط النهضة على خط السننية الشاملة**»، لكن الأفق الشامل للدراسة، والطموح المعرفي العام لها، جعلني أعنونها بـ«سؤال النهضة والحاجة إلى منظور السننية الشاملة»، لأنه الأكثر دقة في التعبير عن محتوى هذه الدراسة وأفقها وطموحها، التي تُعتبر أطروحة «شروط النهضة» لمالك بن نبي، أو أطروحة «المقدمة» لابن خلدون من قبلها، مجرد نموذج تطبيقي مهم عن الدراسات السابقة التي تحركت على خط السننية الشاملة، وحاولت التأسيس له، وإثارة الاهتمام الجدي به في الساحة المعرفية والثقافية الإسلامية.

أهداف الدراسة

تهدف هذه الدراسة إلى:

- محاولة تبيان مدى الأهمية الكبيرة لمنظور السننية الشاملة في الحياة البشرية عامة، وفي حياة الإنسان المسلم والأمة الإسلامية خاصة، ومدى الحاجة الملحة إليه في تصحيح مسار حركة النهضة الحضارية الإسلامية المعاصرة، والمضي بها قدمًا نحو أهدافها المرجوة.
- محاولة رسم خريطة كلية لمعالم **منظور السننية الشاملة**، في ضوء المنطق القرآني الذي يعتبر المصدر الأكثر شمولًا واستيعابًا وتأسيسًا لحقيقة هذا المنظور.
- محاولة بيان مدى اتساق أطروحة **شروط النهضة** لمالك بن نبي، مع **منظور السننية الشاملة**، ومدى خدمتها له ومساهمتها في الدفع بالوعي الإسلامي نحوه قدمًا.
- محاولة تقديم بعض الأفكار في كيفية نشر وتعميم الوعي **بمنظور السننية الشاملة**، وتحويله إلى مصب رئيسي للمعرفة والثقافة والخبرة والحركة في حياتنا الإسلامية، باعتباره الطريق الصحيح نحو النهضة والمداولة الحضارية المتوازنة.

أهمية الموضوع

كيف يحوز الأفراد والمجتمعات شروط القوة والتوازن والنفوذ، ويحققون عبرها أمنهم الذاتي والاجتماعي والحضاري في حياتهم، ويستشرفون بها مصائرهم الأخروية وأمنهم الأخروي، باعتبارها الغاية الكبرى للحياة البشرية كلها؟ وكيف ولماذا يفقدون توازنهم الذاتي والاجتماعي والحضاري، ويعرِّضون حياتهم لمخاطر الاستضعاف والغثائية والتبعية الحضارية في الحياة الدنيا؟ وكيف يعرِّض ذلك حياتهم ومصيرهم وأمنهم الأخروي للخطر؟

هذا ما تدور حوله الهموم والاهتمامات البشرية، سواء بشكل مباشر أو غير مباشر.

وكل ما تراكم من معارف وتجارب وخبرات وإمكانات معرفية وثقافية وحضارية هائلة، هو نتيجة الاستجابة لهذا الطموح وهذا الخوف اللذين يسكنان الإنسان بشكل مطَّرد.

والفحص المعمق لهذه المعارف والتجارب والخبرات الإنسانية، ومعها الروافد الرسالية التي رافقت الإنسان منذ بدايته الوجودية المبكرة، تؤكد لنا مدى الأهمية المحورية لمنظور السننية الشاملة في ذلك كله، باعتباره المنظور الذي يقوم على شمولية سلطان السنن الإلهية على الوجودين الكوني والبشري معًا من ناحية، ويقوم على وجوب تغطية ضروريات وحاجيات وتحسينيات كل نواحي الحياة الإنسانية المادية والروحية والأخلاقية من ناحية أخرى.

ولهذا يعتبر المنظور الطبيعي الأكثر قدرة على تفسير وفهم الظواهر الحضارية بشكل موضوعي أو سنني متوازن، والأكثر قدرة على تمكين المستوعِب له فهمًا واستثمارًا، من تحقيق توازنه الذاتي والاجتماعي، ورفع مستوى فعاليته الإنجازية، وتحقيق مداولته الحضارية الصاعدة، وضمان استمراريتها التاريخية طويلة المدى.

فالسننية الشاملة على هذا الأساس، تعد المصب المركزي الذي تحركت وتتحرك نحوه كل روافد المعرفة والخبرة البشرية باستمرار من ناحية، وتعد الشرط الأساسي الذي يضمن لأي مجتمع تحقيق نهضته ومداولته الحضارية المتوازنة من ناحية ثانية، والمعيار المرجعي الصحيح للتقييم والمعايرة والتقويم لمستوى ومصداقية الوعي الذي يمتلكه الفرد أو المجتمع من ناحية ثالثة.

فالتقييم الموضوعي الصحيح للأطروحات والمشاريع الفكرية، ولتجارب التغيير والإصلاح والتجديد الثقافي والاجتماعي والحضاري، على المستوى الإسلامي أو الإنساني، لا يمكن أن يتسم بالموضوعية والتوازن والفعالية المرجوة، إلا إذا جرى في ضوء المعطيات الشاملة **لمنظور السننية الشاملة**، الذي به نعرف ونقدِّر مدى الجدية والمصداقية والخيرية والبركة التي تختزنها هذه الأطروحات المعرفية، والمشاريع الثقافية، والتجارب الاجتماعية والحضارية الإنسانية.

وأطروحة «شروط النهضة» لمالك بن نبي، تدخل في هذا السياق، لأنها ذات أفق معرفي سنني متوازن، استهدف الكشف عن شروط القوة والتوازن والنفوذ والصعود في حياة الأفراد والمجتمعات من ناحية، وأسباب فقدان الأفراد والمجتمعات لهذه الشروط، وتعريض حياتهم لمخاطر الاستضعاف والغثائية والتبعية الحضارية من ناحية أخرى.

ومن هنا، فإن هذا الموضوع يكتسي أهمية معرفية ووظيفية أو عملية حيوية كبيرة، تستحق منا مزيدًا من العناية والجهد.

منهج الدراسة

تعتمد هذه الدراسة على المنهج التحليلي الاستقرائي التفسيري المتكامل، لأنه الأكثر اتساقًا مع طبيعة الموضوع، واستجابة لأهدافه.

فالدراسة، كما مر آنفًا، تستهدف تقديم رؤية لتفسير الحركة الحضارية كفعل كلي مركب ومعقد ومتحرك، وهذا ينسجم معه المنهج التحليلي بمنطقه الاستقرائي التعليلي، وأفقه التفسيري الاستشرافي المتوازن، الباحث عن المؤثرات المحورية المتكاملة في حركة التاريخ الإنساني.

خطة الدراسة

ستحاول هذه الدراسة تغطية الموضوع من خلال المحاور الرئيسية التالية:

- السياق المعرفي والثقافي لأطروحة «شروط النهضة».
- النهضة الحضارية ومشكلة السننية الجزئية المتنافرة.
- خلاصة ما طرحه مالك بن نبي، في سياق منظور السننية الشاملة.
- أطروحة «شروط النهضة»، وموقعها من منظور السننية الشاملة.
- أهمية منظور السننية الشاملة في ترابط الحركة الحضارية للمجتمع وتكاملها.
- المعالم الكبرى لخريطة منظور السننية الشاملة.
- مستخلص بنتائج الدراسة.
- توصيات الدراسة.

الفصل الثاني
السياق المعرفي والثقافي لأطروحة «شروط النهضة»

أود في البداية أن أضع أطروحة «شروط النهضة» لمالك بن نبي، في سياقها المعرفي والثقافي الطبيعي الصحيح، وهو سياق **خط المعرفة والثقافة السننية الشاملة**، التي جاء بها القرآن الكريم لتأطير حركة الاستخلاف البشري في الأرض، والسير بها قدمًا على خط الخيرية والعبودية والعالمية والإنسانية والكونية.

«شروط النهضة» امتداد لمنطق «المقدمة» ومنهجها السنني

تبيِّن لنا النظرة الكلية في مضمون أطروحة «شروط النهضة» وآفاقها الفكرية والوظيفية، أنها امتداد للأطروحة السننية التي حاول ابن خلدون تأسيس الوعي بها منذ ثمانية قرون خلت، وإن لم يكتب لهذه الأطروحة الحضور والذيوع والتطوير المطلوب في المعرفة والثقافة والحياة الإسلامية عامة حتى الآن[1].

فابن خلدون شغله كثيرًا سؤال المداولة الحضارية ومقتضياتها وتبعاتها، وخاصة في دائرة التحولات السياسية والاجتماعية، التي هيمنت عليها القوة والعنف المادي المكلِّف، كما تبدَّت له في حركة التاريخ الإسلامي خاصة، وكما عاصرها وعايشها بنفسه في مساحة واسعة من العالم الإسلامي المعاصر له، وكما بدأ يشهد ويستشرف تبعاتها الخطيرة على الأمة عامة بعد عصر الموحدين، كما يقول مالك بن نبي[2].

وقد لخص الشهرستاني، هيمنة العنف المادي على الحياة السياسية والاجتماعية على

---

(1) مالك بن نبي. مشكلة الثقافة، ص48.

(2) مالك بن نبي. وجهة العالم الإسلامي، ص36.

مستوى الأمة عامة، بمقولته الشهيرة المعبرة: «ما استل سيف في الإسلام على قاعدة دينية، مثل ما استل على الإمامة في كل زمان ومكان»[1].

وينبغي أن نضيف إليها مقولة أخرى مهمة، حتى تكتمل صورة هذا العنف المادي والاجتماعي الذي كان يسري في كل مفاصل الحياة السياسية والاجتماعية، ويهيئ الأمة إلى مصير محتوم هو الضعف والغثائية الحضارية، إمضاء لسنة الله تعالى في ذلك، التي جاءت الإشارة إليها في القرآن الكريم في مثل قوله تعالى: ﴿وَلَا تَنَٰزَعُواْ فَتَفْشَلُواْ وَتَذْهَبَ رِيحُكُمْۖ وَٱصْبِرُوٓاْۚ إِنَّ ٱللَّهَ مَعَ ٱلصَّٰبِرِينَ﴾ [الأنفال: 46].

ونعني بهذه المقولة: «وما وظِّف شيء لتبرير سطوة السيف في الأمة، مثل ما وظِّف الدين والمال»!

فبثلاثية السيف والمال والدين، وما يستتبعها من سلوكيات ومواقف وأساليب وسياسات... حُكمت الأمة، وأُديرت شؤونها عبر قرون طويلة، وهو ما لم يتح الفرصة **لمنطق السننية الشاملة** كي يسود في إدارة العلاقات والمواقف والسلوكيات والمنازعات في المجتمع، ويدفع بحركته الحضارية على خط الانسجام والتكاملية والفعالية والتوازن، والخيرية والرحمة الاجتماعية والحضارية والكونية العامة، التي جاء الإسلام يدفع حركة الحياة كلها نحوها[2].

لقد صادر التوظيف السيِّئ للسيف والمال والدين، حق الفرد والمجتمع والأمة في إدارة أنفسهم **بمنطق السننية الشاملة**، وتحوَّلت قيمة السيف، وقيمة المال، وقيمة الدين، إلى قوة قاهرة مكبِّلة ومشلَّة لإرادة الأفراد والمجتمع والأمة، ومسلِّطة للمتغلبين والمفضولين، بل والفسقة، على مقدراتها ومصيرها، إلى درجة حوَّل فيها البعض الرضا بالمتغلبين والمفضولين[3]، بل والفسقة[4]، إلى جزء من السياسة الشرعية، بل ومن العقيدة الدينية

(1) أبو الفتح محمد بن عبد الكريم الشهرستاني. الملل والنحل، ج1/ 22.

(2) الطاهر بن عاشور. تفسير التحرير والتنوير، ج17/ 122.

(3) راجع التفاصيل: محمد الشوا. ولاية المتغلب: دراسة فقهية مقارنة، ص86.

(4) محمد بن عليش. منح الجليل شرح مختصر خليل، ج9/ 196.

القدرية[1] التي أتاحت الفرصة حتى للمستعمرين من الاستفادة منها في السيطرة على المجتمع والأمة في بعض الأحيان، بحجة درء الفتنة وعدم الإلقاء بالنفس إلى التهلكة[2]!

كل هذه الاعتبارات وغيرها، عمّقت في نفس ابن خلدون، بشكل مباشر أو غير مباشر، البحث عن سر هذه المغالبة والمداولة المكلِّفة، ومحاولة الإمساك بالقوانين والسنن التي تقف وراءها، لتجنيب المجتمع والأمة والإنسانية عامة، محن ومهالك ومآسي المغالبة بالقوة الغاشمة، التي هيمنت على الجزء الأكبر من العلاقات البشرية عبر التاريخ.

لقد كانت لحظة حاسمة، هذه اللحظة التي توجَّه فيها فكر واهتمام ابن خلدون إلى هذه المعضلة، وانبثاق هذا السؤال المحوري الضخم في ذهنه: ما الذي يحكم حركة المداولة الحضارية، ويمنح أفرادًا أو جماعات أو مجتمعات أو أممًا، القدرة على فرض وجودها، وتحقيق طموحاتها، ويجرِّد أخرى من هذه القدرة، ويحرمها من فرض وجودها وتحقيق طموحاتها الحضارية، ويدفع بها إلى الضعف ومهالك التبعية والهامشية الحضارية؟

لقد اضطرته الإجابة المعمقة عن هذا السؤال المفصلي الكبير، إلى تجاوز النظرة التأريخية الوصفية الخارجية التقليدية السائدة، إلى النظرة الاستقرائية التحليلية التفسيرية التركيبية التكاملية المتوازنة، التي أفضت به إلى أن حركة المداولة الحضارية المهيمنة على التاريخ الإنساني، تحكمها سنن مطَّردة، وشرع في البحث عنها، وبناء أطروحته في فلسفة التاريخ والحضارة على ضوئها[3].

فأطروحة «المقدمة» في مجملها تقوم على كلية كون التاريخ «في ظاهره لا يزيد على أخبار عن الأيام والدول والسوابق من القرون الأولى، وفي باطنه نظر وتحقيق وتعليل للكائنات ومبادئها دقيق، وعلم بكيفيات الوقائع وأسبابها عميق، فهو لذلك أصيل في الحكمة عريق، وجدير بأن يعد في علومها وخليق»[4].

---

(1) عبد الله الميجي. الإمامة العظمى عند أهل السنة والجماعة، ص512.

(2) ليون روش. اثنتان وثلاثون سنة في رحاب الإسلام: مذكرات ليون روش، ص22.

(3) الطيب برغوث. الأطروحة السننية الخلدونية ونظرية المدافعة والتجديد، ص27.

(4) عبد الرحمن بن خلدون. المقدمة، ط2، تحقيق خليل شحادة، ص6.

فالتاريخ بمفهومه التقليدي هو رصد وصفي لحركة العمران الحضاري البشري من خارجها، وهو ما أراد ابن خلدون تجاوزه إلى الرصد الوصفي التحليلي التركيبي الداخلي، الذي يكشف العلل والقوانين التي كانت تقف وراء تشكُّل حركة هذا العمران الحضاري البشري على الشكل الخارجي النهائي الذي نراه نحن عليه. وفي هذا يقول:

> «لما كانت حقيقة التاريخ أنه خبر عن الاجتماع الإنساني الذي هو عمران العالم، وما يعرض لطبيعة ذلك العمران من الأحوال، مثل التوحش والتأنس والعصبيات، وأصناف التغلبات للبشر بعضهم على بعض، وما ينشأ عن ذلك من الملك والدول ومراتبها، وما ينتحله البشر بأعمالهم ومساعيهم من الكسب والمعاش والعلوم والصنائع، وسائر ما يحدث من ذلك العمران بطبيعته من الأحوال»[1].

ويضيف مؤكدًا على الأهمية البالغة لكشف سنن العمران الحضاري البشري، والارتكاز عليها في عملية التقييم والتصحيح والتقويم لمسيرة هذا العمران الحضاري، والدفع بحركته نحو مزيد من التطابق مع سنن الله في خلقه:

> «... فالقانون في تمييز الحق من الباطل في الأخبار بالإمكان والاستحالة، أن ننظر في الاجتماع البشري الذي هو العمران، ونميز ما يلحقه من الأحوال لذاته وبمقتضى طبعه، وما يكون عارضًا لا يعتد به، وما لا يمكن أن يعرض له. وإذا فعلنا ذلك كان ذلك لنا قانونًا في تمييز الحق من الباطل في الأخبار، والصدق من الكذب بوجه برهاني لا مدخل للشك فيه»[2].

ومن هذه النظرة السننية لحركة التاريخ عامة، انطلقت رؤيته لتحليل وتفسير التحولات الدائبة في حركة العمران الحضاري البشري، قوة وصعودًا، وضعفًا وتقهقرًا، ومحاولة كشف

---

(1) نفسه، ص46.

(2) نفسه، ص49.

المؤثرات المطَّردة النافذة في ذلك، على ضوء الروح السننية الكامنة في عمق الحركة التاريخية وحركيتها الحضارية الصاعدة أو المتقهقرة، وليس فقط على ضوء المفرزات الظاهرية والنتائج المنظورة التي يراها الناس في نهاية كل «دورة إنجازية» كلية للفعل الإنساني.

فالتأريخ يرصد ويصف لنا نتائج **الدورات الإنجازية** للأفعال الإنسانية، المؤثرة على حركة العمران الحضاري البشري وتشكلاته المتنوعة.

وفلسفة التاريخ، تفسر لنا أسرار بناء وتشكُّل هذه **الدورات الإنجازية** للأفعال الإنسانية المؤثرة على حركة العمران الحضاري بهذه الصورة أو تلك، وتضع أيدينا على الآليات أو النواظم السننية الكامنة وراء ذلك، سواء كانت سنن بناء وتكامل وصعود، أو سنن هدم وتنافر وتقهقر، حتى نضيفها إلى حصيلة المعرفة والخبرة البشرية، ونحوِّلها إلى ثقافة مجتمعية سارية، ترفع من مستوى الرشد والكفاءة والفعالية والنفع الخاص والعام في الفكر والعمل، وذلك هو معنى الاعتبار ومقصده الأساسي، الذي يجب أن يحكم علاقة الإنسان بالخبرة التاريخية لمجتمعه وأمته والإنسانية عامة[1].

وبهذا المنطق والأفق السنني المبكر، دشنت «المقدمة» مرحلة جديدة في الفكر والثقافة الإسلامية بل والإنسانية[2]، هي مرحلة الحركة على **خط أو منظور السننية الشاملة** في التحليل والتفسير، واستشراف آفاق الظواهر الثقافية والاجتماعية والحضارية، والارتكاز على ذلك في تصحيح أوضاع المجتمعات الإسلامية، وتمكينها من إنجاز نهضتها ومداولتها الحضارية الإنسانية المتوازنة.

فـ«المقدمة» استطاعت أن تضع البذور الجنينية المبكرة للمعرفة والثقافة السننية التي ينبغي أن تقوم عليها الحياة البشرية، وهي بذور تؤسس لمنظور السننية الشاملة، الذي يرشدنا إلى أن الظواهر الثقافية والاجتماعية والحضارية المتنوعة، تؤثر في تشكُّلها وتحولاتها ومآلاتها التاريخية، عواملُ شتى، موزعةٌ في حقول معرفية متعددة، وليست في حقل معرفي واحد أو حقلين أو ثلاثة.

---

(1) محمد رشيد رضا. تفسير المنار، ج3/ 193.

(2) ساطع الحصري. دراسات عن مقدمة ابن خلدون، ص260.

وكلما أدرك الإنسان جيدًا هذه الحقيقة أو القضية المحورية، وانفتح على متطلباتها، وحصَّل شروطها أو بعضها على الأقل، أمكنه الاقتراب من التحليل والتفسير والفهم الموضوعي الصحيح لهذه الظواهر الثقافية والاجتماعية والحضارية، والاستشراف لآفاق تطورها، وامتلاك القدرة على التأثير فيها وتوجيهها الوجهة التي يريد.

ولا شك أن هذا إنجاز معرفي ومنهجي وثقافي بالغ الأهمية، لو قدِّر له أن يتبلور أكثر، ويتعمق الوعي به في المنظومة الفكرية والثقافية والاجتماعية للمسلمين خاصة، لأمكنه أن يقلل من كثير من أسباب ومظاهر الازدواجية التنافرية المنهكة في السلوك والعمل والعلاقات من ناحية، ويوفر كثيرًا من الطاقة والجهد والوقت من ناحية ثانية، ويقوي مناعة الأفراد والمجتمع من المؤثرات السلبية الخارجية المتلاحقة، التي تفرزها حركة المدافعة والمداولة الحضارية العالمية من ناحية ثالثة.

«شروط النهضة» على خطى الاهتمام المحوري «للمقدمة»

هذه الانطلاقة الجدية نحو المعرفة والثقافة السننية الشاملة، التي حاول ابن خلدون عبر كتاب «المقدمة»، أن يدشن مسيرتها العلمية المنهجية، بقيت على هامش المعرفة والثقافة الإسلامية السائدة، قرونًا من الزمن[1]، ولم تعرف طريقها إلى مزيد من التبلور والتأسيس والبناء والتعميم، والتحوُّل إلى مصبٍّ تلتقي فيه بقية روافد المعرفة والثقافة والخبرة الأخرى. وكان لمالك بن نبي فضل محاولة استئناف التأسيس والبناء لهذا الخط أو المنظور السنني المحوري في المعرفة والثقافة الإسلامية والإنسانية عامة، من خلال كتاب «شروط النهضة»، الذي أودع فيه الخطوط العريضة لرؤيته في فلسفة التاريخ والحضارة عامة، وفي شروط النهضة الحضارية للأمة الإسلامية خاصة.

فأطروحة «شروط النهضة»، هي صدى نوعي متميز لأطروحة «المقدمة»، التي اطلع عليها مالك بن نبي في فترة مبكرة جدًّا من حياته[2]، وتأثر بها كثيرًا[3]، ونضج تأثُّره بها مع مرور

---

(1) ابن خلدون. مقدمة ابن خلدون، طبعة علي عبد الواحد وافي، ج1/ 267.

(2) مالك بن نبي. مذكرات شاهد القرن، ص113.

(3) مالك بن نبي. إنتاج المستشرقين وأثره في الفكر الإسلامي الحديث، ص12.

الزمن، وساهم مع معطيات ومؤثرات أخرى مهمة، في الدفع به وبتفكيره واهتماماته على الحركة على **خط أو منظور السننية الشاملة**، الأكثر سعة وعمقًا وتكاملية وتوازنًا واستيعابية وأهمية، بالنسبة إلى حركة النهضة والمداولة الحضارية بصفة عامة.

وهذه العلاقة المبكرة والمستمرة لمالك بن نبي بأطروحة «المقدمة»، جعلت أطروحة «شروط النهضة» امتدادًا نوعيًا أصيلًا لأطروحة «المقدمة»، في جوهرها الفكري والمنهجي السنني الكلي، المرتكز على محاولة التفسير السنني التكاملي المتوازن للصيرورات الحضارية للحركة التاريخية، والإفلات من التفسيرات الجزئية التي هيمنت على أطروحات بل ومنظومات فكرية شتى في الساحتين الإسلامية والغربية معًا.

فالخط الفكري والمنهجي «للمقدمة» و«شروط النهضة»، تجاوز إشكالية: هل الحركة التاريخية تجري وفق حركية عفوية غير منضبطة وغير مفهومة ولا يمكن التحكم فيها، أم أنها تجري وفق قوانين كلية منضبطة ومطَّردة، يمكن اكتشافها وفهمها والتحكم فيها، واستثمارها في إدارة الصيرورات الحضارية لحركة المداولة الحضارية المهيمنة على الوجود الحضاري البشري في الأرض؟

هذا الخط الفكري تجاوز هذه الثنائية المغلوطة، وانحاز إلى منطق السننية الشاملة، الذي يقوم على:

- نفاذ سلطان السنن في كل شيء في الحياة الإنسانية والكونية.
- توزُّع هذه السنن في ساحات ومنظومات كونية متعددة يكمل بعضها بعضًا.

وأظن أن الدارس الموضوعي لمسارات تاريخ الحركة الفكرية في الفترة ما بين ابن خلدون ومالك بن نبي، لن يتردد في تصنيف أطروحة «شروط النهضة» لمالك بن نبي، كأحد أهم المنجزات المعرفية الوازنة، بل ربما أهمها، من حيث كونها امتدادًا نوعيًّا متميزًا للخط السنني والمنهجي الكلي الذي دشنته «المقدمة» بشكل منهجي متميز.

فعموم الأعمال الفكرية الإبداعية المعتبرة والمتميزة في هذه الفترة، وحتى قبل هذه الفترة، في الحقول المعرفية الإسلامية المختلفة، تندرج في الحركية الاجتهادية الإبداعية القطاعية الجزئية، ولم يخرج أكثرها - في حدود علمنا - لا على المستوى المنهجي،

ولا على المستوى الفكري أو المعرفي، من دائرة الإبداعية الجزئية، أي الإبداع في فروع المعرفة والخبرة الجزئية المعروفة، ولم نشهد محاولة اجتهادية بنيوية متميزة تندرج في **خط أو منظور السننية الشاملة**، مثل أطروحة «شروط النهضة» لمالك بن نبي، التي حاولت تقديم رؤية كلية لتفسير **حركة المداولة الحضارية**، والوقوف على المؤثرات والمؤطرات السننية الكلية الفاعلة في تحولاتها الصاعدة أو المتقهقرة.

الأهمية المحورية للرؤية السننية الكلية في حركة العمران الحضاري البشري

ولا يخفى ما لهذه الرؤية السننية الكلية المفسِّرة والمؤطِّرة للحركية الصاعدة أو المتقهقرة للعمران الحضاري البشري، من أهمية محورية بالغة، سواء على مستوى الوعي المعرفي، أو على مستوى الفعل السلوكي والثقافي والاجتماعي والحضاري، المفعِّل والمجسِّد لحقائق هذا الوعي المعرفي في واقع الحياة.

فالرؤية السننية الكلية المتماسكة، تقوم بدور حاسم في حياة الأفراد والمجتمعات معًا، لأنها تضع أمام الإنسان الخريطة الكلية للسير نحو الهدف، وتقوم بتعبئة الطاقات وتوجيهها، وتخلِّص الجهد من الازدواجية التنافرية المنهكة، وتشحذ فعالية الإنجاز، وفعالية الوقاية المبكرة، وتتيح القدرة على المراجعة والاستدراك والتصحيح المستمر، وتضع جزئيات وتفاصيل المعرفة والحياة التي لا حصر لها، في سياقاتها الصحيحة، وتحول دون تضخمها وتشرذمها وتسرطنها وشذوذها، وتحوُّلها إلى عوامل متضادة، منهكة للجهد والطاقة، ومُضعِفة للإنجاز.

والجهود التغييرية والإصلاحية والتجديدية[1] التي لا تقودها رؤى كونية كلية متماسكة، في فلسفة التاريخ والحضارة، كثيرًا ما تستوعبها الجزئية والتنافرية، وتتآكل وتهتلك ذاتيًا،

(1) قد يرى البعض أن كلمات التغيير والإصلاح والتجديد نوع من الحشو، لأنها تكاد تكون مترادفة، لذلك أوضح أن التغيير باعتباره سنة من سنن حركة الحياة، إذا لم يحقق الإصلاح لأوضاع الأفراد والمجتمع، ويلبي ضروريات وحاجيات وتحسينيات حياتهم، فإنه يكون تغييرًا سلبيًا وبلا جدوى. وأن الإصلاح إذا لم يحقق التجديد الحضاري الذي يمكِّن المجتمع من وضع نفسه في الموقع الصحيح الذي يعينه على تلبية ضروريات وحاجيات وتحسينيات حياته في عصره، ومواجهة التحديات التي تحيط به، فهو ليس بإصلاح. فهذه المفاهيم الثلاثة تضعنا أمام معادلة متكاملة قائمة على التغيير والإصلاح والتجديد.

وتكون دوراتها التاريخية محدودة. بخلاف الجهود التي ترتكز على رؤى كونية كلية متماسكة، في فلسفة التاريخ والحضارة، فإن حظوظها في الانسجام والتكامل والفعالية والاطرادية التاريخية طويلة المدى، كثيرة وخصبة.

فالمنظورات السننية الكونية الكلية المتماسكة، والمتطابقة أو المنسجمة مع الواقع الكوني الفطري أو السنني من ناحية، والمتناغمة مع الواقع الإنساني المعيش، والمستجيبة لضرورياته وحاجياته وتطلعاته من ناحية أخرى، من أقوى عوامل وشروط نجاح حركات التغيير والإصلاح والتجديد الحضاري، وامتداد آثارها في التاريخ حتى لو ضعف أصحابها أو تراجع دورهم في التاريخ، لأن ما هو سنني وفطري يعد مكونًا جوهريًا من المكونات الكونية التي لا تزول ولا تحول.

وفي أهمية هذه الرؤى الكلية للحياة، جاء في كتاب «العلم في منظوره الجديد»، على سبيل المثال، التأكيد على أن:

> «لكل حضارة من الحضارات تصور كوني للعالم، أي نظرة يفهم وفقًا لها كل شيء ويقيَّم. والتصور السائد في حضارة ما، هو الذي يحدد معالمها، ويشكِّل اللُّحمة بين عناصر معارفها، ويملي منهجيتها، ويوجه تربيتها، وهذا التصور يشكِّل إطار الاستزادة من المعرفة، والمقياس الذي تقاس به، وتصورنا للعالم هو من الأهمية بحيث لا ندرك أن لدينا تصورًا ما، إلا حين نواجه تصورًا بديلًا، إما بسفرنا إلى حضارة أخرى، وإما باطلاعنا على أخبار العصور الغابرة، وإما حين يكون تصور حضارتنا للعالم في طور التحول»[1].

فالرؤى أو المنظورات الكونية أمر ملازم للوجود الإنساني، وليس هناك إنسان ليس له رؤية أو منظور كوني، بصرف النظر عن سننية تلك الرؤية، أو ذلك المنظور، أو قصورها واضطرابها السنني، وتنافرها واهتلاكها الوظيفي.

فالمنظورات السننية هي التي تقود الحياة البشرية على الدوام، وهي التي تحدد مدى

(1) روبرت م. أغروس، جورج ن، ستانلي. العلم في منظوره الجديد، سلسلة عالم المعرفة، رقم134، ص15.

النضج المعرفي والثقافي والسلوكي والحضاري الذي يصل إليه الإنسان، وهي تتأسس على طبيعة خريطة الإدراكات المعرفية لدى الإنسان حول نفسه، وحول الله والكون والحياة والعلاقات القائمة بين ذلك كله[1].

ومالك بن نبي أدرك مبكرًا الأهمية البالغة للرؤية الكونية الكلية المتماسكة، ودورها في توجيه الطاقة وتحقيق الفعالية القصوى في عملية الإنجاز والنهضة، فكتب يقول عن التوجيه الذي هو محصلة لوضوح الرؤية عند الإنسان، بأنه:

> «قوة في الأساس، وتوافق في السير، ووحدة في الهدف، فكم من طاقات وقوى لم تستخدم، لأننا لا نعرف كيف نكتلها! وكم من طاقات وقوى ضاعت فلم تحقق هدفها، حين زحمتها قوى أخرى، صادرة عن نفس المصدر، متجهة إلى نفس الهدف! فالتوجيه هو تجنب هذا الإسراف في الجهد وفي الوقت»[2].

إن امتلاك الأفراد والمجتمعات للقدرة على معرفة ما لديهم من طاقات وإمكانات، وتوظيفها بالكفاءة والفعالية المطلوبة، وتوجيهها نحو مزيد من التكاملية التراكمية البنائية المطَّردة، لا يمكن تحقيقه بدون رؤية كلية متماسكة في فلسفة التاريخ والحضارة، تدرك أن حركة البناء الحضاري، وأن النهضة الحضارية، وأن المداولة الحضارية، عملية بنائية كلية تكاملية تراكمية مطَّردة، لا يجدي معها النظر والفعل والأداء الجزئي المبعثر والمتنافر هنا وهناك، بل لا بد من نظرة كلية تكاملية متوازنة لشروط الفهم الصحيح أولًا، وشروط العمل الصحيح ثانيًا، وشروط الوقاية الصحيحة لذلك كله ثالثًا، وشروط ضمان استمرارية هذه الحالة الصحية واطرادها على كل هذه المستويات رابعًا.

فحركة التغيير والإصلاح والتجديد الحضاري، تتداخل فيها عوامل ومعطيات شتى، من منظومات سننية كونية كلية كثيرة متكاملة (سيرد الكلام عنها لاحقًا)، فإذا لم يُفهم ذلك، وبالتالي لم تتوفر هذه العوامل والإمكانات والشروط المتكاملة، جاء التغيير والإصلاح

---

(1) عبد الوهاب المسيري. العالم من منظور غربي، كتاب الهلال، عدد 602، ص15 وما بعدها.

(2) مالك بن نبي. شروط النهضة، ص98.

والتجديد مضطربًا منقوصًا قاصرًا، لا يرقى إلى مستوى الحاجيات والتحديات التي يفرضها منطق المدافعة والمداولة الحضارية على الأفراد والمجتمع.

لهذا، نعتبر **المقدمة وشروط النهضة** عملين معرفيين تنظيريين متكاملين متميزين في موضوعهما واهتماماتهما ومنهجيتهما، على الساحة المعرفية والثقافية الإسلامية، لأنهما حاولا بناء رؤية سننية كلية متماسكة لتفسير حركة التاريخ في مساراتها ومؤثراتها الكلية، لذلك فهما يندرجان في محاولة تأسيس وتوسيع دائرة الوعي **بخط ومنظور المعرفة والثقافة السننية الشاملة**، باعتباره الخط والمنظور الأهم في المعرفة والثقافة الإنسانية عامة، والمعرفة والثقافة الإسلامية خاصة.

واجهت أطروحتا «المقدمة» و«شروط النهضة» سؤالين مفصليين متكاملين:

فأطروحة **المقدمة** واجهت سؤال الخوف من التراجع والانهيار الحضاري، الذي بدأت بوادره تلوح في أفق المجتمع الإسلامي أو الحضارة الإسلامية في عصر ابن خلدون وقبل عصره مشرقًا ومغربًا، وهو ما حدث بعد ذلك فعلًا، عندما بدأت الدورة الحضارية الإسلامية الأولى تفقد فاعلية مدافعتها الحضارية تدريجيًّا، وانتزَعت منها أممٌ صاعدة مداولتَها الحضارية، ودفعت بها إلى مزيد من الضعف والتخلف والغثائية والتبعية الحضارية.

وفي هذا يقول ابن خلدون وهو يستعرض بعض دواعي كتابته «للمقدمة»، والتي منها الدعوة إلى الدراسة السننية الشاملة للتاريخ:

> «وكأني بالمشرق قد نزل به مثل ما نزل بالمغرب، لكن على نسبته ومقدار عمرانه، وكأنما نادى لسان الكون في العالم بالخمول والانقباض، فبادر بالإجابة، والله وارث الأرض ومن عليها»[1].

فهذا التحدي هو الذي كان وراء هذا التوجه نحو المعرفة والثقافة السننية الشاملة، وهذا الإنجاز المعرفي المهم، الذي أمسك به ابن خلدون رأس الخيط المتين الذي به يمكن المحافظة على تصاعدية حركة المداولة الحضارية للأمة، واستنقاذها من خطر التقهقر والانهيار الذي كان يتهددها.

---

(1) ابن خلدون. المقدمة، تحقيق خليل شحادة، ص43.

وأطروحة **شروط النهضة** واجهت سؤال الانهيار الحضاري الذي حصل فعلًا، وقذف بالأمة ومجتمعاتها المختلفة في أتون الضعف والتخلف والغثائية والتبعية الحضارية المهلكة! كيف حدث هذا الانهيار الحضاري؟ ولماذا لم تتمكن الأمة من مواجهته وتجاوزه في حينه؟ وكيف يمكن تحقيق النهضة الحضارية من جديد؟

وإذا كانت أطروحة «المقدمة» قد واجهت السؤال المحوري الأول، وهو كيف نواجه حالة الاهتلاك الذاتي والاسترخاء في فعالية المدافعة الحضارية، ونمنع ضعف الأمة وتخلفها، وخروجها من دائرة المداولة الحضارية، وسقوطها في مستنقع الغثائية والتبعية الحضارية المذلة؟ فإن أطروحة «شروط النهضة» قد واجهت السؤالين معًا، واستفادت من تجربة أطروحة «المقدمة» في محاولة الإجابة عن السؤالين الكبيرين معًا، وبذلك كانت تعميقًا نوعيًّا للوعي بالأهمية المحورية **لخط ومنظور السننية الشاملة**، الذي به يمكن للأمة استيعاب شروط النهضة الحضارية، وتحقيق المداولة الحضارية الإسلامية المتوازنة الثانية مرَّة أخرى.

الفصل الثالث

النهضة الحضارية ومشكلة السننية الجزئية المتنافرة

إذا كانت النظرة الكلية الشاملة المتكاملة للحاجيات والمشكلات والتحديات والمجابهات، تحتل هذه المكانة المحورية في حركة النهضة الحضارية لأي مجتمع إنساني، فإن أخطر ما تواجهه هذه المجتمعات هو النظرة الجزئية أو التجزيئية المتنافرة، لحاجياتها ومشكلاتها وتحدياتها، وشروط نهضتها الحضارية، لأن ذلك ينعكس سلبًا على فهمها ووعيها، وعلى الحلول التي تطرحها، والإستراتيجيات والسياسات والمناهج العملية التي تعتمدها، وتكون نتيجة ذلك كله العجز عن تلبية الحاجيات، وعن مواجهة المشكلات والتحديات، بل وإتاحة الفرصة لها لتتراكم وتتفاقم أكثر، ويصبح حلها صعبًا ومكلِّفًا مع مرور الوقت!

فالحياة بطبيعتها العضوية البنيوية، مركبة تركيبًا تكامليًّا، لا يمكن الفصل بين أجزائه، لأن كل جزء فيها يكمل ويخدم الأجزاء الأخرى المرتبطة به، فإذا اضطرب أو تعطل ذلك الجزء أو تأثر سلبًا، تأثرت واضطربت تبعًا له بقية الأجزاء الأخرى ذات العلاقة العضوية أو الوظيفية به، وأدى ذلك إلى التأثير السلبي على الظواهر الثقافية والاجتماعية والحضارية فورًا، أو بشكل متدرج ومتراخٍ.

وعلى هذا، فإن فهم الظواهر الثقافية والاجتماعية والحضارية المختلفة، وامتلاك القدرة على التأثير الإيجابي الفعال في مساراتها البنائية التصاعدية، لا يمكنه أن يحدث في ظل هيمنة النظرة الجزئية على رصد هذه الظواهر الكلية المركبة وتحليلها وتفسيرها، ولا أن يؤثر بفعالية فيها بعد ذلك، لأن هذه التجزيئية لا تدرك من هذه العوامل والسنن المؤثرة في تشكيل هذه الظواهر المركبة، إلا أجزاء مبعثرة، وربما سطحية منها، لا تسمح ببناء صورة كلية متكاملة عنها، ومن ثَمَّ فإن كل ما يتأسس ويُبنى على هذه الرؤى الجزئية من فهوم

وإستراتيجيات وسياسات ومواقف، يأتي قاصرًا ومتنافرًا وعاجزًا عن التأثير الإيجابي الفعال في هذه الظواهر الثقافية والاجتماعية والحضارية.

وحتى إن كانت هذه الأجزاء المدرَكة من هذه الظواهر، تمثل سننًا جزئية فعالة في ذاتها، فإنها لا تجدي كثيرًا في الفهم الكلي للظواهر المركبة، ولا في التأثير الإيجابي الفعال فيها، لأن العبرة بتكامل تأثير هذه السنن الجزئية، وليس بتأثير سنة أو سنن جزئية معينة، بمعزل عن بقية معطيات الشبكات السننية الأخرى التي يحتاج إليها اكتمال **الدورة الإنجازية أو البنائية الكلية** للفعل الإنساني، أو للظواهر الثقافية والاجتماعية والحضارية عامة.

وكم من فرد أو مؤسسة أو مجتمع... تاه وراء الفهوم الجزئية، والمجابهات الجزئية، والحلول الجزئية، التي ملكت عليه نفسه، وسخَّر لها كل إمكاناته وطاقاته وقدراته وأوقاته، وعلَّق عليها آمالًا كبيرة، ووالى وعادى وخاصم وصالح على أساسها، وبعد فترة من التجريبية التي قد تمتد عقودًا طويلة، ينهار الوهم أمامه، وتسقط الأقنعة عن عينيه، فيكتشف أنه كان يجري وراء سراب لا حقيقة له ولا جدوى من ورائه! ويدرك أنه أهدر واستنزف جزءًا ثمينًا من **ميزانية التسخير** الثقافية والاجتماعية والحضارية للمجتمع، وأنه تسبب في مضاعفة **المديونية** الثقافية والاجتماعية والحضارية للمجتمع، وأنه أخطأ - إن لم يكن قد أجرم - في حق الأجيال القادمة، وأضعف موقفها ودورها في الزمن الذي تعاصره وتواجه حاجياته وتحدياته، وقد تجرم هي بدورها في حق الأجيال اللاحقة عليها، بسبب عجزها عن تصفية تركة المديونية الثقافية والاجتماعية والحضارية الضخمة، التي ورثتها عمن سبقها من الأجيال الأخرى. وهكذا دواليك، تتوالى وتاثر ضعف الأمة وعجزها عن إنجاز نهضتها الحضارية.

نماذج تطبيقية عن المضاعفات السلبية للسننية الجزئية التنافرية

يمكننا هنا أن نشير إلى نموذجين تطبيقيين كبيرين معاصرين عن ذلك، وهما: نموذج النهضة الحضارية الإسلامية المعاصرة، ونموذج النهضة الحضارية الغربية المعاصرة. فكلاهما يعاني من معضلة التجزيئية التنافرية المنهكة، مع فارق كبير بينهما في الفعالية الإنجازية الجزئية.

أولًا: المضاعفات السلبية للسننية الجزئية التنافرية على تجربة النهضة الحضارية الإسلامية المعاصرة

نأخذها من تجارب النهضة في العالم الإسلامي، التي تشكِّل التجزيئية التنافرية المنهكة أحد أكبر تجلياتها ومعضلاتها التي عوَّقت مسيرتها وأضعفتها، وحالت بينها وبين تحقيق أهدافها حتى الآن.

هيمنة التجزيئية على العلاقة بالخبرة التراثية

عندما نرصد تجارب بعض الاتجاهات الرئيسية فيها، نجد أن التجزيئية التنافرية؛ في النظرة والفهم والحركة أو الإنجاز، قد هيمنت على موقف بعض النخب التي ركنت إلى الماضي وراهنت عليه في تحقيق النهضة، حينما جعلته حاكمًا مرجعيًّا على حاضر النهضة ومستقبلها، دون تمييز بشكل واضح وحاسم بين خبرته السننية المتجددة القابلة للاستصحاب والمعاصرة، وخبرته العرفية الظرفية المستهلَكة وغير القابلة للاستصحاب والمعاصرة.

واللافت للنظر هنا هو أن هذا الركون إلى الماضي نفسه، والمراهنة عليه في تحقيق النهضة، قد هيمنت التجزيئية التنافرية على مساحات مهمة منه هو بدوره، حيث تجزأت وتنافرت العلاقة المعرفية والوظيفية بين معطياته واتجاهاته بشكل ملحوظ، كما يظهر ذلك على سبيل المثال في معارك صراع النقل والعقل، ومعارك الاختلافات الفقهية، ومعارك الاختلافات الكلامية، وغيرها. وهو ما كانت نتيجته العملية ضعف فعاليته الإنجازية، وقلة جدواه العملية في معتركات المدافعة والمداولة الحضارية في نهاية المطاف، مهما كانت المبررات التي تساق هنا لتبرئة ساحة الماضي من حالة الضعف والتخلف والتبعية الحضارية التي تعيشها الأمة.

ونحن نعني هنا الجوانب العرفية الزمنية منتهية الصلاحية في الخبرة التاريخية، لأن محاولة التشبث بها واستصحابها إلى الحاضر، مناطحة لسنن التاريخ، لا جدوى من ورائها، وينطبق على ذلك توجيه القرآن الكريم في مثل قوله تعالى: ﴿تِلْكَ أُمَّةٌ قَدْ خَلَتْ لَهَا مَا كَسَبَتْ وَلَكُم مَّا كَسَبْتُمْ وَلَا تُسْـَٔلُونَ عَمَّا كَانُوا۟ يَعْمَلُونَ﴾ [البقرة: 141]، الذي يدعو كل جيل معاصر أن يتحرر منها، ولا يلزم نفسه بها، إلا من حيث أخذ العبرة منها[1].

---

(1) محمد رشيد رضا. تفسير المنار، ج1/ 403.

والجوانب الإيجابية ذات العمق السنني الثابت، أو المصلحي المفيد في الخبرة التاريخية، غير مقصودة هنا، لأن الأجيال المعاصرة معنية بها، ومدعوة إلى استصحابها والاستفادة منها، فهي من روح التاريخ وحكمته الممتدة في الحاضر والمستقبل، بل من روح المجتمع والأمة، وهويتهما الحية الملازمة لهما.

فكل ما هو سنني ثابت، أو مصلحي، لم يفقد صلاحيته بعد، وإن كان من الخبرة التاريخية السابقة، فهو أصيل ومعاصر، وجزء أساسي من شروط نهضة المجتمع والأمة.

هيمنة التجزيئية التنافرية على العلاقة بالخبرة الحداثية اليسارية

هذه التجزيئية التنافرية المنهكة، لم تكن خاصة بجهد القوى المنجذبة إلى الخبرة التراثية فحسب، بل كانت سمة بارزة في جهد القوى التي ركنت إلى النماذج الحداثية اليسارية عامة، وراهنت عليها في تحقيق النهضة كذلك.

واللافت للنظر هنا كذلك، هو أن هذا الركون إلى الخبرة الحداثية اليسارية، والمراهنة عليها في تحقيق النهضة، قد هيمنت التجزيئية التنافرية المنهكة على مساحات مهمة منه هو بدوره، حيث تجزأت وتنافرت العلاقة المعرفية والوظيفية بين معطياته واتجاهاته بشكل ملحوظ، وبين معطيات بقية الاتجاهات الأخرى كذلك، لأنه كان يعتبر نفسه مالكًا للحقيقة ومهيمنًا عليها دون غيره! بل يرى أنه من حقه وواجبه أن يناهض بقية القوى والاتجاهات والخيارات الأخرى، ويحمي منها حركة النهضة! باعتبارها - أي الاتجاهات الأخرى - خيارات رجعية وظلامية وقروسطية متخلفة كما يقول أتباعه!

فهذا الاتجاه كان نسخة مكررة، بل ومشوهة أحيانًا، من الخبرة اليسارية الأصلية ذات النشأة والمرجعية المغايرة، التي عمل على نقلها إلى المجتمعات الإسلامية وزرعها فيها بالقوة، على الرغم من عدم انسجامها في كثير من جوانبها مع المعادلة الثقافية والاجتماعية والحضارية للمجتمعات الإسلامية!

وكانت النتيجة العملية لهذا الاتجاه بدوره، هي ضعف فعاليته الإنجازية، وقلة جدواه العملية في معتركات المدافعة والمداولة الحضارية! وفشلت جل تجاربه في التنمية والنهضة،

بعد استنزاف أرصدة مهولة من الميزانية التسخيرية الكونية للمجتمعات الإسلامية المعاصرة، وتكريس أنظمة استبدادية متخلفة ومتوحشة؛ لا تترك الحكم والسلطة إلا بالانقلابات والانقلابات الدموية المضادة، وأشاعت أنماطًا مقلقة من الازدواجية الفكرية والنفسية والسلوكية في المجتمع، وكرست السلبية والخوف والنفاق الاجتماعي، وزرعت الإحباط في الأجيال.

والملاحظة السابقة التي أبديناها على النظرة التراثية، تسري على الخبرة اليسارية بدورها، فنحن ندرك أن هذه الخبرة كغيرها من الخبرات الإنسانية، فيها جوانب مفيدة وصالحة، وتدخل ضمن دائرة المشتركات الإنسانية الواسعة، التي ينبغي الاستفادة منها بدون تردد، وإنما القصد هو الجوانب السلبية في هذه الخبرة اليسارية المنقولة، التي أحدثت كثيرًا من الاضطرابات الفكرية والنفسية والسلوكية والاجتماعية في المجتمعات الإسلامية المعاصرة.

هيمنة التجزيئية التنافرية على العلاقة بالخبرة الحداثية الليبرالية

لم تقتصر هذه التجزيئية التنافرية المنهكة على خيارات النموذجين السابقين التراثي والحداثي اليساري فحسب، بل شملت كذلك الخيارات التي ركنت إلى نماذج الحداثة الليبرالية وراهنت عليها في تحقيق النهضة، حيث لم تسلم هي أيضًا من فيروس التجزيئية التنافرية المنهكة، لا في ذاتها، ولا في علاقاتها بغيرها من النماذج والخيارات الأخرى.

لذلك كانت نتيجتها هي أيضًا زهيدة جدًّا، لأنها أسست لازدواجية وتنافرية منهكة في المجتمعات الإسلامية، بموقفها التجزيئي من وظيفة الدين في الحياة، وبتكريسها للأنانية الفردية، والتفاوتات الطبقية المتوحشة، واستبعادها للقيم الأخلاقية في الحياة السياسية، وتهميشها لها في الحياة الاجتماعية...!

أما ما فيها من جوانب إيجابية تخص المشتركات البشرية، فهي خبرة وحكمة إنسانية عامة، تستفيد منها حركة النهضة بقدر حاجتها إليها بدون أي تردد. فالحكمة ضالة الإنسان العاقل أنى وجدها التقطها واستفاد منها، كما يُقال في الحكم.

هيمنة التجزيئية التنافرية على الخبرة التلفيقية المميَّعة

امتد فيروس التجزيئية التنافرية المنهكة، ليطال الخيار الرابع، وهو خيار التلفيقية المميَّعة، الذي اجتمعت فيه كثير من شكليات وأعراض الخيارات الثلاثة السابقة، وأضيفت إليها بعض شكليات وأعراض ونواقص ذاتية وقبَلية وطبقية أخرى عديدة.

فهذا الخيار لم يذهب في كثير من الأحيان إلى الجوهر السنني في الخيار التراثي، ولا إلى الجوهر السنني في خيار الحداثة اليسارية، ولا إلى الجوهر السنني في خيار الحداثة الليبرالية، بل ذهب إلى كثير من مفرزاتها السلبية، وراح يلفق منها نموذجًا مميَّعًا بلا رائحة ولا طعم ولا لون ولا هوية... باسم الوطنية حينًا، وباسم القومية حينًا، وباسم الأصالة، والثورة، والإصلاح، والتحديث، والمعادلة الاجتماعية للمجتمع، ودرء فتن مناهضة منطق التغلب أحيانًا أخرى.

وعلى الرغم من أن هذا الخيار أو الاتجاه أتيحت له الفرص والإمكانات أكثر مما أتيح لغيره من الخيارات الأخرى، فإنه لم يتمكن من إحداث النقلة النوعية المطلوبة في مسار النهضة الحضارية الإسلامية المعاصرة، وأهدر كثيرًا من هذه الفرص، وساهم في مضاعفة المديونية الحضارية للمجتمع والأمة في مجالات كثيرة.

وقد علَّق مالك بن نبي على العلاقة المرتبكة لحركة النهضة الإسلامية المعاصرة، بكل هذه الخيارات والنماذج السابقة عليها والمعاصرة لها، مركِّزًا في هذه الفقرة على العلاقة بالنموذج الغربي خاصة، باتجاهاته المختلفة، فقال:

> «والنهضة الإسلامية في مراكزها الثقافية - هنالك حيث تتجلى بوضوح فكرتها ويتجسم جهدها - لا تعطي الصورة الناطقة الواضحة عن أنها قد اختارت بالفعل نموذجًا...
>
> ونحن حين نشعر شعورًا خفيفًا في دراستنا السريعة، بأن أستاذ النهضة الإسلامية هو الغرب، نرى أنها تريد حين تريد أن تفصل ثوبها على نموذج هذا الأستاذ تقلد بجهالة عثرة مقصه! ولكن عندما تكون الرغبة في صنع الثوب من مادة التاريخ فيجب أن نعرف قدر أنفسنا، وأن نعرف النموذج الذي نختاره... حتى لا نكون نسخة مكررة من غيرنا، فالعالم

الإسلامي على وجه الخصوص لا يمكنه، ولا يجب عليه، أن يتتبع جميع الدروب والمنعرجات على طول الطريق الذي سلكه الغرب، فليس لديه من القرون مثل ما كان لنموذجه...»[1].

وفي خلاصة عامة تخص موقف النخبتين الإصلاحية والتحديثية اللتين قادتا حركة النهضة الإسلامية المعاصرة في العالم الإسلامي، يلاحظ أن:

«الخطأ الذي وقع فيه المحدثون ودعاة الإصلاح، ناتج عن أن كليهما لم يتجه إلى مصدر إلهامه الحق، فالإصلاحيون لم يتجهوا حقيقة إلى أصول الفكر الإسلامي، كما أن المحدثين لم يعمدوا إلى أصول الفكر الغربي»[2].

لأن جُل هذه الاتجاهات التي أشرنا إليها آنفًا، استوعبت التجزيئيةُ المتنافرة، جزءًا مهمًّا من اهتماماتها وأولوياتها ومناهج عملها، فوقف جزء معتبر من جهدها عند مفرزات وأعراض المنتوج الحضاري التراثي، والمنتوج الحضاري الغربي المعاصر باتجاهيه اليساري والليبرالي، ولم تتمكن من تجاوز هذه العتبة إلى الجوهر السنني في كل هذه الخبرات والخيارات، وتورَّط كثير منها في التلفيقية الاستهلاكية أو التمويهية المميَّعة، التي لا يمكنها أن تنشئ نهضة حضارية متوازنة لها ذاتيتها وبصمتها وإضافتها ومناعتها الخاصة.

فالنهضة الحضارية كما يقول مالك بن نبي:

«ليست أجزاء مبعثرة ملفقة، ولا مظاهر خلابة، وليست الشيء الوحيد، بل هي جوهر ينتظم جميع أشيائها وأفكارها وروحها ومظاهرها، وقطب يتجه نحوه تاريخ الإنسانية»[3].

والسبب الجوهري في هذه التجزيئية التنافرية المنهكة التي هيمنت حتى الآن على جزء كبير من جهود حركات الإصلاح والتنمية والنهضة في العالم الإسلامي، هو غياب الرؤية

---

(1) مالك بن نبي. فكرة الإفريقية الآسيوية، ص89.

(2) مالك بن نبي. وجهة العالم الإسلامي، ص70.

(3) مالك بن نبي. شروط النهضة، ص159.

السننية الشاملة لخريطة المنظومات السننية الكونية الكلية التي وضعها الله تعالى بين يدي الإنسان لكي ينمي ذاته ويبني شخصيته بشكل متوازن، وينمي ويبني مجتمعه وحضارته بشكل متوازن كذلك.

ولو أن هذه الاتجاهات التي تولّت المساهمة في بناء النهضة الحضارية الإسلامية المعاصرة، استوعبت هذه الخريطة السننية الشاملة، ووظفت معطياتها جميعًا، بشكل تكاملي صحيح، لتكامل جهدها وتوازن، ولعظمت فعاليته الإنجازية، ولحقق النهضة الحضارية المطلوبة.

فبعض اتجاهات حركة النهضة الحضارية الإسلامية المعاصرة، في علاقتها المعرفية والوظيفية بالمنظومات السننية الكونية الكلية الأربع، التي تحتاج إليها أي نهضة حضارية إنسانية متوازنة، وقع لها مثلما وقع لمجموعة من مكفوفي البصر، طُلب منهم وصف الفيل وتحديد صورته، فلما تحسسوه بأيديهم، وكوّن كل واحد منهم صورة عنه:

> «فقال الذي لمس الرِّجل: إن الفيل ما هو إلا مثل أسطوانة خشنة الظاهر إلا أنه ألين منها. وقال الذي لمس الناب: ليس كما يقول، بل هو صلب لا لين فيه، وأملس لا خشونة فيه، وليس في غلظ الأسطوانة أصلًا، بل هو مثل عمود. وقال الذي لمس الأذن: لعمري هو لين وفيه خشونة، فصدق أحدهما فيه، ولكن قال ما هو مثل عمود ولا هو مثل أسطوانة، وإنما هو مثل جلد عريض غليظ»[1].

هذه أجزاء من الحقيقة والهوية الكلية للفيل، وليست هي الفيل. وكذلك النهضة الحضارية في حقيقتها وهويتها الإنسانية الكلية، هي محصلة مجموع العلاقات المعرفية والوظيفية أو العملية الصحيحة بمعطيات منظومات سنن التسخير الكونية الكلية الأربع المتكاملة، الموضوعة تحت تصرف الإنسان لكي ينجز خلافته في الأرض (كما سيرد الحديث عنها لاحقًا).

النهضة الحضارية هي حركة فكرية ثقافية اجتماعية تجديدية شاملة، تمنح المجتمع القدرة على تلبية ضروريات وحاجيات وتحسينيات حياته، في ضوء السقف الحضاري

---

(1) أبو حامد الغزالي. إحياء علوم الدين، ج4/ 7.

لعصره من ناحية، وتمكنه من حماية نفسه والمحافظة على منجزات نهضته من ناحية ثانية، ومن أخذ موقعه ودوره الفاعل في محيطه الإقليمي والعالمي من ناحية ثالثة.

النهضة الحضارية إذن، لن تحقق أهدافها، ولن تلبِّي حاجيات المجتمع، ولن تمنح الإشعاع الذاتي لهويته الحضارية، ولن تمكِّنه من أخذ موقعه اللائق به في عصره، بمعرفة وثقافة سننية جزئية متنافرة، بل تحقق ذلك كله بمعرفة وثقافة سننية كلية شاملة ومتكاملة ومتوازنة ومتجددة. فالمعرفة والثقافة الجزئية المتنافرة لا تصنع نهضة حضارية متوازنة، ربما تصنع بعض الوثبات الجزئية أو القطاعية المؤقتة هنا أو هناك، ولكنها لا تصمد في وجه الحاجيات والمستجدات والتحديات والطموحات التي يفرضها منطق المدافعة والمداولة الحضارية العالمية على كل المجتمعات المعاصرة، ويضعها أمام خيارين أساسيين، هما: إما النهضة الشاملة المتوازنة، القادرة على المنافسة الجادة أو على الأقل المواكبة الجادة. وإما التبعية والهامشية الحضارية الجزئية أو الشاملة المنهكة وربما المهلكة.

فمنطق المدافعة والمداولة الحضارية المطَّرد، لا يتيح أي فرصة للضعف أو الغفلة أو الاسترخاء، بل يفرض على الضعفاء الغافلين مزيدًا من التقهقر والضعف والتخلف والتبعية، كما يتيح للقوى الجادة المجددة لفعالية أدائها، مزيدًا من القوة والفعالية والتقدم والتأثير في محيطها وعصرها.

والنهضة الحضارية الإسلامية المعاصرة أوتيت من هذه الزاوية، حينما تجاذبتها اتجاهات معرفية وثقافية واجتماعية وسياسية تجزيئية متنافرة، يستصغر بل ويخطِّئ، وأحيانًا يجرِّم، بعضها جهد بعض، ويناوئه، ويعمل على إضعافه ومحو آثاره ما استطاع إلى ذلك سبيلًا!

ومن قديم قال بعض أهل الخبرة والحكمة والبصيرة بسنن الله تعالى في الحياة:

متـى يَبلُـغ البُنيـانُ يومًـا تَمامَـه ... إذا كُنـتَ تَبنيـه وغَيـرُكَ يَهـدِمُ

ثانيًا: المضاعفات السلبية للسننية الجزئية التنافرية على تجربة النهضة الحضارية الغربية المعاصرة

مشكلة التجزيئية التنافرية المنهكة، لم تعانِ منها تجربة النهضة الحضارية الإسلامية المعاصرة فحسب، بل عانت منها تجربة النهضة الحضارية الغربية المعاصرة كذلك، التي

تشكِّل التجزيئية التنافرية المنهكة إحدى أكبر تجلياتها ومعضلاتها هي أيضًا، على الرغم من النجاحات الكبيرة التي حققتها على مستوى التطور المادي والتنظيمي، والرفع من مستويات الرفاهية في الحياة الإنسانية.

إن تجارب المجتمعات الغربية المعاصرة التي قطعت أشواطًا بعيدة في التنمية والنهضة الحضارية المادية أو المدنية، التي تعد نموذجًا ملهمًا لغيرها، بل وأصبحت قانونًا لعصرنا كما قال مالك بن نبي: «ونحن في القرن العشرين نعيش في عالم يبدو فيه امتداد الحضارة الغربية قانونًا تاريخيًّا لعصرنا»[1]، هذه التجارب التي حققت هذه النجاحات المادية المبهرة، ومكَّنت المجتمع الغربي من أن ينجز نهضته ومداولته الحضارية، ويحول نموذجه الحضاري إلى نموذج عالمي مركزي لأكثر من قرنين من الزمن على الأقل، تكتشف بعد كل هذه النجاحات، أن تجربتها منقوصة، وأن اختلالاتها كثيرة، وأن أخطارها كبيرة على الإنسان والطبيعة معًا[2]، وأن أحد الأسباب الرئيسية في ذلك كله هو **الرؤية الجزئية أو التجزيئية التنافرية لشروط النهضة الحضارية**، التي تكاد تنحصر في الشروط المادية والمقاصد المادية.

عواقب صراع الديني والمدني في تجربة الحداثة المعاصرة

على الرغم من المكاسب المادية العظيمة للحضارة المعاصرة التي هي وليدة الحداثة المعاصرة، فإن بعض الاختلالات الهيكلية في المنظور السنني الكوني الكلي لهذه الحداثة، المتصلة أساسًا بموقفها من الدين والحياة الروحية والأخلاقية للإنسان خاصة، أصبحت تهدد هذه المكتسبات، وتحوِّل جزءًا منها إلى نقمة على الإنسان الغربي نفسه وعلى الإنسانية عامة، كما سنرى ذلك في بعض الشهادات لبعض العلماء والمفكرين الغربيين الحريصين على مستقبل هذه الحضارة.

---

(1) مالك بن نبي. شروط النهضة، ص43.

(2) راجع معطيات وشواهد كثيرة في دراسات: ألبرت أشفيتسر، «فلسفة الحضارة». أسوالد شبنقلر، «تدهور الحضارة الغربية». أرنولد توينبي، «مختصر دراسة التاريخ». ويل ديورانت، «قصة الحضارة». أليكسيس كاريل، «الإنسان ذلك المجهول». رينيه دوبو، «إنسانية الإنسان». كولن ولسون، «اللامنتمي». روجيه جارودي، «كيف صنعنا القرن العشرين؟» و«كيف نصنع المستقبل؟». نعومي كلاين، «عقيدة الصدمة: صعود رأسمالية الكوارث». باتريك جيه. بوكانن، «موت الغرب»، وغيرها.

قامت النهضة الحضارية الغربية المعاصرة، على أنقاض الصراع بين الدين والعلم، والمادة والروح، والفرد والمجتمع، والحق والجمال... وانتهت إلى استبعاد أو تهميش الدين من الحياة العامة بل وحتى الخاصة في كثير من الأحيان، وآمنت بالعلم التجريبي المادي طريقًا وحيدًا للمعرفة والحياة[1]، وانحازت اتجاهات فيها إلى الفردية على حساب الجماعية، وانحازت أخرى إلى الجماعية على حساب الفردية، وإلى المادية على حساب الروحية والأخلاقية، وإلى الجمالية على حساب الخيرية، وإلى الدنيوية على حساب الأخروية، وإلى القوة على حساب الحق... وسارت على ذلك أشواطًا بعيدة، انتهت بها إلى مادية متوحشة، وفردية أنانية مفرطة، واكتئابية طاحنة، وترفيَّة مهلكة، وشذوذ متفاقم، جعلت الكثير من الناس يتصرفون مع أنفسهم، ومع غيرهم، ومع مقدرات الطبيعة، وكأنهم آخر الأجيال التي تعيش على هذه الأرض، وكأن شعارهم: «فلنعش لحظتنا، وليكن الطوفان بعدنا»!

ونظرًا للتأثيرات الحاسمة لنماذج الحضارة الغربية المعاصرة على البشرية عامة، نقدم فيما يلي ثلاث شهادات بالغة الأهمية، لثلاثة علماء غربيين وازنين، عن عواقب هذه التجزيئية التنافرية المنهكة على حاضر ومستقبل البشرية:

1. شهادة «رينيه دوبو»

يقول «رينيه دوبو»:

> «نحن ندعي أننا نعيش في عصر العلم، إلا إن الحقيقة هي أن الميدان العلمي كما يُدار الآن، ليس فيه توازن يسمح للعلم بأن يكون ذا فائدة تُذكر في إدارة أمور الإنسان! لقد جمعنا جسمًا هائلًا من المعلومات حول المادة، وتقنية قوية لضبط واستغلال العالم الخارجي. ومع ذلك، لا يزال جهلنا فاضحًا بالآثار التي قد تنتج عن اللَّعب بمهاراتنا هذه، ونتصرف في غالب الأحيان وكأننا آخر جيل يعيش على هذه الأرض»[2].

---

(1) روبرت م. أغروس، جورج ن. ستانلي. العلم في منظوره الجديد، ص20.

(2) رينيه دوبو. إنسانية الإنسان، ص31.

وبسبب هذه النظرة التجزيئية للإنسان وللحياة والكون عامة، وعجز الرفاه المادي الذي وفرته الحضارة المادية المعاصرة للإنسان، على منحه التكاملية السلوكية، والطمأنينة النفسية، والحميمية الاجتماعية، والروحانية الموصولة بعوالم الغيب المفتوحة أمامه، والدفع به إلى مزيد من الفردية والأنانية والقلق والعدوانية والشهوانية... أخذ كبار العلماء الغربيين ينبهون، بل ويحذرون، من مخاطر هذه التجزيئية التنافرية المنهكة، بل والمهلكة، كما أشرنا آنفًا.

وتعميقًا لمخاطر التجزيئية يضيف «رينيه دوبو»، مفسرًا لهذه الوضعية، ومبينًا أن:

> «الجذور العميقة للقلق، موجودة في البنية النفسية للفرد، كل فرد من أفراد هذه المجتمعات. وأكبر مشكلة حادة في الحياة المعاصرة، هي في الغالب شعور الإنسان بأن الحياة قد فقدت معناها، فالمشاعر الدينية والتقاليد الاجتماعية القديمة تنخرها المعلومات العلمية، وسخافة الأحداث العالمية الباطلة... وبما أن فكرة الإله كانت ترمز إلى وحدة الكون بمجموعه الخلق والمخلوقات – لذلك يبقى الإنسان الآن بدونها كسفينة بلا مرساة، لا قرار له»[1].

وينتهي إلى نتيجة بالغة الأهمية والدقة، عندما يؤكد أن إنسان العصر يشبه من نواحٍ كثيرة، الحيوانَ البري المأسور في حديقة الحيوانات:

> «يتوفر له الغذاء الكافي، والحماية الكافية من القسوة، ولكنه يحرم من المثيرات الطبيعية الأساسية للعديد من وظائفه الجسدية والفكرية. فالإنسان اليوم ليس غريبًا عن أخيه الإنسان فحسب، بل الأهم أنه غريب معزول عن أعماق ذاته»[2].

وانظر إلى هذا المعنى في مثل قوله تعالى: ﴿وَلَا تَكُونُواْ كَٱلَّذِينَ نَسُواْ ٱللَّهَ فَأَنسَىٰهُمْ أَنفُسَهُمْۚ أُوْلَٰٓئِكَ هُمُ ٱلْفَٰسِقُونَ﴾ [الحشر: 19]. إن نسيان الله تعالى الذي يؤدي إلى نسيان

(1) رينيه دوبو. إنسانية الإنسان، ص47.

(2) نفسه، ص47.

مصالح النفس الحقيقية[1]، هو نتيجة منطقية للغفلة عن حجية وسلطة منظومتي سنن الهداية وسنن التأييد، وعدم استثمار معطياتهما في وضع معطيات منظومتي سنن الآفاق وسنن الأنفس في مكانهما الصحيح من حياة الإنسان.

2. شهادة «ألكسندر دوغين»

هو مفكر ومنظر روسي معاصر، صاحب نظرية أو مشروع النظرية السياسية الرابعة، التي جاءت، حسب رأيه، على أنقاض فشل مشروع الحداثة الغربية بنماذجها الأيديولوجية الثلاثة، الليبرالية والاشتراكية والفاشية، كما يصنفها.

يرى أن مشروع الحداثة الغربية بكل اتجاهاته، وصل إلى الفشل، لأنه لم يستطع حماية الهوية الإنسانية للإنسان، ولم يضمن للإنسان الرفاهية والسلام، بل دفع بالإنسان العقلاني إلى الاغتراب والفناء والوهم، بعدما فُكِّكت مرجعياته التي كانت تحقق بعض توازنه، وقُطعت جذوره، وتُرك في العراء أو التيه الأيديولوجي والروحي، بلا سند يعصمه من قساوة الحياة، بل ووحشيتها أحيانًا، وراح يعمم تجربة الانقطاع عن الجذور الأبدية على بقية المجتمعات الإنسانية!

فالفرد المقدس والحر الذي استهدفته الحداثة المعاصرة في مشاريعها المختلفة، غدا في رأيه، مع المجتمع الاستهلاكي، عبدًا للسوق والسلع، والديمقراطية أصبحت تنتج اللامساواة والاستبداد، لتتحطم بذلك السرديات الكبرى حول العقلانية والتقدم والمساواة.

ويقترح نظرة أشمل تتسع للروحانية والأخلاقية، والتنوع الثقافي والحضاري، الذي كبتته وأقصته الحداثة العقلانية المعاصرة، وحرمته من التطور والتجدد في نظره[2].

ويبقى السؤال الكبير: ما هذه النظرة التي تنفتح على كل هذه الأبعاد والآفاق وتستوعبها بشكل سنني منسجم مع حقائق الفطرة، أو غير مصادم لها على الأقل، ومحقق لمصالح الأفراد والمجتمعات بشكل متوازن، تقل فيه المظالم والفوارق الفاحشة المتوحشة؟

---

(1) ابن قيم الجوزية. مفتاح دار السعادة ومنشور ولاية العلم والإرادة، ج1/ 82.

(2) ألكسندر دوغين. www.almayadeen.net/articles/blog/1357256

3- شهادة «باتريك بوكانن»

أضيف هنا شهادة مهمة أخرى، جاءت في كتاب «موت الغرب»، الذي ينبغي أن تقرأه كل نخب المجتمعات الإنسانية المعاصرة، وتبلِّغ نتائجه لكل فرد في المجتمع، لما تضمنه من بعض العِبر التي لا تقدَّر بثمن، والتي يمكن أن تساعد مجتمعات كثيرة وحضارات كثيرة على الوقاية الإستراتيجية المبكرة من الموت الحضاري كما يسميه.

يدور الكتاب حول تحذير المجتمعات الغربية من الانقراض والموت الحضاري اللذين ينتظرانها، بسبب المآلات التي تنتظر هذه المجتمعات التي اجتاحتها المادية والأنانية الفردية والخواء الروحي والدنيوية الضيقة.

يقول صاحب الكتاب:

> «الغرب يموت! لقد توقفت أممه عن التكاثر، وتوقف سكانه عن النمو، وبدأوا بالانكماش، ولم يقم منذ الموت الأسود الذي حصد أرواح ثلث سكان أوروبا في القرن الرابع عشر، تهديد أخطر لبقاء الحضارة الأوروبية من هذا الخطر الماثل. اليوم هناك سبعة عشر بلدًا أوروبيًّا فيها جنازات دفن أكثر من احتفالات الولادة، وهناك أكفان أكثر من المهود... أي جميع ملل الإيمان المسيحي ممثلون في المسيرة العظيمة لموت الغرب.
>
> يبدو أن مبدأ اللذة الجديد غير قادر على إعطاء الناس سببًا كافيًا ليستمروا في الحياة، وثماره المبكرة تبدو سامة، فهل ستبرهن هذه الثقافة الجديدة «المحررة» التي احتضنها شبابنا بحماسة، على أنها عامل مسرطَنٌ أقتَل منها كلها؟ وإذا كان الغرب في قبضة ثقافة الموت، كما يجادل البابا، وكما تبين الإحصاءات على ما يبدو، فهل توشك الحضارة الغربية أن تلحق بإمبراطورية لينين إلى النهاية المشينة نفسها؟
>
> قبل قرن كتب «غوستاف لوبون» في كتابه الكلاسيكي «الجمهور»: «إن السبب الحقيقي للانقلابات الفجائية الضخمة التي تسبق تغييرات الحضارات، مثل سقوط الإمبراطورية الرومانية وظهور الإمبراطورية

العربية، هو تعديل عميق في أفكار الناس... إن أحداث التاريخ المشهودة هي الآثار المرئية للتغييرات غير المرئية للفكر الإنساني... والعصر الحالي هو واحدة من هذه اللحظات الحاسمة التي يتعرض فيها فكر الإنسانية لعملية تحول»[1].

كان «لوبون» يتحدث عن زمانه هو، في نهاية القرن التاسع عشر، ولكن ما كتبه يصح على زماننا أيضًا.

لأن هذه الثورة الثقافية هي التي أدت بالضبط إلى مثل هذا التعديل في أفكار الناس، وهذه الأفكار جعلت النخبة الغربية غير مبالية بموت حضارتهم»[2].

مسؤولية المنظورات الجزئية عن هذه المآلات

الأسئلة الجدية الكبيرة هنا:

لماذا وصل الغرب إلى هذا الوضع الذي أصبح يخيف بل ويرعب الكثير من نخبه الحية، ويدفع بها إلى إعلان النكير والنفير الحضاري، لتدارك الوضع قبل فوات الأوان؟ ولماذا فقدت الحضارة الإسلامية من قبل توازنها الحضاري وطالها الضعف والتخلف والتبعية الحضارية؟ ولماذا طال الاختلال والضعف مجتمعات وأممًا وحضارات سابقة، وعرَّض وجودها الحضاري للخطر؟ ولماذا يعجز مبدأ اللذة أو الرفاهية والترف عامة، الذي أشار إليه صاحب الكتاب، عن إعطاء الناس سببًا كافيًا ليستمروا في الحياة، ويحافظوا على الامتيازات التي توفرها لهم اللذة والرفاهية والترف عامة؟ أليست هذه الرفاهية مطلبًا بشريًّا يجري وراءه كل الناس أو جلهم، بل ويتدافعون ويتصارعون من أجله؟

المعطيات والفرضيات التي قدمها صاحب الكتاب للإجابة عن حالة الحضارة الغربية، إجابات مهمة وواقعية، لكنها تندرج في إطار الأسباب الظاهرية المرئية، ولذلك فهي

---

(1) غوستاف لوبون. سيكولوجية الجماهير، ص43.

(2) باتريك جيه. بوكانن، موت الغرب، ص27.

أقرب إلى وصف أعراض المرض والضعف منها إلى التشخيص السنني العميق للأسباب والعلل الحقيقية، التي تقف وراء حالة الاختلال والضعف، وتدفع بالمجتمع إلى مصيره الحضاري المحتوم.

وهذه التشخيصات الوصفية العرَضية للمشكلات المجتمعية والحضارية، مهما كانت دقيقة في توصيفاتها وتحليلاتها واستنتاجاتها، فإنها لا تحل المشكلات المجتمعية والحضارية، بل تقوم بعمليات التسكين المؤقت، والتأخير المؤقت لانهيار المجتمعات والحضارات، لأنها لا تذهب إلى جذور المشكلات ومنابع نشوئها، لتعرف المؤثرات الحقيقية فيها، فتبدأ معالجتها من هناك، أي من جذورها ومنابعها، وليس من امتداداتها وتفرعاتها ومظاهرها اللامتناهية.

وكما سبق بيان ذلك في تشخيص حالة النهضة الحضارية الإسلامية المعاصرة، وفي استعراض شهادات بعض العلماء الغربيين الكبار عن الحالة الحضارية الغربية، فإن **اللاسننية أو السننية الجزئية التنافرية المنهكة**، هي التي تقف وراء كثير من حالات الاختلال والضعف التي تتعرض لها المجتمعات والحضارات الإنسانية بصفة عامة. فاللاسننية التي تعني عدم مطابقة الفهم والجهد والحركة الإنسانية لسنن الحياة، لا يمكنها أبدًا أن تحقق نهضة حضارية متوازنة، وإذا حققت شيئًا من القوة والرفاهية المؤقتة، فإنها تحققها في غياب المدافعة الحضارية المنافِسة الجادة، فإذا ما ظهرت مدافعة حضارية منافِسة أو مغالِبة جادة، انهارت أمامها بسرعة، وأخلَت الطريق لها، إمضاء لسنة الله في المداولة الحضارية بين الجماعات البشرية، القائمة على فعالية المدافعة الحضارية، فمن كانت فعالية مدافعته أكبر وأقوى وأدوم، حقق مداولته الحضارية على حساب غيره ممن كانت فعالية مدافعتهم أضعف وأقصر نفَسًا، كما أشار إلى ذلك القرآن في مثل قوله تعالى: ﴿سُنَّةَ ٱللَّهِ فِي ٱلَّذِينَ خَلَوۡاْ مِن قَبۡلُۖ وَلَن تَجِدَ لِسُنَّةِ ٱللَّهِ تَبۡدِيلٗا﴾ [الأحزاب: 62].

والسننية الجزئية التنافرية المنهكة، تعني تحكُّم الإنسان في بعض المعطيات السننية الجزئية، وامتلاك شيء من القوة والفعالية التسخيرية بشكل مؤقت، فإذا ما واجهته قوةُ دفعٍ اجتماعية وحضارية جديدة أكثرَ فعالية من فعاليته، فقد توازنه وانهار أمامها بسرعة، بل وحتى إذا لم تواجهه قوةُ دفعٍ أكثر فعالية من قوة دفعه الاجتماعي والحضاري، فسوف

يطاله الاختلال والضعف من داخله، لأن قوة وفعالية الدفع المؤقتة التي منحتها له السننية الجزئية، غالبًا ما تعاني من التنافرية والاهتلاكية الذاتية مع مرور الزمن، لغياب عوامل وشروط القوة المساندة والموازِنة والمعزِّزة لهذه السننية الجزئية التي تمكّن من التحكم في بعض معطياتها.

فالسنن الناظمة لحركة الحياة البشرية، والملبية لضروريات وحاجيات وتحسينيات هذه الحياة، فردية كانت أم جماعية، موزعةٌ على منظومات، وفي ساحات كونية متعددة، يكمل بعضها بعضًا، ويعزز بعضها فعالية بعض، ويرفع مستوى كفاءته الوظيفية، ويمنحه مزيدًا من القوة والحماية الذاتية.

وإذا فقدت هذه السننية الجزئية هذا السندَ والدعم التكميلي من بقية المنظومات والساحات السننية الأخرى، وظل الجهد الإنساني معتمدًا على معطيات هذه السننية الجزئية وحدها، فإنه سيعاني حتمًا من التنافرية والاهتلاكية الذاتية المنهكة، وتضعف فعاليته الوظيفية، ويفقد توازنه أمام الجهد الأكثر كفاءة وفعالية من جهده.

فاللاسننية أو السننية الجزئية المتنافرة، تشكِّل إحدى أكبر وأخطر المعضلات التي تعاني منها المجتمعات الإنسانية باستمرار، لأنها لا تملك القدرة على تغطية كل احتياجات بناء الشخصية الإنسانية المتوازنة من ناحية، ولا احتياجات بناء الحياة الاجتماعية والحضارية المتوازنة من ناحية ثانية، ولا القدرة على مواجهة التحديات الشاملة التي تفرضها حركة المدافعة والمداولة الحضارية على الأفراد والمجتمعات بشكل مستمر من ناحية ثالثة، في الوقت الذي يعتقد فيه بعض الناس أن هذه السننية الجزئية كافية لتحقيق ذلك كله، ولا يعتقدون أن هناك غيرها! أو هم في حاجة إلى غيرها، وهم بهذا يحمِّلون هذه السننية الجزئية ما ليس في طاقتها ولا من طبيعتها! ويعطِّلون بذلك الاستفادة من بقية المعطيات السننية الأخرى في بقية الساحات والمنظومات الكونية الحيوية الأخرى، ويحرمون أنفسهم ومجتمعاتهم من خدماتها الضرورية، التي لا غنى عنها لأي نهضة حضارية متوازنة الأبعاد، إنسانية العطاءات والبركات.

إن السننية الجزئية المنكفئة على نفسها، والمكتفية بنفسها، تضعف إنسانية الإنسان، بل وتقتلها، وتحرم المجتمعات من شروط الانسجام والتماسك والحميمية الروحية والأخلاقية

والاجتماعية، لأنها لا تنمّي في الإنسان والمجتمع إلا بعض الجوانب المادية والفنية، وتترك فراغات كبيرة في تفكيره ونفسه وسلوكه وعلاقاته الاجتماعية بدون تنمية وترقية، فيعاني من الازدواجية التنافرية المنهكة، وتتحول المكتسبات المادية والاجتماعية التي حققتها له السننية الجزئية إلى نقمة عليه في كثير من الأحيان.

تزايد المخاطر مع تزايد تحكم الإنسان في السننية الجزئية المتنافرة

إن الإنسان في ظل السننية الجزئية، قد يمتلك إمكانات وطاقات مادية كبيرة، من خلال تحكمه في بعض معطيات **منظومة سنن الآفاق**، وربما إمكانات تدبيرية أو إدارية فنية عالية كذلك، من خلال تحكمه في معطيات **منظومة سنن الأنفس**، كما هو الشأن في الحضارة الغربية المعاصرة على سبيل المثال، ولكن كل هذه المعطيات والإمكانات المادية والإدارية العالية، كثيرًا ما تستعمل بطريقة مضرة بالإنسان والمجتمع، بل والطبيعة نفسها.

فالإنسان المعاصر، في غياب أو قصور اهتمامه ووعيه بمعطيات **منظومتي سنن الهداية وسنن التأييد**، وزيادة اهتمامه ووعيه بمعطيات **منظومتي سنن الآفاق وسنن الأنفس**، وتنامي قدراته على التحكم فيها، امتلك قدرة تسخيرية هائلة، وجَّه جزءًا كبيرًا منها نحو تلبية رغباته الاستهلاكية الترفيَّة اللامحدودة، وإشباع نزعاته الأنانية التسلطية الكامنة، التي انعكست تأثيراتها السلبية الخطيرة على إنهاك البيئة الطبيعية كمكون رئيسي من **ميزانية التسخير الكونية** للإنسان، وعلى الإضرار بالصحة النفسية والصحة الجسمية للإنسان، وعلى الإضرار بالقيم الأخلاقية والعلاقات الاجتماعية للإنسان، وتعميق الإحساس بالخواء الروحي المتسع لديه، والدفع به إلى العيش والتصرف في هذه الحياة، وكأنه آخر إنسان أو جيل إنساني يعيش على الأرض! على حد تعبير «رينيه دوبو»[(1)].

ولنتصور في ضوء هذا الخواء الروحي، وهذه الأنانية والاستهلاكية الترفيَّة المتفاقمة، وهذه الاستعلائية والكراهية المتزايدة بين البشر، وهذا الإحساس بالعبثية الوجودية، أن حربًا كونية ثالثة حدثت، في ظل ما يملكه البشر من ترسانات نووية وأسلحة جرثومية مهولة... كيف سيكون حال ومصير الإنسان بل ومكونات الكرة الأرضية برمتها؟

---

(1) رينيه دوبو. إنسانية الإنسان، ص31.

لا شك أن الوضع والمصير سيكونان مريعين، وأشبه ما يكون بمشهد من مشاهد القيامة!

مخاطر السننية الجزئية المتنافرة والحاجة إلى منظور السننية الشاملة

هذه الأوضاع المرتبكة الباعثة على مزيد من القلق والخوف (كما تقدَّم، وكما سيأتي مزيد بيان عنها) هي محصلة لمعضلة المنظورات السننية الكونية الجزئية المتنافرة، التي لم تُتح للإنسان تكوينًا وإشباعًا ماديًّا وفكريًّا ونفسيًّا وروحيًّا وأخلاقيًّا واجتماعيًّا متوازنًا، يخلِّصه من الجهل والأمية السننية[1]، ومن الأنانية، ومن الترفيَّة، ومن الاستكبارية، ومن العدوانية، ومن الإحباط، ومن الإمعية والكُلية والخَساسة والدونية... ويمنحه توازنًا وتكاملًا وعمقًا، وأصالة في الشخصية، ترفع من مستوى إنسانيته وكرامته ومركزيته الكونية، وشعوره بثقل المسؤولية الكونية التي تلقيها عليه خلافته في الأرض، وسيادته فيها، وأمانته عليها[2].

ووجود هذه الشخصية الإنسانية بهذه الوظيفة المركزية الكونية المتوازنة، مرهون بالوعي بمنظور السننية الشاملة أولًا، وبالقدرة على الاستثمار الصحيح لكل معطيات هذا المنظور في بناء هذه الشخصية الإنسانية ثانيًا، التي تضطلع ببناء مجتمع إنساني، وحضارة إنسانية متوازنة بعد ذلك، تغلب وتعظم فيها الخيرية والبركة والرحمة الكونية، كما جاء ذلك في القرآن: ﴿وَمَآ أَرۡسَلۡنَٰكَ إِلَّا رَحۡمَةً لِّلۡعَٰلَمِينَ﴾ [الأنبياء: 107].

فآفاق ومسارات ومصائر المجتمعات والحضارات، مرهونة بالإنسان الرسالي متوازن الشخصية، متكامل الملكات، مطَّرد الفعالية، متألق الأخلاق. فمن نوع الشخصية الإنسانية، تنبع قوة وقدرة وقيمة المجتمعات والحضارات، أو ضعفها وعجزها وهوانها الحضاري.

وفي سياق التجربة الحضارية الإسلامية، يقول مالك بن نبي عن دور ومسؤولية الشخصية المأزومة في أزمتنا الحضارية، وفي تعثر نهضتنا الحضارية المعاصرة، وهو يتعمق في تأمل الأزمة الجزائرية إبان الوجود الاستعماري:

---

(1) أعني بالجهل والأمية السننية هنا: عدم الوعي بشمولية سلطان السنن في الحياة، وأن هذا السلطان يتوزع في الساحات والمنظومات السننية الكونية الكلية الأربع، وهي ساحات سنن الآفاق والأنفس والهداية والتأييد.

(2) فخر الدين الرازي. تفسير الرازي.. مفاتيح الغيب، ج25/ 187.

«فمن الرجل تنبع المشكلة الإسلامية بأكملها، وبخاصة في الجزائر، فالمسألة هي: يجب أولًا أن نصنع رجالًا يمشون في التاريخ، مستخدمين التراب والوقت والمواهب في بناء أهدافهم الكبرى»[1].

ويضيف في موضع آخر، وهو يتحدث عن نوعية الشخصية التي تمخضت عنها مرحلة ما بعد الموحدين، ومرحلة الاستعمار وسريان روحها فينا بأشكال متنوعة حتى الآن، بصرف النظر عن بعض الاستثناءات هنا أو هناك، وبصرف النظر كذلك عن القساوة التي تلاحظ في هذا الوصف لإنسان ما بعد الموحدين، يقول:

«فالنقائص التي تعانيها النهضة الآن، يعود وزرها إلى ذلك الرجل الذي لم يكن طليعة في التاريخ، فنحن ندين له بمواريثنا الاجتماعية، وبطرائقنا التقليدية التي جرينا عليها في نشاطنا الاجتماعي، ليس ذاك فحسب، بل إنه يعيش الآن بين ظهرانينا، وهو لم يكتفِ بدور المحرك الخفي الذي دفعنا إلى ما ارتكبنا من خيانة لواجبنا، وأخطاء في حق نهضتنا، بل لقد اشترك معنا في فعلنا؛ لم يكتفِ بأن بلغنا نفسه المريضة التي تخلقت في جو يشيع فيه الإفلاس الخلقي والاجتماعي والفلسفي والسياسي، فبلغنا ذاته أيضًا»[2].

ولا شك أن ما تعانيه هذه الشخصية المأزومة، من اختلال في التوازن، ومن تنافرية منهكة في الأداء، سواء على الساحة الإسلامية أو على الساحة الإنسانية العامة - على تفاوت بينهما - هو في عمقه منتوج منظورات معرفية وثقافية وتربوية واجتماعية وسياسية مجزأة ومرتبكة ومتنافرة، لم تتمكن من توفير الشروط الشاملة التي تؤثر إيجابًا على بناء الشخصية الإنسانية المتوازنة من ناحية، وعلى حركة النهضة الحضارية للمجتمع من ناحية أخرى.

والجهود الإصلاحية التجديدية، الفردية والجماعية، الشعبية والرسمية، التي قامت في العالم الإسلامي منذ قرنين من الزمن، كان يُفترض فيها أن تواجه معضلة التجزيئية المتنافرة،

---

(1) مالك بن نبي. شروط النهضة، ص75.

(2) مالك بن نبي. وجهة العالم الإسلامي، ص37.

وأن تعيد ترميم وتجديد الوعي بمنظور السننية الشاملة، الذي يخلص المجتمعات الإسلامية من مضاعفات المنظورات التجزيئية التنافرية المنهكة، لكن يبدو أن سلطان هذه المنظورات الجزئية المتنافرة كان أقوى من الجهود الكبيرة التي بذلتها هذه الحركات والشخصيات الإصلاحية على امتداد خارطة العالم الإسلامي، بدليل استمرار وضعية الضعف والتخلف والغثائية والتبعية الحضارية المنهكة حتى الآن.

من هنا تأتي أهمية أطروحتَي «المقدمة» و«شروط النهضة»، بمنهجهما وأفقهما السنني، لأنهما تحركتا على خط السننية الشاملة، وفي اتجاه منظور السننية الشاملة، واستهدفتا التأكيد على الأهمية البالغة للانفتاح على شروطه وآفاقه، من خلال محاولة ابن خلدون اكتشاف قوانين العمران الحضاري البشري عامة، ودور المداولة السياسية فيها خاصة، ومحاولة مالك بن نبي تعميق اكتشاف قوانين الدورة الحضارية وشروط النهضة الحضارية المتوازنة، التي بها وحدها تستطيع المجتمعات الإسلامية، أو غيرها من المجتمعات الإنسانية الأخرى، أن تبني الشخصية الإنسانية الرسالية متوازنة الأبعاد، وأن تنجز نهضتها الحضارية متوازنة القدرات والعطاءات، ذات العمق الإنساني والروحاني والأخلاقي والعمراني المتكامل، الذي تشيع فيه وبه الرحمة والبركة الكونية على البشرية خاصة، وعلى الكائنات الكونية ذات العلاقة بالخلافة الإنسانية في الأرض عامة.

ولما كان جزء من هذه الدراسة مرتكزًا على أطروحة مالك بن نبي في شروط النهضة الحضارية، فإننا سنشرع في الفصل التالي في تقديم خلاصة مركزة عن الخطوط العريضة لأطروحة «شروط النهضة»، التي حاول مالك بن نبي تقديمها في سياق تعميق الوعي **بمنظور السننية الشاملة**، الذي تفضي إليه أي دراسة أو رؤية موضوعية متعمقة في فلسفة التاريخ والحضارة، لأن حركة التاريخ والحضارة في سياقاتها الإنسانية الصاعدة هي محصلة انفتاح وعي الإنسان على كل الساحات أو المنظومات الكونية المتنوعة، التي تتوزع فيها سنن الله تعالى الناظمة للصيرورات الحضارية لحركة الاستخلاف البشري في الأرض.

فأطروحة «شروط النهضة» مندرجة في سياق فلسفة التاريخ والحضارة، التي هي مصب كل المعارف والعلوم والخبرات المتاحة للإنسان، أو التي ستتاح له مستقبلًا، لأنه الحقل

المعرفي الذي يهتم باستخلاص النظريات أو القوانين الكلية الناظمة للصيرورات الحضارية لحركة الاستخلاف البشري في الأرض.

والخلاصة التي تفضي إليها الاهتمامات بهذا الحقل المعرفي المحوري، لا تخرج عن كون حركة التاريخ والحضارة في مساراتها الإنسانية التكاملية المتوازنة الصاعدة، هي محصلة لمنظور السننية الشاملة، وعن كون المسارات التنافرية المضطربة المتقهقرة لحركة التاريخ والحضارة، هي محصلة للمنظورات السننية الجزئية المتنافرة.

الفصل الرابع
أطروحة «شروط النهضة» ومنظور السننية الشاملة

أطروحة «شروط النهضة»: الخلاصة والصدى والتقييم

أُوضح في البداية أن المقصود بـ«أطروحة شروط النهضة» هنا، ليس كتاب **شروط النهضة** فحسب، ولكن مجمل رؤية أو نظرية مالك بن نبي ومشروعه في النهضة الحضارية، الذي تضمن كتاب «شروط النهضة» خطوطه العريضة، ثم تفصلت كثير من هذه الخطوط العريضة وتوسعت وتعمقت في بقية الكتب والمحاضرات والأعمال الأخرى الكثيرة له، ولغيره ممن درسوا تراثه وحاولوا التعمق فيه، والتعميق له، والاستفادة منه، وإفادة أجيال الأمة به.

والدراسة هنا لا تركِّز على كتاب «شروط النهضة» وحده، على الرغم من محوريته في أطروحة «شروط النهضة» الحضارية لمالك بن نبي، لكنها تحاول استخلاص معالم رؤيته أو نظريته في النهضة الحضارية من عموم تراثه الفكري ونشاطه الحركي العام.

وسنحاول هنا استعراض مستخلص للأفكار الأساسية أو البنيوية لأطروحة «شروط النهضة»، التي تقع في صلب موضوع هذه الدراسة، ثم نعقبه بسلسلة من الأسئلة المترابطة التي ترسم لنا خريطة كلية لتقييم هذه الأطروحة، واستشراف آفاق تطويرها والاستفادة منها.

مستخلص بالمعالم الكبرى في أطروحة «شروط النهضة»

سنورد هذا المستخلص في شكل قواعد أو مقولات أو نظريات عامة، مستخرجة مباشرة من أطروحات مركزية مبثوثة في كتبه المطبوعة خاصة، وفي كتب أو كلام من عاصره وتأثر به عامة:

1. أطروحة «شروط النهضة» بمضمونها الفكري، وتصميمها المنهجي، وأفقها المعرفي، تندرج في سياق منظور السننية الشاملة، الذي طرحه القرآن الكريم لرصد وتحليل وتفسير وتأطير الصيرورات الحضارية لحركة الاستخلاف البشري في الأرض، واستشراف آفاقها المستقبلية[1]. فهي عنيت باستخلاص خريطة القوانين الكلية المؤثرة على حركة النهضة الحضارية بالدرجة الأولى، وما ورد فيها من تفاصيل فهو لخدمة هذه الخريطة السننية الكلية، وتعميق الوعي بها.

2. أطروحة «شروط النهضة» تُعد امتدادًا واستكمالًا أصيلًا لأطروحة «المقدمة»، التي أطلقها ابن خلدون منذ أكثر من سبعة قرون من قبل، ولم يتم الاهتمام المطلوب بها، ولا التطوير لها، وتعطل تأثيرها في الفكر الإسلامي، وفي تأطير حركة المجتمعات الإسلامية، قرونًا طويلة وما يزال[2].

3. أطروحتا «المقدمة» و«شروط النهضة»، تقومان على قاعدة أساسية، وهي أن الصيرورات الحضارية لحركة الاستخلاف البشري في الأرض، تنتظمها سنن مطَّردة لا تتغير ولا تتبدل، من عرفها واستثمرها حقق نهضته ومداولته الحضارية، ومن جهلها وحرم من استثمارها، تعذر عليه تحقيق نهضته ومداولته الحضارية، وطالته سنن الضعف والتخلف، وقذفت به في دوامة الغثائية والتبعية الحضارية المذلة[3].

4. أطروحة «شروط النهضة» وسعت دائرة الرؤية إلى الأفق الحضاري لحركة التغيير والإصلاح والتجديد في المجتمع، وأكدت على ضرورة طرح حاجيات ومشكلات وطموحات المجتمعات في سياق نهضة حضارية، وليس في سياقات فردية أو عائلية أو قبلية أو جهوية أو حتى قطرية، ولا في سياقات سياسية أو اقتصادية أو اجتماعية معزولة عن محضنها الحضاري الكلي[4].

---

(1) الطيب برغوث. مدخل سنني إلى النظرية الكلية في فقه العمران الحضاري، ص77.

(2) مالك بن نبي. مشكلة الثقافة، ص47، 48.

(3) مالك بن نبي. المسلم في عالم الاقتصاد، ص49.

(4) مالك بن نبي. شروط النهضة، ص49.

5. إن المشكلة المركزية الأُم لأي مجتمع إنساني هي باستمرار مشكلة نهضته الحضارية[1]. فمن استطاع أن يرتقي بهذه المشكلة إلى مستوى الأولوية المركزية للمجتمع، وأن يضع اهتمامات الأفراد والمؤسسات في خدمة هذه الأولوية، فإنه يكون قد أمسك بمفصل النهضة الرئيسي ومدخلها الأساسي[2].

6. إن الحضارة في منظور أطروحة «شروط النهضة»، هي القطب الذي تتحرك نحوه حركة الحياة البشرية باستمرار[3]، وهي المؤثر الحاسم على مصائر المجتمعات البشرية بشكل مطَّرد، ولذلك فإن أي مجتمع لا يضع طموح حركته الاجتماعية في سياق نهضة حضارية، يكون قد أخطأ الطريق، وحكم على نفسه بالضعف والغثائية الحضارية المذلة[4].

7. الحضارة في منظور أطروحة «شروط النهضة»، هي حركة تغييرية إصلاحية تجديدية بنائية كلية متكاملة مطَّردة، تنمو وتتطور وتترقى فيها كل جوانب الحياة الفكرية والروحية والسلوكية والاجتماعية بشكل متوازن، يتيح للمجتمع تلبية ضروريات وحاجيات وتحسينيات حياة كل فرد فيه من ناحية، ومواجهة التحديات التي تحيط به من ناحية ثانية، والمحافظة على استمرارية مواكبته للحركية الحضارية العالمية من حوله من ناحية ثالثة، والمساهمة في صياغة هويتها ورسم توجهاتها الإنسانية من ناحية رابعة[5].

8. الحضارة هي هذا المركب الفكري الثقافي الاجتماعي الطبيعي الكلي الضخم المتماسك المترابط المتكامل، الذي يعبر عن عبقرية وهوية وطموحات مجتمع ما، وليست أجزاء مبعثرة ملفقة متنافرة مكدسة، بل هي جوهر ينتظم جميع أشيائها وأفكارها وروحها ومظاهرها، وقطب يتجه نحوه تاريخ الإنسانية[6].

---

(1) مالك بن نبي. تأملات، ص177.

(2) مالك بن نبي. دور المسلم ورسالته في الثلث الأخير من القرن العشرين، ص40.

(3) مالك بن نبي. شروط النهضة، ص159.

(4) مالك بن نبي. بين الرشاد والتيه، ص32.

(5) مالك بن نبي. مشكلة الأفكار في العالم الإسلامي، ص42.

(6) مالك بن نبي. شروط النهضة، ص159.

9. إن أطروحة «شروط النهضة»، تنظر إلى الظاهرة الحضارية، لا على أنها سلسلة من الأحداث يعطينا التاريخ قصتها، بل كـ«ظاهرة» اجتماعية كلية مركبة، ينبغي أن يرشدنا الرصد والتحليل والتفسير التكاملي المعمق لها، إلى جوهرها الحقيقي، أي إلى قوانينها وسنن الله الكلية فيها[1].

10. إن منطق السنن المطَّردة هو الذي يحكم كل شيء في حركة الحياة البشرية، وليس هناك نجاح أو فشل، وقوة أو ضعف، وصعود أو تقهقر، في الحركة الحضارية البشرية، يجري هكذا عرضًا أو كيفما اتفق، بل كل شيء إيجابي أو سلبي في حياة الأفراد والمجتمعات، يجري في ضوء منطق سنن الله تعالى في خلقه[2].

11. بناء على هذه الرؤية السننية للنهضة الحضارية، حاولت أطروحة «شروط النهضة» وضع أو بناء نظرية متكاملة في شروط النهضة الحضارية، تقوم على العناصر الأولية التي يشترك فيها جميع الناس، وهي: الإنسان والتراب والوقت، والرؤية الكونية المؤثرة في تركيب هذه العناصر في نشاط اجتماعي منسجم ومتكامل. وهي نظرية تحرر الإنسان من كل أنواع الرؤى العنصرية والأيديولوجية المضللة، وتحمِّله وحده مسؤولية نجاحه أو فشله[3].

12. إن النهضة الحضارية لأي مجتمع إنساني، مرتبطة بمدى تمكنه من تحقيق الصلاح والصلاحية في عالم أفكاره، وعالم أشخاصه، وعالم أشيائه، التي تتيح له الاستثمار الفعَّال والمتكامل للإنسان والتراب والزمن، وشبكة علاقاته الاجتماعية، لتحقيق نهضته الحضارية المطلوبة[4].

13. يشكِّل الإصلاح الثقافي حجر الأساس في أطروحة «شروط النهضة»، لأن الإصلاح الثقافي يتضمن إصلاحين جوهريين لا ينفكان بعضهما عن بعض،

---

(1) نفسه، ص61.

(2) مالك بن نبي. مجالس دمشق، ص53.

(3) مالك بن نبي. شروط النهضة، ص67.

(4) مالك بن نبي. دور المسلم ورسالته في الثلث الأخير من القرن العشرين، ص62.

هما: الإصلاح الفكري بمحتواه العقدي والروحي، والإصلاح السلوكي بمحتواه الأخلاقي والعملي. فالثقافة في أطروحة «شروط النهضة» هي نظرية في المعرفة والسلوك معًا، وليست نظرية في المعرفة وحدها[1].

14. ترى أطروحة «شروط النهضة» أنه كلما نجح الإصلاح الثقافي بمحتواه الفكري والروحي والسلوكي والأخلاقي والعملي المتوازن، انعكس ذلك على شحذ الإرادة الحضارية للمجتمع، وأمكنه من الاستفادة القصوى من إمكانه الحضاري في إنجاز نهضته الحضارية المطلوبة[2].

15. من أجل بناء ثقافة فعالة في المجتمع، ينبغي التركيز على تنمية القيم الأخلاقية لتكوين الصلات الاجتماعية، والارتقاء بالذوق الجمالي لتكوين الذوق العام، والمنطق العملي لتكوين أشكال النشاط العام، والفن التطبيقي لرفع مستوى الإتقان في إنجاز الأعمال[3].

16. ترى الأطروحة من جانب آخر، أن الأزمة الحضارية في أي مجتمع من المجتمعات، هي في جوهرها تعبير عن أزمته الثقافية. فالأزمة الثقافية هي المعدن الذي تصاغ منه كل الفاجعات والنكسات الحضارية. فأي إخفاق يسجله مجتمع ما في حياته إنما هو التعبير الصادق عن درجة أزمته الثقافية، أو بعبارة أعم التعبير عن الأزمة التي تمر بها حضارته في تلك المرحلة من تاريخه[4].

17. ترى الأطروحة أن الأزمة العقلية أو الفكرية في أبعادها المعرفية والمنهجية والتربوية، هي جوهر الأزمة الثقافية وجذرها. فجوهر مشكلتنا يكمن في المسألة العقلية، أي في عالم الأفكار عندما يضطرب منطقه السنني، وتنقلب الأمور فيه

(1) مالك بن نبي. شروط النهضة، ص82.

(2) مالك بن نبي. المسلم في عالم الاقتصاد، ص61، 83.

(3) مالك بن نبي. شروط النهضة، ص87.

(4) مالك بن نبي. مشكلة الثقافة، ص92.

لصالح التجزيئية والخرافة والأفكار الميتة والمميتة[1]، فهذا القلب للأوضاع هو المظهر الجديد لمشكلة نهضتنا[2].

18. إن سر الأزمة الحضارية الإسلامية المعاصرة، ليس في نقص الأشياء ولا الأشخاص، ولكن في نقص «الأفكار». وسنظل نكرر ونلح في تكرارنا، أن أزمة العالم الإسلامي منذ زمن طويل لم تكن أزمة في الوسائل، وإنما في الأفكار[3].

19. نظرًا للأهمية المحورية للثروة الفكرية السننية في الحياة، فقد اعتبرتها أطروحة «شروط النهضة» الثروة الحقيقية للمجتمع، وأكدت أن غنى المجتمعات لا يقاس بكمية ما تملك من أشياء وأشخاص، بل بمقدار ما فيها من أفكار سننية مطبوعة مطابقة لحقائق الأشياء[4].

20. إن الأفكار السننية الجادة هي الثروة الوحيدة التي يُعوَّل عليها في كل الأحوال والظروف[5]، وحتى إن لم تواتها الظروف المناسبة للتأثير أحيانًا، فإنها تظل مع ذلك جاهزة للتأثير، لأنها لا تفنى، وغاية ما في الأمر أنها قد تخط طريقها أحيانًا في حنايا الضمير، ثم تنبجس منطلقة في اللحظة التاريخية، وقد اتخذت صبغة أخرى[6].

21. ترى أطروحة «شروط النهضة» أن الجبهة الفكرية تشكِّل باستمرار أخطر الجبهات في الصراع الثقافي والحضاري، والمجتمعات التي تنهزم في هذه الجبهة هي المجتمعات المهزومة فعلًا، والمجتمعات المحصنة من هذه الجبهة هي المجتمعات المنتصرة فعلًا[7].

---

(1) مالك بن نبي. مشكلة الأفكار في العالم الإسلامي، ص149.
(2) مالك بن نبي. شروط النهضة، ص36.
(3) مالك بن نبي. مشكلة الثقافة، ص117.
(4) مالك بن نبي. ميلاد المجتمع، ص35.
(5) مالك بن نبي. فكرة كمنويلث إسلامي، ص52.
(6) مالك بن نبي. وجهة العالم الإسلامي، ص160.
(7) مالك بن نبي. الصراع الفكري في البلاد المستعمرة، ص18، 80.

22. ترى الأطروحة أن المرحلة الذهبية في تطور المسار التصاعدي للنهضة الحضارية للمجتمع، هي المرحلة التي تتكامل فيها الطاقة الروحية والطاقة العقلية والطاقة الغرائزية، وتعمل معًا في تساند وانسجام وتناغم وتوازن. وذلك كله مرتبط بالإصلاح الثقافي في أبعاده الفكرية والمنهجية والروحية والسلوكية والأخلاقية[1].

23. أكدت أطروحة «شروط النهضة» على الفعالية أو المنطق العملي الذي يحوِّل الأفكار والمعرفة السننية إلى ثقافة سننية، لأن كل فكرة أو حقيقة لا تؤثر على الثالوث الاجتماعي: الأشخاص، والأفكار، والأشياء، هي حقيقة ميتة. وكل كلمة لا تحمل جنين نشاط معين، هي كلمة فارغة، كلمة ميتة مدفونة في نوع من المقابر، نسميه «القاموس»[2].

24. ترى كذلك أن مراحل الاسترخاء وبداية الاختلالات في مسار النهضة الحضارية للمجتمع، تتزامن مع بداية الاسترخاء في الحالة الروحية للمجتمع - وهي الحالة التي تتكامل فيها الطاقات الثلاث، كما سبق بيان ذلك - حيث تبدأ الطاقة الغرائزية تؤثر تدريجيًّا على الطاقة العقلية، وتبتعد بها عن سلطان تأثير الطاقة الروحية مع مرور الوقت، فيخف تأثيرها على الطاقتين العقلية والغرائزية معًا، فتنطلقان بعيدًا عن توجيه وضبط وعون الطاقة الروحية، وهو ما يتيح مزيدًا من التحرر للطاقة الغرائزية التي تحول الطاقة العقلية إلى أداة ووسيلة من وسائل التعبير عن نفسها، الأمر الذي يؤثر بعمق على سلوك الأفراد وعلى حركة المجتمع الذي تبدأ قواه تتنافر وتهتلك ذاتيًّا، مفضية به إلى مزيد من الضعف والوهن والتفكك والغثائية، وفقدان الوزن والقيمة الحضارية[3].

25. ترى أطروحة «شروط النهضة»، أن الحركة الحضارية للمجتمع تبلغ أوج فعاليتها الإنجازية، وخصوبتها الاجتماعية، وتكتسب أهم شروط قوتها ومناعتها الذاتية،

---

(1) مالك بن نبي. ميلاد المجتمع، ص38، 102.

(2) نفسه، ص97.

(3) مالك بن نبي. شروط النهضة، ص76.

عندما تكون شبكة العلاقات الاجتماعية التي تقوم عليها، في حالة ترابط وانسجام وتكامل وشحذ مستمر[1].

26. إن شبكة العلاقات الاجتماعية المتماسكة الحيوية المتكيِّفة المتجددة باستمرار، هي التي تؤمِّن بقاء المجتمع، وتحفظ له شخصيته، وتنظم طاقته الحيوية وتشحذها لتتيح له أداء نشاطه المشترك في التاريخ، بالكفاءة والفعالية المطلوبة[2].

27. في سياق الكشف عن سنن ضعف المجتمعات، وعجزها عن تلبية متطلبات المواكبة والمنافسة الحضارية، وفقدان القدرة على مواجهة التحديات الخارجية المحيطة بالمجتمع، اهتمت أطروحة «شروط النهضة» بالتنبيه على خطورة مركب أو معامل القابلية للاستعمار أو الاستضعاف، أو ما يمكن تسميته كذلك بـ«مركب الغثائية الحضارية»، الذي عادة ما يهيئ الشروط الفكرية والنفسية والروحية والثقافية والاجتماعية والسياسية الموضوعية لضعف المجتمع، وعجزه عن مواجهة التحديات، والخضوع كرهًا لإرادة وشروط القوى المنافسة، الأكثر قدرة وفعالية[3].

28. إن المجتمعات عندما تتوقف أو تتراخى وتتراجع فيها الحركة التجديدية الشاملة الدائبة، المواكبة لحركية المدافعة والمداولة الحضارية من حولها، تدخل في مراحل متقدمة من الترهل والضعف وانعدام الفعالية والوزن الحضاري، فتجرفها حركية المدافعة الحضارية وتدفع بها إلى الخلف والهوامش، وهو ما يسميه الحديث النبوي بـ«الغثائية»[4]. وهو الوصف التشخيصي الحقيقي لمفهوم القابلية للاستعمار أو الاستضعاف أو التبعية في مصطلح مالك بن نبي.

29. أفردت أطروحة «شروط النهضة» للدين عامة، وللإسلام خاصة، دورًا محوريًّا في النهضة الحضارية الإسلامية والإنسانية، حينما نظرت إليه على أنه عنصر

(1) مالك بن نبي. ميلاد المجتمع، ص37.

(2) نفسه، ص80.

(3) مالك بن نبي. شروط النهضة، ص156.

(4) صحيح أبي داود، رقم4297.

التركيب الجوهري والمحوري في أي نهضة حضارية ذات عمق إنساني وروحاني وأخلاقي واجتماعي متوازن[1].

30. الإسلام في أطروحة «شروط النهضة»، عنصر توجيه وبناء، بل وشحذ وتكثيف استثنائي، للإرادة الحضارية للمجتمع، لا معوض له، بإمكانه أن يمضي بعيدًا في تمكين المجتمع من فعالية استثمار إمكانه الحضاري الضخم، لإنجاز نهضته الحضارية المطلوبة[2].

31. إن الإسلام قوة وثروة تحضيرية غير عادية، على استعداد دائم لتغيير حياة الإنسان في اتجاه مزيد من التوازن والتكامل والفعالية، إذا ما عرف المسلمون قيمة هذه القوة وهذه الثروة، وأحسنوا استثمارها. «القرآن دائمًا على أهبة الاستعداد لتكرار معجزته... إن شاء الله»[3].

32. الإسلام، أو الدين عامة، لكي يؤدي وظيفته المركزية في النهضة الحضارية للمجتمع، ينبغي تجريده أو تحريره من سلطة الأهواء، والأعراف الزمنية منتهية الصلاحية، ودجل السياسة، ومن أثقال التاريخ، وعدم تحميله ما ليس من طبيعته ومهمته، مما هو من تفاصيل الحياة ومتغيراتها الموكولة إلى الحركة الاجتهادية العقلية البشرية المستمرة[4].

33. بصفة عامة، فإن الدين بالنسبة إلى الحياة في منظور أطروحة «شروط النهضة»، ليس أمرًا تكميليًّا، بل هو قانون كلي يحكم فكر الإنسان وحضارته، كما تحكم الجاذبية في المادة وتتحكم في تطورها. إنه قانون كلي مطبوع في النظام الكوني[5].

34. إن الدين في منظور أطروحة «شروط النهضة» يمثل الوعي الاستخلافي الأعلى في حياة الإنسان، به ترتقي فعالية الإنجاز عند المسلم إلى أعلى

(1) مالك بن نبي. فكرة الإفريقية الآسيوية، ص223، 227.

(2) نفسه، ص66.

(3) نفسه، ص254.

(4) مالك بن نبي. إنتاج المستشرقين وأثره في الفكر الإسلامي الحديث، ص26.

(5) مالك بن نبي. الظاهرة القرآنية، ص300.

مستوياتها النموذجية[1]، وترتقي الحياة الإنسانية في مدارج الكمال الإنساني، وبدونه أو باضطراب العلاقة به، تنحدر هذه الحياة إلى دركات الانحطاط الإنساني[2].

35. النهضة في العالم الإسلامي ما لم تنسجم مع روحية الإسلام وأخلاقياته وقيمه وثوابته، فإن مصيرها الفشل، لأن المسلم يتخذ من الدين «محور الحركة» لحياته كلها، فهو مفتاح نفسيته، والمقياس الذي تقاس به جميع أشكال سلوكه. فالأوامر السماوية لها عنده تأثير وسيطرة أكثر من أوامر الحياة العادية[3].

36. هنا تؤكد أطروحة «شروط النهضة» على دور ومسؤولية النخبة في تمكين المجتمع من مشروع نهضة حضارية منسجم مع هويته ونفسيته وطموحه المرتبط بذلك، وألَّا تفرض عليه رؤى وخيارات من خارج وحي ونبض أصالة ضميره الجمعي. لأن ذلك يشوش رؤيته، ويربك سيره، ويهدر جهده وطاقته، ويضاعف مشكلاته وأدواءه. إن كل تقليد في هذا الميدان جهل وانتحار[4].

37. إن النخبة التي تنحاز إلى الأفكار الميتة أو الأفكار المميتة أو الأفكار الملفقة، وتنحبس فيها، وتتعصب لها، وتحاول فرضها على المجتمع بقوة القانون، أو المال، أو الوجاهة الدينية، أو المخاتلة السياسية، أو السند الخارجي، لا يمكنها أن تصنع نهضة حضارية، لأن النهضة تركيب إبداعي متكامل، لا يقوم إلا على رشد الخبرة السابقة، ورشد الخبرة اللاحقة أو المعاصرة، وعبقرية التركيب المبدع، المستجيب لحاجيات وتطلعات الواقع المعيش[5].

38. إن صناعة النهضة أو التاريخ لا تكون بالاندفاع في دروب سبق السير فيها، وإنما بفتح دروب جديدة، ولا يتحقق ذلك إلا بأفكار صادقة تتجاوب مع جميع

---

(1) مالك بن نبي. ميلاد المجتمع، ص55.

(2) الطيب برغوث. مقدمة في الوعي الاستخلافي الأعلى، ص37.

(3) مالك بن نبي. فكرة الإفريقية الآسيوية، ص229.

(4) مالك بن نبي. شروط النهضة، ص48.

(5) مالك بن نبي. وجهة العالم الإسلامي، ص70.

المشكلات، ذات الطابع الأخلاقي، وبأفكار فعالة لمواجهة مشكلات النماء في مجتمع يريد إعادة بناء نفسه[1].

39. إن صناعة النهضة الحضارية، وبناء الأمة المرشدة، يقتضي بناء نخبة اجتماعية أصيلة، قادرة على اكتشاف طرق جديدة للنهضة، تتصدر فيها الأمةُ موكب الإنسانية، وتتمكن من حماية أمنها ووجودها الحضاري، والمساهمة في تحقيق وحماية الأمن العالمي والكوني، وهذا لا يتم إلا بتعليم وتربية مستقلة ومتفاعلة، ترسِّخ في الأجيال روح المبادرة والمنافسة، لا روح التقليد والتبعية لهذا النموذج أو ذاك، أو لهذا المجتمع أو ذاك[2].

40. إن أهم ما ينبغي أن تعيه النخب خاصة، والمجتمعات عامة، وتحذَّر منه أشد الحذر، هو الخيانة والخذلان للأمانة؛ أمانة الأفكار الصحيحة، وأمانة نهضة المجتمع، وأمانة رسالة الأمة، وأمانة الواجب تجاه الإنسانية، وأمانة الخلافة في الأرض، لأن تلك الأنواع من الخيانات تؤدي إلى أقسى أنواع الانتقام من الأفراد والمجتمعات. فالأمانات التي تتعرض للخيانة تنتقم لنفسها. وليست كوارث التاريخ في مختلف الأزمان سوى النتيجة التي تكاد تكون فورية لانتقام الأفكار التي خانها أصحابها[3].

41. ترى أطروحة «شروط النهضة» أن التغييرات السياسية على أهميتها الكبيرة، لا تحقق التغييرات الاجتماعية والحضارية المطلوبة، ما لم تُسبق أو تُرفق بتغييرات فكرية وثقافية ونفسية وسلوكية واجتماعية عميقة مستمرة، تغير ما في النفس فعلًا، وتحدث التحول الحقيقي الذي يجعل السياسة أداة في يد المجتمع يخدم بها مصالحه الحقيقية، وليست أداة في يد أشخاص أو فئات أو طبقات... تستخدم المجتمع لمصالحها الخاصة[4].

---

(1) مالك بن نبي. مشكلة الأفكار في العالم الإسلامي، (طبعة قديمة)، ص220.

(2) مالك بن نبي. مشكلة الثقافة، ص118.

(3) مالك بن نبي. مشكلة الأفكار في العالم الإسلامي، ص64.

(4) مالك بن نبي. شروط النهضة، ص30.

42. إن السياسة بدون عمق فكري وثقافي ونفسي وسلوكي واجتماعي عميق متجدد، كما ترى أطروحة «شروط النهضة»، تتحول إلى نظم فردية أو عشائرية أو طبقية أو أيديولوجية محنطة، يحكمها منطق الاستبداد و«البوليتيك»، الذي يكبل إرادة المجتمع، ويشل طاقاته، ويعبث بمقدراته، ويفوت عليه فرص تحقيق نهضته الحضارية المطلوبة، ويوغل به في ليل التخلف والضعف والقابلية للاستعمار[1].

هذه بعض الأفكار المحورية في أطروحة «شروط النهضة»، التي تمحورت كلها حول قضية مركزية أساسية، هي قضية النهضة الحضارية، التي ترى هذه الأطروحة أنها تشكِّل أُم القضايا بالنسبة إلى أي مجتمع إنساني يريد أن يمسك بزمام القوة والمبادرة والاستقلالية والفعالية الحضارية فعلًا من ناحية، وأن أي ذهول عنها، أو جهل بها، أو تجاهلها، من قبل المجتمع عامة، ومن قبل نخبه الفكرية والاجتماعية والسياسية خاصة، قد يرتقي إلى الخيانات الكبرى في حق المجتمع والأمة والإنسانية عامة من ناحية أخرى[2].

والأسئلة الكبيرة المطروحة هنا على النخب في المجتمعات الإسلامية المعاصرة، هي:

لماذا تحدث هذه الخيانة للنهضة وللرسالة وللإنسانية؟ ما الذي يقف وراء ذلك؟ ما الذي يجعل هذه النخبة تتشرذم بهذه الطريقة التنافرية المنهكة؟ لماذا لم يحدث أو لا يحدث التكامل المطلوب بين كل هذه الأبعاد المطلوبة في مشاريع النهضة الحضارية للمجتمعات الإسلامية المعاصرة؟

والإجابة عن هذه الأسئلة الحيوية الكبيرة، تكون في الباب الثاني من هذه الدراسة، حينما نتناول الحديث عن منظور السننية الشاملة، باعتباره الإطار الأقدر على استيعاب كل هذه الأبعاد والاستفادة منها في بناء الشخصية الإنسانية أولًا، ثم في إدارة الحركة الحضارية للمجتمع ثانيًا.

---

(1) مالك بن نبي. القضايا الكبرى، ص163.

(2) مالك بن نبي. مشكلة الأفكار في العالم الإسلامي، ص64.

كيف تفاعلت الأمة مع أطروحة «شروط النهضة»؟

قبل المضي في محاولة تقييم أطروحة «شروط النهضة» ومكانتها من منظور السننية الشاملة، أود أن أشير إلى بعض الأفكار في سياق الإجابة عن سؤال: كيف تفاعلت الأمة مع أطروحة «شروط النهضة» التي مضى على ميلادها سبعة عقود من الزمن حتى الآن؟

مخاض انتشار الأفكار الجادة

إن الأفكار الجادة ثقيلة الوزن، غالبًا ما تجتاز مخاضات عسيرة حتى يصل صداها إلى الناس، وقد لا يصل أحيانًا، وتظل مهمشة مطمورة في أحشاء الساحة الثقافية للمجتمع، حتى تواتيها الظروف المناسبة فتخرجها إلى الوجود في حينها.

- أطروحة «شروط النهضة» من هذه الأفكار الجادة ثقيلة الوزن، التي يحتاج هضمها واستيعابها إلى جهد ذهني معتبر، كما يحتاج نقل معطياتها إلى واقع الحياة وتحويلها إلى ثقافة سارية في هذا الواقع، إلى جهد منهجي أكبر وأطول.
- بحسب تتبعي لصدى هذه الأطروحة في واقع المجتمعات الإسلامية عامة، سواء في الساحات الثقافية الخاصة أو الساحات العامة، فإنني أرى أن حظها من الحضور والتأثير كان وما يزال ضئيلًا، لا يتناسب مع قيمة وأهمية هذه الأطروحة، حتى في الساحة الثقافية الفرنكوفونية نفسها، التي تهمش فيها مالك بن نبي كثيرًا، ولولا أن كتبه ترجمت إلى العربية لكان الغياب تامًّا[1].
- إن الرجل وأطروحته في شروط النهضة الحضارية، مجهولان كثيرًا، ولم يصلا إلى عمق الساحة الثقافية بالشكل المطلوب، فضلًا عن الساحة الاجتماعية العامة، وما وصل من أصداء عنهما صنَّفته في خانة الفلسفة والفلاسفة، وهو ما زاد الرجل والأطروحة تهميشًا، للموقف السلبي من الفلسفة في الساحة الثقافية

---

(1) راجع: دراسة مصطفى حابس حول: مالك بن نبي وسؤال الحضور والغياب في الساحة الثقافية الفرنكوفونية، بحث مقدم للمؤتمر الدولي، حول أسئلة النهضة، بمناسبة الذكرى السبعين لصدور كتاب «شروط النهضة»، الذي عُقد بكلية الدراسات الإسلامية بجامعة حمد بن خليفة بقطر 2019م.

الإسلامية عامة، وخاصة بعد ارتباط العديد من الاتجاهات الفلسفية بالحداثة المعاصرة المخاصمة للدين عامة، وللإسلام خاصة.

- التجاهل والتهميش لهذه الأطروحة بسبب سقفها المنهجي والفكري المتقدم عن السقف المعرفي والثقافي للساحة الثقافية والاجتماعية والسياسية من ناحية، وبسبب بعض مواقف وخيارات صاحبها الفكرية والظرفية من ناحية ثانية، وبسبب الغيرة والحسد من بعض معاصريه والمختلفين معه من ناحية ثالثة.

- المناهضة والمحاصرة لهذه الأطروحة من أطراف عدة في الساحتين الثقافية والسياسية المحليتين والدوليتين، لما فيها من نزعة انتقادية جادة، ونظرة جذرية عميقة لواقع وآفاق المجتمع والعالم، وهي نظرة لا تساعد مصالح جهات كثيرة محلية وعالمية.

- حرص مالك بن نبي على استقلاليته الفكرية والحركية، وحذره الشديد من الاستقطابات الأيديولوجية الحدِّية، وانحيازه للشروط الموضوعية للنهضة، ومناهضته للخرافة و«البوليتيك» والاستلاب والكهنوتية، وهو ما جعله يصطدم بممثلي كل هذه الساحات، ويتعرض فكره للمحاصرة والتهميش من قبلها.

- تموضع وتمفصل في منطقة العبور الثقافي الصعب، بين التراث والمعاصرة، والأصالة والحداثة، والإسلامية والعلمانية، والوطنية والقومية، والصوفية والسلفية، والسياسية والثقافية... إلى غير ذلك من المتقابلات التي صعب على كثير من الناس الجمع والتأليف بينها، لكنه استطاع أن يوائم بينها جميعًا في رؤيته أو أطروحته في شرط النهضة الحضارية.

- هذا التموضع والتمفصل في منطقة العبور الثقافي الصعب، جلب له خصومًا كثيرين، فكثير ممن ينضوون تحت مظلة الإسلامية السلفية والصوفية والحركية... يعتبرونه علمانيًا أو حداثيًا أو عصرانيًا، وكثير من الحداثيين والسياسيين يعتبرونه إسلاميًا بل إسلامويًا! والكل يدفع في اتجاه التهميش له ولفكره والمحاصرة له.

- محاولة بعض الجهات السياسية العربية الاستفادة منه في دعم بعض مشاريعها وأطروحاتها الثقافية والسياسية الخاصة، في حياته وبعد مماته، مما جعل خصومهم وغيرهم يظنون به سوءًا، أو على الأقل يطرحون تساؤلات عنه وعن فكره، ويضعون بينه وبينهم مسافة، عشش فيها كثير من الظنون والأوهام المضادة لفكره ورؤيته.
- اضطراره أحيانًا لبعض المواقف، وتحمسه أحيانًا أخرى لبعض الشخصيات والمشاريع الإصلاحية والتغييرية، وهو ما جعله يتحمل تبعات بعض أخطائهم في نظر الناس.
- لهذا نراه ينبه على ذلك في طبعة سابقة لكتبه، حينما وضع على غلافها الخارجي الأخير هذه الفقرة المهمة التي تحمل في طياتها روحًا نقدية استدراكية ذاتية من ناحية، وروحًا استشرافية تحمل المسؤولية للنخبة التي عليها ممارسة النقدية التقويمية الاستدراكية البناءة، تجاه كل ما يثبت عدم صوابيته من ناحية، أو تتضح مفضوليته من ناحية أخرى. يقول: «إن الأفكار العامة التي تتعلق بواقع مجتمع ما، قد تستغل ملابسات هذا المجتمع في مرحلة معينة من تطوره، لا لحاجة نظرية غالبًا، وإنما لضرورات عملية يفرضها الطريق. وقد يذكر صاحبها في تلك المرحلة أسماء شخصيات أو أماكن معينة، ولكن الطريق لا يقف عند هذا الشخص أو في ذلك المكان... إنه لطريق طويل... طريق الحضارية الإسلامية»[1].
- في آخر صفحة من كتابه «بين التيه والرشاد» يعطي خلاصة فيها مؤشر واضح عن جهتين نافذتين في العالم العربي والإسلامي، لهما دور كبير فيما تعرضت له أطروحته من محاصرة وتهميش، وهما: السلطة السياسية، والسلطة الدينية الممالئة لها، فيقول: «فإذا سمح لي أن أعلق على هذه الحقيقة بشيء من تجربتي الشخصية بصفتي كاتبًا، أقول إنه ما أصابني الاستعمار بأذى يعطل نشاطي، إلا عن طريق هيئة دينية إسلامية، أو سلطة في بلاد عربية»[2].

---

(1) انظر غلاف طبعة 1968 لكتبه.

(2) مالك بن نبي. بين الرشاد والتيه، ص198.

- يمكن الاطلاع على أسباب وعوامل أخرى كثيرة عن تهميش الرجل وأطروحته النهضوية، في عدة كتب له، ومنها على وجه الخصوص: «الصراع الفكري في البلاد المستعمرة»، و«مذكرات شاهد للقرن»، و«العفن»، و«الدفاتر»، وغيرها. وكذلك شهادات كثير من معاصريه.
- ويكفي هنا أن نشير إلى ما حدث له في أخريات حياته، عندما أحاطت به مضايقات، بل وتحديات عديدة، وأراد أن ينفس عن نفسه، فقرر السفر إلى الحج، لكنه فوجئ في المطار بأنه ممنوع من السفر! فصدمه ذلك صدمة كبيرة جدًّا، تركت أثرًا عميقًا في حياته بعد ذلك، لم يعش بعده طويلًا[1]!
- إن الرجل وأطروحته ظلّا قضية أمنية موضوعة تحت الأنظار بكثير من الحذر في الفترة الاستعمارية، بل وحتى بعد الاستقلال! وخاصة بعد أن أقيل من وزارة التعليم العالي مبكرًا، وتفرغ للعمل الفكري والتربوي، وأخذ يعقد ندوات أسبوعية في بيته، باللغتين العربية والفرنسية، وبدأ بعض طلبة الجامعة النابهين يلتفون حوله، ويتأثرون بأفكاره، وينقلونها إلى عمق الساحة الطلابية، بل وإلى عمق المجتمع، من خلال تأسيس مسجد الطلبة في جامعة الجزائر، والشروع في إقامة أسبوع القرآن في الجامعة، وتأسيس ملتقى التعرف على الفكر الإسلامي على سبيل المثال، مما زاد مراصد الصراع الفكري، كما يسميها، يقظة ومكرًا، لتطويق أصداء أطروحته الفكرية في فقه النهضة الحضارية.

الأفكار الأصيلة تقاوم الحصار وتأبى الفناء

على الرغم من هذا التهميش وهذه المحاصرة لأطروحة «شروط النهضة»، فإن بعض أصدائها استطاعت أن تنفذ إلى فئات معتبرة من النخبة في الساحة العربية والإسلامية عامة، وأن تؤثر فيها، وأن تستفيد منها بدرجات متفاوتة، وأن تعرِّف بها، وتوسع دائرة الاهتمام بها لدى الأجيال الجامعية الجديدة على وجه الخصوص.

ومن يتابع حركة الفكر والنشر في الساحة العربية والإسلامية، يلحظ وجود كمٍّ معتبر من

---

(1) من شهادة الدكتور عمار طالبي، المنشورة في 22 مارس 2013م بموقع https://www.binnabi.net

المقالات والدراسات والأشرطة التلفازية والمحاضرات والندوات والملتقيات والحوارات، حول الرجل وأطروحته الفكرية. كما يلحظ حضورًا معتبرًا لأطروحة الرجل في بعض الساحات الجامعية، حيث يتزايد عدد الرسائل الجامعية التي تنجز عن جوانب متنوعة في هذه الأطروحة، والأمر في ازدياد لدى الأجيال الجديدة، التي بدأت تتواصل مباشرة مع فكر مالك بن نبي، بعيدًا عن المجموعات الأيديولوجية المتعددة التي كانت لها مواقف متشنجة من الرجل وأطروحته[1].

ولعل عقد مؤتمر دولي في كلية الدراسات الإسلامية بجامعة حمد بن خليفة بقطر، في الفترة من 2-4 فبراير 2019، وحضور عدد معتبر من الباحثين والمفكرين والساسة والطلبة فيه، من مختلف أنحاء العالم، وإبداء أكثر من 500 باحث آخر الرغبة في المشاركة في هذا المؤتمر الذي عُقد بمناسبة الذكرى السبعين لصدور كتاب «شروط النهضة»، يدل فعلًا على الأصداء النوعية لأطروحة «شروط النهضة»، التي تشق طريقها نحو المستقبل ككل الأفكار الجادة التي تسكن المستقبل باستمرار، ويلتقي بها هناك كل السائرين نحو المستقبل من الأجيال الجديدة.

إن أطروحة «شروط النهضة» في بنيتها الفكرية والمنهجية السننية العامة، من الأفكار الجادة التي تسكن المستقبل، بصرف النظر عن الاستدراكات الجزئية أو حتى الكلية التي تُطرح حولها هنا أو هناك، في سياق حركة التدافع الفكري والثقافي والسياسي المطَّرد في الحياة الإنسانية.

أطروحة «شروط النهضة» وموقعها من منظور السننية الشاملة

في سياق المساهمة في محاولة تقييم هذه الأطروحة المهمة في شروط النهضة الحضارية، أود أن أطرح هذه السلسلة من الأسئلة المهمة التي لازمت علاقتي الطويلة بهذه الأطروحة، ونضج بعضها في نفسي، وأخذ بيدي إلى ما أسميته **منظور السننية الشاملة**، الذي أعرض بعض ملامحه الكبرى في هذه الدراسة، ليس على أنه انتقاد واستدراك بالضرورة، على أطروحة «شروط النهضة» في بنيتها المعرفية الكلية، ولكنه استكمال للمسار البنيوي الذي

(1) الطيب برغوث. محورية البعد الثقافي في إستراتيجية التجديد الحضاري عند مالك بن نبي، ص165.

دشنته أطروحة «المقدمة» من قبل، وواصلته أطروحة «شروط النهضة» من بعد، وما تزال الجهود مستمرة لبناء صرح هذا المنظور السنني الكلي المتوازن، الذي سيعيننا كثيرًا على صحة وسلامة الفهم من ناحية، وعلى كفاءة وفعالية الأداء من ناحية ثانية، وعلى تنمية وتطوير قدرات الوقاية الإستراتيجية لجهود النهضة من ناحية ثالثة.

فالنهضة الحضارية تحتاج باستمرار إلى فهم ووعي سنني صحيح أولًا، وإلى ترقية مستمرة لفعالية وكفاءة الإنجاز ثانيًا، وإلى تطوير مستمر لقدرات الوقاية الإستراتيجية لمسار حركة النهضة ثالثًا.

هذه الدراسة ليست معنية بالتقييم الجزئي الذي ينصبُّ على مفردة فكرية جزئية هنا أو هناك، ويلاحق تفاصيلها، أو رأي جزئي تفصيلي ظرفي لصاحب الأطروحة، هنا أو هناك، مما هو منفتح بطبيعته على تعدد وجهات النظر، وقابل للمراجعة والأخذ والرد فيه، لكنها معنية بالتقييم الكلي للفكرة والرؤية الجوهرية التي انبنت عليها أطروحة «شروط النهضة» نفسها، التي حرصت على طرح رؤية تفسيرية كلية لحركة النهضة الحضارية كظاهرة اجتماعية محورية في حركة الاستخلاف البشري في الأرض[1].

هذه البنية أو الرؤية الفكرية الكلية التي تأسست عليها أطروحة «شروط النهضة»، هي التي تعني هذه الدراسة بالدرجة الأولى، وهي التي كانت وراء هذه السلسلة من الأسئلة الأساسية التي تجمعت لديَّ وأنا أتابع هذه الأطروحة منذ زمن طويل (1968م)، وأنا بعد تلميذ في السنة الأولى متوسط بالمعهد الإسلامي بمدينة باتنة عاصمة الأوراس الأشم، حيث كان مالك بن نبي يتردد على هذه المدينة من حين إلى آخر، لإلقاء المحاضرات العامة، وعقد اللقاءات الخاصة.

ولما كان الهدف الأساسي من هذه الدراسة هو التعريف **بمنظور السننية الشاملة** الذي استخلصته من تجربة طويلة قوامها قراءات متنوعة جدًّا، ومتابعة ومشاركة ثقافية وحركية ممتدة لأكثر من نصف قرن من الزمن، فإن الأسئلة التقييمية لأطروحة «شروط النهضة»، ومن قبلها أطروحة «المقدمة»، ستتحرك في هذا الاتجاه، ولا يعنيها كثيرًا كل

(1) مالك بن نبي. مشكلة الثقافة، ص100.

ما هو جزئي أو ظرفي من الأفكار والآراء والمواقف... إلا من حيث خدمتها لهذا الهدف المحوري للدراسة.

فتركيز الاهتمام حول **منظور السننية الشاملة**، وبناء الوعي به لدى أجيال النخبة والمجتمع عامة، وتحويله إلى ثقافة عامة سارية في المجتمع والأمة والعالم، هو ما يعني هذه الدراسة في الأساس، التي ترى أن أطروحة «شروط النهضة»، ومن قبلها أطروحة «المقدمة»، وما قبلهما وما بينهما من أطروحات جزئية أو قطاعية متنوعة، تندرج كلها في مسار وسياق **منظور السننية الشاملة**، إذ هي لبنات مهمة في صرح هذا المنظور السنني الكوني الشامل، الذي تتالت الرسالات السماوية، وتوالت وتتوالى جهود الخبرات البشرية على بناء معالمه، وتجديد الوعي به، عبر الأزمان والأجيال.

فيما يلي هذه السلسلة من الأسئلة المترابطة، التي لا تعين على تقييم أهمية أطروحة «شروط النهضة» فحسب، لكنها تفيدنا كذلك في توسيع دائرة الإدراك لأهمية الوعي بمنظور السننية الشاملة، وتشحذ هممنا نحو مزيد من العناية الجدية به؛ إنضاجًا له، وتعميمًا للوعي به، وحرصًا على الاستفادة القصوى منه في فهم وإدارة حياتنا بشكل أصيل وفعال وتكاملي ومتوازن.

وأشير كذلك إلى أن هذه السلسلة من الأسئلة، لا تخص تقييم أطروحة «شروط النهضة» فحسب، بل جزء كبير منها يخص تقييم أي أطروحة أخرى ذات اهتمام وأفق تحليلي وتفسيري كلي للظاهرة الحضارية بصفة عامة.

والأسئلة الجيدة هي مفاتيح المعرفة والوعي، لأنها تحرِّض الذهن، وتحفزه على تركيز التفكير، والتعمق، والتمحيص، والتدقيق، بحثًا عن المقاربات الأكثر قربًا من الإجابات المحتملة، بصرف النظر عن مدى إصابة المطلوب، لأن ما لا أصيبه أنا أو أصيبه بنسبة معينة، قد يصيبه غيري بنسبة أعلى، وهكذا تتنوع المقاربات لتطرح أمامنا خيارات عديدة، وتمنحنا تصورًا أكثر سعة ودقة عن الموضوع أو الإشكال المطروح.

أسئلة التقييم والتطوير لأطروحة «شروط النهضة»

1. إلى أي مدى اقتربت هذه البنية أو الرؤية الفكرية الكلية لأطروحة «شروط النهضة» - التي عرضنا أهم ملامحها في المستخلص السابق - من منظور السننية

الشاملة الذي تتبناه هذه الدراسة، وترى فيه مصبًّا كليًّا لكل جهود الحركة التنظيرية الإنسانية التي تستهدف منح الإنسان مزيدًا من الوعي بالسنن الكلية التي تنتظم الصيرورات الحضارية لحركة الاستخلاف البشري في الأرض؟

2. ما موقع هذه الأطروحة من منظور السننية الشاملة؟ وإلى أي مدى استطاعت أن تحيط بالمعالم الكلية لهذا المنظور السنني الكلي الذي تقوم عليه الخلافة البشرية في الأرض؟ وإلى أي مدى ساهمت في تأسيس الوعي به وبضرورته الحيوية، ولو على المستوى النظري؟

3. هل استطاعت هذه الأطروحة أن تضع بين أيدينا خريطة طريق معرفية كلية لرصد وتحليل وتفسير وتأطير حركة الظاهرة الحضارية، واستشراف آفاقها المستقبلية، في ضوء منطق ومقتضيات إستراتيجية أو مشروع الخلافة البشرية في الأرض؟

4. إلى أي مدى تناغمت هذه الأطروحة مع الرؤية السننية الكلية الشاملة، التي طرحها القرآن الكريم لرصد صيرورات الظواهر الحضارية وتحليلها وتفسيرها، وتأطيرها واستشراف آفاقها المستقبلية؟

5. إلى أي مدى استطاعت أطروحة «شروط النهضة» أن تكشف لنا بشكل شمولي متكامل، عن كيفية تحرك المجتمعات الإنسانية على خط النهضة والمداولة الحضارية الصاعدة، أو التحرك على خط الضعف والتخلف والمداولة الحضارية المتقهقرة؟

6. إلى أي مدى استطاعت أطروحة «شروط النهضة» أن تكشف لنا عن كيف ولماذا يحدث الخلل في المنظومة الثقافية للمجتمع، ويؤدي إلى أزمة ثقافية، ومن ثَمَّ إلى اختلال في سير حركة النهضة الحضارية للمجتمع بعد ذلك؟

7. إلى أي مدى استطاعت أطروحة «شروط النهضة» أن تكشف لنا عن كيف ولماذا يحدث الاختلال في التوازن بين الطاقة الروحية والعقلية والغرائزية، الذي يؤدي إلى اختلال المنظومة الثقافية للمجتمع، ثم إلى اختلال وضعف أو انهيار حركته الحضارية بعد ذلك؟

8. كيف يمكن لحركة التغيير الاجتماعي أو الحضاري أن تحافظ على المرحلة الروحية، بتعبير مالك بن نبي، في حياة الفرد وفي مسيرة المجتمع، وأن تضمن عدم تفتت هذه الحياة الفردية أو الحركة الاجتماعية إلى حالة روحية، وحالة عقلية، وحالة غريزية معزولة بعضها عن بعض، ومضادة بعضها لبعض، أي تحولها إلى ازدواجية فكرية ونفسية وسلوكية واجتماعية تنافرية منهكة، كما حدث في تجربة الدورة الحضارية الإسلامية الأولى، بعد عصر النبوة والخلافة الراشدة، حسب تحليل مالك بن نبي لمنحناها البياني؟

9. كيف تنشأ الحالة أو المرحلة الروحية المتوازنة، التي تتجمع فيها الطاقات الثلاث تحت سلطة الروح، وتتكامل فيها فعاليتها الوظيفية، لترفع فعالية أداء الأفراد والمجتمع إلى أعلى مستوياتها الإيجابية المؤثرة في حركة الحياة، كما حدث تمامًا في تجربة ميلاد المجتمع الإسلامي الأول الذي استحال فيه الفرد إلى أفراد من حيث الفعالية الإيجابية البنائية المؤثرة[1]؟

10. إلى أي مدى استطاعت أطروحة «شروط النهضة» أن تكشف لنا عن كيفية ترابط وتكامل وانسجام هذه الطاقات الكبرى في حياة الفرد وفي حركة المجتمع؟ ما الذي يعين على ذلك ويحققه في أرض الواقع؟

11. إلى أي مدى استطاعت أطروحة «شروط النهضة» أن تكشف لنا كيف يضمن المجتمع استمرارية هذا الترابط والتكامل والانسجام بين هذه الطاقات حتى تحافظ حركته الحضارية على توازنها، وعلى فعاليتها، وعلى استمرارية سيرها البنائي والوقائي التصاعدي طويل المدى؟

12. كيف نطيل أمد المرحلة الروحية في نهضة المجتمع، ونعطي للطاقة العقلية الاجتهادية الإبداعية التجديدية المتوازنة مداها الأقصى فيها؟

13. إلى أي مدى استطاعت أطروحة «شروط النهضة» أن توضح لنا ما هو عالم الأفكار؟ وكيف نبنيه بناءً سننيًا متوازنًا فعالًا؟ وما هو عالم الأشخاص؟ وكيف

---

(1) مالك بن نبي. ميلاد المجتمع، ص55.

نبنيه بناءً سننيًّا متوازنًا فعالًا؟ وما هو عالم الأشياء؟ وكيف نبنيه بناءً سننيًّا متوازنًا فعالًا؟ وما هو عالم شبكة العلاقات الاجتماعية؟ وكيف نبنيه بناءً سننيًّا متوازنًا فعالًا؟

14. إلى أي مدى استطاعت أطروحة «شروط النهضة» أن تبين لنا المقصود بالمرحلة الروحية، التي تعتبرها مرحلة جوهرية تأسيسية محورية ذهبية في نهضة أي مجتمع من المجتمعات؟ وكيف تتأسس هذه المرحلة؟ وكيف يُضمن تأثيرها في مسيرة نهضة المجتمع أكبر مدى زمني ممكن؟ ثم، ما الذي يُضعف المرحلة الروحية، ويفقدها محوريتها، ويقلل من امتداد تأثيرها في التاريخ؟

هذه الأسئلة وغيرها، هي التي يمكن أن يدور حولها تقييم أطروحة «شروط النهضة» بشكل شامل، يفضي بنا إلى ساحة منظور السننية الشاملة، الذي تطرحه هذه الدراسة وتركز عليه.

وهذه الدراسة لا تود الآن الخوض في الإجابات الجزئية التفصيلية المباشرة عن هذه الأسئلة التفصيلية، حرصًا على المحافظة على الفكرة الجوهرية للدراسة، وعدم مزاحمتها باهتمامات جزئية أو فرعية كثيرة، قد تزحزحها قليلًا عن بؤرة الاهتمام المرجوة.

الحركة الحضارية والحاجة إلى منظور السننية الشاملة

كما أسلفنا، فإنه على الرغم من الأهمية الكبيرة للإجابة التقنية المفصلة عن الأسئلة المهمة السابقة، بالنسبة إلى من تعنيه كثيرًا هذه الإجابات الجزئية، فإنني سأكتفي بخلاصة عامة لتكون توطئة ومدخلًا لعرض خلاصة مركزة عن منظور السننية الشاملة، الذي تتبناه هذه الدراسة، وتعتبره مصبًّا محوريًّا لأطروحتَي «المقدمة» و«شروط النهضة»، وما قبلهما، وما بينهما، وما بعدهما، على مستوى المعرفة والثقافة الإسلامية والإنسانية عامة، كما سبقت الإشارة إلى ذلك.

وعندما نستوعب خريطة منظور السننية الشاملة، فإن الإجابات عن هذه الأسئلة الكثيرة التي طرحناها تعقيبًا على أطروحة «شروط النهضة» أو أطروحة «المقدمة» أو غيرهما، ستكون أكثر وضوحًا.

فالمعرفة البشرية والرسالية عامة، وما انبثق عنهما من خبرة ثقافية وحضارية ضخمة، تمحورت كلها، وستظل متمحورة بشكل مباشر أو غير مباشر، حول ثلاثة شروط أساسية يجب أن تتوفر في أي أو لأي عملية تغيير أو إصلاح أو تجديد، ذي نفَس أو أفق حضاري إنساني متكامل، وهي:

1. شرط الفهم الصحيح للوظيفة الوجودية للإنسان في الحياة.
2. شرط امتلاك القدرة الإنجازية المطلوبة، على تحقيق هذه الوظيفة بشكل صحيح.
3. شرط ضمان المحافظة على ديمومة هذا الفهم من ناحية، وهذه القدرة الإنجازية، وما ينبثق عنهما من منجزات حياتية شاملة من ناحية أخرى.

إن الاهتمام والجهد البشري منصبان بشكل مستمر حول امتلاك ناصية هذه الشروط الثلاثة، على الرغم من التفاوت في نسبة التركيز على كل شرط من هذه الشروط الثلاثة، التي تضعنا أمام ثلاثة أسئلة أو إشكاليات كبرى، هي:

1. كيف يفهم الإنسان طبيعته ووظيفته الوجودية، ومركزه الوجودي، ويعي دلالاته العقدية والحضارية بشكل شامل ومتوازن وصحيح؟
2. كيف يمتلك القدرات الوظيفية أو التسخيرية الضرورية التي تمكنه من أداء هذه الوظيفة الوجودية بالكفاءة والفعالية والأصالة المرجوة، وتبوُّء هذا المركز الوجودي بالجدارة والأمانة والمسؤولية المطلوبة؟
3. كيف يحافظ على منجزات ذلك كله، ويضمن لحركته الحضارية اطِّرادية التوازن والتكامل والفعالية، والصعود والتألق التاريخي لأكبر مدى زمني ممكن؟

والخلاصة التي يمكن للإنسان أن يخرج بها من تتبع كل هذه الروافد المعرفية والثقافية والخبرات الاجتماعية والحضارية الهائلة، والمنظورات الجزئية التي تقف وراء كل رافد وخبرة منها، هي:

- أن تمحور الجهد على أي شرط من هذه الشروط وحده، وتهميش الشرطين الآخرين، أو تمحوره على شرطين وإهمال الشرط الثالث، لا يحقق للإنسان، فردًا أو مجتمعًا، الوعي والقدرة اللذين تحتاج إليهما الحركة الحضارية،

لكي تسير على خط البنائية والتكاملية والتوازن والخيرية والإنسانية والبركة الحضارية الصاعدة.

- أن تمحور الجهد حول هذه الشروط الثلاثة مجتمعة ومتكاملة ومتوازنة، هو وحده الذي يحقق للحركة الحضارية شروط بنائيتها وتكامليتها وتوازنها وخيريتها وبركتها الحضارية الصاعدة الممتدة في التاريخ لأكبر مدى زمني ممكن.
- أن تحقيق الشروط الكلية الثلاثة السابقة، لا يتم على وجهه الصحيح والكامل والمفيد، إلا في ضوء منظور السننية الشاملة، الذي ينفتح على كل الروافد المعرفية والثقافية الجزئية السابقة وغيرها، ويستوعبها جميعًا، ويشكِّل منها مصبًّا معرفيًّا وثقافيًّا كليًّا متكاملًا متجددًا، تجد فيه الحركة الحضارية الإنسانية كل المعطيات والإمكانات الضرورية التي بها تحقق توازنها وتكامليتها وفعاليتها البنائية، وخيريتها وإنسانيتها وبركتها الحضارية الصاعدة.

فمنظور السننية الشاملة المنفتح على كل منظومات سنن التسخير الكونية من ناحية، وعلى كل روافد الخبرة الرسالية والبشرية معًا من ناحية أخرى، هو المصب القطبي أو المحوري، الذي يجب أن تتحرك نحوه كل روافد المعرفة والخبرة البشرية، وتصب فيه، وتتغذى منه وتغذِّيه باستمرار، لتتمكن الحركة الحضارية للإنسان من تصحيح أوضاعها، وتجديد حيويتها، وتكييف نفسها مع الغاية والوظيفة التي وُجد من أجلها الإنسان، ومحاولة أدائها بالكفاءة والفعالية والخيرية والبركة المرجوة منها.

وجهد أطروحة «شروط النهضة»، ومن قبلها جهد «المقدمة»، مندرجان في السياق والمسار العام لمنظور السننية الشاملة، وإن تمحور اهتمام أطروحة «شروط النهضة» على كثير من كليات وتفاصيل الشرط الثاني بالدرجة الأولى، وبدا الاهتمام بالشرطين الأول والثالث أخف قليلًا، على الرغم من التكاملية الوظيفية العضوية بين هذه الشروط الثلاثة جميعًا، التي يخدم ويكمل بعضها بعضًا، وليس هذا إغفالًا من مالك بن نبي لهما، أو غفلة عنهما، أو تهوينًا من شأنهما، بل هو حرص منه على جانب الاهتمام التخصصي الذي يرى نفسه أنه يتقنه من ناحية، وترك للمجال أمام التخصصات الأخرى لتقوم بدورها وتتحمل مسؤوليتها في تغطية ما يخصها من ناحية أخرى، تحقيقًا للتكاملية

المطلوبة في جهود التنظير والتحليل والمراجعة والتقييم والتقويم والبناء والوقاية الإستراتيجية المستمرة.

خطورة التجزئة والمنافرة بين الشروط الثلاثة وأسئلة الترابط والتكامل

الخلاصة المهمة جدًّا التي يمكن تثبيتها هنا، هي:

الحركة الحضارية القوية الصاعدة، هي الحركة التي تكاملت وانسجمت وتناغمت فيها معطيات الشروط الثلاثة بشكل متوازن:

- وضوح الرؤية والوظيفة الوجودية للإنسان في الحياة.
- تنامي قدرات وكفاءات الإنجاز والبناء لدى الأفراد والمؤسسات في المجتمع.
- تنامي وتعاظم خبرات وإمكانات الوقاية الدائبة لمنجزات التغيير والبناء الثقافي والاجتماعي والحضاري.

والحركة الحضارية الضعيفة المتقهقرة، هي الحركة التي تجزأت وتنافرت واختلت فيها معطيات الشروط الثلاثة:

- اضطراب وارتباك مستمر في الرؤية الكونية.
- تضاؤل مستمر في قدرات وكفاءات الإنجاز والبناء.
- ضعف أو تراجع مستمر في خبرات وإمكانات الوقاية للمنجزات والمكاسب المحققة.

لهذا، فإن الأسئلة الجوهرية والمحورية عند هذا المنعطف من الدراسة، هي:

كيف تترابط وتتكامل إذن معطيات هذه الشروط الثلاثة، في أي حركة فردية أو اجتماعية أو حضارية كلية، حتى يتحقق لها أو فيها مزيد من التوازن والانسجام والتكامل والفعالية والخيرية والبركة؟ وقبل ذلك، لماذا تتجزأ وتتنافر معطيات هذه الشروط الثلاثة الرئيسية في واقع الناس، على الرغم من أنها وجدت لتتكامل فيما بينها، وتمنح الحركة الفكرية والثقافية والاجتماعية والحضارية للفرد والمجتمع، مزيدًا من التوازن والانسجام والتكامل

والفعالية والخيرية والبركة، والسمو الروحي والأخلاقي والسلوكي؟ ثم كيف نتجاوز وضعية التبعيضية والتجزيئية التنافرية المنهكة لهذه الشروط الثلاثة، ونعيد لها تكامليتها الوظيفية المطلوبة، التي من أجلها وجدت، بعد أن بعَّضتها وجزَّأتها ونافرت فيما بينها، المنظوراتُ والاتجاهات التجزيئية المتنافرة، التي يركز كلٌّ منها على ساحة سننية معينة أو أجزاء من تلك الساحة، وينكفئ عليها، ولا يعير اهتمامًا لبقية أجزاء الساحة الواحدة، فضلًا عن بقية الساحات السننية الكونية الأخرى التي تقع على هامش اهتماماته؟

هذه هي المعضلة الكبرى التي يعاني منها الفكر الإنساني عامة، وتعاني منها الحياة الإنسانية تبعًا لذلك، وما لم يتم الوعي بهذه المعضلة أولًا، وما لم يتمكن الإنسان من مواجهتها بشكل شمولي صحيح ثانيًا، فإن الحياة البشرية ستستمر في التجزيئية والتنافرية والاهتلاكية المنهكة، وتفقد كثيرًا من روحيتها وأخلاقيتها وعمقها الإنساني، وبركتها الاجتماعية والحضارية.

وقد تفطَّن مالك بن نبي لهذه المعضلة المحورية، وركَّز عليها في كثير من كتبه، وإن بدا أنه كان مهمومًا ومهتمًّا أكثر بمعضلة الكفاءة والفعالية الإنجازية التكاملية، التي كانت تعاني منها كثيرًا جهود حركة النهضة الإسلامية المعاصرة.

وفي سياق هذا التفطن إلى معضلة التجزيئية التنافرية المنهكة، نورد له هنا هذا النص المهم، الذي ينبِّه فيه قادة حركة النهضة في العالم الإسلامي عامة، إلى أهمية النظر الكلي إلى قضية النهضة الحضارية، وعدم الاسترسال وراء الجزئيات الإجرائية المتضخمة، التي كثيرًا ما تتحول مع مرور الوقت إلى كليات تسد أفق الرؤية الشمولية التكاملية عند أصحابها، وتستنزف كثيرًا من الجهد والوقت والإمكانات والفرص بدون جدوى. يقول:

> «ويوشك أن تقوم «الذرية» فعلًا في هذا النطاق بتجزئة حل المشكلة إلى ألف جزء وجزء مبعثر، حين يشارفونها في حدود كل يوم تبعًا لطوارئها العاجلة على الحياة اليومية، دون نظر شامل يحدد منذ البداية الهدف، والمرحلة والتوقيت والوسائل.
>
> إن من الممكن أن تؤدي الحلول الجزئية إلى حل شامل للمشكلة... ولكن الطريق غير المنهجي هو أطول الطرق بلا شك، طريق المفاجآت

التي تفجأ العقل التائه، طريق السائح غير المتحقق من وجهته أو هدفه.

إن طريق الحضارة لا يمكن خطه تبعًا للصدفة، بإقامة مدرسة هنا، ومصنع هناك، وسد هنالك، أو بوضع سلة معدنية في جانب هذا الشارع حيث لا أحد يفكر في إلقاء المهملات التي يريد أن يتخلص منها...»[(1)].

وتظل الأسئلة الجوهرية السابقة تلاحقنا:

لماذا تعاني حركة النهضة الإسلامية المعاصرة، وحركة الحضارة الإنسانية المعاصرة عامة، من هذه الذرية أو التجزيئية التنافرية المنهكة للجهد، والمهدِرة للوقت، والمضيعة للفرص؟ وكيف نتخلص من هذه التجزيئية التنافرية المنهكة، ونتمكن من وضع جهودنا الجزئية المتنوعة، في سياق حركة نهضة حضارية تكاملية متوازنة، ذات أبعاد إنسانية أخلاقية عميقة فعلًا؟ وما الذي تحتاج إليه حياة الأفراد، وحركة المجتمعات والحضارات، لكي تتوازن وتتكامل وتعظم فعاليتها الإنجازية وبركتها الاجتماعية؟

ليس هناك ما هو أخطر على توازن شخصية الفرد وتكامل فعاليته، وعلى توازن حركة المجتمع وتكامل فعاليته، كما سبق بيان ذلك، من التجزيئية التنافرية المنهكة، لأنها تؤدي إلى تعدد مرضي «في وجهات النظر وتباعدها وتنافرها، وتفتيت الجهود، والفشل في الوصول إلى الحقيقة أو الثمرات المنشودة»[(2)]، بسبب قصور النظرة الجزئية عن الإحاطة بجُل أبعاد الموضوع أو الظاهرة أو الموقف، وتمزيق وحدته الكلية، والدخول إليه من زاوية أو زوايا جزئية حدِّية منغلقة على نفسها، والارتكاز عليها في عملية التحليل والاستنتاج والتفسير والفهم والاستشراف، التي كثيرًا ما تأتي مضللة ومضرة بمصلحة الأفراد والمجتمعات[(3)].

يسلط الباب التالي الأضواء على المنظور الأكثر قدرة على تزويدنا بالإجابات الموضوعية عن هذه الأسئلة الجوهرية، وعلى مواجهة تبعات هذه المعضلة الإنسانية الكبرى.

---

(1) مالك بن نبي. فكرة الإفريقية الآسيوية، ص85.

(2) ماجد عرسان الكيلاني. أهداف التربية الإسلامية، ط2، ص65.

(3) نفسه، ص65.

الباب الثاني
النهضة الحضارية والحاجة إلى منظور السننية الشاملة

تبين لنا من خلال فصول الباب السابق، الذي خصصناه لعرض وتقييم أطروحة «شروط النهضة»، كإحدى الأطروحات النوعية المهمة في الفكر الإسلامي، المهتمة بفلسفة التاريخ والحضارة، أن هذه الأطروحة تندرج في سياق الخط السنني العام الذي أسس له القرآن الكريم، وأراد أن تجري حركة الحياة في ضوء مقتضياته وشروطه، من خلال دعوته الملحة إلى العناية الشديدة بالمعرفة والثقافة السننية الشاملة، التي تكشف للإنسان السنن الناظمة للصيرورات الحضارية لحركة الاستخلاف البشري في الأرض[1]، أو ما أصبح يُسمى في بعض الدراسات المعاصرة بـ«فلسفة التاريخ والحضارة».

وفلسفة التاريخ والحضارة، حقل معرفي محوري يهتم بكشف السنن المؤثرة على الفكر الإنساني، وعلى السلوك الإنساني، وعلى الحركة الثقافية والاجتماعية والحضارية الإنسانية، وعلى التطلعات الأخروية للإنسان وموجباتها. وهذا هو هدف المعرفة برمتها، وإن كان هذا الحقل المعرفي المحوري لم يأخذ بعد حقه من الاهتمام في الثقافة الإسلامية خاصة، والثقافة الإنسانية عامة.

فالمعرفة أيًّا كانت نوعيتها، هدفها هو فهم سنن حركة الحياة، ومحاولة مطابقة حركة الحياة مع هذه السنن قدر الإمكان، سواء كانت سنن آفاق أو أنفس أو هداية أو تأييد. فالمعرفة السننية مطلوبة من حيث هي وسيلة لإدارة الحياة الفردية والجماعية بطريقة صحيحة فعالة، محقِّقة للغاية الوجودية للإنسان في الحياة[2].

وقد حاول العلَّامة ابن خلدون التوغل في بعض تفاصيل هذا الحقل المعرفي المحوري، ووضْع بعض قواعده، بعد أن ظل مهملًا ومبعثرًا في ثنايا التفاصيل الفقهية، وفي ثنايا المباحث الأصولية والكلامية، وفي ثنايا المدونات الأخلاقية والآداب السلطانية أو السياسية، ولم يتبلور كحقل معرفي مستقل تخدمه كل الحقول المعرفية الجزئية الأخرى، ما هو قائم منها وما ينبغي استحداثه، باعتباره الحقل المعرفي المركزي الذي ينبغي أن تصب فيه

---

(1) محمد رشيد رضا. تفسير المنار، ج4/ 115.

(2) الراغب الأصفهاني. تفصيل النشأتين وتحصيل السعادتين، ص79، 85.

كل المعارف الإنسانية، لتمنح الإنسان الوعي السنني الشامل الذي يؤثر على الصيرورات الحضارية لحركة الاستخلاف البشري في الأرض، ويتحرك بها على خط المداولة الحضارية الإنسانية التكاملية الصاعدة، وينأى بها عن الحركة على خط المداولة الحضارية التنافرية المنهكة المتقهقرة.

هذا هو محور حركة المعرفة والخبرة البشرية برمتها، أي البحث عن المعرفة السننية المؤثرة على حركة الحياة البشرية في أبعادها الفردية والجماعية والحضارية، ومحاولة استخلاص خريطة عامة عن المنظور السنني الكوني الكلي الذي تتحرك في إطاره الصيرورات الحضارية لحركة الاستخلاف البشري في الأرض؛ في انسجامها وتكاملها وفعاليتها الصاعدة، أو في تنافريتها واضطرابها وفعاليتها الاهتلاكية المتقهقرة.

ومنذ البداية، حسم علماؤنا معضلة العلاقة بين العلم والعمل، أو المعرفة والسلوك، أو الحياة عامة. فأكدوا على أن العلم يقتضي العمل[1]، وأن العمل يقتضي العلم[2]، فهما أمران متكاملان لا ينفصل أحدهما عن الآخر في المنظور الإسلامي السنني المتكامل لحركة الحياة، وإذا انفصلا وتنافرا، فإن ذلك مؤشر موضوعي على بداية الأزمة الثقافية والاجتماعية والحضارية في المجتمع، سيكون لها ما بعدها من تأثيرات سلبية خطيرة، إن لم يتم تدارك الموقف وتصحيح المسار.

ومن أجل الدفع قُدمًا بجهد أطروحتَي «المقدمة» و«شروط النهضة» وغيرهما، على **خط السننية الشاملة**، ونحو مزيد من النضج والتكامل والفعالية، خصصنا الباب الثاني من الكتاب لنتناول الحديث عن **منظور السننية الشاملة**، باعتباره المصب المعرفي الرئيسي الذي تتحرك نحوه كل المعرفة والخبرة البشرية بشكل مباشر أو غير مباشر من جهة، والشرط الأساسي الذي **يعي به الإنسان وظيفته الوجودية بشكل صحيح**، ويمتلك به **القدرات التي بها ينجزها** بالكفاءة والفعالية والأصالة المطلوبة، وبها يتمكن من **المحافظة على منجزاتها، ويضمن لمداولته الحضارية الصعود** بشكل مستمر من جهة أخرى.

---

(1) راجع على سبيل المثال: الخطيب البغدادي. اقتضاء العلم العمل، تحقيق ناصر الدين الألباني.

(2) أحمد بن علي بن حجر العسقلاني. فتح الباري شرح صحيح البخاري، ج1/ 160.

إن منظور السننية الشاملة كما تعرضه هذه الدراسة، هو الذي يمكننا من الإجابة عن الأسئلة الجوهرية الحاسمة التي انتهى بها الباب الأول، وهي:

كيف تترابط وتتكامل معطيات الشروط الثلاثة السابقة، في أي حركة فردية أو اجتماعية أو حضارية، حتى يتحقق لها أو فيها مزيد من التوازن والانسجام والتكامل والفعالية والخيرية والبركة؟ وقبل ذلك، لماذا تتجزأ وتتنافر معطيات هذه الشروط الثلاثة الرئيسية في واقع الناس، على الرغم من أنها وجدت لتتكامل فيما بينها، وتمنح الحركة الفكرية والثقافية والاجتماعية والحضارية للفرد والمجتمع، مزيدًا من التوازن والانسجام والتكامل والفعالية والخيرية والبركة، والسمو الروحي والأخلاقي والسلوكي؟ ثم كيف نتجاوز وضعية التبعيضية والتجزيئية التنافرية المنهكة لهذه الشروط الثلاثة، ونعيد لها تكامليتها الوظيفية المطلوبة، التي من أجلها وجدت، بعد أن بعَّضتها وجزَّأتها ونافرت فيما بينها، المنظوراتُ والاتجاهات التجزيئية المتنافرة؟

هذا ما تحاول فصول هذا الباب الثاني الإجابة عنه.

الفصل الأول
أهمية الوعي بمنظور السننية الشاملة

من خلاصة نموذجي التجربتين الحضاريتين المعاصرتين الإسلامية والغربية، يتأكد لدينا مدى الحاجة، بل والضرورة الملحة، إلى **منظور السننية الشاملة** في فقه النهضة الحضارية، الذي لا بديل عنه لأي نهضة حضارية ذات أبعاد وأعماق وآفاق إنسانية وروحية وأخلاقية وعالمية وكونية، ترتقي فيها إنسانية الإنسان في مدارج الإحسان بكل جمالياته وخيريته وبركاته.

ومن معززات الحاجة إلى ضرورة الوعي **بمنظور السننية الشاملة**، أهمية بل وضرورة الوعي بمحدودية الفعالية الاجتماعية للسننية الجزئية، كما مر ذلك في ثنايا فصول الباب الأول، وكما سنرى ذلك أيضًا في هذا المدخل إلى بقية فصول هذا الباب من الكتاب.

محدودية الفعالية الاجتماعية للسننية الجزئية

نقصد بالسننية الجزئية هنا، حركة التحكم الفني والوظيفي الفعَّال في تفاصيل السنن الإجرائية الخاصة بمجال أو مساحة ما من مساحات الحياة ومجالاتها الفسيحة جدًّا، واستخدامها في إدارة الحياة، بمعزل عن معززاتها السننية الشبكية الأخرى المتآزرة فيما بينها من ناحية، وبمعزل عن مؤطراتها السننية المقاصدية المركزية الكلية التي ينبغي بل يجب لها أن تتحرك في إطارها من ناحية أخرى، لكي تؤدي وظيفتها في حياة الأفراد والمجتمع بشكل تكاملي فعَّال ومتوازن.

والحياة بتنوعاتها وتعقداتها وتغيراتها الدائبة، لا يمكن تلبية ضرورياتها وحاجياتها وتحسينياتها، ولا دفع التحديات التي تحيط بها، بالشكل المطلوب، بمجرد التحكم الوظيفي الفعَّال في مفردة سننية جزئية هنا أو هناك، أو حتى في قطاع أو مجال سنني معين، والاعتقاد

بأن ذلك يغني عن بقية المفردات السننية الأخرى في الساحات الكونية المختلفة[1].

الفعالية الاجتماعية المطلوبة هي منتوج الفعاليات الفردية أو الجزئية المتكاملة، وهي الفعالية المعول عليها في عملية التغيير والإصلاح والتجديد الحضاري. وكل فعالية جزئية أو فردية تضر بالفعالية الاجتماعية الكلية، هي فعالية سلبية مهما كانت قوتها. كما أن كل فعالية اجتماعية تضر بمصالح الفرد، هي كذلك فعالية سلبية. والفعالية الحقيقية المطلوبة هي التي تحقق مصالح الفرد والمجتمع، وتحافظ عليهما معًا.

فالعبرة بما يخدم الصالح العام أو المجتمع ولا يعود عليه بالضرر، مع مراعاة المصالح المشروعة للأفراد وعدم المساس بها إلا بحقها المنضبط شرعًا ومصلحة.

ومن يعتقد أن السيطرة أو التحكم في المفردات السننية الجزئية لمجال معين من مجالات الحياة، مهما كانت أهميته، يكفيه لإدارة حياته الفردية والجماعية بالشكل المطلوب، فقد أخطأ في حق نفسه وحق مجتمعه خطأ فادحًا، لأنه سيكتشف بسرعة أن مواكبته لتحولات حركة الحياة تتطلب منه معرفة وثقافة وإمكانات وجهدًا أوسع وأقوى وأدوم، وإلا قذفت به حركة المدافعة والمداولة الحضارية إلى الوراء، وفرضت عليه وضعية التخلف الغثائية والتبعية الحضارية مع مرور الزمن.

إن منظور السننية الجزئية أو التجزيئية، ليس له قدرة ذاتية على منح الإنسان شروط النهضة الحضارية المتوازنة، كما أسلفنا، لأن جزئيات شروط هذه النهضة موزعة في ساحات كونية متعددة ومتكاملة، وليست موجودة في ساحة أو ساحتين أو ثلاث فحسب (كما سيرد الحديث عن ذلك لاحقًا)، ولذلك فإن الانحباس في معطيات هذا المنظور الجزئي أو ذاك، والاقتصار عليه، والمراهنة على معطياته وحدها في تحقيق النهضة، قصور في الوعي السنني لدى الإنسان من ناحية، وخطأ فادح يُرتكب في حق المجتمع والأجيال من ناحية ثانية، وتفويت للفرص عليهما من ناحية ثالثة، ومضاعفة لمديونيتهما الحضارية من ناحية رابعة، وتعريض لهما للغثائية والتبعية الحضارية الذليلة من ناحية خامسة.

والنهضة الحضارية باعتبارها حركة تغييرية إصلاحية تجديدية شمولية متكاملة، في

---

(1) أليكسيس كاريل. الإنسان ذلك المجهول، ص17.

حاجة ضرورية إلى وعي سنني شامل، وإلى إمكانات تسخيرية شاملة، وإلى عملية إنجازية بنائية شاملة ومتكاملة ومستمرة بلا هوادة، وإلى يقظة وقائية دائبة، تواجه الأخطاء والنقائص والاختلالات والغفلات، ولا تتيح لها أي فرصة للتفريخ والتأثير السلبي على مسيرة التغيير والإصلاح والتجديد المتواصل.

وكل هذه العمليات الحيوية الحاسمة، لا يمكن لمعطيات منظومة سننية جزئية واحدة، أو معطيات سننية متفرقة ومبعثرة من عدة منظومات جزئية أخرى، أن توفر شروطها بأي حال من الأحوال، بل تحتاج إلى استثمار متكامل لمعطيات كل المنظومات السننية الكونية المختلفة، التي وضعها الله تعالى بين يدي الإنسان لكي ينجز خلافته في الأرض على وجهها الصحيح.

إن الصروح الحضارية الكبرى التي نراها نحن في صورها الكلية، ما هي في الحقيقة إلا محصلة أفعال فردية وجماعية ناجحة، استوفت **دوراتُها الإنجازية** الكلية، شروطَ أصالتها وفعاليتها وتكامليتها واطِّراديتها التاريخية، وتكاملت منجزاتها مع مرور الزمن، لتعطينا تلك الصروح الحضارية الضخمة في النهاية.

وكذلك أحوال المجتمعات المتخلفة التي نراها نحن في صورها المفككة الضعيفة المهترئة المغلوبة على أمرها، ما هي في الحقيقة إلا محصلة أفعال فردية وجماعية فاشلة ومضطربة، لم تستوفِ **دوارتُها الإنجازية** الكلية، شروطَ أصالتها وفعاليتها وتكامليتها واطراديتها التاريخية، فأعطتنا ذلك المنتج الفكري أو الثقافي أو السلوكي أو الاجتماعي أو السياسي المضطرب الضعيف العاجز، الذي لا وزن له في ساحات المدافعة والمداولة الحضارية بين النماذج المجتمعية والحضارية المختلفة.

وهذه الأفعال الإنسانية الفردية أو الجماعية الأساسية، المنشِئة والبانية للنهضات الحضارية المتوازنة الصاعدة، أو المضعِفة للنهضات الحضارية، والعاجزة عن تدارك تقهقرها واضمحلالها، يتحكم في قوة وضعف **دوراتها الإنجازية** الكلية، مدى جزئية أو شمولية الاستثمار لمعطيات المنظومات السننية الكونية الكلية التي وضعها الله تعالى بين يدي الإنسان، لتحقيق أقصى درجات الأصالة والفعالية والتكاملية والاطرادية أو التأثيرية التاريخية الممتدة، في كل فعل من أفعاله الفردية أو الجماعية.

لهذا، فإن الأسئلة الكبيرة التي تواجه النخب الفكرية والسياسية والاجتماعية المهمومة بنهضة مجتمعاتها، هي:

كيف تتحقق هذه الأصالة والفعالية والتكاملية والاطرادية التاريخية في الفعل الإنساني المنشِئ والباني للنهضات الحضارية المتوازنة؟ وما الذي يمكِّن الإنسان من تحقيق ذلك في **الدورة الإنجازية** لكل فعل من أفعاله، بحيث يخرج إلى حيز الوجود فعلًا أصيلًا وفعالًا وتكامليًّا وممتد التأثير، وقادرًا على تحقيق التراكمية البنائية المتدرجة، التي هي شرط أساسي من شروط تحقيق النهضة الحضارية المطلوبة؟ وكيف يتجنب الأفراد التنافرية في جهدهم الذاتي؟ وكيف تتجنب المؤسسات التنافرية في جهدها الذاتي؟ وكيف تتجنب المجتمعات التنافرية في جهدها الكلي؟ وكيف يتمكن الجميع من تحقيق التكاملية المطلوبة في الجهد الكلي للمجتمع، لضمان زيادة وتائر الفعالية الفردية والجماعية؟

ضرورة الانتقال من السننية الجزئية إلى السننية الشاملة

الإجابة الأوَّلية عن هذه الأسئلة المهمة التي ستأتي بعض تفاصيلها لاحقًا، هي: **ضرورة الانتقال من السننية الجزئية محدودة المعطيات والتأثيرات، إلى السننية شاملة المعطيات والتأثيرات**، التي توفر للإنسان الشروط الضرورية لتغطية كل أبعاد **الدورة الإنجازية** لأفعاله، لكي تتميز بمزيد من الأصالة والفعالية والتكاملية والقدرة الاطرادية الممتدة في التاريخ.

وعندما نقول الانتقال من السننية الجزئية إلى السننية الشاملة، فلا يعني ذلك ترك السننية الجزئية أو الزهد فيها، لأن ذلك مضر بالفرد والمجتمع معًا من ناحية، ولأنه غير ممكن من ناحية أخرى. فالسننية الجزئية هي المؤثر المباشر على حركة التغيير والإصلاح والتجديد الحضاري، فإذا حاصرناها أو كبحناها أو عطلناها، عطلنا عملية التغيير والإصلاح، وألحقنا الضرر بها.

لذلك، فالمقصود هنا هو وضع هذه السننية الجزئية في مكانها الصحيح، وفي حالة تكامل مع بقية السنن الجزئية الأخرى، في بقية الساحات والمنظومات السننية الكونية الأخرى، حتى تعطي لجهد الأفراد والمؤسسات والمجتمع أصالته وفعاليته وقدرته التأثيرية المطلوبة في إدارة الحياة.

فأصالة وفعالية وتكاملية الأفعال الإنسانية وقدرتها التأثيرية الممتدة، لن تتحقق إلا في ضوء **منظور السننية الشاملة**، الذي به يتوفر لكل بُعد أو جانب أو مرحلة **في الدورة الإنجازية** لهذا الفعل الإنساني، ما تحتاج إليه من شروط وإمكانات وظروف، لكي تستوفي حظها من الإعداد، وتمدَّنا بفعل ناجح مؤثر في النهاية، ليضاف إلى بقية الأفعال الناجحة التي ستؤثر على حركة الإنجاز والبناء الحضاري العام مع مرور الوقت وتوالي الأفعال الناجحة.

هذه أهمية الوعي بمنظور السننية الشاملة على مستوى «الدورة الإنجازية» للفعل الإنساني، كمؤثر مباشر على حركة التغيير والإصلاح والتجديد الذاتي أو الاجتماعي أو الحضاري. فكل التغييرات الكبرى الإيجابية أو السلبية، مصدرها هذا الفعل الأولي المباشر الذي يصدر عن الأفراد الذين يديرون حركة المجتمع.

كما تبدو الأهمية الكبيرة لهذا المنظور كذلك، على مستوى أوسع من «الدورة الإنجازية» للأفعال الفردية، وهو مستوى دائرة الأفعال الثقافية والاجتماعية والحضارية المركبة والمعقدة، باعتبار النهضة الحضارية مركبًا ثقافيًا معرفيًا تربويًّا اجتماعيًّا عمرانيًّا حضاريًّا متكاملًا، تحتاج **الدورة الإنجازية** لأفعاله إلى معطيات أكثر شمولية وفعالية وتكاملية وقابلية للاطراد التاريخي طويل المدى.

مؤكدات السننية الشاملة

عندما نحلل هذا المركب الحضاري الضخم إلى عناصره الأولية، ونريد أن ندرك العلاقات التفاعلية المتأثِّر بعضها ببعض، والمؤثِّر بعضها في بعض، والمنتِج لهذا المركب الحضاري الضخم في نهاية المطاف، فسنصل إلى الفرضيات أو المقدمات الكلية الأساسية التالية:

الفعل الحضاري الأصيل والفعال والتكاملي وممتد التأثير، هو محصلة فعل ثقافي شمولي تكاملي متوازن ومتجدد. وهو ما يحيلنا إلى مشكلة الثقافة في المجتمع، كيف تكون ثقافةَ نهضة حضارية؟

الفعل الثقافي الأصيل والفعال والتكاملي وممتد التأثير، هو محصلة فعل تربوي شمولي تكاملي متوازن ومتجدد. وهو ما يحيلنا إلى مشكلة التربية في المجتمع، وكيف تكون تربيةَ نهضة حضارية؟

الفعل التربوي الأصيل والفعال والتكاملي وممتد التأثير، هو محصلة فعل معرفي شمولي تكاملي متوازن ومتجدد. وهو ما يحيلنا إلى مشكلة المعرفة في المجتمع، وكيف تكون معرفةَ نهضة حضارية؟

الفعل المعرفي الأصيل والفعال والتكاملي وممتد التأثير، هو محصلة فعل منهجي شمولي تكاملي متوازن ومتجدد. وهو ما يحيلنا إلى مشكلة المنهج في المجتمع، وكيف يكون منهجَ نهضة حضارية؟

الفعل المنهجي هو محصلة معرفة وثقافة سننية شمولية تكاملية متوازنة ومتجددة. وهو ما يحيلنا إلى مشكلة المعرفة والثقافة في المجتمع، وكيف تكونان معرفة وثقافة سننية تستجيب للشروط الشاملة للنهضة الحضارية؟

المعرفة والثقافة السننية المتوازنة هي محصلة منظور سنني شمولي تكاملي متوازن. وهو ما يحيلنا إلى مشكلة المنظور السنني الكوني المتوازن، وكيف يكون منظور نهضة حضارية إنسانية كونية متوازنة؟

فالنهضة الحضارية ذات العمق الروحي الأخلاقي الإنساني العمراني المتوازن، هي محصلة منظور سنني كوني كلي متوازن، تنعكس آثاره الإيجابية على كل الدوائر السابقة.

وطبيعة المنظور الذي يحمله الفرد والمجتمع، هو جذر المعضلة الإنسانية، ومفتاح مواجهة تبعات هذه المعضلة في الوقت نفسه.

كل هذه العمليات التفاعلية المترابطة المؤثِّر بعضها في بعض، والمتأثر بعضها ببعض، والمكمل بعضها لبعض، لكي تتم على وجهها الصحيح، وتحقق الغرض منها، يجب أن تتوفر لكل مؤثر منها الشروطُ الضرورية التي تمكنه من أداء دوره في العملية التركيبية الكلية، وذلك لا يمكنه أن يتحقق في ضوء منظور أو منظورات السننية الجزئية المتنافرة، أو المعزول بعضها عن بعض، بل لا بد له من **منظور السننية الشاملة** الذي يلبي ويغطي ضروريات وحاجيات وتحسينيات كل بُعد من الأبعاد السابقة في مسيرة النهضة الحضارية للمجتمع.

فمنظور السننية الشاملة هو وحده الذي يوفر لكل العمليات والمراحل السابقة، ما يحتاج إليه كلٌّ منها من معطيات وشروط لنجاحها في ذاتها أولًا، ولمساهمتها بكفاءة وفعالية في تحقيق النهضة الحضارية المطلوبة ثانيًا، وتحقيق الوقاية الإستراتيجية لها ثالثًا.

دور منظور السننية الشاملة في ترابط الحركة الحضارية للمجتمع وتكاملها

من هنا تأتي الأهمية البالغة لمنظور السننية الشاملة، الذي تتجمع فيه كل روافد المعرفة والخبرة السننية الجزئية، وتتفاعل وتتكامل فيما بينها، لتتيح للإنسان كل ما تحتاج إليه حياته الفردية وحركته الاجتماعية والحضارية، من شروط وإمكانات، لكي تتوازن وتتكامل وتنسجم، وتعظُم فعاليتها الإنجازية وخيريتها وبركتها الاجتماعية.

ولعل ابن خلدون ومالك بن نبي، وغيرهما ممن نحا نحوهما، هالتهم التجزيئية والتبعيضية المعرفية والحركية أو الاجتماعية المتنافرة، التي هيمنت على مساحات معتبرة من مظاهر الحياة الإسلامية والإنسانية عامة، وتسببت في اهتلاكية الجهد، وتراجع فعالية المدافعة الحضارية للمجتمع والأمة، فدفع ذلك بفكرهم واهتماماتهم نحو البحث عن **الأنساق القطبية أو المحورية الكلية** الناظمة لحركة الحياة، التي تُخرج الفكر الإسلامي من دوامة التجزيئية، وتُنقذ السلوكية أو الحركية الاجتماعية الإسلامية من متاهة التنافرية المنهكة، وتعود بهما إلى الروح السننية القرآنية المتكاملة، فكانت أطروحتَا «المقدمة» و«شروط النهضة» وغيرهما[1].

ومُضيًّا على الطريق ذاته، ودفعًا بالجهد المعرفي والحركي الاجتماعي إلى مزيد من التكاملية والفعالية الإنجازية، جاءت هذه المحاولة للتركيز على **منظور السننية الشاملة**، كمصب لحركة المعرفة والخبرة البشرية، وكإطار وأفق معرفي ومنهجي مرجعي، لرصد ودراسة الظواهر الثقافية والاجتماعية والحضارية الكلية للحياة؛ تحليلًا وتفسيرًا وفهمًا لها، واستشرافًا لصيروراتها التاريخية، وضبطًا للموقف منها والعلاقة العملية المناسبة بها.

فمنظور السننية الشاملة، بسننيته واستيعابيته وتكامليته، هو الكفيل وحده بتحقيق الترابط والتكامل في الحركة الفكرية والثقافية والحضارية للمجتمع، لما يوفره لها من شروط معرفية وروحية ونفسية وأخلاقية وسلوكية واجتماعية وحضارية متكاملة، تعين على ذلك، وتقلل من التنافرية والاهتلاكية إلى حدٍّ بعيد جدًّا. لذلك يجب منحه كل ما يستحقه ويتطلبه من

(1) مالك بن نبي. فكرة الإفريقية الآسيوية، ص85.

الجهد والإمكانات والرعاية، إنضاجًا وبناءً له أولًا، وتعميمًا للوعي به ثانيًا، واستثمارًا له في واقع الحياة الفردية والجماعية ثالثًا.

إن استيعاب الخريطة المعرفية البنيوية الكلية لهذا المنظور، هو الذي يمكننا من استيعاب واستصحاب الجوهري والهيكلي في أطروحة «شروط النهضة»، وفي أي أطروحة أخرى، بشكل موضوعي، ووضعه في مكانه وسياقه السنني الكلي المطلوب، ويساعدنا على الإجابة عن الأسئلة الكثيرة التي سبق طرحها على هامش محاولة تقييم أطروحة «شروط النهضة»، والتي يمكن طرحها كذلك على هامش تقييم أي أطروحة أخرى تنزع منزعًا تفسيريًّا سننيًّا كليًّا متكاملًا في الثقافة الإسلامية أو الإنسانية عامة.

فما حقيقة منظور السننية الشاملة؟ وما معالم خريطته الكلية يا ترى؟

الفصل الثاني
منظور السننية الشاملة
المرجعية والمفهوم والمبررات والخصائص

مرجعية منظور السننية الشاملة

من أين يستمد منظور السننية الشاملة قوته ومصداقيته بالنسبة إلينا؟ أو كيف يمكن للإنسان أن يهتدي إلى هذا المنظور؟ كيف يبني تصوره عنه؟ ما الذي يمكن أن يعينه على ذلك؟ ما المصدر أو المصادر المرجعية الأكثر قدرة على مساعدتنا على بناء تصوراتنا حول هذا المنظور؟

لما كان منظور السننية الشاملة يستوعب ساحات كونية أوسع من الطاقة الذهنية والخبراتية البشرية، فإن المصدر المرجعي الأساسي الذي يوفر لنا معرفة موضوعية شاملة بهذا المنظور هو الوحي الإلهي، لأنه يستند إلى علم محيط بالوجود الكوني في منشئه ومكوناته وحركيته ومصائره.

فالوحي صادر عن الله العالم العليم بكل شيء، العلّام للغيوب، الخبير البصير، كما جاء ذلك في القرآن في مثل قوله تعالى: ﴿وَمَا يَعْزُبُ عَن رَّبِّكَ مِن مِّثْقَالِ ذَرَّةٍ فِى ٱلْأَرْضِ وَلَا فِى ٱلسَّمَآءِ وَلَآ أَصْغَرَ مِن ذَٰلِكَ وَلَآ أَكْبَرَ إِلَّا فِى كِتَٰبٍ مُّبِينٍ﴾ [يونس: 61]، وقوله تعالى: ﴿عَٰلِمِ ٱلْغَيْبِ ۖ لَا يَعْزُبُ عَنْهُ مِثْقَالُ ذَرَّةٍ فِى ٱلسَّمَٰوَٰتِ وَلَا فِى ٱلْأَرْضِ وَلَآ أَصْغَرُ مِن ذَٰلِكَ وَلَآ أَكْبَرُ إِلَّا فِى كِتَٰبٍ مُّبِينٍ﴾ [سبأ: 3]، وقوله سبحانه: ﴿يَٰبُنَىَّ إِنَّهَآ إِن تَكُ مِثْقَالَ حَبَّةٍ مِّنْ خَرْدَلٍ فَتَكُن فِى صَخْرَةٍ أَوْ فِى ٱلسَّمَٰوَٰتِ أَوْ فِى ٱلْأَرْضِ يَأْتِ بِهَا ٱللَّهُ ۚ إِنَّ ٱللَّهَ لَطِيفٌ خَبِيرٌ﴾ [لقمان: 16].

فالمصدر المرجعي الأساسي لمنظور السننية الشاملة في خطوطه الكبرى، هو الوحي الإلهي الذي جاءت خلاصة ثوابته الكلية في القرآن الكريم[1]، وفي صحيح السنة المبينة والمفسرة له[2].

القرآن ومنظور السننية الشاملة

القرآن الكريم باعتباره الدليل المرجعي السنني المتكامل للحياة البشرية، في نظرنا نحن المسلمين على الأقل، عندما نتأمل في الخريطة المقاصدية الكلية التي يتضمنها، ويسعى إلى تأسيس الوعي بها، ويدعو إلى إدارة الحياة البشرية على ضوئها، نجدها منسجمة تمامًا مع **منظور السننية الشاملة**، ومستوعبة لكل أبعاده ومقتضياته بشكل شمولي تكاملي متوازن، تأخذ فيه كل منظومة سننية كونية كلية حقها من الاهتمام والحجية والسلطة المرجعية الخاصة بها، وتؤدي دورها الوظيفي المنوط بها بالكفاءة والفعالية المطلوبة.

فالقرآن، على الرغم من أن محور اهتمامه الرئيسي هو تفصيل وضبط ما يتعلق **بمنظومة سنن الهداية** تحديدًا، فهو كتاب هداية بالدرجة الأولى كما يقال[3]، فإن بنيته أو خريطته المعرفية المقاصدية الكلية، تضع بين أيدينا رؤية أو منظورًا سننيًّا كونيًّا كليًّا متكاملًا، يجعلنا نفتح على كل المنظومات السننية الكونية الكلية الموضوعة تحت تصرف الإنسان، ونستفيد منها جميعًا في تحقيق مزيد من الأصالة والفعالية والتكاملية، والقدرة الاطرادية في أفعالنا ومواقفنا وحركتنا الحضارية عمومًا، بل إنه يفرض ذلك علينا فرضًا، فهو يحيلنا باستمرار إلى معطيات سنن الله في الآفاق، وسننه في الأنفس والتأييد، بل ويرتكز عليها في كثير من الأحيان لتأكيد صدقية وحجية وسلطة سنن الهداية، أي الوحي القرآني نفسه.

إن القرآن بشمولية منظوره السنني الكوني المتوازن، يكامل ويؤالف ويوائم بين كل الأبعاد في الحياة الإنسانية، ويؤكد على ضرورة توفير ما يغطي ويشبع ويلبي حاجيات كل بُعد من

---

(1) نخبة من الباحثين والكُتَّاب. رسالة القرآن، إدارة البحوث والدراسات الإسلامية، الدوحة - قطر، 2010م، ص193.

(2) عبد الغني عبد الخالق. حجية السنة، ص245.

(3) محمد رشيد رضا. تفسير المنار، ج6/ 300.

هذه الأبعاد الحيوية، ويرتقي به إلى أعلى مستويات الصلاح والنفع والحسن والفعالية، ولا يتجاهله أو يغفل عنه أو يكبته أو يصادره، بل يلزم الإنسانَ بذلك، ويفرض عليه بأن يعطي لكل بُعد أو جانب في حياته الفكرية أو السلوكية، الفردية أو الجماعية، الدنيوية أو الأخروية، الروحية أو المادية، العقلية أو العاطفية... ما يتطلبه من العناية والرعاية والخدمة والوقاية، لكي يكون في أحسن حالات حيويته وصلاحه وخيريته وبركته.

إن القرآن بحكم شمولية وتكاملية وتوازن منظوره السنني للكون والحياة والإنسان، ولحركة الاستخلاف البشري في الأرض والقوانين الكلية التي تحكمها، يرفض التجزيئية والمنافرة بين معطيات سنن الحياة في ساحاتها المختلفة[1]، ويدعو إلى ضرورة الانفتاح عليها جميعًا، والفهم لها جميعًا، والاستثمار لها جميعًا، في تحقيق التنمية المتوازنة لجميع الأبعاد في الشخصية الإنسانية، والتنمية المتوازنة لجميع الأبعاد في الحياة الاجتماعية والحضارية للإنسان، بل وتنمية جميع الأبعاد الخاصة بعلاقة الإنسان بالكون والطبيعة، وقبل ذلك كله وبعده، تنمية العلاقة بالله تعالى خالق ذلك كله، ومالك مصير ذلك كله، ومدبر أمر ذلك كله.

القرآن وأسئلة الفراغات الكونية الكبرى

نقصد بالفراغات الكونية الكبرى هنا، جملة الأسئلة الكونية الكبرى التي يجد الإنسان نفسه أمامها في هذه الحياة الدنيا، منذ البدايات المبكرة لتعقُّله للحياة، ويحتاج إلى إجابات واضحة ومقنعة عنها، حتى يكوِّن لنفسه صورة أو رؤية عن كينونته وعن الحياة والكون من حوله، ويخرج من دائرة الحيرة والارتباك والاضطراب الوجودي المنهك، إلى دائرة اليقين والاستقرار الوجودي، الذي يعينه على توجيه كل طاقاته وقواه وجهوده نحو تحقيق ما استقرت عليه رؤيته لنفسه وللحياة وللكون من حوله.

هنا يكمن سر الحياة الإنسانية برمتها. وهنا تكمن قوة الإنسان أو ضعفه، وإيجابية وفعالية حياته أو سلبيتها وغثائيتها. وهنا يتحدد وضعه ومركزه الوجودي في المرحلة الدنيوية من دورته الوجودية الكبرى. وهنا تتقرر طبيعة وضعه ومصيره ومقامه في المرحلة الأخروية من دورته الوجودية الكبرى. هنا مربط الفرس كما يُقال، أو مربط الحياة كما ينبغي أن يُقال دائمًا.

---

(1) نفسه، ج2/ 10.

من هنا تتحرك حياة الإنسان فردًا أو مجتمعًا أو أمة، نحو الانسجام والتكامل والتوازن والفعالية البنائية الصاعدة، والمجد الدنيوي، والمصير الأخروي السعيد، أو نحو الاضطراب والاختلال والتنافر والسلبية المنهكة، والحياة الضنكية، والمصير الأخروي التعيس.

تتمثَّل هذه الفراغات أو الأسئلة الكونية الكبرى، التي تُحدِّد الإجابات عنها، والموقف منها، وضعَ الإنسان الدنيوي ومصيره الأخروي، في:

أسئلة فراغ المأتى أو البداية الوجودية للإنسان والكون: من أين جاء الإنسان؟ وكيف جاء؟ ومن أتى به؟ وما علاقته بمن أتى به؟

أسئلة فراغ الطبيعة البشرية: من هو الإنسان بالضبط؟ وما ملكاته وقدراته؟ وما علاقته بمسخرات الكون من حوله؟ وما موقعه من المفردات الكونية الهائلة؟ وما مركزه الوجودي؟

أسئلة فراغ الغاية والوظيفة: لماذا وجد الإنسان؟ وما مهمته ورسالته في الحياة؟ وما حدود سلطته الكونية؟ ومن أين يستمد تلك السلطة؟

أسئلة فراغ المنهج أو الإستراتيجية: كيف ينجز الإنسان مهمته الكونية بالكفاءة والفعالية المطلوبة؟ وما الذي يتطلبه إنجاز هذه المهمة الوجودية؟ وهل يمتلك الإنسان إمكانات وشروط إنجاز هذه المهمة؟ وأين توجد هذه الإمكانات والشروط؟ وهل يعرف الإنسان ذلك ويعرف طريق الوصول إليها؟

أسئلة فراغ الإمكانات والقدرات المتاحة للإنسان: ما الإمكانات التي وضعت بين يدي الإنسان لينجز رسالته في الحياة؟

أسئلة فراغ المصير الوجودي: ما الموت بالنسبة إلى الإنسان؟ وماذا يوجد بعد الموت؟ وما طبيعة عالم ما بعد الموت؟ وكيف يؤثر الوعي بذلك على حركة الإنسان في عالم الشهادة؟ وكيف تؤثر حركة عالم الشهادة على المصير الأخروي للإنسان؟

يمتلك القرآن الكريم، من خلال شمولية منظوره الكوني أو الوجودي لحقيقة الإنسان والحياة والكون، وعلاقة ذلك كله بالله الخالق سبحانه، إجابات واضحة ومتماسكة عن كل هذه الأسئلة والمعضلات الوجودية المفصلية الكبرى؛ بعضها تفصيلًا، وبعضها الآخر

بالإحالة إلى المنظومات السننية الكونية الأخرى، التي يجب على الإنسان أن ينفتح عليها جميعًا، وأن يكتشف سنن الله فيها، ويستثمرها في تعميق الإجابة عن كل هذه الأسئلة الكبرى، لأن هذه المنظومات الكونية جميعًا، يكمل بعضها بعضًا، ويخدم بعضها بعضًا، وليست في منافرة بعضها مع بعض، كما تريد المنظورات السننية أو اللاسننية الجزئية، أن تصرح أو توحي بهذا، كما سبق بيان ذلك.

منظور السننية الشاملة وأسئلة الفراغات الكونية الكبرى

يُعَد أي منظور كوني لا يمتلك الإجابات السننية الشاملة المقنعة عن أسئلة هذه الفراغات الكونية الكبرى، منظورًا جزئيًّا محدود الجدوى الروحية والأخلاقية والاجتماعية والحضارية، ولا يمكنه أن يحقق تنمية شمولية تكاملية متوازنة للشخصية الإنسانية، ولا تنمية شمولية تكاملية متوازنة للحياة الاجتماعية والحضارية للإنسان، ولا تنمية شمولية تكاملية متوازنة لعلاقات الإنسان بالكون والحياة، ولا تنمية شمولية تكاملية متوازنة لعلاقات الإنسان بالله تعالى قبل ذلك وبعده، وستكون فعاليته الاجتماعية والحضارية محدودة في عطاءاتها النفسية والروحية والأخلاقية والإنسانية، التي هي جوهر إنسانية الإنسان، وجوهر الحضارة الإنسانية، وجوهر الخلافة الإنسانية في الأرض، مهما كانت العطاءات المادية لهذا المنظور الجزئي، لما سيعانيه الجهدُ والمنتَج الحضاريان المنبثقان عنه، من تنافرية منهكة، وضنكية مرهقة سالبة للبركة من الحياة، كما سبق بيان ذلك[1].

والمنظور الأقدر على الإجابة عن أسئلة الفراغات الكونية الكبرى السابقة، وعلى تنمية كل أبعاد وجوانب الحياة الإنسانية بالشكل المطلوب، ومنح هذه الحياة مزيدًا من الانسجام والتوازن والتكامل والفعالية الإيجابية، هو منظور السننية الشاملة، لأنه يتيح للإنسان الإمكانات والشروط المعرفية والمادية التي بها يحقق هذه التنمية الفكرية والثقافية والنفسية والروحية والسلوكية والاجتماعية الشاملة لكل جوانب حياته الفردية وحركته الاجتماعية والحضارية.

---

(1) راجع أيضًا على سبيل المثال: عبد الوهاب المسيري، «الفلسفة المادية وتفكيك الإنسان». محمد قطب، «الإنسان بين المادية والإسلام». أليكسيس كاريل، «الإنسان ذلك المجهول»، رينيه دوبو، «إنسانية الإنسان».

وهذا ما يجعل العناية بإنضاج هذا المنظور، ونشر الوعي به، وتمكين الناس من إدارة حياتهم على ضوء مقتضياته، من الواجبات، بل والضرورات الكبرى، التي يجب أن تتجند لها العقول الكبيرة في المجتمع والأمة والعالم، وتُبذَل فيها أعز الأوقات، وأنفس الإمكانات، وتُتحمَّل في سبيلها أبلغ المتاعب والتضحيات.

ونشر الوعي بهذا المنظور السنني الكوني الشامل، هو الذي جنِّدت وتجندت له مئات الرسل، وآلاف الأنبياء، وآلاف المجددين، وملايين المصلحين عبر التاريخ، كما تبين لنا ذلك حركة النبوات والرسالات، وحركات التجديد والإصلاح التي لم يخلُ منها مجتمع أو عصر في أي مرحلة من مراحل التاريخ الإنساني.

منظور السننية الشاملة: المفهوم والضرورة

بما أن **منظور السننية الشاملة** له كل هذه الأهمية الكبيرة، وهذه القيمة المحورية الحاسمة في حياة الناس، أفرادًا ومجتمعات وأممًا وحضارات، فإن السؤالين الكبيرين المطروحين علينا الآن هما:

ما هو منظور السننية الشاملة؟ وما هي معالمه الكبرى؟

وهذا ما سيتكفل به هذا الباب من الكتاب، المنصب حول محاولة بيان حقيقة هذا المنظور ومعالمه الكبرى، والتأكيد على مبررات بل وضرورات العناية القصوى به بالنسبة إلى كل فرد وكل مجتمع في هذه الإنسانية.

مفهوم منظور السننية الشاملة

على الرغم مما مر بنا في المباحث السابقة، من بيانات حول السننية الشاملة، فقد حان أوان تحديد مفهوم منظور السننية الشاملة الذي نعنيه في هذه الدراسة وفي غيرها من الدراسات السابقة أو اللاحقة إن شاء الله.

نقصد بمنظور السننية الشاملة هنا: الرؤية الكونية الكلية المؤسَّسة على أن الوجودين الكوني والبشري معًا، تحكمهما سنن منتظمة مطَّردة، لا تخرج عن سلطانها أي مفردة كونية، صغيرة كانت أم كبيرة، مادية كانت أم روحية، نفسية كانت أم سلوكية، اجتماعية كانت أم

حضارية، فكل شيء موجود في هذا الكون، خلقه الله تعالى بقدر موزون، وأودع فيه نظامًا ذاتيًا ثابتًا يحدد هويته ووظيفته، ويمكِّنه من أداء هذه الوظيفة التسخيرية بالكفاءة والفعالية المطلوبة، والمحافظة على هذه الهوية الذاتية المتميزة بشكل مطَّرد.

وفي هذا المعنى يقول تعالى: ﴿إِنَّا كُلَّ شَيۡءٍ خَلَقۡنَٰهُ بِقَدَرٖ﴾ [القمر: 49]، أي وفق نظام محكم دقيق مطَّرد. ويقول سبحانه: ﴿وَخَلَقَ كُلَّ شَيۡءٖ فَقَدَّرَهُۥ تَقۡدِيرٗا﴾ [الفرقان: 2]، أي أتقن خلقه وتسويته وتهيئته لما يصلح له[1]. ويقول كذلك: ﴿ٱلَّذِي خَلَقَ فَسَوَّىٰ ۝٢ وَٱلَّذِي قَدَّرَ فَهَدَىٰ﴾ [الأعلى]، أي خلق كل شيء فسوى خلقه بإحكام واتساق، وهيأه لما يصلح له، وهداه إليه، وعرَّف غيره وجه الانتفاع الأمثل به، بالغريزة أو بالقدرة العقلية التي زوِّد بها الإنسان خاصة[2]. ويقول سبحانه على لسان موسى عليه السلام: ﴿رَبُّنَا ٱلَّذِيٓ أَعۡطَىٰ كُلَّ شَيۡءٍ خَلۡقَهُۥ ثُمَّ هَدَىٰ﴾ [طه: 50]، أي هيأه لما يصلُح له، وهيأ له كل ما يعينه على صلاحه، وهداه إلى ذلك[3].

وعلى هذا، فإن السنن الإلهية شاملة لكل شيء في الوجود، وناظمة لكل شيء فيه، ونافذة في كل شيء فيه، وحاكمة على كل شيء فيه. وهي مسخرة للإنسان لكي ينجز بها خلافته في الأرض، بالكفاءة والفعالية والخيرية والبركة الممكنة له، في كل زمان ومكان وجيل، كما جاء بيان ذلك في مثل قوله تعالى: ﴿وَسَخَّرَ لَكُم مَّا فِي ٱلسَّمَٰوَٰتِ وَمَا فِي ٱلۡأَرۡضِ جَمِيعٗا مِّنۡهُۚ إِنَّ فِي ذَٰلِكَ لَأٓيَٰتٖ لِّقَوۡمٖ يَتَفَكَّرُونَ﴾ [الجاثية: 13].

إذن، فمنظور السننية الشاملة هو المنظور الذي ينفتح على كل المنظومات السننية الكونية الكلية التي توزعت عليها أو فيها المعطيات السننية المختلفة، ويستفيد منها جميعًا لضمان تلبية حاجيات **الدورة الإنجازية** الكلية للفعل الإنساني الفردي أو الاجتماعي أو الحضاري، لكي يخرج هذا الفعل إلى حيز الوجود في كامل أصالته وفعاليته وتكامليته وتوازنه وقدرته التأثيرية طويلة المدى.

وكل منظور كوني لا ينفتح على كل هذه المنظومات السننية الكونية الكلية المتكاملة، ولا يتيح الفرصة لأصحابه للاستفادة منها جميعًا، هو منظور جزئي لا يفيد صاحبه كثيرًا، ولا

---

(1) محمد رشيد رضا. تفسير المنار، ج11/ 198.

(2) محمد جمال الدين القاسمي. محاسن التأويل، ج11/ 455.

(3) محمد بن جرير الطبري. تفسير الطبري.. جامع البيان عن تأويل آي القرآن، ج16/ 81.

يمكِّنه من تحقيق الأصالة والفعالية والتكاملية والاطرادية طويلة المدى، في أفعاله وحركته التغييرية والإصلاحية والتجديدية الذاتية أو الاجتماعية، لأن تحقيق ذلك منوط بمعطيات سننية موجودة في بقية المنظومات السننية الكونية الكلية الأخرى.

وهذه هي معضلة المنظورات الجزئية التي كثيرًا ما تسيطر على وعي أفراد ومجموعات بشرية، وتحرمها من الاستفادة من الخدمات الضرورية لبقية المنظومات السننية الأخرى، وهو ما يعرِّض مصالحها ووجودها الحضاري لأخطار جمة، بحكم **منطق المدافعة والمداولة الحضارية** النافذ في البشر، والذي لا ينتظر أحدًا، ولا يرحم أحدًا جهله أو تجاهله أو غفل عنه وعن مقتضياته.

ويعني المفهوم المركز لمنظور السننية الشاملة على هذا الأساس: **الرؤية الكونية الشاملة للدورة الوجودية الكلية للإنسان والحياة والكون من ناحية، وللنواظم السننية الكلية المؤثرة بشكل مطَّرد على الصيرورات الحضارية الصاعدة أو المتقهقرة لحركة الإنسان الاستخلافية في الأرض من ناحية أخرى.**

ويمكن صياغته كذلك بأنه: **منظومة المعطيات السننية الكونية الكلية الناظمة للصيرورات الحضارية لحركة الاستخلاف البشري في الأرض في قوتها وصعودها، أو ضعفها وتقهقرها، والتي ينبغي على الإنسان أن يكون على وعي بها حتى يدير حركته الاستخلافية في اتجاهها الصحيح، بالأصالة والكفاءة والفعالية المطلوبة.**

وكما هو واضح في صيغ التعريفات، فإن المفهوم يركز على الخريطة أو الرؤية السننية الكونية الإطارية الكلية تحديدًا، وليس على المفردات السننية الجزئية التي لا حصر لها، والتي هي من مهمة الحركة العلمية الاجتهادية الإبداعية المتخصصة.

المنظور الذي نقصده هنا، هو إطار سنني كوني كلي متكامل، تتحرك وتتفاعل وتؤثر ضمنه المفردات السننية الجزئية اللانهائية في حياة الأفراد وحركة المجتمعات، وتدفع ببعضها نحو التوازن والقوة والصعود والنفوذ الحضاري، وبالبعض الآخر نحو الاختلال والضعف والتراجع والتبعية الحضارية، كما جاء تقرير ذلك في القرآن في مثل قوله تعالى: ﴿فَهَلۡ يَنظُرُونَ إِلَّا سُنَّتَ ٱلۡأَوَّلِينَۚ فَلَن تَجِدَ لِسُنَّتِ ٱللَّهِ تَبۡدِيلٗاۖ وَلَن تَجِدَ لِسُنَّتِ ٱللَّهِ تَحۡوِيلًا﴾ [فاطر: 43].

والسؤال الكبير هنا: كيف نعمق تأسيس الوعي بمنظور السننية الشاملة، وتجاوز المنظورات السننية الجزئية واحتواءها، ووضعها كلها في خدمة منظور السننية الشاملة المتكاملة؟

هذا ما سنراه في بقية مباحث الكتاب التالية.

مبررات ومعززات العناية بمنظور السننية الشاملة

إضافةً إلى ما سبق من المبررات والدواعي العامة، التي تدعونا إلى العناية القصوى بمنظور السننية الشاملة، نضيف هنا باختصار بعض المبررات الأخرى المهمة، المؤكِّدة لضرورة الاهتمام الدائم بتعميق الوعي بهذا المنظور الحيوي الحاسم:

1. تعزيز الوعي بمنظور السننية الشاملة ضرورة حيوية دائمة، لأن السننية الشاملة هي الوضع الطبيعي للوجود الكوني والبشري، فهو كله محكوم بسنن منتظمة مطَّردة في المخلوقات، لا تتغير ولا تتبدل.

2. ولأن السننية الشاملة هي الوضع المرجعي المعياري الموضوعي الشامل، الذي ينبغي أن تتحرك نحوه الحركة الإنسانية، فردية كانت أم جماعية، وتقيِّم وتقوِّم نفسها على ضوء معطياته، حتى تحافظ على صحتها وتوازنها وفعاليتها واستمراريتها التاريخية طويلة المدى.

3. ولأن السننية الشاملة هي وحدها التي تمكِّن الإنسان من تنمية متوازنة لشخصيته الإنسانية، والاستفادة من جميع ملكاته وقدراته بشكل فعال، ووضعها في خدمة المجتمع والإنسانية بشكل صحيح.

4. ولأن السننية الشاملة هي وحدها القادرة على تحقيق التنمية الشاملة والمتكاملة والمتوازنة في الحياة الاجتماعية والحضارية للإنسان، بما تتيحه لكل أبعاد الحركة الاجتماعية من إمكانات وشروط التنمية المتوازنة المنسجمة المتكاملة.

5. ولأن السننية الشاملة هي وحدها القادرة على منح الجهد الإنساني والحركة الإنسانية أقصى مستويات أصالتها وفعاليتها وتكامليتها واطراديتها التاريخية، وتحقيق النهضة الحضارية متوازنة الأبعاد، إنسانية العطاءات والبركات.

6. ولأن السننية الجزئية لا تجدي كثيرًا في تحقيق التوازن الذاتي والاجتماعي والحضاري والكوني في حياة الإنسان، لأنها لا تمنح الإنسان إلا قوة محدودة في مجالات حياتية محدودة، في حين تظل بقية المجالات الضرورية الأخرى غير مسيطَر عليها، وغير منمَّاة، وغير مشبَعة، وهو ما يؤثر سلبًا حتى على المجالات البسيطة المتحكم فيها.

7. ولأن اضطراب الوعي بمنظور السننية الشاملة، هو الذي يقف وراء هذا الاضطراب في حياة الأفراد والمجتمعات في كل زمان ومكان. فأينما وجدت ضعفًا أو اختلالًا وقصورًا وضنكية وغثائية واهتلاكية ذاتية واجتماعية وحضارية... فابحث عن سبب ذلك كله في العلاقة المرتبكة بمنظور السننية الشاملة.

8. ولأن اضطراب وتراجع وتوقف الدورة الحضارية الأولى للأمة الإسلامية، بعد حين من اندفاعتها الإنسانية الكبرى، ناتج عن اضطراب الوعي بهذا المنظور، واضطراب العمل بمقتضياته، مما أدى إلى حركة تجزيئية تنافرية منهكة ومهلكة في نهاية المطاف.

9. ولأن عجز حركة النهضة الإسلامية المعاصرة عن تحقيق أهدافها، على الرغم من طول أمدها الزمني واتساع نطاقها الجغرافي، راجع إلى اضطراب وتنافرية الوعي بمنظور السننية الشاملة، وهيمنة التجزيئية والتنافرية والاستئنافية والاهتلاكية الذاتية والاجتماعية على كثير من الجهود المبذولة في هذا المجال.

10. ولأن واقع الأمة الإسلامية المعاصر بكل تشرذماته وتمحوراته واختلالاته وصراعاته وتعفناته ومآسيه الداخلية، وارتهاناته واستلاباته الخارجية، مترتب على العلاقة غير المتوازنة بمنظور السننية الشاملة. فالثنائية أو الازدواجية التنافرية المنهكة القائمة بين الأصالة والمعاصرة، والمادية والروحية، والثقافية والسياسية، والمدنية أو العلمانية والدينية، والأنثوية والذكورية، والعقلانية والنصوصية، والحرفية والمقاصدية، والوراثية والشورية، والاستبدادية والحرية... هي كلها أثر من آثار العلاقة غير السوية بمنظور السننية الشاملة، وانجراف وراء المنظورات والممارسات التجزيئية التنافرية المنهكة.

11. ولأن وضع الإنسانية المعاصر، في ماديته المتوحشة، وترفيَّته المنهكة، وفوارقه الفاحشة، ومظالمه المتفاقمة، وفي إنهاكه للبيئة الطبيعية، وصداماته مع البيئة الكونية، مرتبط بالموقف من منظور السننية الشاملة كذلك، فهو نتيجة من نتائج اضطراب الوعي بهذا المنظور، والعلاقة الوظيفية أو التسخيرية المنقوصة به.

12. ولأن تصحيح وضع الأمة والإنسانية عامة، وتحقيق التوازن والتكامل فيهما، مرتبط بالوعي بمنظور السننية الشاملة ابتداء، وبتفعيل مقتضياته في كل شؤون الحياة ثانيًا.

13. ولأن المصير الأخروي للإنسان، والمقامات التي ينشدها كل إنسان في الحياة الأخروية، وتلافي المصائر الخائبة التعيسة فيها، التي ينفر بل ويفر منها كل إنسان، مرتبطة كلها بطبيعة العلاقة الدنيوية بمنظور السننية الشاملة، وهل كانت علاقة صحيحة متوازنة، أم كانت علاقة مرتبكة منقوصة متنافرة؟

14. ولأن منظور السننية الشاملة هو الصراط المستقيم نحو التنمية المتوازنة للشخصية الإنسانية، والتنمية المتوازنة للعلاقات الإنسانية، والترقي في مدارج الإنسانية والخيرية والعبودية. كما جاء بيان ذلك في القرآن في مثل قوله تعالى: ﴿وَأَنَّ هَٰذَا صِرَٰطِي مُسْتَقِيمًا فَٱتَّبِعُوهُ ۖ وَلَا تَتَّبِعُوا۟ ٱلسُّبُلَ فَتَفَرَّقَ بِكُمْ عَن سَبِيلِهِۦ ۚ ذَٰلِكُمْ وَصَّىٰكُم بِهِۦ لَعَلَّكُمْ تَتَّقُونَ﴾ [الأنعام: 153]. وفي الحديث النبوي عن جابر بن عبد الله، أن رسول الله عليه الصلاة والسلام «**خَطَّ خطًّا، وخطَّ خطَّين عن يمينه، وخَطَّ خطَّين عن يساره، ثم وضع يده في الخطِّ الأوسط، فقال: هذا سبيل الله، ثم تلا هذه الآية:** ﴿وَأَنَّ هَٰذَا صِرَٰطِي مُسْتَقِيمًا فَٱتَّبِعُوهُ ۖ وَلَا تَتَّبِعُوا۟ ٱلسُّبُلَ فَتَفَرَّقَ بِكُمْ عَن سَبِيلِهِۦ ۚ﴾»[1].

إن التأمل المعمق في كل هذه المبررات الموضوعية المتنوعة، من شأنه أن يرفع وعي الإنسان بأهمية **منظور السننية الشاملة** إلى أعلى مستويات نضجه، ويدفع بالأفراد والمؤسسات والمجتمع إلى العناية القصوى ببناء هذا المنظور وتجديد الوعي به، والحرص الشديد على تجسيد معطياته جميعًا في كل تفاصيل حياة الأفراد وحركة المجتمع، وعدم المبالغة في جدوى المراهنة على المنظورات الجزئية المتنافرة المعزولة عن منظور السننية الشاملة.

---

(1) صحيح ابن ماجة، رقم11.

خصائص منظور السننية الشاملة

قبل المضي في الحديث عن حقيقة ومعالم **منظور السننية الشاملة**، نذكر هنا بعض الخصائص التي تعزز الوعي بضرورة العناية القصوى بهذا المنظور، وتشحذ العزائم والإرادات والطاقات والإمكانات من أجل تحقيق ذلك، وتمكين الأفراد والمجتمع من الاستفادة القصوى منه، في رفع مستوى أصالة وكفاءة وفعالية أدائهم الذاتي والاجتماعي.

يقوم هذا المنظور على:

1. **شمولية سلطان السنن على المفردات الكونية**: فكل شيء في الكون والحياة يجري بقدر معلوم، وبنظام موزون مرتب مطَّرد. كما جاء ذلك في مثل قوله تعالى: ﴿إِنَّا كُلَّ شَيْءٍ خَلَقْنَٰهُ بِقَدَرٍ﴾ [القمر: 49].

2. **ثبات واطراد الفعالية الوظيفية لهذه السنن**: حتى يؤدي كل منها وظيفته الوجودية الذاتية بانتظام من ناحية، ويمكِّن غيره من الكائنات الأخرى من الاستفادة منها في أداء مهماتها بانتظام وكفاءة وفعالية من ناحية أخرى. كما جاء ذلك في مثل قوله تعالى: ﴿فَهَلْ يَنظُرُونَ إِلَّا سُنَّتَ ٱلْأَوَّلِينَ ۚ فَلَن تَجِدَ لِسُنَّتِ ٱللَّهِ تَبْدِيلًا ۖ وَلَن تَجِدَ لِسُنَّتِ ٱللَّهِ تَحْوِيلًا﴾ [فاطر: 43]. وفي مثل قوله تعالى: ﴿سُنَّةَ مَن قَدْ أَرْسَلْنَا قَبْلَكَ مِن رُّسُلِنَا ۖ وَلَا تَجِدُ لِسُنَّتِنَا تَحْوِيلًا﴾ [الإسراء: 77].

3. **توزُّعها على أربع ساحات كونية متكاملة**: ساحة سنن الآفاق، وساحة سنن الأنفس، وساحة سنن الهداية، وساحة سنن التأييد، التي يؤدي كلٌّ منها وظيفة محددة في حياة الإنسان وحياة غيره من الكائنات الأخرى، لا يمكن لغيرها أن تعوضها أو تحل محلها لتغطية المجال الذي وجدت من أجل تغطيته. فكل ساحة أو منظومة من منظومات سنن التسخير الكونية الكلية الأربع (التي سيرد الحديث عنها لاحقًا)، تحتوي على جزء من الإمكانات السننية الضرورية التي يحتاج إليها أي فعل إنساني فردي أو جماعي، لكي يستجمع ويستكمل شروط أصالته وفعاليته وتكامليته وقدرته الاطرادية طويلة المدى.

4. **قابليتها للتسخير**: أي أنها ميسرة ومهيأة ومذللة للتسخير وللاستفادة منها في تلبية ضروريات الحياة وحاجياتها وتحسينياتها، ومواجهة التحديات التي تعترض ذلك

كله. قال تعالى: ﴿وَسَخَّرَ لَكُم مَّا فِي ٱلسَّمَٰوَٰتِ وَمَا فِي ٱلْأَرْضِ جَمِيعًا مِّنْهُۚ إِنَّ فِي ذَٰلِكَ لَأٓيَٰتٍ لِّقَوْمٍ يَتَفَكَّرُونَ﴾ [الجاثية: 13]. وقال تعالى كذلك: ﴿هُوَ ٱلَّذِي جَعَلَ لَكُمُ ٱلْأَرْضَ ذَلُولًا فَٱمْشُوا۟ فِي مَنَاكِبِهَا وَكُلُوا۟ مِن رِّزْقِهِۦۖ وَإِلَيْهِ ٱلنُّشُورُ﴾ [الملك: 15].

5. **موضوعيتها وحيادية نفوذها في الحياة:** فهي تمنح فعاليتها لكل عمل أو موقف إنساني منسجم معها، ومستجيب لمقتضياتها، وقادر على الاستفادة منها، بصرف النظر عن هويته أو جنسه أو موقعه. وتحرم العمل والموقف المناقض لها ولمقتضياتها، من تلك الفعالية، بصرف النظر عن هوية وجنس وموقع صاحبه. قال تعالى: ﴿مَّن كَانَ يُرِيدُ ٱلْعَاجِلَةَ عَجَّلْنَا لَهُۥ فِيهَا مَا نَشَآءُ لِمَن نُّرِيدُ ثُمَّ جَعَلْنَا لَهُۥ جَهَنَّمَ يَصْلَىٰهَا مَذْمُومًا مَّدْحُورًا ۝١٨ وَمَنْ أَرَادَ ٱلْـَٔاخِرَةَ وَسَعَىٰ لَهَا سَعْيَهَا وَهُوَ مُؤْمِنٌ فَأُو۟لَٰٓئِكَ كَانَ سَعْيُهُم مَّشْكُورًا ۝١٩ كُلًّا نُّمِدُّ هَٰٓؤُلَآءِ وَهَٰٓؤُلَآءِ مِنْ عَطَآءِ رَبِّكَۚ وَمَا كَانَ عَطَآءُ رَبِّكَ مَحْظُورًا ۝٢٠ ٱنظُرْ كَيْفَ فَضَّلْنَا بَعْضَهُمْ عَلَىٰ بَعْضٍۚ وَلَلْـَٔاخِرَةُ أَكْبَرُ دَرَجَٰتٍ وَأَكْبَرُ تَفْضِيلًا﴾ [الإسراء]. ويقول الإمام عبد الحميد بن باديس تعليقًا على الآيات: «وقد أفادت... أن أسباب الحياة والعمران والتقدم فيهما، مبذولة للخلق على السواء، وأن من تمسك بسبب بلغ بإذن الله إلى مسببه، سواء أكان برًّا أو فاجرًا، مؤمنًا أو كافرًا»[1].

6. **تكامليتها الوظيفية:** أي تعضيد وتعزيز بعضها لدور بعض في العملية التغييرية أو الإصلاحية أو التجديدية الكلية للحياة، بحيث تغطي كل منظومة منها جانبًا من جوانب الحياة الإنسانية، وتلبي حاجة ملحة من حاجياتها الحيوية، التي لا يمكن لغيرها أن يغطيها أو يلبيها بالفعالية والكفاية أو الإشباعية المطلوبة. ولذلك فإن المعرفة بمعطيات هذه المنظومات جميعًا، والاستفادة منها جميعًا، كل منها في مجال اختصاصها وفعاليتها الوظيفية، أمر ضروري في إدارة الحياة الفردية والجماعية، وتحقيق الانسجام والتوازن والفعالية والبركة فيها. وتبعيض

(1) عبد الحميد بن باديس. تفسير ابن باديس في مجالس التذكير من كلام الحكيم الخبير، ص59.

هذه السنن والأخذ ببعضها ومصادمة بعضها، أمر خطير على حياة الأفراد وحركة المجتمع، ولذلك جاءت في القرآن والسنة والسيرة النبوية تنبيهات كثيرة جدًّا، تحذر من ذلك، وتدعو إلى التوازن في الأخذ بسنن الله في الآفاق والأنفس والهداية والتأييد جميعها. ومن هذا المنطلق السنني المتكامل، رفض النبي عليه الصلاة والسلام تجزئة العلاقة التسخيرية أو الوظيفية بهذه السنن، كما نرى ذلك على سبيل المثال في قوله لعبد الله بن عمرو بن العاص رضي الله عنهما، عندما أراد التشديد على نفسه، بصيام الدهر وقراءة القرآن في ليلة واحدة[1]، فنهاه عن ذلك، لما فيه من غفلة عن معطيات سنن منظومات كونية أخرى، والتورط في مصادمتها، مما يؤدي لا محالة إلى اختلال خطير في توازن حياته.

7. **حجيتها وسلطتها المرجعية**: فكل منظومة من منظومات سنن التسخير الكونية الكلية الأربع، منحها الله تعالى حجية وسلطة مرجعية ذاتية على المجال الذي وجدت من أجل تغطيته، لا ينازعها فيها غيرها، وفرضَ احترامها على كل مستعمل لها، وحذَّر من الخروج عنها، في سياق التأكيد على ضرورة احترام حدود الله تعالى، وهي كل ما سنه ووضعه الله تعالى من سنن عامة لتجري عليها حركة الكون والحياة والإنسان.

وسيأتي في فصل لاحق الحديث عن مجال الفاعلية والحجية والسلطة المرجعية لكل منظومة من منظومات سنن التسخير الكونية الكلية الأربع.

عندما نعزز الوعي بكل هذه الخصائص التي يتميز بها منظور السننية الشاملة، ونرسخ ذلك في المنظومات المعرفية والثقافية والسلوكية والاجتماعية والسياسية للمجتمع، عبر الحركية التربوية الشاملة الدائبة، نكون قد وضعنا الأساس السنني المتين للنهضة الحضارية المتوازنة، وأنقذنا جهد الأفراد والمجتمع من المؤثرات والعواقب السلبية للمنظورات الجزئية المتنافرة المنهكة.

---

(1) صحيح مسلم، رقم1159.

الفصل الثالث

معالم الخريطة الكلية لمنظور السننية الشاملة في ضوء القرآن الكريم

نشرع الآن في بيان المعالم الكبرى للخريطة الكلية **لمنظور السننية الشاملة**، الذي به نرصد ونحلل ونفسر ونقيِّم ونقوِّم ونستشرف آفاق الظواهر الثقافية والاجتماعية والحضارية، وندفع بها نحو مزيد من الأصالة والفعالية والتكاملية والاطرادية التاريخية طويلة المدى.

ملاحظة منهجية مهمة:

لما كان القرآن الكريم - كما سلف في فصل سابق - يمثل الوثيقة المرجعية السننية الأكثر شمولًا واستيعابًا لمنظور السننية الشاملة، والأكثر مصداقية بالنسبة إلينا نحن المسلمين على الأقل، وبالنسبة إلى كثير من العلماء والمفكرين الموضوعيين المنصفين عبر التاريخ، فإنه سيكون المصدر والموجه الأساسي في محاولة البحث عن منظور السننية الشاملة، واستخلاص المعالم الكبرى لخريطته الكلية.

ونحن عندما نعتبر القرآن الوثيقة السننية الأكثر قدرة على مساعدتنا في استخلاص معالم هذا المنظور الكلي، فإن ذلك لا يعني إطلاقًا العزوف أو الغفلة عن مكتسبات الخبرة السننية البشرية - كما قد يظن بعض أصحاب المنظورات الجزئية - لأن المنظور القرآني يفرض علينا الانفتاح على ذلك كله، باعتباره من المصادر الأساسية لبناء منظور السننية الشاملة (كما سنرى ذلك لاحقًا). بل إن القرآن ليفرض على المسلم أن يعتبر بالخبرات البشرية السلبية، حتى لا يقع فيها، ويكرر أخطاءها[1]، وذلك لا يتم طبعًا إلا بدراسة هذه الخبرات دراسة

(1) ابن تيمية. مجموع الفتاوى، الرباط، دار المعارف، ج 10/ 301.

معمقة، تفضي إلى الوقوف على أخطاء هذه التجارب والخبرات، ومواطن الخلل والفساد والشر فيها، ومنابعها، وكيفيات تأثيرها في الأفراد والمجتمعات، ليتم تجنب ذلك كله[1].

وفي هذا جاء في القرآن قوله تعالى: ﴿وَلَقَدْ بَعَثْنَا فِي كُلِّ أُمَّةٍ رَّسُولًا أَنِ اعْبُدُوا اللَّهَ وَاجْتَنِبُوا الطَّاغُوتَ ۖ فَمِنْهُم مَّنْ هَدَى اللَّهُ وَمِنْهُم مَّنْ حَقَّتْ عَلَيْهِ الضَّلَالَةُ ۚ فَسِيرُوا فِي الْأَرْضِ فَانظُرُوا كَيْفَ كَانَ عَاقِبَةُ الْمُكَذِّبِينَ﴾ [النحل: 36]، وقوله سبحانه: ﴿أَوَلَمْ يَسِيرُوا فِي الْأَرْضِ فَيَنظُرُوا كَيْفَ كَانَ عَاقِبَةُ الَّذِينَ مِن قَبْلِهِمْ ۚ كَانُوا أَشَدَّ مِنْهُمْ قُوَّةً وَأَثَارُوا الْأَرْضَ وَعَمَرُوهَا أَكْثَرَ مِمَّا عَمَرُوهَا وَجَاءَتْهُمْ رُسُلُهُم بِالْبَيِّنَاتِ ۖ فَمَا كَانَ اللَّهُ لِيَظْلِمَهُمْ وَلَٰكِن كَانُوا أَنفُسَهُمْ يَظْلِمُونَ﴾ [الروم: 9]. فالمنطق السنني المتكامل للقرآن الكريم، يفرض على المسلم الانفتاح على مجمل الحركية الحضارية التاريخية البشرية، في قوتها وضعفها، ونجاحها وفشلها، وخيرها وشرها، وصلاحها وفسادها... والاعتبار بذلك كله، من خلال تعميق الوعي بسنن القوة والنجاح والصعود في هذه الحركية الحضارية البشرية من ناحية، وبسنن الضعف والفشل والتقهقر فيها من ناحية أخرى. وتلك هي العلاقة الصحيحة للإنسان بالخبرات البشرية السابقة والمعاصرة له.

لهذا، فإن الذين يسارعون إلى القفز على كل ما يمت إلى القرآن بصلة، أو الزهد فيه، أو المخاصمة له، لا يعرفون حقيقة القرآن وطبيعته العلمية السننية المتكاملة، ولذلك فهم ليسوا موضوعيين، وليسوا منصفين، وليسوا علميين، وكان من المفترض في أي عالم أو مفكر أو مثقف يجهل حقيقة شيء ما، أن يعتذر عن الخوض فيما ليس له به علم، أو يحتاط لذلك بالإشارة إلى احتمالية خطأ رأيه لأنه غير مختص في ذلك وإنما يطرح فرضيات أولية، ولا يجزم بخطأ الرؤية المغايرة لرأيه، لأن المنطق يقتضي أنه ليس بالضرورة كل ما لا نعرفه أو لا نقتنع به، نجزم بعدم وجوده أو عدم صحته، أو عدم جدواه! فهذا منطق غير علمي وغير أخلاقي وغير سنني في النهاية!

وهؤلاء الذين يستصحبون الرؤية العلمانية المخاصمة للدين الكنسي، أو للعقائد الخرافية عمومًا، ويسحبون مسلَّماتها على كل دين، وخاصة إذا كان هذا الدين هو الإسلام، يرتكبون

---

(1) الطاهر بن عاشور. تفسير التحرير والتنوير، ج14/ 150.

خطأً علميًّا ومنهجيًّا وأخلاقيًّا كبيرًا، يتسببون به في حرمان أنفسهم وحرمان مجتمعاتهم من ثروة معرفية سننية لا تقدر بثمن، ويحمِّلون أنفسهم تبعات لا يدركون مخاطرها على دنياهم وعلى آخرتهم.

وما أعظم وأروع وأحكم هذه القاعدة أو السنة الفكرية والمنهجية التي أرسى القرآن معالمها، لتكون أرضية للحكم على أي شيء، أو اتخاذ موقف من أي شيء، أو رفض أي شيء، أو قبول أي شيء... وهي قوله تعالى: ﴿وَلَا تَقْفُ مَا لَيْسَ لَكَ بِهِۦ عِلْمٌۚ إِنَّ ٱلسَّمْعَ وَٱلْبَصَرَ وَٱلْفُؤَادَ كُلُّ أُولَٰٓئِكَ كَانَ عَنْهُ مَسْـُٔولًا﴾ [الإسراء: 36].

وقد علَّق الإمام ابن باديس على هذه القاعدة المعرفية والمنهجية والحياتية الثمينة بقوله:

> «أي لا تتبع ما لا علم لك به، فلا يكن منك اتباع بالقول، أو بالفعل، أو بالقلب، لما لا تعلم؛ فنهانا عن أن نعتقد إلَّا عن علم، أو نفعل إلَّا عن علم، أو نقول إلَّا عن علم.
>
> فما كل ما نسمعه، وما كل ما نراه، نطوي عليه عقد قلوبنا، بل علينا أن ننظر فيه، ونفكر، فإذا عرفناه عن بينة اعتقدناه، وإلَّا تركناه حيث هو، في دائرة الشكوك والأوهام، أو الظنون التي لا تعتبر...»[1].

لهذا كله، فنحن نعتقد أننا عندما نستلهم الرؤية القرآنية للحياة، في البحث عن منظور السننية الشاملة المؤثرة على الحياة البشرية، فإننا نستوعب الخبرتين الرسالية والبشرية كلتيهما، ونستفيد من معطياتهما جميعًا، ونبعد أنفسنا عن الأحادية الفكرية الحدِّية الجامدة، المناقضة للموضوعية والعلمية المعرفية المبنية على شمولية وتكاملية الرؤية المعرفية للكون والحياة وظواهرهما المختلفة المركبة والمعقدة، التي لا يمكن للنظرة الجزئية أن تمنحنا رؤية وصفية وتحليلية وتفسيرية متكاملة عنها.

وسنشرع الآن في الحديث عن المحاور أو المعالم الكبرى لمنظور السننية الشاملة، كما تتجلى في الخطاب القرآني للعالمين.

---

(1) تفسير ابن باديس، ص103.

المحاور الكبرى لمنظور السننية الشاملة في ضوء المنطق القرآني

إن النظرة الاستقرائية الشاملة المتكاملة في معطيات القرآن والسنة والسيرة النبوية بالخصوص، وفي الواقع البشري التاريخي والمعيش معًا، تفضي بنا إلى أن هناك أربع ساحات أو منظومات سننية كونية كلية كبرى، يتمحور حولها الخطاب والاهتمام القرآني بشكل مكثف، لما لها من تأثير حاسم على الصيرورات الحضارية لحركة التاريخ الحضاري البشري، في قوتها وضعفها، ونجاحها وفشلها، وصعودها وتقهقرها.

فتركيز القرآن على تأسيس وعي الإنسان بهذه الساحات أو المنظومات السننية الكونية الكلية الأربع، جاء بناء على تلبية احتياجات حركة الخلافة البشرية في الأرض. فكل ما تحتاج إليه حركة هذه الخلافة البشرية في الأرض، من إمكانات وشروط، مستودع في هذه الساحات أو المنظومات السننية الكونية الكلية الأربع بشكل شامل وكامل ووافٍ، وما على الإنسان إلا أن يعرف ذلك، ويكتشف سنن الله المودعة في كل منظومة من هذه المنظومات الكونية، ويُحسن استثمارها في إدارة حياته الفردية والجماعية؛ الفكرية والنفسية والروحية والسلوكية والاجتماعية والحضارية، بشكل صحيح ومتوازن.

ومعطيات هذه المنظومات السننية الكونية الكلية الأربع، تشكِّل بعضها مع بعض، المعالم الكبرى لمنظور السننية الشاملة الذي يحكم الصيرورات الحضارية لحركة الاستخلاف البشري في الأرض، في اتجاهاتها الحضارية التكاملية الصاعدة، أو في اتجاهاتها الحضارية التنافرية المتقهقرة، ويفسر لنا بشكل شامل أسباب ذلك وعوامله المؤثرة فيه.

وهذه الساحات أو المنظومات السننية الكونية الكلية تتمثل في:

1. منظومة سنن بناء الوعي الكوني الغائي الشامل، الذي يحدد للإنسان غايات الحياة العاجلة والآجلة للوجودين الإنساني والكوني.
2. منظومة سنن بناء الوعي الاستخلافي الشامل، الذي يحدد للإنسان كيف تتحرك مسيرة الاستخلاف في الأرض، في مساراتها التكاملية الصاعدة، أو التنافرية المتقهقرة، والشبكات السننية الكلية التي تقف وراء ذلك كله، وتنْظِمه في الاتجاهين بشكل مطَّرد.

3. منظومة سنن بناء الوعي التسخيري الشامل، الذي يحدد للإنسان المؤثرات المباشرة الحاسمة على حركة الاستخلاف في الأرض؛ قوة وانسجامًا وصعودًا، أو ضعفًا واضطرابًا وتراجعًا.

4. منظومة سنن بناء الوعي الوقائي الحضاري الشامل، الذي يحدد للإنسان كيفية المحافظة على منجزات حركته الحضارية، وضمان استمراريتها التاريخية الصاعدة.

إن معطيات هذه الساحات أو المنظومات السننية الكونية الكلية الأربع، مستوعِبة لكل ما تحتاج إليه الخلافة البشرية في الأرض، لكي تحقق غاياتها الوجودية وأهدافها الحضارية في الأرض على أحسن ما يرام، وتمنح الإنسان كل شروط وفرص تأهيل نفسه للحياة الأخروية السعيدة.

فالله سبحانه وتعالى عندما خلق الإنسان وكلَّفه بأمانة ومسؤولية الخلافة في الأرض، لم يلقه فيها هكذا بدون إمكانات وشروط كافية لإنجاز مهمات هذه الخلافة غير الهينة، بل الثقيلة جدًّا جدًّا، كما تدل على ذلك هذه الآية العجيبة التي تحكي قصة هذه الخلافة، وكيف اعتذرت الكائنات العظيمة الأخرى عن تحمل أمانة المسؤولية عنها، وتحمل الإنسان ذلك. قال تعالى: ﴿إِنَّا عَرَضْنَا ٱلْأَمَانَةَ عَلَى ٱلسَّمَٰوَٰتِ وَٱلْأَرْضِ وَٱلْجِبَالِ فَأَبَيْنَ أَن يَحْمِلْنَهَا وَأَشْفَقْنَ مِنْهَا وَحَمَلَهَا ٱلْإِنسَٰنُ ۖ إِنَّهُۥ كَانَ ظَلُومًا جَهُولًا﴾ [الأحزاب: 72].

وعلى هذا، فكل ما يحتاج إليه تحقيق أمانة الخلافة في الأرض، والاضطلاع بمسؤولياتها الضخمة، من إمكانات وشروط ومعززات، موجود في هذه المنظومات أو الساحات الكونية الكلية الأربع المتكاملة.

الوعي بميزانية التسخير الكونية والمعضلة البشرية الكبرى

هنا تكمن المعضلة البشرية الأُم، إذ إن هناك من البشر من يتمكن من معرفة هذه الإمكانات، ويدرك هذه الشروط، ويستثمرها بشمولية وتكاملية وتوازن في تحقيق خلافته في الأرض فعلًا، ويواجه بها تحديات المدافعة والمداولة الحضارية من حوله، التي لا يمكن مواجهتها بشكل فعال وصحيح ونافع، إلا بمعرفةٍ وثقافة سننية شاملة ومتكاملة ومتوازنة.

وهناك من يتجزأ ويضطرب وعيه بهذه الإمكانات والشروط، ولا يتمكن من إنجاز خلافته في الأرض بشكلها المطلوب، بسبب جزئية الإمكانات التي يواجه بها حاجيات وتحديات أكثرَ شموليةً وتنوعًا وقوةً وتجددًا، وهو ما يعرِّضه لتبعات خطيرة، تتجلى حينًا في الاستكبار والعتو الجهول في الأرض، وحينًا آخر في شكل غثائية وتبعية واستلابية حضارية مهينة.

فالمعرفة الشمولية التكاملية بالإمكانات والشروط التي وُضعت تحت تصرف الإنسان لإنجاز خلافته في الأرض من ناحية، والقدرة على استثمارها بشمولية وتكاملية وتوازن في إنجاز هذه الخلافة من ناحية أخرى، هما وحدهما اللتان تقيان حركة الخلافة البشرية من تبعات الاستكبار والعتو في الأرض، أو تبعات الدونية والغثائية والاستضعاف والمهانة الحضارية.

لهذا، فإن نقطة الانطلاق في أي مشروع نهضة حضارية ذات أبعاد وأعماق إنسانية وروحية وأخلاقية وحضارية متوازنة، ينبغي أن تكون من هنا، وترتكز على هذا، وتنْشدَّ إليه بشكل دائم، أي إلى الوعي بالإمكانات والشروط التي وضعت بين يدي الإنسان لكي ينجز خلافته في الأرض، وأي تجزئة أو ارتباك أو قصور في الوعي بهذا المنطلق والمرتكز الأساسي، سينعكس مباشرة، إما على أصالة الأداء، أو على فعاليته، أو على تكامليته، أو على توازنه، أو على اطراديته، أو على ذلك كله.

هذا ما أسميه **ميزانية التسخير الكونية**، التي وضِعت بين يدي الإنسان لكي ينجز خلافته في الأرض. فكل إنسان وضع الله سبحانه وتعالى له ميزانية تسخير كونية شاملة، تكفيه ليحقق خلافته في الأرض بالكفاءة والفعالية والأصالة والخيرية المطلوبة.

هذه **الميزانية الكونية** تتكون من أربع منظومات سننية كونية كلية متكاملة، هي: منظومة سنن الآفاق، ومنظومة سنن الأنفس، ومنظومة سنن الهداية، ومنظومة سنن التأييد. فمن عرفها واستثمرها في حياته بشكل متوازن، أعطته فعالية إنجازية قصوى، يؤثر بها إيجابًا على عمقه الإنساني الذاتي، وعلى عمقه الثقافي والاجتماعي والحضاري، ويصنع بها لنفسه ولمجتمعه مجدًا ومكانة في التاريخ والواقع البشريين. ومن عرفها جزئيًا، ولم يستثمر منها إلا أجزاء معينة، فإنها لن تعطيه من الفعالية والتأثير الإيجابي على نفسه وعلى محيطه إلا قليلًا، ومن ثَمَّ لا تتيح له ولمجتمعه من المكانة اللائقة به في الدنيا والآخرة، إلا بحسب ذلك.

إن الوعي بالخريطة الكلية لمنظور السننية الشاملة، الذي يعرضه علينا القرآن الكريم، من خلال المحاور الأربعة السابقة، والمنظومات الكلية المنضوية تحت كل محور منها، هو الذي يمكننا من الرصد والتحليل والتفسير الصحيح لحركة الصيرورات الحضارية، والتأثير الفعال في حركتها الصاعدة بعد ذلك.

وسنحاول عرض معالم هذه الخريطة باختصار فيما يلي، ولمن شاء مزيدًا من التفاصيل فعليه بمراجعة كتبنا العديدة التي تعرضت لهذه الخريطة[1].

أولًا: معالم منظومة سنن بناء الوعي الكوني الغائي الشامل

منظومة الوعي الغائي هي أُم كل منظومات الوعي الإنساني الأخرى. منها ينبثق الوعي بكل المنظومات الحياتية الأخرى، وإليها يرجع، وبها يقيَّم ويقوَّم، ومنها يستمد مصداقيته وفعاليته التكاملية المتوازنة في الحياة. فإذا ما استقام وانضبط هذا الوعي الكوني الغائي العام، استقامت الحياة تبعًا له، وعظمت خيريتها وبركتها. وإذا ما تجزأ واضطرب وتنافر، تجزأت واضطربت الحياة تبعًا له وتنافرت، وتضاءلت خيريتها وبركتها تبعًا لذلك أيضًا.

أهمية الوعي الكوني الغائي

نقصد بـ«الوعي الغائي» هنا: الوعي الذي يمنح الإنسان التصور الكلي المتوازن عن الله والكون والحياة والإنسان نفسه، وعن العلاقات القائمة بين ذلك كله، وعن الدورة الوجودية الكلية للإنسان والكون والحياة بصفة عامة، وموقع الإنسان منها، ودوره ومصيره فيها.

فطبيعة الغايات البعيدة أو النهائية للحياة، وطبيعة الأهداف الكلية الكبيرة التي تتحرك الحياة عبرها نحو هذه الغايات البعيدة أو النهائية، هما اللتان يعطياننا مؤشرًا حقيقيًّا عن طبيعة وأهمية المنظورات أو الرؤى الكونية التي ترتكز عليها حياة الناس، ويتحرك نحوها نشاطهم الدنيوي كله، ويتأثر بها، ويأخذ حجمه وقيمته منها.

---

(1) راجع على سبيل المثال كتب المؤلف التالية: مدخل إلى سنن الصيرورة الاستخلافية. الفعالية الحضارية والثقافة السننية. مدخل سنني إلى النظرية الكلية في فقه العمران الحضاري. حركة المداولة الحضارية وشبكة القوانين الكلية المؤثرة فيها. مدخل سنني إلى خريطة المقاصد الكلية في القرآن الكريم. النهضة الحضارية ومركزية شرط الوعي الحضاري فيها. وغيرها.

ومن كانت غاياته الكلية كونية مطابقة لحقائق الواقع الكوني كما فطره الله تعالى، تختلف حياته اختلافًا كبيرًا عمن كانت غاياته جزئية محدودة بالحدود الدنيوية المنظورة، ومحكومة بمقاييسها المادية الجزئية المحدودة.

من هنا كانت العناية بالوعي الكوني الغائي في غاية الأهمية والخطورة في الوقت نفسه، لأن الوعي الكوني الغائي الذي يحمله الإنسان، إذا كان محدودًا وغير مستوعب لحقيقة الوجود الكوني الشاملة، كما هي في فطرتها الأصلية، وغير منسجم معها، سيؤثر بشكل حاسم على حياة هذا الإنسان، التي يأتي جزء كبير منها مصادمًا للحقيقة والفطرة الكونية والإنسانية، أو متحركًا على هامش ما هو مطلوب منها فعلًا. بينما يمنح الوعي الكوني الغائي الشامل - المنسجم مع الحقيقة والفطرة الكونية والبشرية - الإنسانَ إمكانيةَ الانسجام والتوازن في حياته، والقدرة على الحركة في عمق الوجود الكوني، والتأثير الإيجابي الكبير في مسارات الحركة الحضارية الإنسانية في مجتمعه وعصره، وربما بعد عصره.

فالفعالية البشرية التكاملية المتوازنة النافعة، ممتدة التأثير في التاريخ، تتوقف على طبيعة المنظورات الكونية التي تسود في أي مجتمع، ويحملها كل فرد فيه، ويستهدي بها في حياته، فإذا كانت هذه المنظورات سننية كونية شاملة ومتكاملة ومتوازنة، أعطت فعالية ثقافية واجتماعية وحضارية أصيلة ومتكاملة ومتوازنة ونافعة، وذات اطراد تاريخي طويل المدى. وإذا كانت هذه المنظورات جزئية مضطربة متنافرة في عمقها السنني الفطري، أعطت فعالية جزئية تنافرية منهكة، ذات نفَس تاريخي قصير المدى.

لهذا، فإن هذه المنظومة من الوعي الكوني الغائي الكلي، منظومة كلية تتكفل ببناء الوعي بالدورة الوجودية الكلية للكون والحياة والإنسان، وتمنح الإنسان رؤية كونية سننية شاملة متكاملة، يجد فيها الأجوبة الكلية المتماسكة عن أسئلة الفراغات الكونية الكلية الكبرى التي تحيط به، وتؤثر على تفكيره وحياته ومصيره، بشكل حاسم، سواء وعى الإنسان ذلك أم لم يعه. فالإنسان، منذ أن يولد، يعيش وسط فراغات كونية هيكلية أو بنيوية كبرى، تطرح عليه أسئلة جذرية كلية عميقة، لا بد له من إجابات عنها يكوِّن بها تصورًا صحيحًا متماسكًا عن نفسه وعن الوجود من حوله، وإلا أنهكه الفراغ وقذف به في دوامة التيه المنهك والمهلك.

وهذه الفراغات الكونية الكبرى تلخصها لنا هذه الأسئلة الكونية الكبرى:

أسئلة الفراغ القبلي أو المنشَئي (المتصلة بمنشأ ومأتى الكون والإنسان): ما منشأ هذا الكون والإنسان؟ ومن أين جاءا؟ ومن يقف وراء مجيئهما؟ وما حقيقة هذا الذي يقف وراء منشئهما ومجيئهما؟ وما طبيعة علاقتهما به؟

أسئلة الفراغ الماهوي أو الهوياتي (المتصلة بطبيعة الإنسان وحقيقته وكينونته وهويته): ما قيمة الإنسان ومكانته ومركزه في الكون والحياة؟ وما الإمكانات التي يتوفر عليها؟ وما طبيعة علاقته بالكون المحيط به؟ وأي منهما خادم للآخر؟ ومن له سلطة على الآخر؟ وما حدود هذه السلطة؟

أسئلة الفراغ الرسالي الوظيفي أو الهدفي (المتصلة بوظيفة الإنسان ورسالته في الحياة): لماذا وجد الإنسان؟ ما مهمته ورسالته في الحياة؟ وما طبيعة وحدود هذه المهمة والرسالة؟

أسئلة المنهج وفقه الإنجاز (المتصلة بكيفية وشروط إنجاز هذه الوظيفة والمهمة الوجودية في الحياة): هل هناك منهج ما رسم للإنسان لكي ينجز به هذه المهمة الوجودية في الحياة؟ ما هو هذا المنهج؟ ومن يضعه؟ أهو من وضع الإنسان نفسه أم من وضع غيره؟ وما حدود اختيارات الإنسان فيه؟ وما ثوابته؟ وما متغيراته؟

أسئلة الإمكانات والقدرات المتاحة للإنسان (المتصلة بالإمكانات التي وضعت بين يدي الإنسان لينجز رسالته في الحياة): ما الإمكانات والقدرات التي أتيحت للإنسان لينجز وظيفته ورسالته في الحياة؟

أسئلة الفراغ البعدي أو المصيري (المتصلة بالمصير الإنساني والكوني عامة بعد عالم الشهادة): ماذا يعني الموت بالنسبة إلى الإنسان؟ وهل هو نهاية لكل شيء أم هو بداية لمرحلة أخرى في حياة الإنسان؟ وما طبيعة هذه المرحلة الأخروية من الدورة الوجودية الكبرى للإنسان والكون؟ وما طبيعة الحياة فيها؟ وما الموازين التي تحكمها؟ وما علاقتها بالحياة الدنيوية للإنسان؟

سنركز هنا في إبراز معالم هذه المنظومة الأُم للوعي الكوني المركزي، على خمس كليات سننية كبرى متكاملة، هي:

1. كلية الوعي بالمنشأ البشري ودلالاته العقدية والعملية

وهي كلية تزودنا بالوعي عن المأتى البشري، أي: من أين جاء الإنسان؟ ومن أوجده؟ ولماذا أوجده؟ وما حقيقة هذا الإنسان؟ وما قيمته في الوجود؟ وما مركزه فيه؟ وما علاقته بموجده؟ وفيمَ تتجلى هذه العلاقة؟

والإجابة عن هذه الأسئلة المحورية الكبرى، هي رأس الخيط في الحياة البشرية كلها. من أمسك به استقام أمره، وتوازنت حياته، وعظمت فعاليته في الحياة. ومن ضاع منه رأس الخيط هذا، الذي يسميه القرآن «الصراط المستقيم»، اضطربت حياته، وتنافرت فعاليته، وتضاءلت خيريته.

إن المعطيات المعرفية والعقدية التي تزودنا بها هذه الكلية، تفضي بنا ضرورة إلى التوحيد، إن كانت معطيات سننية مطابقة لواقع الفطرة الكونية والإنسانية، باعتبار التوحيد هو القطب الذي تدور حوله حركة الوجود الكوني كله، وتتجه إليه، وتستمد منه توازنها وغائيتها وقيمتها وفعاليتها وخيريتها وبركتها[1].

والقرآن الكريم باعتباره مصدرًا معرفيًّا كونيًّا أساسيًّا في نظرنا نحن المسلمين على الأقل، منح هذه القضية أهمية كبيرة جدًّا، إذ تكفي مراجعة سريعة للمحتويات القرآنية للوقوف على مدى العناية الكبيرة والمتنوعة جدًّا بهذه القضية المحورية. ويكفينا أن نشير هنا، على سبيل المثال، إلى قوله تعالى: ﴿قُلْ سِيرُواْ فِي ٱلْأَرْضِ فَٱنظُرُواْ كَيْفَ بَدَأَ ٱلْخَلْقَۚ ثُمَّ ٱللَّهُ يُنشِئُ ٱلنَّشْأَةَ ٱلْأٓخِرَةَۚ إِنَّ ٱللَّهَ عَلَىٰ كُلِّ شَيْءٖ قَدِيرٞ﴾ [العنكبوت: 20].

فكل ما في الوجود الكوني والبشري يؤشر إلى مخلوقيته ومملوكيته لخالق ومالك واحد وهو الله تعالى قيوم السماوات والأرض، الذي يجب أن يعرف الإنسان حقيقته، ويدرك فرادته وصمديته وقيُّوميته، وواجباته نحوه، كما نرى ذلك في نصوص كثيرة، نكتفي

(1) إسماعيل راجي الفاروقي. التوحيد: مضامينه على الفكر والحياة، ص42.

منها، على سبيل المثال، بقوله تعالى: ﴿ذَٰلِكُمُ ٱللَّهُ رَبُّكُمْۖ لَآ إِلَٰهَ إِلَّا هُوَۖ خَٰلِقُ كُلِّ شَيْءٖ فَٱعْبُدُوهُۚ وَهُوَ عَلَىٰ كُلِّ شَيْءٖ وَكِيلٞ﴾ [الأنعام: 102].

فقد جعل الله تعالى الاهتمام بقضية المنشأ الكوني والبشري مدخلًا أساسيًّا لاكتشاف سننه في خلقه، والمضي عبرها نحو المعرفة به سبحانه وتعالى وتحقيق التوحيد الخالص له، لأن الإنسان يصل عبر البحث والتأمل في مناشئ المخلوقات وطبائعها والأسرار المودعة فيها، والإعجاز الكامن في كلٍّ منها، إلى توحيد الربوبية، باعتبار كل الكائنات مخلوقة مربوبة لله تعالى.

والمتفكرون في مناشئ وطبائع المخلوقات الكونية، يصلون حتمًا إلى توحيد الربوبية، أي إلى الاستيقان بأن الله تعالى هو الذي خلق كل هذه المخلوقات الكونية عجيبة التكوينات والوظائف، وهو الذي يملك مصائرها، وهو الذي يدير حياتها بدقة وحكمة بالغة.

ووصول الإنسان إلى توحيد الربوبية عبر تأمله في مناشئ المخلوقات وطبائعها ووظائفها وأسرار الله العجيبة فيها، يفضي به حتمًا إلى توحيد الألوهية والعبودية في نهاية المطاف، أي إفراد الله تعالى وحده بالعبودية[(1)].

وفي قصة إبراهيم عليه السلام نموذج تطبيقي رائع عن أهمية ودور تأمل بدايات وطبائع المخلوقات في الوصول إلى توحيد الربوبية والألوهية والعبودية معًا[(2)]، كما نرى ذلك جليًّا في قوله تعالى: ﴿وَكَذَٰلِكَ نُرِيٓ إِبْرَٰهِيمَ مَلَكُوتَ ٱلسَّمَٰوَٰتِ وَٱلْأَرْضِ وَلِيَكُونَ مِنَ ٱلْمُوقِنِينَ ۝٧٥ فَلَمَّا جَنَّ عَلَيْهِ ٱلَّيْلُ رَءَا كَوْكَبٗاۖ قَالَ هَٰذَا رَبِّيۖ فَلَمَّآ أَفَلَ قَالَ لَآ أُحِبُّ ٱلْأٓفِلِينَ ۝٧٦ فَلَمَّا رَءَا ٱلْقَمَرَ بَازِغٗا قَالَ هَٰذَا رَبِّيۖ فَلَمَّآ أَفَلَ قَالَ لَئِن لَّمْ يَهْدِنِي رَبِّي لَأَكُونَنَّ مِنَ ٱلْقَوْمِ ٱلضَّآلِّينَ ۝٧٧ فَلَمَّا رَءَا ٱلشَّمْسَ بَازِغَةٗ قَالَ هَٰذَا رَبِّي هَٰذَآ أَكْبَرُۖ فَلَمَّآ أَفَلَتْ قَالَ يَٰقَوْمِ إِنِّي بَرِيٓءٞ مِّمَّا تُشْرِكُونَ ۝٧٨ إِنِّي وَجَّهْتُ وَجْهِيَ لِلَّذِي فَطَرَ ٱلسَّمَٰوَٰتِ وَٱلْأَرْضَ حَنِيفٗاۖ وَمَآ أَنَا۠ مِنَ ٱلْمُشْرِكِينَ﴾ [الأنعام].

---

(1) ابن تيمية. مجموع الفتاوى، الرباط، دار المعارف، ج1/ 57.

(2) محمد رشيد رضا. تفسير المنار، ج7/ 462.

فالبحث والتأمل في مناشئ وبدايات الأشياء والظواهر، وطبائعها وهوياتها الذاتية، استجابةٌ مباشرة للأسئلة الفطرية المنطقية التي تسكن النفس الإنسانية، ويطرحها الإنسان باستمرار، عندما يقف أمام أي ظاهرة كونية أو اجتماعية أو ثقافية، ويريد فهمها واتخاذ موقف بصير منها، وهي: ما هذا؟ ومن أين جاء هذا؟ وكيف حدث هذا؟ ومن يقف وراء هذا؟ وما حقيقة هذا الذي يقف وراء هذا كله؟

ولا شك أن الإجابات الموضوعية عن هذه الأسئلة ستفضي به في نهاية الترابطات والمؤثرات العللية فيها وفيما بينها، إلى الاستيقان بأن الفاعل الحقيقي في كل ذلك هو الله تعالى، الذي خلق الإنسان والحياة والكون، فهو رب العالمين، وهذا يقوده إلى توحيد الربوبية والألوهية والعبودية، ومحاولة فهم حقيقتها والواجب تجاهها.

فالإنسان عندما يحصل على الإجابات عن الأسئلة السابقة، تأتيه الأسئلة الفطرية المنطقية الضرورية الأخرى، وهي: لماذا وجد هذا؟ ما وظيفته ومهمته في الحياة؟ والمعني بالأسئلة مباشرة هو الإنسان نفسه: لماذا وجد؟ وما وظيفته في الحياة؟ وبالتالي يجد نفسه أمام ضرورة الوعي بالكليات التالية، التي بها يستكمل دورة وعيه الكوني، ويؤسس منظوره الكوني الشامل عن نفسه وعن الحياة والكون من حوله، وعن الله تعالى الذي يقف وراء ذلك كله.

وجل الأخطاء والانحرافات التي تنخر الحياة الإنسانية، وتسلبها كثيرًا من الانسجام والتناغم والفعالية والتكامل الذاتي والكوني، وتعرِّضها لمخاطر دنيوية وأخروية منهكة أو مهلكة، تأتي من هنا، أي من الإجابات الخاطئة أو الناقصة أو المضطربة، عن أسئلة المنشأ والمأتى البشري والكوني عامة.

والأخطاء التي تحدث في فهم حقيقة توحيد الربوبية لدى الإنسان، تمتد لتؤثر سلبًا على فهم حقيقة توحيد الألوهية والعبودية لديه بعد ذلك، وتجرفه في متاهات الشرك المنهك **لميزانية التسخير الكونية** التي وضعها الله تعالى بين يدي الإنسان لينجز مهمته ويؤدي رسالته في الأرض بالأصالة والفعالية والتكاملية والتوازن المطلوب.

إن أي خطأ في توحيد الربوبية يستتبع سلسلة من الأخطاء القاتلة في توحيد الألوهية والعبودية، وفي الحركة الاستخلافية في الأرض، وما يترتب على ذلك كله بالنسبة إلى المصائر الأخروية للبشر.

ويكفي هنا استحضار بعض تبعات الشرك الذي يخترق الحياة الإنسانية، عندما يحدث الخلل في تصورات الإنسان عن توحيد الربوبية، ويمتد ليطال توحيد الألوهية والعبودية وكثيرًا من تجلياتهما الفكرية والروحية والنفسية والسلوكية والاجتماعية والحضارية في حياة الإنسان بعد ذلك.

وقد ذكر بعض الكُتَّاب، على سبيل المثال، أن مقاطعة «ويد» في الهند قد بلغ عدد الآلهة فيها في القرن السادس الميلادي 33، وقد أصبحت في هذا القرن 330 مليونًا. «وقد أصبح كل شيءٍ رائعٍ، وكل شيءٍ جذابٍ، وكل مرفقٍ من مرافق الحياة إلهًا يُعبد... وهكذا جاوزت الأصنام والتماثيل والآلهة والإلهات الحصر وأربت على العد»[1].

وعن هذا التيه يقول «ويل ديورانت» مؤرخ الحضارات الشهير:

> «وتكاد لا تجد حيوانًا في الطبيعة كلها - من الجُعل (الجعران) المصري، إلى الفيل عند الهندوس - لم يكن في بلد ما موضع عبادة باعتباره إلهًا»[2].

وهذا التيه العقدي والفكري والروحي والسلوكي والاجتماعي والسياسي، ليس مقتصرًا على مجتمع أو عصر بعينه، بل هو ممتد عبر التاريخ[3]، كما يشير القرآن إلى ذلك في مثل قوله تعالى: ﴿وَمَا يُؤْمِنُ أَكْثَرُهُم بِٱللَّهِ إِلَّا وَهُم مُّشْرِكُونَ﴾ [يوسف: 106].

وقد استدعى هذا التيه تواصل الرسالات السماوية والحركات النبوية والإصلاحية عبر التاريخ، لتصحيح مسار حركة الحياة، وتثبيت الوعي بالمنطلقات التي يجب أن ترتكز عليها، وهي: توحيد الربوبية والألوهية والعبودية، كما جاء ذلك في قوله تعالى: ﴿وَلَقَدْ بَعَثْنَا فِى كُلِّ أُمَّةٍ رَّسُولًا أَنِ ٱعْبُدُوا۟ ٱللَّهَ وَٱجْتَنِبُوا۟ ٱلطَّٰغُوتَ ۖ فَمِنْهُم مَّنْ هَدَى ٱللَّهُ وَمِنْهُم مَّنْ حَقَّتْ عَلَيْهِ ٱلضَّلَٰلَةُ ۚ فَسِيرُوا۟ فِى ٱلْأَرْضِ فَٱنظُرُوا۟ كَيْفَ كَانَ عَٰقِبَةُ ٱلْمُكَذِّبِينَ﴾ [النحل: 36].

---

(1) أبو الحسن الندوي. ماذا خسر العالم بانحطاط المسلمين، ص49.

(2) ويل ديورانت. قصة الحضارة، ترجمة زكي نجيب محمود وآخرين، ج1/ 106.

(3) تفسير الطبري، 13/ 3372.

والطاغوت هو كل ما أخرج الإنسان عن مقتضيات توحيد الربوبية والألوهية والعبودية، وأدخله في دوائر الشرك المفتوحة على الخرافة والتيه والظلم الذاتي والاجتماعي المنهك، الذي لا حدود له[1].

فالحياة الإنسانية تتصحح وتستقيم مساراتها منذ البداية، أو تضطرب وتعوج، بناء على طبيعة وعي الإنسان بمعطيات كلية المنشأ والمأتى الكوني والبشري ودلالاته العقدية والعملية، التي تتجه به إلى توحيد الربوبية والألوهية والعبودية الخالصة المؤثرة على حياته وحركته الحضارية ومصيره الأخروي، أو تتجه به إلى التيه في دوامات الشرك التي لا قرار لتمظهراتها وآثارها المنهكة والمهلكة.

وتبدأ نقطة الانطلاق والارتكاز الأساسية في الوعي الكوني الغائي، من تأسيس الوعي المتين بفقه المنشأ البشري ودلالاته العقدية والعملية. فكلما صح وتعزز هذا الوعي وهذا الفقه ورسخ، انعكست آثاره الإيجابية الفعالة على سائر مناحي حياة الإنسان وحركته الثقافية والاجتماعية والحضارية.

2. كلية الوعي بمقام الخلافة البشرية في الأرض

الكلية الأساسية الثانية في منظومة الوعي الكوني الغائي، هي كلية الوعي بمقام الخلافة البشرية في الأرض، بكل ما يعنيه هذا المقام من التكريم والتفضيل للإنسان، والتسييد له في الأرض، ومنحه السلطة التسخيرية عليها، وإتاحة الفرصة له للاستمتاع بخيراتها، وتحميله مسؤولية المحافظة عليها وعلى حقوق الكائنات التي فيها، وفق الخطة أو المنهج الذي وضعه الله تعالى خالق الإنسان والكون وواهب الحياة لهما.

فالإنسان وجد ليكون خليفة في الأرض منذ البداية، وصاحب مركز وجودي أساسي فيها، كما يبين ذلك هذا المدخل القرآني إلى قصة خلافة الإنسان في الأرض في قوله تعالى: ﴿وَإِذْ قَالَ رَبُّكَ لِلْمَلَـٰٓئِكَةِ إِنِّى جَاعِلٌ فِى ٱلْأَرْضِ خَلِيفَةً ۖ قَالُوٓا۟ أَتَجْعَلُ فِيهَا مَن يُفْسِدُ فِيهَا وَيَسْفِكُ ٱلدِّمَآءَ وَنَحْنُ نُسَبِّحُ بِحَمْدِكَ وَنُقَدِّسُ لَكَ ۖ قَالَ إِنِّىٓ أَعْلَمُ مَا لَا تَعْلَمُونَ﴾ [البقرة: 30].

---

(1) ابن قيم الجوزية، إعلام الموقعين، ج1/ 150.

والإنسان بهذا خليفة مستأمن على الأرض، كما قال تعالى: ﴿إِنَّا عَرَضْنَا ٱلْأَمَانَةَ عَلَى ٱلسَّمَٰوَٰتِ وَٱلْأَرْضِ وَٱلْجِبَالِ فَأَبَيْنَ أَن يَحْمِلْنَهَا وَأَشْفَقْنَ مِنْهَا وَحَمَلَهَا ٱلْإِنسَٰنُ إِنَّهُۥ كَانَ ظَلُومًا جَهُولًا﴾ [الأحزاب: 72].

والخلافة مركز وجودي تكليفي وتشريفي متميز[1]، حظي به الإنسان دون سائر المخلوقات الكونية الأخرى، التي وُضع كثير منها في خدمته، وتحت رعايته، كما جاء بيان ذلك في مثل قوله تعالى: ﴿وَسَخَّرَ لَكُم مَّا فِى ٱلسَّمَٰوَٰتِ وَمَا فِى ٱلْأَرْضِ جَمِيعًا مِّنْهُ إِنَّ فِى ذَٰلِكَ لَءَايَٰتٍ لِّقَوْمٍ يَتَفَكَّرُونَ﴾ [الجاثية: 13]. وهو ما يجب أن ينعكس في كل اهتمامات الإنسان وأولوياته وتصرفاته ومسؤولياته في الأرض، سواء تجاه نفسه، أو تجاه غيره من مفردات الطبيعة والكون الأخرى، أو تجاه الله سبحانه وتعالى الذي منحه ذلك كله وكلَّفه به، وسيحاسبه عليه.

إن هذا المقام الكوني المتميز جدًّا، يفرض على الإنسان أن يتصرف كخليفة في الأرض، مطالب بتحقيق العدل والإحسان في علاقاته مع نفسه، ومع غيره من المخلوقات الكونية الأخرى، ومع الخالق سبحانه وتعالى الذي تكرم عليه بهذه المهمة الكونية الكبيرة، وهيأه للقيام بها، وأمَّنه عليها[2].

فمقام الخلافة بكل هذه المعاني والأبعاد المركزية السابقة، لا يستطيع الإنسان أن يفي بواجباته تجاهه، إلا إذا فهِم وفقِه منهج أو خطة المستَخلِف له، وهو الله تعالى، والتزم بثوابتها السننية النافذة في حركة الإنسان الخليفة، في كل مساراتها الصاعدة أو المتقهقرة (كما سنرى ذلك لاحقًا).

فبعد أن يدرك الإنسان مقامه العظيم في الوجود، ومركزه المحوري في الأرض، والمسؤوليات الضخمة الملقاة على عاتقه فيها[3]، يجد نفسه أمام أسئلة كبيرة:

كيف يؤدي هذه الخلافة في الأرض بكل هذه المقاصد والأبعاد والمسؤوليات والتحديات؟ وما المنهج الذي ينجز به هذه الخلافة في الأرض؟ وهل هو أمر مفتوح ومتروك له ليحدده كيفما يشاء، أم أن هناك توجيهًا وخطة كلية عامة ما ينبغي له أن يتحرك في

(1) الراغب الأصفهاني. مفردات ألفاظ القرآن، ص194.

(2) محمد رشيد رضا. تفسير المنار، ج9/ 535.

(3) القرطبي. الجامع لأحكام القرآن، ج14/ 256.

إطارها ويسير وفقها، ويجتهد ويبدع في ضوئها؟ وكيف يحرك الإنسان حياته الذاتية وحركته الثقافية والاجتماعية والحضارية في الأرض، في إطار منطق ومقتضيات توحيد الربوبية والألوهية والعبودية ومقتضيات الأسماء والصفات المرتبطة بذلك؟ وكيف يتلافى معضلة الشرك والتيه الذي كثيرًا ما يخترق حياته وينافر بين جوانبها المختلفة، ويبعثرها ويفككها، ويهدر جزءًا مهمًّا من طاقاتها وإمكاناتها خارج مقاصد خلافته في الأرض، ويحرمها من الانسجام والتكاملية والتوازن والفعالية الإيجابية الخيِّرة النافعة؟ وكيف يبقى الشعور بمهمة ومسؤولية الخلافة في الأرض حيًّا في نفس الإنسان وحاضرًا في كل تفاصيل حياته؟ بل كيف يتعزز بشكل مستمر، حتى لا يغفل لحظة عن ذلك، وحتى يتصرف بمنطق وروحية وأخلاقية الخليفة في كل شؤون ومقتضيات هذه الخلافة؟ وكيف يتغلب على العوائق الذاتية والاجتماعية والشيطانية الكثيرة، التي تحيط به، ويعمل كثير منها على الحيلولة بينه وبين الوفاء بمقتضيات خلافته في الأرض على وجهها الأكمل؟

إن منظور السننية الشاملة لم يهمل هذه القضية الأساسية في إستراتيجية أو منهج الخلافة البشرية في الأرض، بل استوعبها كذلك بشكل شامل وعميق ومتوازن، كما سنرى من خلال الكلية التالية التي تقدم لنا الإجابة عن هذه الأسئلة الكبيرة المهمة.

3. كلية الوعي بمقام العبودية لله تعالى

الكلية الأساسية الثالثة في منظومة الوعي الكوني الغائي، هي كلية الوعي بمقام العبودية لله تعالى، التي تتجسد فيها حقائق توحيد الربوبية والألوهية عمليًّا، بكل جمالياتها البديعة الفذة التي تمثلها منظومة الأسماء الحسنى والصفات العلى لله تعالى.

فالعبودية بكل ما تعنيه من التوجه بالطاعة الخالصة إلى الله تعالى وحده، والامتثال لأمره ونهيه، والحرص الدائم على موافقة سننه في خلقه، سواء كانت سننَ آفاق أو أنفس أو هداية أو تأييد، هي المنهج العملي الذي يحقق به الإنسان خلافته في الأرض على وجهها الصحيح، وليس له منهج آخر غيرها. وهذا ما جاء بيانه والتأكيد عليه في آيات كثيرة جدًّا في القرآن الكريم، وفي مقدمتها قوله تعالى: ﴿وَمَا خَلَقْتُ ٱلْجِنَّ وَٱلْإِنسَ إِلَّا لِيَعْبُدُونِ﴾ [الذاريات: 56].

فالعبودية بهذا المعنى الشامل، هي روح توحيدية تسري في كل مناحي حياة الإنسان الفكرية والروحية والنفسية والسلوكية، وحركه الثقافية والاجتماعية والحضارية، لتبعث فيها الحيوية، وتملأها روحية وطمأنينة وأملًا وأخلاقية وإنسانية وخيرية وإحسانًا وبركة.

يقول الراغب الأصفهاني:

> «فالإنسان إذن في الحقيقة، هو الذي يعبد الله، ولذلك خُلقَ، كما قال الله تعالى: ﴿وَمَا خَلَقْتُ ٱلْجِنَّ وَٱلْإِنسَ إِلَّا لِيَعْبُدُونِ ۝٥٦ مَآ أُرِيدُ مِنْهُم مِّن رِّزْقٍ وَمَآ أُرِيدُ أَن يُطْعِمُونِ﴾، وكما قال تعالى: ﴿وَمَآ أُمِرُوٓاْ إِلَّا لِيَعْبُدُواْ ٱللَّهَ مُخْلِصِينَ لَهُ ٱلدِّينَ﴾، فكلُّ ما أُوجد لفعل فمتى لم يوجد منه ذلك الفعل كان في حكم المعدوم، ولذلك كثيرًا ما يسلب عن الشيء اسمه إذا وجد فعله ناقصًا، كقولهم للفرس الرديء: ليس هذا بفرس. وللإنسان: ليس هذا بإنسان. ويقال: فلان لا عين له ولا أُذن له إذا بطل فعل عينه وأُذنه وإن كان شبحهما باقيًا. وعلى هذا قال تعالى: ﴿صُمٌّۢ بُكْمٌ عُمْىٌ﴾، فيمن لم ينتفع بهذه الأعضاء. فالإنسان يحصل له من الإنسانية بقدر ما يحصل له من العبادة التي لأجلها خُلق، فمن قام بالعبادة حق القيام فقد استكمل الإنسانية، ومن رفضها فقد انسلخ من الإنسانية»[(1)].

والعبودية بمفهومها الشامل، هي طريق الإنسان نحو تحقيق خلافته في الأرض وفق الخطة التي وضعها المستخلِف له وهو الله تعالى من ناحية، وهي طريق الإنسان نحو الكمال الإنساني من ناحية ثانية، وطريقه نحو إقامة العمران الحضاري المتوازن في الأرض من ناحية ثالثة، والاستفادة منه في تحضير حياته الأخروية المنشودة من ناحية رابعة.

والعبودية التي تحقق للإنسان كل هذه المقاصد الكلية العظيمة في حياته، تقوم على ثلاثة أركان أساسية، هي:

---

(1) الراغب الأصفهاني. تفصيل النشأتين وتحصيل السعادتين، ص79.

أ. عبادة الله وحده

أي: ألَّا يعبد الإنسانُ إلا الله تعالى، وألَّا يشرك به أحدًا من المخلوقات، لأن كل ما عدا الله تعالى هو مخلوق مملوك لله تعالى وعابد له، فكيف يكون معبودًا؟ كما نلمس ذلك في مثل قوله تعالى: ﴿تُسَبِّحُ لَهُ ٱلسَّمَٰوَٰتُ ٱلسَّبۡعُ وَٱلۡأَرۡضُ وَمَن فِيهِنَّۚ وَإِن مِّن شَيۡءٍ إِلَّا يُسَبِّحُ بِحَمۡدِهِۦ وَلَٰكِن لَّا تَفۡقَهُونَ تَسۡبِيحَهُمۡۚ إِنَّهُۥ كَانَ حَلِيمًا غَفُورٗا﴾ [الإسراء: 44]، وقوله سبحانه: ﴿أَلَمۡ تَرَ أَنَّ ٱللَّهَ يُسَبِّحُ لَهُۥ مَن فِي ٱلسَّمَٰوَٰتِ وَٱلۡأَرۡضِ وَٱلطَّيۡرُ صَٰٓفَّٰتٖۖ كُلّٞ قَدۡ عَلِمَ صَلَاتَهُۥ وَتَسۡبِيحَهُۥۗ وَٱللَّهُ عَلِيمُۢ بِمَا يَفۡعَلُونَ﴾ [النور: 41].

ب. عبادة الله وفق المنهج الذي وضعه للعبادة

أي: ألَّا يعبد الإنسان الله تعالى إلا بما شرعه ووضعه من منهج شامل للعبادة[(1)]. أي بما وضعه تعالى من سنن شاملة تحقق هذه العبودية المتوازنة[(2)]، وتُدخل كل حركة أو سكنة في حياة الإنسان في دائرة العبادة[(3)]، كما قال تعالى عن شمولية العبادة: ﴿قُلۡ إِنَّ صَلَاتِي وَنُسُكِي وَمَحۡيَايَ وَمَمَاتِي لِلَّهِ رَبِّ ٱلۡعَٰلَمِينَ ١٦٢ لَا شَرِيكَ لَهُۥۖ وَبِذَٰلِكَ أُمِرۡتُ وَأَنَا۠ أَوَّلُ ٱلۡمُسۡلِمِينَ﴾ [الأنعام].

وقد لخصت كلمة رائعة للفضيل بن عياض القول في أهمية هذين الأصلين في تحقيق العبودية لله تعالى، عندما شرح رضي الله عنه معنى ﴿أَحۡسَنُ عَمَلٗاۚ﴾ في قوله تعالى: ﴿ٱلَّذِي خَلَقَ ٱلۡمَوۡتَ وَٱلۡحَيَوٰةَ لِيَبۡلُوَكُمۡ أَيُّكُمۡ أَحۡسَنُ عَمَلٗاۚ وَهُوَ ٱلۡعَزِيزُ ٱلۡغَفُورُ﴾ [الملك: 2]، فقال:

> «أخلصه وأصوبه. قالوا: يا أبا علي ما أخلصه وأصوبه؟ قال: إن العمل إذا كان خالصًا ولم يكن صوابًا لم يقبل، وإذا كان صوابًا ولم يكن خالصًا لم يقبل حتى يكون خالصًا صوابًا. والخالص أن يكون لله والصواب أن يكون على السنة»[(4)].

---

(1) ابن تيمية. مجموع الفتاوى، الرباط، دار المعارف، ج1/ 99.

(2) يوسف القرضاوي. العبادة في الإسلام، ص51.

(3) محمد رشيد رضا. تفسير المنار، ج8/ 215.

(4) ابن تيمية. مجموع الفتاوى، الرباط، دار المعارف، ج1/ 333.

ت. استمرارية العبادة حتى آخر لحظة في حياة الإنسان

أي: أن يداوم على العبادة ببعديها وأصليها السابقين بدون انقطاع، حتى اخر لحظة في حياته، وأن يحرص على أن تكون هذه العبادة في ازدياد ونماء وترقٍّ مستمر، بحيث تعمر كل لحظة من لحظات حياته بعمل نوعي مفيد له ولغيره، وأن تُستثمَر كل طاقة وإمكانية بين يديه أحسن استثمار، وأن يكون يومه أحسن من أمسه، وغده أحسن من يومه من حيث الإنجازات النافعة له ولغيره.

وفي تأكيد هذا البعد المهم في العبادة، جاء في القرآن الكريم، على سبيل المثال، قوله تعالى: ﴿فَسَبِّحْ بِحَمْدِ رَبِّكَ وَكُن مِّنَ ٱلسَّٰجِدِينَ ۝٩٨ وَٱعْبُدْ رَبَّكَ حَتَّىٰ يَأْتِيَكَ ٱلْيَقِينُ﴾ [الحجر]. أي الموت[1].

ولهذا جاء في الحديث النبوي الشريف أنه عليه الصلاة والسلام سُئل عن أي العمل أحب إلى الله؟ فقال: «**أدوَمُه وإن قَلَّ**»[2]. وجسد هو عليه الصلاة والسلام ذلك في عبادته، كما أثر ذلك عنه أن عمله كان «**دِيمةً**»[3]، أي مستمرًّا ممتدًّا، وأنه «**إذا عَمِل عَملًا أثبَتَه**»[4]، أي داوم عليه وبلغ به إلى مداه الأقصى المستطاع.

إن الإنسان ينبغي له أن يكون في عبادة مستمرة ممتدة، يتنقل فيها من عمل إلى عمل، سواء كان دنيويًّا أم أخرويًّا، كما قال تعالى: ﴿فَإِذَا فَرَغْتَ فَٱنصَبْ﴾ [الشرح: 7]، أي إذا فرغت من عمل في ساحة معينة، فاشرع في عمل في ساحة أخرى، حتى يمتد استثمارك لوقتك وإمكاناتك وفرص حياتك، ولا يفلت منك شيء منها. وفي هذا «حل لمشكلة الفراغ التي شغلت العالم، حيث لم تترك للمسلم فراغًا في وقته، لأنه إما في عمل للدنيا، وإما في عمل للآخرة»[5].

فالعبادة ليس لها وقت أو مناسبة أو عمر معين، أو مكان محدد، بل هي توجه خالص لله تعالى، واجتهاد دائب للانسجام مع سننه في خلقه، وشكر دائم له سبحانه وتعالى على نعمه، طوال حياة الإنسان.

---

(1) تفسير الطبري، ج14/ 154.

(2) صحيح مسلم، رقم782.

(3) صحيح البخاري، رقم1987.

(4) صحيح مسلم، رقم746.

(5) محمد الأمين الشنقيطي. أضواء البيان في إيضاح القرآن بالقرآن، ج8/ 579.

وبهذه العبادة الشاملة الممتدة المنسجمة مع سنن الله تعالى في خلقه، يستنقذ الإنسان حياته من الخسران، كما نبهت إلى ذلك سورة العصر[1]، ويرقِّيها في مدارج الخيرية والإحسان والكمال الإنساني، ويستشرف بها آفاق الحياة الأخروية المفتوحة على مقامات «**ما لا عين رأت، ولا أذن سمعت، ولا خطر على قلب بشر**»[2]، مما أعده الله تعالى لمن أنجزوا مهمتهم الاستخلافية في الأرض على وجهها الصحيح، كما جاء ذلك في قوله تعالى: ﴿فَلَا تَعۡلَمُ نَفۡسٞ مَّآ أُخۡفِيَ لَهُم مِّن قُرَّةِ أَعۡيُنٖ جَزَآءَۢ بِمَا كَانُواْ يَعۡمَلُونَ﴾ [السجدة: 17].

والخلاصة هي أن العبادة أو العبودية بمفهومها الشامل المتكامل، هي منهج الخلافة في الأرض، وطريق الإنسان الوحيد نحو تحقيق مقاصد ومقتضيات هذه الخلافة في نفسه كفرد، وفي واقعه كأسرة ومجتمع وأمة وحضارة.

فالخلافة في الأرض تتحقق للإنسان ويستفيد من بركاتها، بقدر تحقيقه للعبودية لله تعالى، وينقص تحقيق هذه الخلافة، وتنقص الاستفادة من بركاتها، بقدر نقصان تحقيق الإنسان لعبوديته لله تعالى، ولهذا كانت أصلًا ومقومًا أساسيًّا من أصول ومقومات الوعي الكوني الغائي الذي يقوم عليه منظور السننية الشاملة.

والأسئلة الكبيرة المهمة الآن، هي:

كيف يتجلى هذا المفهوم الشامل للعبودية لله تعالى، في الحركة الاستخلافية للإنسان في الأرض؟ أو أين تتجلى وتظهر هذه العبودية لله تعالى بشكلها الشامل المتكامل في الحياة الدنيوية للإنسان فردًا ومجتمعًا؟ وكيف ينعكس هذا المفهوم الشامل للعبودية لله تعالى على سائر مناحي حركة الاستخلاف البشري في الأرض؟

إن منظور السننية الشاملة لم يهمل هذه القضية الأساسية في منظومة بناء الوعي الكوني الغائي الشامل كذلك، بل استوعبها بشكل شامل وعميق ومتوازن، كما سنرى من خلال الكلية التالية التي تقدم لنا الإجابة عن هذه الأسئلة المهمة.

---

(1) سيد قطب. في ظلال القرآن، ج6/ 3964.

(2) صحيح البخاري، رقم4779.

4. كلية الوعي بمقام تحقيق العمران الحضاري في الأرض

الكلية الأساسية الرابعة في منظومة بناء الوعي الكوني الغائي، هي كلية الوعي بمقام تحقيق العمران الحضاري في الأرض، بكل ما يعنيه من تلبية شاملة لمتطلبات حياة الإنسان الفكرية والروحية والأخلاقية والاجتماعية والمعاشية والسياسية والحضارية المتجددة، التي بها يحقق خلافته في الأرض أولًا، ويستمتع بثمراتها وبركاتها ثانيًا، ويظهر جدارته واستحقاقه لمنصب الخلافة في الأرض ثالثًا، خاصة أن مكونين مهمين من المكونات الكونية، وهما الملائكة والأبالسة، أبديا رغبتهما في هذا المنصب الكوني المتميز جدًّا. فقد ورد في القرآن على لسان الملائكة ما يدل على أفضليتهم وجدارتهم بهذا المنصب الكوني الرفيع[1]: ﴿أَتَجۡعَلُ فِيهَا مَن يُفۡسِدُ فِيهَا وَيَسۡفِكُ ٱلدِّمَآءَ وَنَحۡنُ نُسَبِّحُ بِحَمۡدِكَ وَنُقَدِّسُ لَكَۖ قَالَ إِنِّيٓ أَعۡلَمُ مَا لَا تَعۡلَمُونَ﴾ [البقرة: 30]. وورد كذلك في شأن اعتراض إبليس على اختيار الإنسان لهذا المنصب الكوني الكبير[2]، قوله تعالى: ﴿قَالَ مَا مَنَعَكَ أَلَّا تَسۡجُدَ إِذۡ أَمَرۡتُكَۖ قَالَ أَنَا۠ خَيۡرٞ مِّنۡهُ خَلَقۡتَنِي مِن نَّارٖ وَخَلَقۡتَهُۥ مِن طِينٖ﴾ [الأعراف: 12]، وقوله تعالى: ﴿قَالَ يَٰٓإِبۡلِيسُ مَا مَنَعَكَ أَن تَسۡجُدَ لِمَا خَلَقۡتُ بِيَدَيَّۖ أَسۡتَكۡبَرۡتَ أَمۡ كُنتَ مِنَ ٱلۡعَالِينَ﴾ [ص: 75].

ومنصب الخلافة في الأرض، لا معنى له بدون تحقيق العمران الحضاري في الأرض، وتجسيد قيم توحيد الربوبية والألوهية والعبودية فيها، وإبراز عبقرية وقدرة وكفاءة الإنسان فيها، وإثبات أحقيته وجدارته بهذا المنصب الكوني الرفيع.

وحركة عمارة الأرض، بكل ما تتطلبه من جهد ومكابدة وإبداع ومثابرة في اكتشاف سنن الله تعالى في خلقه، وفي استثمارها بكفاءة وفعالية وأصالة وتكاملية وتوازن، في تلبية ضروريات الحياة وحاجياتها وتحسينياتها، والارتقاء المستمر بها إلى قمم العدل والإحسان والرحمة، هي المحك الذي تُختبر فيه قيمة الإنسان وإرادته من ناحية، ويُعرف مدى استيعابه لمهمته الوجودية في الحياة من ناحية ثانية، ومدى إدراكه لقيمته ومركزه الكوني من ناحية ثالثة، ومدى وعيه بمعاني ودلالات توحيد الربوبية والألوهية والعبودية من ناحية رابعة،

(1) تفسير الرازي، ج2/ 389.

(2) محمد رشيد رضا. تفسير المنار، ج8/ 293.

ومدى تجسيده لذلك في حياته الفردية وحركته الاجتماعية والحضارية من ناحية خامسة، ومدى نجاحه في أداء مسؤولياته الاستخلافية في الأرض من ناحية سادسة.

كل هذه الأبعاد تتجلى في حركة العمران الحضاري في الأرض، فهي ساحة الابتلاء الحقيقية للإنسان، ومحك الفرز بين البشر، أفرادًا ومجتمعات وأممًا وحضارات، والمفاضلة بينهم، كما قال تعالى: ﴿ٱلَّذِى خَلَقَ ٱلْمَوْتَ وَٱلْحَيَوٰةَ لِيَبْلُوَكُمْ أَيُّكُمْ أَحْسَنُ عَمَلًا ۚ وَهُوَ ٱلْعَزِيزُ ٱلْغَفُورُ﴾ [الملك: 2]، وقال كذلك: ﴿إِنَّا جَعَلْنَا مَا عَلَى ٱلْأَرْضِ زِينَةً لَّهَا لِنَبْلُوَهُمْ أَيُّهُمْ أَحْسَنُ عَمَلًا﴾ [الكهف: 7].

والعمل الأحسن الذي جُعل هدفًا محوريًّا للحياة هنا، هو العمل الذي تتجلى فيه كل الأبعاد السابقة، وتتحقق به للإنسان الحياة الكريمة الشريفة التي تليق به، وبملكاته وقدراته ومسخراته، وبمركزه الكوني المحوري الذي يلقي على كاهله مسؤوليات ضخمة تجاه نفسه وتجاه الكون.

وفي تأكيد هذا المعنى يقول العلَّامة رشيد رضا، تعليقًا على مفهوم العمل الأحسن الذي جُعل هدفًا للابتلاء البشري:

> «أي ليجعل ذلك بلاء، أي اختبارًا وامتحانًا لكم، فيظهر أيكم أحسن إتقانًا لما يعمله، ونفعًا له وللناس به، وذلك أنه سخر لكم كل شيء، وجعلكم مستعدين لإبراز ما أودعه فيه من المنافع والفوائد المادية والمعنوية، ومن حِكم خالقه ورحمته بعباده فيه، ومستعدين للإفساد والضرر به، ليجزي كل عامل بعمله»[1].

وهذا العمل الأحسن والأفضل الذي به يوزن الإنسان، وتقدَّر قيمته ومكانته في الحياة، ويقدَّر مقامه ومكانه في الحياة الأخروية بعد ذلك، وتقدَّر به مكانة المجتمعات في الساحات الحضارية، يتم إنجازه وتحقيقه في خضم حركة العمران الحضاري في الأرض، التي يؤطرها منطق المدافعة والمداولة الحضارية (كما سنرى ذلك لاحقًا)، الذي يفرض على الإنسان مواكبة ما يجري حوله، والتأثير فيه، وإلا وجد نفسه مدفوعًا إلى الوراء نحو الضعف والتخلف والغثائية والتبعية الحضارية المذلة.

---

(1) محمد رشيد رضا. تفسير المنار، ج12/ 16.

وحركة العمران الحضاري ضرورة حياتية حيوية، بل ضرورة وجودية حيوية للإنسان، لا مفر له منها، فهو إما أن يواكب حركة العمران الحضاري في الأرض ويؤثر فيها وفي مساراتها بمزيد من الوعي والاجتهاد والإبداع والتجديد والبناء والتعمير الشامل، والوقاية الدائمة لمنجزات عمرانه الحضاري، ويدفع بها على خط الخيرية والصلاح والعدل والإحسان والرحمة، وإما أن تجرفه حركة المدافعة والمداولة الحضارية المتحركة على خط الشر والفساد والطغيان، نحو مزيد من التيه والضنكية الحضارية المهلكة[1].

إن منطق المدافعة والمداولة الحضارية الذي يحكم حركة العمران الحضاري في الأرض، هو الذي يفرض على الإنسان والمجتمعات الإنسانية عامة، مزيدًا من الاجتهاد والإبداع والتطوير والتجديد، والتوسع في عمارة الأرض والاستمتاع بخيراتها، وحيازة مزيد من شروط وقدرات المحافظة على كرامته الإنسانية، وعلى الحماية لمصالح ومقدرات مجتمعه، بحكم التنافسية الدائبة، وبحكم الصراع الذي كثيرًا ما يحتدم بين الأفراد والجماعات والمجتمعات والأمم، من أجل الاستحواذ على مزيد من المصالح والمنافع والامتيازات بحق وبغير حق!

إن المجتمعات التي لا تنجز عمرانها الحضاري المتوازن، ولا تساهم بفعالية في إغناء وترشيد وحماية حركة العمران الحضاري الإنساني من الانحراف والفساد، هي مجتمعات تعاني من اضطراب في وعيها بحقيقة ومقتضيات توحيد الربوبية والألوهية والعبودية من ناحية، وحقيقة ومقتضيات الخلافة البشرية في الأرض من ناحية أخرى، ولذلك فإنها تتعرض حتمًا لقسط صغير أو كبير من الضنكية النفسية والروحية والاجتماعية المرهقة، وخفة أو انعدام الوزن الحضاري، بحكم منطق سنن المدافعة والمداولة الحضارية، التي لا تحابي أحدًا من البشر، بل تعطيه بقدر معرفته بها، واحترامه لمنطقها، وحسن استثماره لها.

والعمران الحضاري بهذا المعنى، مقصد كلي من مقاصد الحياة، وضرورة من ضروراتها الحيوية، ومحرك أساسي من محركاتها، ولذلك منحه القرآن مكانة كبيرة جدًّا في توجيهاته، بل نستطيع أن نقول إن عموم ما جاء فيه تمحور حول كيفية إنجاز الإنسان لهذا العمران

---

(1) عبد المجيد النجار. فقه التحضر الإسلامي، ج1/ 132.

الحضاري المتوازن في الأرض، وتمكُّنه من الاستفادة منه في حياته العاجلة، وفي تحضير حياته الآجلة[1].

يكفينا هنا أن نتأمل هذه الآية الكريمة الجامعة التي جاء فيها: ﴿وَعَدَ ٱللَّهُ ٱلَّذِينَ ءَامَنُواْ مِنكُمۡ وَعَمِلُواْ ٱلصَّٰلِحَٰتِ لَيَسۡتَخۡلِفَنَّهُمۡ فِي ٱلۡأَرۡضِ كَمَا ٱسۡتَخۡلَفَ ٱلَّذِينَ مِن قَبۡلِهِمۡ وَلَيُمَكِّنَنَّ لَهُمۡ دِينَهُمُ ٱلَّذِي ٱرۡتَضَىٰ لَهُمۡ وَلَيُبَدِّلَنَّهُم مِّنۢ بَعۡدِ خَوۡفِهِمۡ أَمۡنٗاۚ يَعۡبُدُونَنِي لَا يُشۡرِكُونَ بِي شَيۡـٔٗاۚ وَمَن كَفَرَ بَعۡدَ ذَٰلِكَ فَأُوْلَٰٓئِكَ هُمُ ٱلۡفَٰسِقُونَ﴾ [النور: 55].

وكذلك هذه الآية التي جاء فيها: ﴿هُوَ أَنشَأَكُم مِّنَ ٱلۡأَرۡضِ وَٱسۡتَعۡمَرَكُمۡ فِيهَا﴾ [هود: 61]. أي طلب منكم عمارتها، بإقامة الحضارات السامقة المتوازنة فيها[2].

وهذا العمران الحضاري المتوازن في الأرض، يتم عبر نهضات حضارية للمجتمعات الإنسانية المختلفة، التي تتنافس وتتدافع، بل وتتصارع أحيانًا، من أجل إقامة هذا العمران الحضاري والاستمتاع به، ومشاركة الآخرين في الاستمتاع بذلك.

وهذه النهضات الحضارية المنجِزة لهذا العمران الحضاري المتوازن، تتحكم فيها شروط كثيرة، تساعد على جعل تفكير الإنسان وثقافته وسلوكه، وحركته التربوية والاجتماعية والسياسية والمعاشية عامة... تتطابق مع الشبكات السننية التي تحكم حركة الحياة، وتؤثر فيها بشكل مطَّرد (كما سبق بيان ذلك، وكما سيأتي مزيد بيان عنه لاحقًا).

إن العمران الحضاري هو محصلة وعي الإنسان بسنن الله تعالى في النهضة الحضارية من جهة، وتمكنه من الاستفادة منها في إدارة إمكاناته ووقته وفرص حياته بشكل أصيل وفعال وتكاملي ومطَّرد من جهة ثانية، وقدرته على حماية منجزات ذلك كله من جهة ثالثة.

والأسئلة الكبيرة التي تواجهنا الآن، هي:

كيف نجعل حركة العمران الحضاري في الأرض، تمضي في رحاب العبودية لله تعالى من أجل تحقيق مقاصد الخلافة البشرية في الأرض؟ وكيف نؤمِّن هذه الحركة العمرانية

---

(1) علال الفاسي. مقاصد الشريعة ومكارمها، ص45.

(2) يوسف القرضاوي. الإسلام حضارة الغد، ص184.

الحضارية من التحديات التي تواجهها، سواء من ضعف وشهوات وأهواء وصراعات البشر أنفسهم، أو من فساد البيئة الاجتماعية، أو من وسوسات وإيقاعات الشيطان، أو من الطبيعة عامة؟

إن حركة العمران الحضاري البشري يحكمها منطق المدافعة والمداولة (كما سنرى لاحقًا)، فكيف نجعل هذه المدافعة والمداولة الثقافية والاجتماعية والحضارية المطَّردة، تتحرك على خط الفعالية التكاملية المنسجمة المتوازنة البنائية الخيِّرة الصاعدة؟ وكيف نقيها من الحركة على خط الفعالية التنافرية الاهتلاكية المنهكة والمهلكة؟

كيف نقيها من تبعات الشرك، ومن تبعات النفاق، ومن تبعات الاستكبار، ومن تبعات الاستبداد، ومن تبعات الطغيان، ومن تبعات الظلم، ومن تبعات الفساد، ومن تبعات الترف، ومن تبعات التفاهة، ومن تبعات الفسوق، ومن تبعات الطبقية، ومن تبعات الدونية، ومن تبعات الكراهية، ومن تبعات التمييز العنصري، ومن تبعات الاستغلال والاستعباد...؟

كيف نقيها من مغبة تبعات ذلك كله، ونحميها من مخاطر الضنكية التي يتسبب فيها وينتجها ذلك كله؟ وكيف نضمن لها الحركة على خط الاحترام والعدل والإحسان والرحمة والكرامة الآدمية؟

إن منظور السننية الشاملة لم يهمل هذه القضية الأساسية في منظومة بناء الوعي الكوني الغائي الشامل كذلك، بل استوعبها بشكل شامل وعميق ومتوازن، كما سنرى ذلك من خلال الكلية التالية التي تساهم بقسط كبير جدًّا في جعل حركة العمران الحضاري البشري تتحرك على خط العدل والإحسان والرحمة، وتبتعد عن الحركة على خط الظلم والفساد والضنكية المنهكة.

5. كلية الوعي بتحضير الوجود الأخروي للإنسان

الكلية الأساسية الخامسة في منظومة الوعي الكوني الغائي، هي كلية الوعي بتحضير المصير الأخروي للإنسان. باعتبار الوجود الأخروي للإنسان وجودًا غائيًّا مصيريًّا، تتحرك نحوه الحياة البشرية كلها، تحركًا إجباريًّا لا خيار للناس فيه، إلا من حيث الوعي بأهميته والاستعداد المطلوب له، أو تجاهله وعدم الاستعداد المطلوب له.

فالسير نحو المصير الأخروي حتمية لا مفر لأحد منها، وما الحياة الدنيوية بالنسبة إلى هذا الوجود الأخروي المصيري، إلا مرحلة من مراحله الحيوية المصيرية القصيرة، التي يجب على الإنسان استثمارها بفعالية ورشادة قصوى، لتحضير وتأمين وجوده ومصيره الأخروي الأبدي، الذي ما هو في النهاية إلا محصلة ما يفعله الإنسان في حياته الدنيوية، كما جاء في الحديث النبوي الشريف: «**إنما هي أعمالكم أُحصيها لكم ثم أوفِّيكم إياها. فمن وجد خيرًا فليحمد الله، ومن وجد غير ذلك فلا يلومن إلا نفسه**»[1].

ولهذا جاء التنبيه في القرآن إلى هذه الحقيقة الكبرى، في مثل قوله تعالى: ﴿وَٱبۡتَغِ فِيمَآ ءَاتَىٰكَ ٱللَّهُ ٱلدَّارَ ٱلۡأٓخِرَةَۖ وَلَا تَنسَ نَصِيبَكَ مِنَ ٱلدُّنۡيَاۖ وَأَحۡسِن كَمَآ أَحۡسَنَ ٱللَّهُ إِلَيۡكَۖ وَلَا تَبۡغِ ٱلۡفَسَادَ فِي ٱلۡأَرۡضِۖ إِنَّ ٱللَّهَ لَا يُحِبُّ ٱلۡمُفۡسِدِينَ﴾ [القصص: 77]، وقوله تعالى: ﴿وَمَا هَٰذِهِ ٱلۡحَيَوٰةُ ٱلدُّنۡيَآ إِلَّا لَهۡوٞ وَلَعِبٞۚ وَإِنَّ ٱلدَّارَ ٱلۡأٓخِرَةَ لَهِيَ ٱلۡحَيَوَانُۚ لَوۡ كَانُواْ يَعۡلَمُونَ﴾ [العنكبوت: 64]. أي لهي الحياة الحقيقية التي يجب على الإنسان العاقل أن يستهدفها، ويركز كل حياته حولها[2].

ومن يتأمل في النفس الإنسانية، وحركة التاريخ الإنساني، في قوتهما وضعفهما، واستقامتهما واضطراب أمرهما، يلحظ مدى قوة وفعالية تأثير رسوخ الوعي الأخروي في النفس الإنسانية، وفي المنظومة الفكرية والتربوية والثقافية والاجتماعية للمجتمع، في انضباط واستقامة وتوازن السلوك الإنساني الفردي والجماعي.

فالوعي الأخروي المستحكم في النفس، والساري في الثقافة الاجتماعية، يمنح الإنسان إرادة وقوة عجيبتين في مواجهة التحديات، ويرفع مستوى استقامته وثباته وفعاليته إلى مستويات غير عادية، لأن هيمنة المنطق الأخروي على فكر الإنسان وروحه وسلوكه واهتماماته، تقوي علاقته بالله تعالى، وتجعله يدرك يقينًا أن كل ما يعارض المصلحة الأخروية، أو يضر بها، لا قيمة له، مهما كانت قيمته أو خطورته الجزئية على المصلحة الدنيوية الآنية، وهو ما يجعل هذا الإنسان يستعلي على ذلك كله، ويصابر من أجل المصلحة الأخروية، التي إذا تحققت، تحققت تبعًا لها المصلحة الدنيوية.

---

(1) صحيح مسلم، رقم2577.

(2) تفسير الرازي، ج25/ 76.

وهذا ما يشرحه لنا حديث نبوي بالغ الأهمية في هذا المجال، يضع الميزان الصحيح بين الدنيا والآخرة، ويجعل الدنيا تتحرك في إطار المصلحة الأخروية، التي تنعكس إيجابًا على المصلحة الدنيوية[1]، جاء فيه قول الرسول عليه الصلاة والسلام: «**من كانت الآخرة همَّه جعل الله غناه في قلبه، وجمع له شمله وأتته الدنيا وهي راغمة، ومن كانت الدنيا همَّه جعل الله فقره بين عينيه وفرَّق عليه شملَه، ولم يأته من الدنيا إلا ما قُدِّر له**»[2].

نموذج تطبيقي عن التأثير القوي للوعي الأخروي على السلوك الإنساني

المثال الذي نود ذكره هنا عن القيمة والقوة غير العادية، التي يمنحها رسوخ الوعي الأخروي لدى الإنسان، هو مثال سحرة فرعون حينما انبثق الإيمان بالله واليوم الآخر في نفوسهم، وتعدل ميزان الموازنة لديهم بين المصالح الدنيوية التي كانوا ينشدونها من فرعون، والمصالح الأخروية الحقيقية التي اتضحت لهم بعد إيمانهم، فكان قولهم لفرعون وهو يتوعدهم بما لا يُطاق من العذاب والنكال، كما جاء ذلك في قوله تعالى: ﴿قَالَ ءَامَنتُمْ لَهُۥ قَبْلَ أَنْ ءَاذَنَ لَكُمْ ۖ إِنَّهُۥ لَكَبِيرُكُمُ ٱلَّذِى عَلَّمَكُمُ ٱلسِّحْرَ ۖ فَلَأُقَطِّعَنَّ أَيْدِيَكُمْ وَأَرْجُلَكُم مِّنْ خِلَٰفٍ وَلَأُصَلِّبَنَّكُمْ فِى جُذُوعِ ٱلنَّخْلِ وَلَتَعْلَمُنَّ أَيُّنَآ أَشَدُّ عَذَابًا وَأَبْقَىٰ ﴿٧١﴾ قَالُوا۟ لَن نُّؤْثِرَكَ عَلَىٰ مَا جَآءَنَا مِنَ ٱلْبَيِّنَٰتِ وَٱلَّذِى فَطَرَنَا ۖ فَٱقْضِ مَآ أَنتَ قَاضٍ ۖ إِنَّمَا تَقْضِى هَٰذِهِ ٱلْحَيَوٰةَ ٱلدُّنْيَآ ﴿٧٢﴾ إِنَّآ ءَامَنَّا بِرَبِّنَا لِيَغْفِرَ لَنَا خَطَٰيَٰنَا وَمَآ أَكْرَهْتَنَا عَلَيْهِ مِنَ ٱلسِّحْرِ ۗ وَٱللَّهُ خَيْرٌ وَأَبْقَىٰٓ ﴿٧٣﴾ إِنَّهُۥ مَن يَأْتِ رَبَّهُۥ مُجْرِمًا فَإِنَّ لَهُۥ جَهَنَّمَ لَا يَمُوتُ فِيهَا وَلَا يَحْيَىٰ ﴿٧٤﴾ وَمَن يَأْتِهِۦ مُؤْمِنًا قَدْ عَمِلَ ٱلصَّٰلِحَٰتِ فَأُو۟لَٰٓئِكَ لَهُمُ ٱلدَّرَجَٰتُ ٱلْعُلَىٰ ﴿٧٥﴾ جَنَّٰتُ عَدْنٍ تَجْرِى مِن تَحْتِهَا ٱلْأَنْهَٰرُ خَٰلِدِينَ فِيهَا ۚ وَذَٰلِكَ جَزَآءُ مَن تَزَكَّىٰ﴾ [طه].

عندما يهيمن الوعي الأخروي على الفكر والنفس[3]، تنضبط الموازين وتستقيم الموازنات، وتنسجم مع سنن الله في خلقه، وتصبح المصلحة الأخروية هي التي تحكم تفكير الإنسان ومواقفه، وبذلك يتغير كل شيء في حياته، في اتجاه التوازن الحقيقي، والقوة الحقيقية، والفعالية الحقيقية، والقيمة والمكانة الحقيقيتين في الحياة. وهيمنة الوعي الأخروي

---

(1) زين الدين المناوي. فيض القدير شرح الجامع الصغير، ج3/ 260.

(2) صحيح الترمذي، رقم2465.

(3) أبو الفداء إسماعيل بن عمر بن كثير. تفسير القرآن العظيم، ج5/ 268.

على حياة الإنسان ومواقفه وتصرفاته، هي نتيجة طبيعية أو منطقية لقوة واستقامة الإيمان بالله تعالى، أي استحكام الوعي بحقيقة ومقاصد توحيد الربوبية والألوهية والعبودية بكل مقتضياتها وجمالياتها التي تمنحها لها منظومة أسماء الله تعالى الحسنى وصفاته العلى.

إن الوعي الأخروي، طاقة مهولة، وقوة جبارة، وضعها الله تعالى بين يدي الإنسان لإنجاز خلافته في الأرض، لو عرف كيف يكتِّلها ويشحذها في نفسه، وينمِّيها ويحميها، ويستثمرها بشكل صحيح في إدارة مواقفه وحركته في الحياة[1].

والإنسان المعاصر على وجه الخصوص، والمادي أو الدهري بصفة عامة عبر التاريخ، يهدر هذه الطاقة وهذه القوة الروحية والنفسية والمادية المهولة، ولا يستثمرها في إدارة حياته، عندما يهمل تنمية الوعي الأخروي، بل ويحاربه أحيانًا بكل الوسائل!

والأسئلة الحيوية الكبيرة هنا:

كيف نُنمي الوعي بالوجود الأخروي في حياة الإنسان، ونرتقي به إلى مستوى المسلَّمات المؤثرة في تفكيره وحركة حياته؟ وكيف نُخرج الإنسان من دائرة الغفلة عن هذا الإمكان التأثيري العظيم، وهدر طاقة غير عادية في توازن حياته وتكامليتها وفعاليتها؟ وكيف نمكِّنه من الاستفادة القصوى من هذا الإمكان العظيم في ترشيد حركة حياته ورفع مستوى فعاليتها وخيريتها وبركتها الفردية والاجتماعية والحضارية، ووقايتها من المعوقات والمشتِّتات والمهدِرات والمستنزِفات؟

ونشير هنا إلى الأهمية البالغة لوضع علوم لتنمية الوعي الأخروي، وتثبيته وحمايته، وتفعيل دوره في الحياة، كما وُضعت وما زالت توضع علوم كثيرة لتنمية الوعي الدنيوي، والتحكم في كثير من شروط تحسين الحياة المادية والاجتماعية والسياسية للإنسان.

فالحياة المادية للإنسان لم تتحسن ظروفها الصحية والمعيشية والاجتماعية، إلا من خلال تمكُّن الإنسان من اكتشاف بعض سنن الآفاق وسنن الأنفس، وتحويلها إلى علوم قائمة بذاتها، لها موضوعها وحقلها الذي تهتم به، ومنهجها الذي تشتغل به، ونظرياتها

---

(1) راجع للمؤلف: الإدارة السننية: السر الأكبر لنهضة المجتمعات والأمم، والذي يصحح فيه مفهوم الإدارة الإستراتيجية ويضعه في سياقه السنني الصحيح الذي يطرح القرآن الكريم للحياة.

وقوانينها أو سننها التي تكتشفها، وتضعها في متناول الناس ليحولوها إلى ثقافة سارية في حياتهم، تمكِّنهم من تحسين ووقاية حياتهم الدنيوية، وخدمة حياتهم الأخروية التي إليها منتهاهم ومصيرهم.

والمجال أو الحقل المعرفي الذي يظل مجهولًا وغير مستكشف، لا يعرف الناس قيمته، بل قد لا يصدقون بوجوده أصلًا، أو لا يحفلون به، ويصبح ساحة للخرافة والأوهام والشعوذة المضرة، وقديمًا قيل: «من جهل شيئًا عاداه»! وهو ما نبه عليه القرآن في مثل قوله تعالى: ﴿بَلْ كَذَّبُواْ بِمَا لَمْ يُحِيطُواْ بِعِلْمِهِۦ وَلَمَّا يَأْتِهِمْ تَأْوِيلُهُۥۚ كَذَٰلِكَ كَذَّبَ ٱلَّذِينَ مِن قَبْلِهِمْۖ فَٱنظُرْ كَيْفَ كَانَ عَٰقِبَةُ ٱلظَّٰلِمِينَ﴾ [يونس: 39].

إن المعرفة السننية هي التي تزيل علامات الاستفهام أمامه، وتنير المجاهيل والساحات المعتمة، وتنير طريق خلافته في الأرض، وطريق سيره نحو الحياة الأخروية عن علم وبصيرة، وتحرره بل وتنقذه من مخاطر الجهل والخرافة والأوهام المنهكة والمهلكة أحيانًا كثيرة.

فالمعرفة السننية هي أساس العقيدة، وأساس التوحيد، وأساس العبادة، وأساس الاستخلاف في الأرض، وأساس إقامة العمران الحضاري المتوازن فيها، وأساس الوقاية لمنجزات ذلك كله، وأساس توفير شروط الحياة الأخروية الآمنة السعيدة، كما نرى ذلك في مثل قوله تعالى: ﴿فَٱعْلَمْ أَنَّهُۥ لَآ إِلَٰهَ إِلَّا ٱللَّهُ وَٱسْتَغْفِرْ لِذَنۢبِكَ وَلِلْمُؤْمِنِينَ وَٱلْمُؤْمِنَٰتِۗ وَٱللَّهُ يَعْلَمُ مُتَقَلَّبَكُمْ وَمَثْوَىٰكُمْ﴾ [محمد: 19]. وقد قال ابن المنير تعقيبًا على الآية: «أراد أن العلم شرط في صحة القول والعمل، فلا يعتبران إلا به، فهو متقدم عليهما لأنه مصحح النية المصححة للعمل»[(1)]. بل إن المعرفة السننية مصححة قبل ذلك للمعلومات والأفكار، ثم للتصورات والمنظورات، ثم بعدها للنيات والمقاصد، ثم للتصرفات والأعمال والمواقف عامة.

وهذا كله تابع ومحكوم بأصل المنهج المعرفي الكلي الذي أرساه القرآن الكريم في قوله تعالى: ﴿وَلَا تَقْفُ مَا لَيْسَ لَكَ بِهِۦ عِلْمٌۚ إِنَّ ٱلسَّمْعَ وَٱلْبَصَرَ وَٱلْفُؤَادَ كُلُّ أُوْلَٰٓئِكَ كَانَ عَنْهُ مَسْـُٔولًا﴾ [الإسراء: 36].

---

(1) ابن حجر العسقلاني. فتح الباري شرح صحيح البخاري، ج1/ 160.

فكل شيء في الحياة في المنظور المعرفي السنني الشامل للإسلام[1]، ينشد المعرفة السننية الشاملة، وينطلق من المعرفة السننية الشاملة، وينفَّذ بالمعرفة السننية الشاملة، ويتحول إلى معرفة سننية شاملة، وهكذا دواليك تطَّرد حركة حياة الإنسان وفق هذا المنهج السنني، الذي يجعل المعرفة السننية الشاملة أول الواجبات من حيث فهم ما يراد بشكل صحيح، وأوسط الواجبات من حيث تنفيذ ما يراد بشكل صحيح فعال، وآخر الواجبات من حيث المحافظة على ما أُنجز وحسن الاستفادة منه.

فهل يمكننا نحن المسلمين الذين نملك هذا الأصل المنهاجي والمنهجي المحوري، الذي يمدنا به منظور السننية الشاملة، أن نؤسس لمجموعة علوم مثلًا، هي:

- **علم الوعي بفلسفة أو فقه الموت وثقافته**[2]

باعتبار الموت هو المدخل إلى الحياة الأخروية، والانقطاع عن الحياة الدنيوية. وليس هناك إطلاقًا من يشك في هذه الحقيقة الوجودية الكبرى، التي تحدِث قطيعة نهائية مع الحياة الدنيوية، وتنقل الإنسان إلى عالم الحياة الأخروية.

وفي حقيقة الموت يقول تعالى: ﴿كُلُّ نَفْسٍ ذَآئِقَةُ ٱلْمَوْتِ ۖ ثُمَّ إِلَيْنَا تُرْجَعُونَ﴾ [العنكبوت: 57]. ويقول كذلك: ﴿كُلُّ نَفْسٍ ذَآئِقَةُ ٱلْمَوْتِ ۗ وَإِنَّمَا تُوَفَّوْنَ أُجُورَكُمْ يَوْمَ ٱلْقِيَٰمَةِ ۖ فَمَن زُحْزِحَ عَنِ ٱلنَّارِ وَأُدْخِلَ ٱلْجَنَّةَ فَقَدْ فَازَ ۗ وَمَا ٱلْحَيَوٰةُ ٱلدُّنْيَآ إِلَّا مَتَٰعُ ٱلْغُرُورِ﴾ [آل عمران: 185]. ويقول: ﴿وَمَا جَعَلْنَا لِبَشَرٍ مِّن قَبْلِكَ ٱلْخُلْدَ ۖ أَفَإِيْن مِّتَّ فَهُمُ ٱلْخَٰلِدُونَ ﴿٣٤﴾ كُلُّ نَفْسٍ ذَآئِقَةُ ٱلْمَوْتِ ۗ وَنَبْلُوكُم بِٱلشَّرِّ وَٱلْخَيْرِ فِتْنَةً ۖ وَإِلَيْنَا تُرْجَعُونَ﴾ [الأنبياء].

فكيف نؤسس لعلم فقه الموت؟ وكيف نبني ثقافة للتعامل مع الموت؟ وكيف نجعل

---

(1) نذكِّر بأن المقصود بالمعرفة السننية الشاملة، هي المعرفة التي تستوعب الساحات السننية الكونية الكلية الأربع التي تتوزع فيها أو عليها سنن التسخير التي وضعها الله تعالى بين يدي الإنسان لكي ينجز مهمته الاستخلافية في الأرض، وهي ساحات سنن الآفاق والأنفس والهداية والتأييد، المرتبطة كلها بمنظومة الوعي الكوني الغائي الأم، وهو ما نسميه «منظور السننية الشاملة».

(2) أقصد بالعلم هنا: الحقائق السننية المتعلقة بكل مرحلة أو ساحة من ساحات عالم الآخرة ومراحلها. وبالثقافة: ما يتمخض من فهوم وسلوكات وتعبيرات نفسية واجتماعية، من تفاعلات الإنسان مع هذه الحقائق السننية المرتبطة بهذه المرحلة.

ذلك خادمًا للحياة الدنيوية والحياة الأخروية معًا؟ وكيف نثبّت ونعمّق الوعي بكون الموت ما هو إلا نقلة نوعية في حياة الإنسان، ومرحلة من مراحل دورته الوجودية الكبرى، تعقبها مراحل كبرى كثيرة في الطريق إلى الجنة أو النار، أي إلى عالم الخلود المنشود؟

- **علم الوعي بفقه الحياة البرزخية**

باعتبارها المرحلة الطويلة التي تعقب الموت، وتفصل الإنسان عن القيامة الكبرى، ويعيش فيها الإنسان حياة خاصة تختلف عن حياته الدنيوية، كما جاء ذلك في القرآن الكريم: ﴿حَتَّىٰٓ إِذَا جَآءَ أَحَدَهُمُ ٱلْمَوْتُ قَالَ رَبِّ ٱرْجِعُونِ ﴿٩٩﴾ لَعَلِّىٓ أَعْمَلُ صَٰلِحًا فِيمَا تَرَكْتُ ۚ كَلَّآ ۚ إِنَّهَا كَلِمَةٌ هُوَ قَآئِلُهَا ۖ وَمِن وَرَآئِهِم بَرْزَخٌ إِلَىٰ يَوْمِ يُبْعَثُونَ﴾ [المؤمنون].

فكيف نؤسس لفقه الحياة البرزخية وثقافة الحياة البرزخية؟ وكيف نجعل منها عاملًا مؤثرًا على انضباط واستقامة الحياة الدنيوية، وخدمتها للحياة الأخروية؟

- **علم الوعي بفقه القيامة وتغيير نظام الكون**

باعتبارها المرحلة التي تنهي الحياة الدنيوية القائمة، وتُغيّر أوضاع الكون تغييرًا جذريًّا هائلًا، وتُدخل الإنسان في مرحلة القيامة الكبرى بكل تحولاتها ومراحلها الضخمة المهولة المتتالية.

وقد أفاض القرآن في الحديث عن القيامة ومراحلها وأوضاعها، نكتفي منها بذكر مشهدين من مشاهدها المتعلقة بالمرحلة الأولى منها، وهي مرحلة التغيرات الجذرية التي تحدث في الكون، لتهيئة أوضاع المراحل التالية من هذه القيامة الكبرى.

قال تعالى: ﴿يَوْمَ تُبَدَّلُ ٱلْأَرْضُ غَيْرَ ٱلْأَرْضِ وَٱلسَّمَٰوَٰتُ ۖ وَبَرَزُوا۟ لِلَّهِ ٱلْوَٰحِدِ ٱلْقَهَّارِ﴾ [إبراهيم: 48]. وقال كذلك: ﴿وَنُفِخَ فِى ٱلصُّورِ فَصَعِقَ مَن فِى ٱلسَّمَٰوَٰتِ وَمَن فِى ٱلْأَرْضِ إِلَّا مَن شَآءَ ٱللَّهُ ۖ ثُمَّ نُفِخَ فِيهِ أُخْرَىٰ فَإِذَا هُمْ قِيَامٌ يَنظُرُونَ﴾ [الزمر: 68]. وقال سبحانه: ﴿فَإِذَا نُفِخَ فِى ٱلصُّورِ نَفْخَةٌ وَٰحِدَةٌ ﴿١٣﴾ وَحُمِلَتِ ٱلْأَرْضُ وَٱلْجِبَالُ فَدُكَّتَا دَكَّةً وَٰحِدَةً ﴿١٤﴾ فَيَوْمَئِذٍ وَقَعَتِ ٱلْوَاقِعَةُ ﴿١٥﴾ وَٱنشَقَّتِ ٱلسَّمَآءُ فَهِىَ يَوْمَئِذٍ وَاهِيَةٌ ﴿١٦﴾ وَٱلْمَلَكُ عَلَىٰٓ أَرْجَآئِهَا ۚ وَيَحْمِلُ عَرْشَ رَبِّكَ فَوْقَهُمْ يَوْمَئِذٍ ثَمَٰنِيَةٌ﴾ [الحاقة].

فكيف نؤسس لفقه وثقافة المرحلة الأولى للقيامة في منظومتنا الفكرية والعقدية والتربوية والثقافية والاجتماعية؟ وكيف نجعل منها عاملًا مؤثرًا على انضباط واستقامة الحياة الدنيوية، وتعاظم خيريتها وبركتها، وخدمتها للحياة الأخروية؟

• علم الوعي بفقه البعث والحشر

باعتبارها المرحلة التي تنهي مرحلة القيامة الخاصة بالتغيير الجذري الهائل لنظام الكون، وتُدخل الإنسان في مرحلة البعث والحشر، تهيؤًا للعرض والحساب الشامل، كما يبين ذلك القرآن في مثل قوله تعالى: ﴿وَنُفِخَ فِي ٱلصُّورِ فَإِذَا هُم مِّنَ ٱلْأَجْدَاثِ إِلَىٰ رَبِّهِمْ يَنسِلُونَ ﴿٥١﴾
قَالُوا۟ يَٰوَيْلَنَا مَنۢ بَعَثَنَا مِن مَّرْقَدِنَا ۜ هَٰذَا مَا وَعَدَ ٱلرَّحْمَٰنُ وَصَدَقَ ٱلْمُرْسَلُونَ ﴿٥٢﴾ إِن كَانَتْ إِلَّا
صَيْحَةً وَٰحِدَةً فَإِذَا هُمْ جَمِيعٌ لَّدَيْنَا مُحْضَرُونَ﴾ [يس].

فكيف نؤسس لفقه وثقافة البعث والحشر؟ وكيف نحول ذلك إلى حقيقة راسخة في التفكير والشعور والسلوك؟ وكيف نجعلها حاضرة في اهتمامات الإنسان وهمومه باستمرار؟ وكيف نجعل منها عاملًا مؤثرًا على انضباط واستقامة الحياة الدنيوية، وخدمتها للحياة الأخروية؟

• علم الوعي بفقه العرض والحساب والجزاء

باعتبارها المرحلة التي يتعرض فيها الإنسان للعرض والمحاسبة والجزاء، ومعرفة حصيلة حياته الدنيوية، وما سيترتب على ذلك كله من مآلات مرحلية أو نهائية حاسمة، في ضوء قاعدة: ﴿فَمَن يَعْمَلْ مِثْقَالَ ذَرَّةٍ خَيْرًا يَرَهُۥ ﴿٧﴾ وَمَن يَعْمَلْ مِثْقَالَ ذَرَّةٍ شَرًّا يَرَهُۥ﴾ [الزلزلة].

فكيف نؤسس لفقه وثقافة العرض والحساب والجزاء؟ وكيف نوسع ونعمق دائرة الوعي بها والتفاعل معها؟ وكيف نجعل منها عاملًا مؤثرًا على انضباط واستقامة الحياة الدنيوية، وتعظيم خيريتها وبركتها، ووضعها في خدمة الحياة الأخروية في كل مراحلها وتحولاتها الهائلة المهولة؟

وفي هذه المرحلة الحاسمة جاء في القرآن قوله تعالى: ﴿يَوْمَئِذٍ تُعْرَضُونَ لَا تَخْفَىٰ مِنكُمْ خَافِيَةٌ﴾ [الحاقة: 18]، وقوله سبحانه: ﴿وَنَضَعُ ٱلْمَوَٰزِينَ ٱلْقِسْطَ لِيَوْمِ ٱلْقِيَٰمَةِ فَلَا تُظْلَمُ نَفْسٌ شَيْـًٔا ۖ وَإِن كَانَ مِثْقَالَ حَبَّةٍ مِّنْ خَرْدَلٍ أَتَيْنَا بِهَا ۗ وَكَفَىٰ بِنَا حَٰسِبِينَ﴾ [الأنبياء: 47].

- **علم الوعي بفقه وثقافة الجنة والنار**

باعتبارها المرحلة الأخيرة في الدورة الوجودية الكبرى للحياة البشرية، والتي يستقر فيها الإنسان في الجنة أو في النار، أو في منطقة الأعراف بين الجنة والنار مرحليًّا[1].

فكيف نؤسس لفقه وثقافة الجنة والنار أو الانتظار في منطقة الأعراف؟ وكيف نرسخ الوعي والإيمان بكون الجنة هي النهاية السعيدة التي يجب أن تتجه نحوها اهتمامات وهموم الإنسان في حياته، وأن النار هي النهاية المفجعة الفظيعة التعيسة التي يجب أن يفر منها كل إنسان بكل ما أوتي من قوة؟ وكيف نجعل منهما عاملًا مؤثرًا على انضباط واستقامة الحياة الدنيوية، وخدمتها للحياة الأخروية؟ وفي حقيقة كون الجنة والنار هما مآب البشر، كل بحسب عمله، يقول تعالى: ﴿وَكَذَٰلِكَ أَوْحَيْنَآ إِلَيْكَ قُرْءَانًا عَرَبِيًّا لِّتُنذِرَ أُمَّ ٱلْقُرَىٰ وَمَنْ حَوْلَهَا وَتُنذِرَ يَوْمَ ٱلْجَمْعِ لَا رَيْبَ فِيهِ ۚ فَرِيقٌ فِى ٱلْجَنَّةِ وَفَرِيقٌ فِى ٱلسَّعِيرِ﴾ [الشورى: 7]، ويقول كذلك: ﴿يَوْمَ يَأْتِ لَا تَكَلَّمُ نَفْسٌ
إِلَّا بِإِذْنِهِۦ ۚ فَمِنْهُمْ شَقِىٌّ وَسَعِيدٌ ﴿١٠٥﴾ فَأَمَّا ٱلَّذِينَ شَقُوا۟ فَفِى ٱلنَّارِ لَهُمْ فِيهَا زَفِيرٌ وَشَهِيقٌ ﴿١٠٦﴾
خَٰلِدِينَ فِيهَا مَا دَامَتِ ٱلسَّمَٰوَٰتُ وَٱلْأَرْضُ إِلَّا مَا شَآءَ رَبُّكَ ۚ إِنَّ رَبَّكَ فَعَّالٌ لِّمَا يُرِيدُ ﴿١٠٧﴾
۞ وَأَمَّا ٱلَّذِينَ سُعِدُوا۟ فَفِى ٱلْجَنَّةِ خَٰلِدِينَ فِيهَا مَا دَامَتِ ٱلسَّمَٰوَٰتُ وَٱلْأَرْضُ إِلَّا مَا شَآءَ رَبُّكَ ۖ عَطَآءً غَيْرَ مَجْذُوذٍ﴾ [هود].

إن العناية بتأسيس هذه العلوم المؤسِّسة للوعي بالحياة الأخروية للإنسان، من أهم ما يجب على الإنسان القيام به، من أجل إصلاح دنياه، وتعظيم خيريتها وبركتها، واستثمار ذلك كله في تحضير مصيره الأخروي.

ولا ينبغي أن توقفنا فكرة كون هذه الساحات غيبية لا مجال للخوض فيها[2]، وهو اعتراض وجيه، لكنه لا يصادم فكرة بناء علوم أخروية تنير لنا هذه الساحات الأخروية الكبرى، في إطار ما حددته ثوابت العقيدة الأخروية في ديننا، بعيدًا عن الخرافات والأوهام والمجازفات الشاذة.

---

(1) ابن كثير. تفسير القرآن العظيم، ج3/ 375.

(2) محمد متولي الشعراوي. تفسير الشعراوي، ج1/ 124، 126.

ولنا في منتجات علوم سنن الآفاق والأنفس والهداية والتأييد، معطيات كثيرة جدًّا توسّع وتعمِّق وعينا وثقافتنا ببعض حقائق عوالم الآخرة، التي أفاض القرآن والسنة الصحيحة في ذكر جوانب منها، وتقرير ثوابتها.

والقرآن الكريم نفسه يؤكد هذه القضية في مثل قوله تعالى: ﴿سَنُرِيهِمْ ءَايَٰتِنَا فِى ٱلْءَافَاقِ وَفِىٓ أَنفُسِهِمْ حَتَّىٰ يَتَبَيَّنَ لَهُمْ أَنَّهُ ٱلْحَقُّ ۗ أَوَلَمْ يَكْفِ بِرَبِّكَ أَنَّهُۥ عَلَىٰ كُلِّ شَىْءٍ شَهِيدٌ﴾ [فصلت: 53]. وذلك من خلال ما تتمخض عنه الحركة الاجتهادية المعرفية في مجال علوم الآفاق والأنفس والهداية والتأييد، من سنن وبينات تؤكد أن الله حق، وأن التوحيد حق، وأن النبوة حق، وأن عالم الآخرة حق لا مرية في ذلك كله[1].

هذه هي المحاور الكلية للمنظومة الأُم للوعي الكوني الغائي السنني الشامل، الذي جاء القرآن ليؤسس له، ويبني وعي الناس به، ويدعوهم إلى تأسيس حياتهم الدنيوية برمتها على ضوء مقاصده ومعطياته ومتطلباته، وتوجيه حركة الحياة كلها لخدمة هذه المقاصد جميعًا، بشكل متوازن ومتكامل ومطَّرد:

- كلية الوعي بالمنشأ البشري، وما ينبغي أن يفضي إليه من توحيد الربوبية والألوهية والعبودية.
- كلية الوعي بمقام الخلافة البشرية، وما ينبغي أن يفضي إليه من مسؤولية محورية للإنسان في الأرض.
- كلية الوعي بمقام العبودية لله تعالى، وما ينبغي أن يفضي إليه من دور محوري في حركة الخلافة البشرية في الأرض.
- كلية الوعي بمقام تحقيق العمران الحضاري في الأرض، وما ينبغي أن يفضي إليه من خيرية وبركة ورحمة كونية عامة.
- كلية الوعي بتحضير الوجود الأخروي للإنسان، وما ينبغي أن يفضي إليه من دور محوري في حركة الخلافة البشرية في الأرض.

---

(1) محمد رشيد رضا. تفسير المنار، ج8/ 243.

فإذا تمكن الإنسان من فهم ذلك جدًا، وبناء حياته على ضوئه، فقد امتلك الوعي السنني القاعدي الشامل المتكامل، الذي تتأسس عليه النهضات والحضارات الإنسانية الحقيقية، وتتحرك في اتجاه الخيرية والعبودية والعالمية والإنسانية والكونية، وتبتعد عن الشرِّية والشركية والعنصرية والدهرانية أو الدنيوية المحدودة.

والأسئلة الكبيرة التي تواجهنا الآن، هي:

إذا كانت هذه الحركة الاستخلافية في الأرض، هي الساحة الفعلية التي يجسد فيها الإنسان أبعاد خلافته في الأرض، ويحقق مقاصد عبوديته لله تعالى، وينجز ما يستطيع من العمران الحضاري في الأرض، ويستثمر ذلك كله في تحضير مصيره الأخروي وحياته هناك... فكيف يؤدي ذلك كله؟ وكيف يمارس هذه المهام والمسؤوليات كلها بالشكل المطلوب؟ هل الأمر مفتوح أمامه ليفعل ما يريد كيفما يريد، أم أن الأمر منوط بشروط وسنن وثوابت لا بد من توفرها واستيفاء الأخذ بها؟ وما هذه الشروط والثوابت والسنن التي عليه أن يعرفها ويستوفي الأخذ بها؟

إن منظور السننية الشاملة لم يهمل هذه القضية الأساسية كذلك، بل استوعبها بشكل شامل وعميق ومتوازن، كما سنرى ذلك من خلال المنظومة السننية التالية التي تشكِّل بمعطياتها ركنًا أساسيًا كليًّا ثانيًا من أركان منظور السننية الشاملة التي سبقت الإشارة إليها.

ثانيًا: معالم منظومة سنن بناء الوعي الاستخلافي الشامل

هي منظومة سننية كونية كلية، تتكفل ببناء وعي الإنسان بشبكات السنن والقوانين الكلية الناظمة للصيرورات الحضارية لحركة الاستخلاف البشري في الأرض، وتجيب عن الأسئلة الكبرى التي يجد الإنسان نفسه وجهًا لوجه أمامها باستمرار، وهو يباشر خلافته في الأرض، ويقيم فيها العمران الحضاري المطلوب، وفق منهج العبودية الشاملة لله تعالى.

فالإنسان وقد أمسك بمفاصل الوعي السنني الكوني الغائي، كما سبق بيان ذلك، تواجهه أسئلة وظيفية أو عملية محورية كثيرة، تتصل بعملية الإنجاز وتجسيد مقتضيات هذا الوعي الكوني الغائي في حركة حياته الفردية والجماعية.

ومن هذه الأسئلة المحورية على سبيل المثال:

ما الذي يحكم حركة القوة والضعف والصعود والسقوط في حركة الأفراد والمجتمعات البشرية في عالم الشهادة؟ ولماذا ينجح أفراد وتنجح جماعات في ذلك وتفشل أخرى؟ وكيف ولماذا تنهض المجتمعات وتحقق مداولتها الحضارية التكاملية الصاعدة؟ وكيف ولماذا تضعف وتتخلف مجتمعات أخرى، وتفقد نهضتها ومداولتها الحضارية، وتدخل في مستنقعات الغثائية والتبعية الحضارية المهينة للكرامة الإنسانية؟

إن الحياة البشرية تحكمها مداولة استخلافية مطَّردة لا تعرف التوقف أبدًا[1]، حيث تتداول الجماعات البشرية على مسرح الحياة، بعضها ناهض صاعد مهيمن، محقق لنهضته الحضارية ومستفيد منها، وبعضها الآخر متخلف منهوك مستضعف، فاقد لنهضته الحضارية أو عاجز عن تحقيقها أصلًا[2].

وكل ذلك يجري وفق سنن مطَّردة في الحياة لا تتخلف[3]، كما نبه على ذلك القرآن الكريم في مثل قوله تعالى: ﴿قَدْ خَلَتْ مِن قَبْلِكُمْ سُنَنٌ فَسِيرُواْ فِي ٱلْأَرْضِ فَٱنظُرُواْ كَيْفَ كَانَ عَٰقِبَةُ ٱلْمُكَذِّبِينَ﴾ [آل عمران: 137]. وكما تؤكده الصيرورات الحضارية لحركة الاستخلاف البشري في الأرض على مدار التاريخ بشكل مطَّرد.

لهذا، فإن المنظور القرآني لحركة الحياة لم يهمل هذا المستوى الحيوي من الوعي الاستخلافي، بل استوعبه كذلك بشكل مركز، من خلال منظومة سننية كلية كاملة، تتصل بالسنن الكلية النافذة في الصيرورات الحضارية لحركة الاستخلاف البشري في الأرض.

وهذه المنظومة من الوعي السنني الكلي، تتشكَّل من أربع كليات أو قوانين كلية أساسية متكاملة، كل كلية أو قانون كلي منها يشكِّل منظومة كلية كاملة. وهي على التوالي: كلية أو قانون الابتلاء، وكلية أو قانون المدافعة، وكلية أو قانون المداولة، وكلية أو قانون التجديد.

---

(1) تفسير الرازي، ج9/ 372.

(2) راجع دراستنا عن: حركة المداولة الحضارية وشبكة القوانين الكلية المؤثرة فيها.

(3) محمد رشيد رضا. تفسير المنار، ج3/ 223.

وفيما يلي بيان مركز عن كل كلية أو قانون كلي منها، وعن دوره المحوري في حركة الاستخلاف البشري في الأرض، والمآلات الدنيوية والمصائر الأخروية التي تترتب على الوفاء أو عدم الوفاء بمقتضياتها:

1. محورية قانون الابتلاء في حركة الاستخلاف البشري في الأرض

البشر جميعًا في المنظور السنني القرآني الكوني، **مبتلون** بأمانات ومسؤوليات الخلق، والإيمان، والتوحيد، والخلافة، والعبودية، وعمران الأرض، والاستعداد للحياة الأخروية، وبالموقف من مقتضيات ذلك كله. فكل قضية ومسؤولية وميزة من هذه القضايا والمسؤوليات والمزايا الجمة، تطرح على الإنسان واجبات كثيرة وكبيرة، بل وخطيرة إن هو لم يستوعبها، ولم يتجاوب معها، ولم يؤدها على وجهها الصحيح.

وقد لخص لنا القرآن بكثافة شديدة، مدى ثقل هذه المسؤوليات التي اعتبرها أمانة عظيمة في عنق الإنسان، كما نرى ذلك في قوله تعالى: ﴿إِنَّا عَرَضْنَا ٱلْأَمَانَةَ عَلَى ٱلسَّمَٰوَٰتِ وَٱلْأَرْضِ وَٱلْجِبَالِ فَأَبَيْنَ أَن يَحْمِلْنَهَا وَأَشْفَقْنَ مِنْهَا وَحَمَلَهَا ٱلْإِنسَٰنُ ۖ إِنَّهُۥ كَانَ ظَلُومًا جَهُولًا﴾ [الأحزاب: 72]. إنها أمانة الابتلاء بكل هذه المزايا والواجبات والمسؤوليات العظيمة، التي أشفقت منها هذه الكائنات العملاقة[1].

فالابتلاء هو القانون المدخلي الكلي لحركة الاستخلاف البشري في الأرض، من وعى حقيقته ومقاصده، وكيَّف نفسه مع مقتضياته وشروطه، استقامت حياته، وأمكنه أن يحقق خلافته ومداولته الحضارية الإنسانية الراشدة المتوازنة في الأرض، وأن يستمتع بمنجزاتها وبركاتها في العاجل والآجل. ومن اضطرب وعيه بهذا المدخل الكلي لحركة الحياة، اضطربت تبعًا لذلك حركة حياته الدنيوية، وأثر ذلك سلبًا على مصيره الأخروي لاحقًا.

وفي تأسيس الوعي بمحورية قانون الابتلاء في هيكلية أو بنية حركة الاستخلاف البشري في الأرض، في المنظور الكوني السنني القرآني، نذكر على سبيل المثال قوله تعالى: ﴿ٱلَّذِى خَلَقَ ٱلْمَوْتَ وَٱلْحَيَوٰةَ لِيَبْلُوَكُمْ أَيُّكُمْ أَحْسَنُ عَمَلًا ۚ وَهُوَ ٱلْعَزِيزُ ٱلْغَفُورُ﴾ [الملك: 2]،

(1) سيد قطب. في ظلال القرآن، ج5/ 22821.

وقوله سبحانه: ﴿وَهُوَ ٱلَّذِى جَعَلَكُمْ خَلَـٰٓئِفَ ٱلْأَرْضِ وَرَفَعَ بَعْضَكُمْ فَوْقَ بَعْضٍ دَرَجَـٰتٍ لِّيَبْلُوَكُمْ فِى مَآ ءَاتَىٰكُمْ ۗ إِنَّ رَبَّكَ سَرِيعُ ٱلْعِقَابِ وَإِنَّهُۥ لَغَفُورٌ رَّحِيمٌ﴾ [الأنعام: 165]، وقوله تعالى: ﴿إِنَّا جَعَلْنَا مَا عَلَى ٱلْأَرْضِ زِينَةً لَّهَا لِنَبْلُوَهُمْ أَيُّهُمْ أَحْسَنُ عَمَلًا﴾ [الكهف: 7].

فالوعي بقانون الابتلاء يحيل الإنسان إلى القضية المركزية في الحياة، وهي التوحيد بأبعاده الثلاثة أو الأربعة الأساسية[1]: توحيد الربوبية، والألوهية، والعبودية، أي الإيمان بالله الواحد الخالق المالك المدبر الفرد الصمد، الذي أوجد الإنسان، ووضعه موضع الابتلاء الشامل في الدنيا، بكل ما حباه به من تميز وتكريم وتفضيل وخلافة وسيادة في الأرض، وائتمان له عليها، ومجازاة له على مدى وفائه بكل مسؤولياته والتزاماته في الأرض، أو إخلاله بها، وخيانته لها.

فالإنسان عندما يفهم معنى الابتلاء، ويدرك حقيقته ودوره الحاسم في حياته وفي مصيره، لا بد أن يسأل نفسه عمن ابتلاه أو وضعه موضع الابتلاء والاختبار والجزاء. وسيصل حتمًا إلى أن خالقًا عظيمًا قادرًا عليمًا حكيمًا مهيمنًا قيومًا على كل شيء في الوجود، هو الذي خلقه وابتلاه، بالتكريم والتفضيل، والخلافة والعبودية، وعمران الأرض، والجزاء الأخروي، وحرية الاختيار، وتحمُّل مسؤولية اختياره، ومن ثَمَّ لا بد من معرفة حقوقه على الإنسان، والعمل على أدائها بكل جدية وتفانٍ وإتقان.

وإذا رسخ الوعي بقضية التوحيد، في حياة الإنسان، بأبعادها الثلاثة المذكورة، وكيَّف حياته مع مقتضياتها وشروطها، ودلالاتها المبثوثة في منظومة الأسماء والصفات الإلهية، اجتمع همه، وتوازنت شخصيته، واستقامت حياته، وعظمت فعاليته وخيريته وبركته في الأرض.

فالتوحيد، الذي يفضي إليه الوعي بقانون الابتلاء ومقتضياته العقدية، هو القانون المحوري للفعالية التكاملية النموذجية القصوى في الحياة، لأنه يحرر الإنسان من المتنافرات والمشتتات، ويجمع طاقاته ويشحذها، ويوجهها نحو غاياتها وأهدافها الصحيحة.

---

(1) نقصد هنا منظومة توحيد الأسماء والصفات كذلك، كما يؤكد عليه علماء العقيدة.

بينما يعتبر الشرك هو القانون المحوري للفعالية التنافرية المنهكة والمهلكة في الحياة العاجلة والآجلة، لأنه لا يحرر الإنسان من المتنافرات والمشتتات، بل يبعثر اهتماماته وهمومه وطاقاته، ويشتتها، ويهدرها في أهداف متناقضة ومتنافرة[1].

وهذا ما نبه إليه القرآن في مواضع كثيرة جدًّا، نكتفي منها بهذين المثالين اللذين ضربهما الله تعالى للموحِّد الذي يجمع التوحيد همومه واهتماماته وطاقاته، والمشرك الذي يبعثر ويشتت الشرك همومه واهتماماته وطاقاته. قال تعالى: ﴿ضَرَبَ ٱللَّهُ مَثَلًا رَّجُلًا فِيهِ شُرَكَآءُ مُتَشَٰكِسُونَ وَرَجُلًا سَلَمًا لِّرَجُلٍ هَلۡ يَسۡتَوِيَانِ مَثَلًاۚ ٱلۡحَمۡدُ لِلَّهِۚ بَلۡ أَكۡثَرُهُمۡ لَا يَعۡلَمُونَ﴾ [الزمر: 29]، وقال سبحانه: ﴿وَضَرَبَ ٱللَّهُ مَثَلًا رَّجُلَيۡنِ أَحَدُهُمَآ أَبۡكَمُ لَا يَقۡدِرُ عَلَىٰ شَيۡءٖ وَهُوَ كَلٌّ عَلَىٰ مَوۡلَىٰهُ أَيۡنَمَا يُوَجِّههُّ لَا يَأۡتِ بِخَيۡرٍ هَلۡ يَسۡتَوِي هُوَ وَمَن يَأۡمُرُ بِٱلۡعَدۡلِ وَهُوَ عَلَىٰ صِرَٰطٖ مُّسۡتَقِيمٖ﴾ [النحل: 76].

هذه هي النتيجة التي يوصلنا إليها الوعي بقانون الابتلاء ودوره المركزي في حركة الاستخلاف البشري في الأرض؛ وهي أن من وعى حقيقة الابتلاء وأدرك دلالاتها العقدية والحياتية، انتهى به الأمر إلى التوحيد في أبعاده الثلاثة الرئيسية، وانعكس إيجابًا على فعاليته التكاملية المتوازنة في الحياة. ومن اضطرب وعيه بحقيقة الابتلاء ودلالاتها العقدية والحياتية، انتهى به الأمر إلى دوامة الشرك المبدد والمشتت للهموم والاهتمامات، والمبدد للطاقات والإمكانات.

والنهضات الكبرى في حياة الأفراد وفي حركة المجتمعات، ترتبط دومًا بمدى وعي الناس بحقيقة الابتلاء، وبمدى استيعابهم لدوره في الحياة وفي حركة الاستخلاف البشري في الأرض، وبمدى تجسيدهم لذلك في الحياة الفردية والجماعية.

وفي هذا الإطار يجب أن يشكِّل تأسيس وتعميق الوعي بقانون الابتلاء، مكونًا أساسيًّا من مكونات النظم الفكرية والثقافية والتربوية في مؤسسات المجتمع الأساسية، وخاصة منها الأسرة والمدرسة والجامعة والإعلام، والمجتمع السياسي والمدني عامة، بحيث تشتغل كلها بنشر وتعميق وتوطين الوعي بالمعرفة والثقافة السننية الخاصة بقانون الابتلاء لدى أجيال المجتمع، حتى تظل منشَدَّة إلى مقاصده ومقتضياته من ناحية، وحتى تحرص دومًا على تمثُّلها في تفكيرها وسلوكها وحركتها الاجتماعية من ناحية أخرى.

---

(1) ابن القيم. التفسير القيم، ص457.

والأسئلة الكبيرة التي تواجهنا الآن، بعد تأكدنا من محورية ومركزية قانون الابتلاء في حركة الحياة البشرية، وفي مآلاتها المصيرية الأخروية، هي:

كيف تتجلى حقائق هذا القانون الكلي في حركة الاستخلاف البشري في الأرض؟ أو كيف يعمل أو ينفُذ هذا القانون في حياة البشر، أفرادًا ومجتمعات؟ أو عبر ماذا ينفذ هذا الابتلاء في حركة حياة الأفراد والمجتمعات؟ وهل هناك سنن كلية أخرى تنفُذ بها مفاعيله في حياة الأفراد وحركة المجتمعات؟

إن منظور السننية الشاملة لم يهمل هذه القضية الأساسية، في بناء الوعي بالمنظومات السننية الكلية التي تحكم الصيرورات الحضارية لحركة الاستخلاف البشري في الأرض، بل استوعبها بشكل شامل وعميق ومتوازن، كما سنرى ذلك من خلال القانون الكلي التالي، وهو قانون المدافعة.

2. محورية قانون المدافعة في حركة الاستخلاف البشري في الأرض

وهو القانون الكلي الثاني الذي تخضع له الصيرورات الحضارية لحركة الاستخلاف البشري في الأرض بشكل مباشر ومطَّرد.

الدَّفْع: الإزالة بقوة. دَفَعَه يَدْفَعُه دَفْعًا ودَفاعًا، ودافَعَه ودَفَّعَه فانْدَفَع وتَدَفَّع وتَدافَع، وتدافَعُوا الشيءَ: دَفَعَه كلٌّ واحد منهم عن صاحبه، وتدافَع القومُ أَي: دفَع بعضُهم بعضًا[1].

والتدافع والمدافعة آلية سننية كلية عامة مطَّردة في النظام الكوني، بها تتحرك سائر مفرداته، لكي يؤدي كلٌّ منها وظيفته الوجودية الذاتية والتفاعلية أو التكاملية، في إطار التفاعلية التكاملية بين سائر المفردات الكونية التي يخدم بعضها بعضًا، ويكمل بعضها دور بعض، ولا يستغني بعضها عن بعض[2].

والإنسان في خلافته في الأرض، محكوم في ذاته وفي علاقته ببقية المفردات الكونية الأخرى، بهذا القانون أو النظام الكوني العام مترابط الجزئيات والوظائف، ولا يمكنه أن ينفصل أو يستقل أو يستغني عنه بأي حال من الأحوال.

---

(1) ابن منظور. لسان العرب، ج8/ 87.

(2) الطيب برغوث. المنهج النبوي في حماية الدعوة ومنجزاتها في مرحلة بناء الدولة والمجتمع بالمدينة، رسالة دكتوراه مخطوطة بجامعة الأمير عبد القادر للعلوم الإسلامية، ص168.

والبشر، أفرادًا ومجتمعات، محكومون بقانون المدافعة الحضارية ومقتضياته وشروطه، ولا يمكن لأحد أن يخرج عنه أبدًا، ومن حاول الخروج عن أي جزئية من جزئياته أو مصادمتها، نال جزاءه فورًا أو مع مرور الوقت[1].

فالبشر جميعًا بلا استثناء، في حالة تدافع ذاتي وطبيعي وثقافي واجتماعي وحضاري وكوني عام، لا يمكن لأحد أن يخرج عنه أو يتجاهله. وبدون الاستجابة إلى متطلبات هذه المدافعة يتعطل كل شيء في حياة الإنسان، وتضمر ملكاته، وتتجمد خبراته، وتتعاظم متاعبه في الحياة[2].

فحركة المدافعة الثقافية والاجتماعية والحضارية المتوازنة، هي التي تنمي ملكات الإنسان، وتصقل قدراته، وتفجر طاقاته الإبداعية، وتعمِّق وعيه بسنن الحياة، وتراكم خبراته وتحسِّنها، وترفع من مستوى فعالية أدائه الذاتي والاجتماعي، وتمكِّنه من تلبية ضروريات وحاجيات وتحسينيات حياته، ومواجهة التحديات التي تفرضها عليه حركة المدافعة والمداولة الحضارية المحيطة به، وتوفر له شروط تحقيق إشعاعيته الحضارية على ما حوله[3].

والناس جميعًا يتدافعون تدافعًا تنافسيًا تكامليًا حينًا، من أجل تلبية ضروريات وحاجيات وتحسينيات حياتهم، والمحافظة على مصالحهم الدنيوية والأخروية، ويتدافعون تدافعًا صراعيًا حينًا آخر، من أجل الاستحواذ والسيطرة والهيمنة الحضارية المتغطرسة الجهولة، وليس هناك إنسان يمكنه أن يكون خارج نطاق هذه المدافعة الثقافية والاجتماعية والحضارية.

إن الصعود والتقهقر، والقوة والضعف، والنجاح والفشل، والهيمنة والتبعية، في حياة الأفراد وحركة المجتمعات والحضارات، تتحكم فيها فعالية المدافعة الثقافية والاجتماعية والحضارية أو ضعفها بشكل مطَّرد. فمن انشحذت وعظمت فعالية مدافعته الثقافية والاجتماعية والحضارية، أمسك بزمام القوة والقدرة والصعود والنفوذ. ومن تبعثرت وضعفت فعالية مدافعته الثقافية والاجتماعية والحضارية، ضعفت قوته، وتضاءلت قدراته، وأجبرته حركة

---

(1) نفسه، ص170.

(2) الطاهر بن عاشور. تفسير التحرير والتنوير، ج2/ 503.

(3) محمد رشيد رضا. تفسير المنار، ج2/ 249.

المدافعة الحضارية من حوله إلى التراجع، والدخول في دائرة القوى الغثائية المستضعفة، مسلوبة الإرادة الحضارية، منهوبة الإمكانات الحضارية، مهدورة الكرامة الإنسانية.

وفي تأسيس الوعي بمحورية قانون المدافعة في حركة الاستخلاف البشري في الأرض، في المنظور السنني القرآني، نذكر على سبيل المثال قوله تعالى: ﴿وَلَوْلَا دَفْعُ ٱللَّهِ ٱلنَّاسَ بَعْضَهُم بِبَعْضٍ لَّهُدِّمَتْ صَوَٰمِعُ وَبِيَعٌ وَصَلَوَٰتٌ وَمَسَٰجِدُ يُذْكَرُ فِيهَا ٱسْمُ ٱللَّهِ كَثِيرًا ۗ وَلَيَنصُرَنَّ ٱللَّهُ مَن يَنصُرُهُۥٓ ۗ إِنَّ ٱللَّهَ لَقَوِىٌّ عَزِيزٌ﴾ [الحج: 40]، وقوله سبحانه: ﴿وَلَوْلَا دَفْعُ ٱللَّهِ ٱلنَّاسَ بَعْضَهُم بِبَعْضٍ لَّفَسَدَتِ ٱلْأَرْضُ وَلَٰكِنَّ ٱللَّهَ ذُو فَضْلٍ عَلَى ٱلْعَٰلَمِينَ﴾ [البقرة: 251].

فنظام التدافع والمدافعة هو الذي يحفظ توازن الحياة بصفة عامة، ويحفظ حقوق الناس ومصالحهم فيها[1]، بل وحقوق الكائنات كلها، ويضمن استمرارية هذا التوازن الكوني والحضاري، من خلال ما تحدثه حركة المدافعة بين الخير والشر، بل وداخل كلٍّ من حركتَي الخير والشر أنفسهما؛ وبين الصلاح والفساد، بل وداخل كلٍّ من حركتَي الصلاح والفساد أنفسهما؛ وبين الاستقامة والانحراف، بل وداخل كلٍّ من حركتَي الاستقامة والانحراف أنفسهما؛ وبين الضعف والقوة، بل وداخل كلٍّ من حركتَي الضعف والقوة أنفسهما... من منافسة واجتهاد وإبداع وتطوير وتجديد دائب متزايد، في الأفكار والنظم والوسائل، وشحذٍ للإرادات والعزائم، لمواجهة تحديات هذه المدافعة، وتلافي مخاطرها على الحقوق والحريات والمصالح الفردية والجماعية، الآنية والمستقبلية والمصيرية[2].

إنه بدون الوعي بقانون المدافعة، وبدون الاستجابة الشاملة لمقتضياته، وبدون تفعيله في واقع الحياة بشكل فعال، تفسد الحياة الإنسانية، كما أشارت الآية السابقة، «وأول ما يفسد هو فساد النفوس بالركود الذي تأسن معه الروح، وتسترخي معه الهمة، ويُتلفها الرخاء والطراوة، ثم تأسن الحياة كلها بالركود، أو بالحركة في مجال الشهوات وحدها، كما يقع للأمم حين تُبتلى بالرخاء»[3].

(1) أبو البركات النسفي. مدارك التنزيل وحقائق التأويل، ج1/ 207.

(2) نقصد بالمصيرية هنا: المصير الأخروي للإنسان الذي يجب أن يشكِّل المقصد والغاية النهائية لكل مجاهداته ومكابداته في الأرض، والمعيار الأساسي الذي يجب أن يقدَّر ويوزَن به النجاح والفشل في الحياة.

(3) سيد قطب. هذا الدين، ص12.

لقد جعل الله تعالى قانون المدافعة مصهَرة ومطهَرة للنفوس، ومشحذَة للأفكار والهمم والعزائم، ومعبرًا تنفذ من خلاله المجتمعات البشرية نحو النهضة الحضارية الصاعدة، أو نحو النكسة الحضارية المهلكة.

لهذا كله، فإن الإنسان ليس له خيار أمام هذا القانون الكوني والاجتماعي والحضاري المطَّرد، إلا أن يستجيب لمقتضياته، ويركز كل جهده على توفير شروط فعالية مدافعته الثقافية والاجتماعية والحضارية، حتى يحافظ على حقوقه ومصالحه وكرامته الإنسانية، ويؤدي الواجبات المنوطة به تجاه نفسه، وتجاه مجتمعه، وتجاه خلافته في الأرض، وتجاه عبوديته لله تعالى، وتجاه عمران الأرض، وتجاه مصيره الأخروي.

فالناس ليسوا مخيرين بين أن ينخرطوا في حركة المدافعة الثقافية والاجتماعية والحضارية أو لا ينخرطوا فيها، بل هم مجبرون على ذلك، لأنهم لا يعيشون في فراغ أو في عزلة كما يريدون، بل هم جزء من حركة المدافعة الثقافية والاجتماعية والحضارية التي تجري في مجتمعاتهم وفي الكون من حولهم[1]، بل وفي أنفسهم ذاتها! التي يتدافع في داخلها - بكل ضراوة - الخير والشر، والصلاح والفساد، والقوة والضعف، والاستقامة والانحراف، والجمال والقبح، والنظام والفوضى، والحب والبغض، والفردية والجماعية، والأنانية والإيثار، والجد والكسل... إلى ما هنالك من الثنائيات التي يقوم عليها نظام الحياة[2].

وهذا ما ينبه إليه القرآن في مثل قوله تعالى: ﴿وَنَفْسٍ وَمَا سَوَّىٰهَا ۝٧ فَأَلْهَمَهَا فُجُورَهَا وَتَقْوَىٰهَا ۝٨ قَدْ أَفْلَحَ مَن زَكَّىٰهَا ۝٩ وَقَدْ خَابَ مَن دَسَّىٰهَا﴾ [الشمس]، وقوله سبحانه في خطاب للناس كافة: ﴿الٓمٓ ۝١ أَحَسِبَ ٱلنَّاسُ أَن يُتْرَكُوٓاْ أَن يَقُولُوٓاْ ءَامَنَّا وَهُمْ لَا يُفْتَنُونَ ۝٢ وَلَقَدْ فَتَنَّا ٱلَّذِينَ مِن قَبْلِهِمْۖ فَلَيَعْلَمَنَّ ٱللَّهُ ٱلَّذِينَ صَدَقُواْ وَلَيَعْلَمَنَّ ٱلْكَـٰذِبِينَ﴾ [العنكبوت].

فمن أراد أن تتوازن حركة حياته، ويستقيم أمرها على قيم الخيرية والانسجام والتكامل والفعالية الإيجابية الصاعدة، المتحركة على خط الإحسان والرحمة والبركة، فليس أمامه إلا تعميق وعيه بفقه سنن المدافعة الثقافية والاجتماعية والحضارية، بل والكونية، ومطابقة حركة

(1) تفسير الرازي، ج6/ 517.

(2) محمد قطب. دراسات في النفس الإنسانية، ص327.

حياته الذاتية والاجتماعية معها بلا هوادة. ومن فاته تعميق الوعي بفقه سنن المدافعة، فقد عرَّض نفسه لمخاطر الانحراف والضعف والهوان الحضاري[1]، وعرَّض مصيره الأخروي للخطر في نهاية المطاف.

هذا هو عمق وجوهر قانون الابتلاء الذي سبق الحديث عنه. فالوعي به أو عدم الوعي به يتجلى في ساحات حركة المدافعة الثقافية والاجتماعية والحضارية.

وفي إطار تأسيس وتعميق الوعي بقانون المدافعة الحضارية وفقهه السنني لدى أجيال المجتمع، يجب أن يشكِّل هذا الأمر مكونًا أساسيًّا من مكونات النظم الفكرية والثقافية والتربوية في مؤسسات المجتمع الأساسية، وخاصة منها الأسرة والمدرسة والجامعة والإعلام، والمجتمع السياسي والمدني عامة، بحيث تشتغل كلها بنشر وتعميق وتوطين الوعي بالمعرفة والثقافة السننية الخاصة بقانون المدافعة لدى أجيال المجتمع، حتى تعد نفسها جيدًا لمقتضياته بشكل مستمر، وتحرص دومًا على استيفاء شروطه، والأخذ بها في إدارة حركة الحياة الفردية والجماعية بلا هوادة.

والأسئلة الكبيرة الأخرى التي تواجهنا الآن، بعد معرفتنا الأكيدة، بمحورية ومركزية قانون المدافعة في حركة الحياة البشرية، وفي مآلاتها الأخروية المصيرية، هي:

لماذا يتدافع البشر؟ وما الذي يقف وراء حركة المدافعة الحضارية؟ وهل هناك غاية وهدف ما تتحرك نحوه هذه المدافعة الحضارية على المستوى الدنيوي؟ وما هذه الغاية أو الهدف الكلي الذي تتحرك نحوه حركة المدافعة الحضارية؟ وما موقع هذا الهدف من منظومات السنن الكلية الناظمة للصيرورات الحضارية لحركة الاستخلاف البشري في الأرض؟

إن منظور السننية الشاملة لم يهمل كذلك هذه القضية الأساسية، في بناء الوعي بالمنظومات السننية الكلية التي تحكم الصيرورات الحضارية لحركة الاستخلاف البشري في الأرض، بل استوعبها بشكل شامل وعميق ومتوازن، كما سنرى ذلك من خلال القانون الكلي التالي، وهو قانون المداولة.

---

(1) سيد قطب. في ظلال القرآن، ج5/ 2720.

3. محورية قانون المداولة في حركة الاستخلاف البشري في الأرض

إن المتأمل في حركة التاريخ البشري، وفي الوعي الذي جاءت به الرسالات السماوية، وفي الواقع المعاصر لكل جيل حي من بني البشر، لا يجد أدنى صعوبة في ملاحظة بل والاستيقان من أن الناس كلهم في حركة ابتلاء شاملة، تتجلى كثير من أبعادها ومظاهرها في حركة المدافعة الثقافية والاجتماعية والحضارية المطَّردة في التاريخ البشري.

فالأمر من الوضوح بمكان لا يحتاج إلى كثير تعمق، لأنه معزَّز بخبرة تاريخية مستفيضة من ناحية، وبخبرة رسالية نظرية وحركية مستفيضة من ناحية ثانية، وبواقع معاصر مشاهد بل ومعيش لا يخفى على أحد من ناحية ثالثة.

كما أن التأمل الاستقرائي في حركة التاريخ، وفي حركة الوعي الرسالي، وفي حركة الواقع المعيش بالنسبة إلى كل جيل معاصر أو حي، يفضي بنا كذلك بلا أدنى شك، إلى أن الهدف المحوري لحركة المدافعة الثقافية والاجتماعية والحضارية المطَّردة هو البحث عن تحقيق المداولة الحضارية، أو المواكبة الحضارية، أو النهضة الحضارية، أو التمكين الحضاري، أو الريادة الحضارية، أو الهيمنة الحضارية، أو المناعة الحضارية... أو سمِّها ما شئت! فغاية المدافعة الحضارية وهدفها الدنيوي المحوري هما تحقيق المداولة الحضارية.

والمداولة الحضارية باعتبارها حركة اندفاع وصعود وحضور وتأثير في الساحة الحضارية، أو حركة ضعف وتقهقر وتراجع وغثائية وتبعية وفقدان للدور في حركة التاريخ، من أكبر الظواهر الحضارية في التاريخ البشري، بل هي الظاهرة المحورية الأبرز في التاريخ، التي تمحورت حولها جُل أو كل الاهتمامات والهموم البشرية عبر التاريخ، وستظل تتمحور حولها بشكل مباشر أو غير مباشر، إلى أن ينتهي دور الإنسان في الأرض[(1)].

فمن حيث الدوافع والمقاصد المؤسِّسة والمغذِّية والمفعِّلة والمطوِّرة لحركة المدافعة الثقافية والاجتماعية والحضارية، فإن المداولة الحضارية تعتبر المغذِّي والمحرِّك والمطوِّر الأساسي لحركة التاريخ البشري في الأرض، سواء بالنسبة إلى الجماعات البشرية التي

---

(1) راجع دراستنا: حركة المداولة الحضارية وشبكة القوانين الكلية المؤثرة فيها.

حققت نهضتها ومداولتها الحضارية، وهي تعمل على المحافظة على استمراريتها، أو بالنسبة إلى الجماعات البشرية التي خرجت من دورتها الحضارية وتطمح إلى الانطلاق في دورة حضارية جديدة، أو التي تسعى إلى نهضتها ومداولتها الحضارية الأولى.

من هنا تشكِّل المداولة الحضارية القانون الكلي الثالث الذي تخضع له الصيرورات الحضارية لحركة الاستخلاف البشري في الأرض بشكل مطَّرد، في ضوء المنظور القرآني لحركة الحياة وصيروراتها الحضارية.

فالجماعات البشرية كلها تتدافع من أجل تحقيق مداولتها الحضارية التي تحفظ بها مصالحها، وتحقق بها طموحاتها في الحياة، سواء كانت طموحات رحمانية إنسانية صالحة، أم كانت طموحات استكبارية لا إنسانية. وليس هناك مجتمع أو أمة أو حضارة، تصل إلى مقام المداولة الحضارية أو تحافظ عليه، إلا بشروط موضوعية متكاملة سبق الحديث عن بعضها، وسيرد الحديث عن بقيتها لاحقًا.

وإضافةً إلى ما ذكرناه من كون المداولة الحضارية من أكبر مغذيات فعالية المدافعة الحضارية ومحركاتها ومحفزاتها، فإنها كذلك من أهم محررات الوعي والإرادة الإنسانيين من العجز والإحباط واليأس أو التيئيس من التغيير والسير نحو الأفضل. فإذا وعى مجتمع ما، حقيقة هذا القانون، واستوعب شروطه ومقتضياته، فإنه يكون قد أمسك بسر ومفتاح القوة الحقيقية للتغيير والنجاح.

فقانون المداولة الحضارية يحرر البشر من كل أنواع الضعف والاستضعاف والهوان والأوهام، ويضعهم جميعًا على قدم المساواة في إمكانية النهوض وتحقيق المداولة الحضارية، إذا هم أخذوا بشروطها المتاحة للجميع، لأنه يؤسس لمنطق إمكانية التغيير والتحرك نحو الأفضل، وأنه ليس هناك ضعف أو تخلف أو استضعاف أبدي، كما أنه ليس هناك قوة أو تقدم أو هيمنة أبدية، فالأمر دول بين البشر، بحسب الشروط والسننية المطَّردة في الحياة.

فالله سبحانه وتعالى وزَّع إمكانات الحياة على البشر بعدالة، ومكَّن كل إنسان من الشروط الضرورية لتحقيق نهضته ومداولته الحضارية، ولم يحرم منها أحدًا، وترك للإنسان حرية الاختيار والقرار، إمضاءً لسنة المسؤولية والجزاء العادل[1].

---

(1) محمد رشيد رضا. تفسير المنار، ج4/ 139.

إن العدة الدائمة للنهضة والمداولة الحضارية مبذولة للجميع بلا استثناء، كما يؤكد ذلك القرآن في مثل قوله تعالى: ﴿كُلًّا نُّمِدُّ هَٰٓؤُلَآءِ وَهَٰٓؤُلَآءِ مِنۡ عَطَآءِ رَبِّكَۚ وَمَا كَانَ عَطَآءُ رَبِّكَ مَحۡظُورًا﴾ [الإسراء: 20]. وما على الإنسان فقط إلا أن يعي جيدًا ﴿بِأَنَّ ٱللَّهَ لَمۡ يَكُ مُغَيِّرًا نِّعۡمَةً أَنۡعَمَهَا عَلَىٰ قَوۡمٍ حَتَّىٰ يُغَيِّرُواْ مَا بِأَنفُسِهِمۡ وَأَنَّ ٱللَّهَ سَمِيعٌ عَلِيمٌ﴾ [الأنفال: 53]، وأن يدرك جيدًا أن التغيير نحو الأفضل أو الأسوأ هو بيد الإنسان ومن مسؤوليته وحده، كما قال تعالى: ﴿إِنَّ ٱللَّهَ لَا يُغَيِّرُ مَا بِقَوۡمٍ حَتَّىٰ يُغَيِّرُواْ مَا بِأَنفُسِهِمۡۗ وَإِذَآ أَرَادَ ٱللَّهُ بِقَوۡمٍ سُوٓءًا فَلَا مَرَدَّ لَهُۥۚ وَمَا لَهُم مِّن دُونِهِۦ مِن وَالٍ﴾ [الرعد: 11].

وفي هذه العدة الأولوية الدائمة للنهضة والمداولة الحضارية، الموضوعة تحت تصرف الإنسان من حيث كونه إنسانًا. يقول مالك بن نبي:

> «عندما يتحرك رجل الفطرة، ويأخذ طريقه لكي يصبح رجل حضارة، فإنه لا زاد له سوى التراب، والوقت، وإرادته لتلك الحركة. وهكذا لا يتاح لحضارة في بدئها رأسمال، إلا ذلك الرجل البسيط الذي تحرك، والتراب الذي يمده بقُوتِه الزهيد، حتى يصل إلى هدفه، والوقت اللازم لوصوله. وكل ما عدا ذلك من قصور شامخات، ومن جامعات وطائرات، ليس إلا من المكتسبات، لا من العناصر الأولية...
>
> تلك هي القيم الخالدة التي نجدها كلما وجب علينا العودة إلى بساطة الأشياء، أي في الواقع كلما تحرك رجل الفطرة، وتحركت معه حضارة في التاريخ»[1].

فما دام الإنسان قد زود بكل ما تحتاج إليه خلافته في الأرض من إمكانات، وما دام الله تعالى أجرى حركة الاستخلاف البشري في الأرض على قانون المداولة الحضارية، ولم يمنح هذه المداولة بشكل مؤبد لفرد أو عرق أو جنس أو مجتمع أو أمة أو حتى لأتباع دين معين، بل جعل الأمر دولًا بين الناس بحسب سنن موضوعية مطَّردة، فإن الإنسان لا ينبغي له أن يستكين لحالة الضعف أو الاستضعاف الطارئة عليه، أو يترك أحدًا يوهمه بأنه

---

(1) مالك بن نبي. شروط النهضة، ص60.

لا يستطيع فعل شيء، وأنه عليه أن يستسلم لقدره ويصبر عليه! بل عليه أن يتحرك لاستثمار ما بين يديه من هذه الثروة المتاحة له، لكي يحرر نفسه من الكسل والعجز والاستضعاف، ويتجاوز وضعية الغثائية الحضارية إلى وضعية النهضة والمداولة الحضارية.

وفي تأسيس الوعي بمحورية قانون المداولة الحضارية في حركة الاستخلاف البشري في الأرض، في المنظور السنني القرآني، نذكر على سبيل المثال قوله تعالى تعقيبًا على هزيمة أُحد، التي اغتم لها المسلمون كثيرًا، وأصابتهم في مقتل، وزلزلتهم زلزالًا شديدًا، أثَّر على معنويات كثير منهم بشكل عميق، وجعل بعضهم يتساءل في حيرة: كيف يحدث هذا ومعنا نبي ندفع نحن وإياه في اتجاه التمكين للحق، بينما خصمنا يدفع في اتجاه الشرك والباطل والظلم والفساد في الأرض؟! كما جاء تسجيل ذلك في القرآن في قوله تعالى: ﴿أَوَلَمَّآ أَصَٰبَتۡكُم مُّصِيبَةٞ قَدۡ أَصَبۡتُم مِّثۡلَيۡهَا قُلۡتُمۡ أَنَّىٰ هَٰذَاۖ قُلۡ هُوَ مِنۡ عِندِ أَنفُسِكُمۡۗ إِنَّ ٱللَّهَ عَلَىٰ كُلِّ شَيۡءٖ قَدِيرٞ﴾ [آل عمران: 165].

والتعقيب الذي نعنيه هنا، هو الذي ورد في قوله تعالى مؤسسًا للوعي بسلطان قانون المداولة في حركة الحياة البشرية: ﴿قَدۡ خَلَتۡ مِن قَبۡلِكُمۡ سُنَنٞ فَسِيرُواْ فِي ٱلۡأَرۡضِ فَٱنظُرُواْ كَيۡفَ كَانَ عَٰقِبَةُ ٱلۡمُكَذِّبِينَ ١٣٧ هَٰذَا بَيَانٞ لِّلنَّاسِ وَهُدٗى وَمَوۡعِظَةٞ لِّلۡمُتَّقِينَ ١٣٨ وَلَا تَهِنُواْ وَلَا تَحۡزَنُواْ وَأَنتُمُ ٱلۡأَعۡلَوۡنَ إِن كُنتُم مُّؤۡمِنِينَ ١٣٩ إِن يَمۡسَسۡكُمۡ قَرۡحٞ فَقَدۡ مَسَّ ٱلۡقَوۡمَ قَرۡحٞ مِّثۡلُهُۥۚ وَتِلۡكَ ٱلۡأَيَّامُ نُدَاوِلُهَا بَيۡنَ ٱلنَّاسِ وَلِيَعۡلَمَ ٱللَّهُ ٱلَّذِينَ ءَامَنُواْ وَيَتَّخِذَ مِنكُمۡ شُهَدَآءَۗ وَٱللَّهُ لَا يُحِبُّ ٱلظَّٰلِمِينَ﴾ [آل عمران].

قال رشيد رضا تعقيبًا على آية المداولة:

> «ونداولها بينهم: نُصرِّفها فنُديل تارة لهؤلاء وتارة لهؤلاء. فالمداولة بمعنى المعاورة، يقال: داولت الشيء بينهم فتداولوا، تكون الدولة فيه لهؤلاء مرة وهؤلاء مرة، ودالت الأيام دارت، والمعنى أن مداولة الأيام سنة من سنن الله في الاجتماع البشري، فلا غرو أن تكون الدولة مرة للمبطل ومرة للمحق. وإنما المضمون لصاحب الحق أن تكون العاقبة له، وإنما الأعمال بالخواتيم»[1].

---

(1) محمد رشيد رضا. تفسير المنار، ج4/ 121.

وذلك إذا توفرت لها شروطها طبعًا، وهي فعالية المدافعة الثقافيه والاجتماعية والحضارية بكل مقتضياتها التي سبق الحديث عن بعضها، وسيأتي مزيد بيان لها.

والآيات التي تؤصل الوعي بهذا القانون الكلي كثيرة، نكتفي منها بقوله تعالى وهو يدعو المؤمنين إلى الاستجابة لشروط التمكين والمداولة الحضارية، ويحذِّرهم من الغفلة عنها أو التفريط فيها: ﴿إِلَّا تَنفِرُواْ يُعَذِّبْكُمْ عَذَابًا أَلِيمًا وَيَسْتَبْدِلْ قَوْمًا غَيْرَكُمْ وَلَا تَضُرُّوهُ شَيْـًٔاۗ وَٱللَّهُ عَلَىٰ كُلِّ شَيْءٖ قَدِيرٌ﴾ [التوبة: 39]، وقوله تعالى كذلك: ﴿وَعَدَ ٱللَّهُ ٱلَّذِينَ ءَامَنُواْ مِنكُمْ وَعَمِلُواْ ٱلصَّٰلِحَٰتِ لَيَسْتَخْلِفَنَّهُمْ فِي ٱلْأَرْضِ كَمَا ٱسْتَخْلَفَ ٱلَّذِينَ مِن قَبْلِهِمْ وَلَيُمَكِّنَنَّ لَهُمْ دِينَهُمُ ٱلَّذِي ٱرْتَضَىٰ لَهُمْ وَلَيُبَدِّلَنَّهُم مِّنۢ بَعْدِ خَوْفِهِمْ أَمْنًاۚ يَعْبُدُونَنِي لَا يُشْرِكُونَ بِي شَيْـًٔاۚ وَمَن كَفَرَ بَعْدَ ذَٰلِكَ فَأُوْلَٰٓئِكَ هُمُ ٱلْفَٰسِقُونَ﴾ [النور: 55].

وتحقيق الاستخلاف والتمكين والأمن والأمان الحضاري الذي تشير إليه الآية، معناه تحقيق النهضة والمداولة الحضارية، لأن ذلك كله مرتبط بتحقُّق هذه المداولة الحضارية، التي استوفت كل الشروط السابقة التي تحدثنا عنها في منظومة الوعي السنني الكوني الغائي في كلياته الخمس، وفي منظومة سنن الاستخلاف في كلياتها وقوانينها الكلية الأربعة التي نحن بصدد استكمال الحديث عنها.

والخلاصة هي أن المداولة الحضارية محرك محوري للصيرورات الحضارية لحركة التاريخ الإنساني بشكل مطَّرد، فمن حققها على وجهها الصحيح فقد حقق تمكينه وأمنه الحضاري، ومن لم يحققها فإنه لا يستطيع تحقيق تمكينه وأمنه الحضاري.

والأسئلة الكبيرة التي تواجهنا الآن، بعد معرفتنا بالأهمية المحورية **لقوانين الابتلاء والمدافعة والمداولة** في مسارات الصيرورات الحضارية لحركة الاستخلاف البشري في الأرض أولًا، وفي المصائر الأخروية للأفراد والمجتمعات والأمم ثانيًا، هي:

كيف يعزز الإنسان وعيه بمقاصد الابتلاء ومقتضياته، ويحرك حياته كلها في ضوئها، ويبتعد عن كل ما يناقض الابتلاء ومقتضياته ويضعف حضوره في حياة الإنسان؟ وكيف يرفع مستوى أصالة وكفاءة وفعالية مدافعته الثقافية والاجتماعية والحضارية، ويحقق تكامليتها الوظيفية المتوازنة، ويبتعد بها عن الفعالية التنافرية الاهتلاكية المنهكة؟ وكيف يحقق نهضته

ومداولته الحضارية، ويتحرك بها على خط الخيرية والإنسانية والبركة والرحمة والصلاح في الأرض، ويبتعد بها عن الحركة على خط الاستكبار والغطرسة والفساد في الأرض؟ وكيف يستثمر هذه المداولة في خدمة وتحضير حياته الأخروية؟ وما الذي يحتاج إليه ذلك كله حتى يؤدي وظيفته في حياة الإنسان وحركته الثقافية والاجتماعية والحضارية، وفي مصيره الأخروي، على وجهها الصحيح المفيد؟

إن منظور السننية الشاملة لم يهمل كذلك هذه القضية الأساسية، في بناء الوعي بالمنظومات السننية الكلية التي تحكم الصيرورات الحضارية لحركة الاستخلاف البشري في الأرض، بل استوعبها بشكل شامل وعميق ومتوازن، كما سنرى ذلك من خلال القانون الكلي التالي، وهو قانون التجديد.

4. محورية قانون التجديد في حركة الاستخلاف البشري في الأرض

وبالاستقراء التاريخي للخبرات البشرية، المتعلقة بالصيرورات الحضارية لحركة الاستخلاف البشري في الأرض من ناحية، والمتعلقة بالحركة الرسالية التي تعاقب عليها آلاف الأنبياء والرسل عليهم السلام من ناحية ثانية، والمتعلقة بالواقع البشري القائم الذي نعاصره نحن من ناحية ثالثة، نجد أن القانون الكلي الرابع الذي تخضع له الصيرورات الحضارية لحركة الاستخلاف البشري في الأرض، هو قانون التجديد الحضاري.

ونعني بالتجديد هنا حركة التغيير والإصلاح الفكري والثقافي والروحي والنفسي والسلوكي والاجتماعي الدائبة، التي تتخلص أو تتخفف من أثقال كل ما استُهلك من الأفكار والخطط والمشاريع والمناهج والوسائل والأساليب والتنظيمات والأعراف والتقاليد، أو ثبت خطؤه أو مناقضته لسنن الله تعالى في خلقه، وفقدَ أصالته وفعاليته الوظيفية، وإبداع أفكار وخطط ومشاريع ومناهج ووسائل وأساليب وتنظيمات وعادات وتقاليد وأعراف جديدة، أكثر أصالة ومطابقة لسنن الله تعالى في خلقه، وأقوى فعالية واستجابة لمستجدات الحياة التي تفرضها تحولات حركة المدافعة والمداولة الحضارية على الأفراد والمجتمعات الإنسانية بشكل مطَّرد.

فحركة المدافعة والمداولة الحضارية المطَّردة، تفرض على الأفراد والدول والمجتمعات والأمم، حاجيات وتحديات وتطلعات وأولويات مستمرة، فتبدع هذه المجتمعات من

الأفكار والخطط والمشاريع والمناهج والوسائل والأساليب والتنظيمات والأعراف والتقاليد المتنوعة، ما به تستجيب لتلك الحاجيات والتحديات والتطلعات، بالأصالة والفعالية المطلوبة، وتحافظ على وجودها وأمنها وتوازنها الحضاري، وتحقق مواكبتها الحضارية لما يجري حولها من تحولات.

ولما كانت حركة المدافعة والمداولة الحضارية في تحولات مستمرة، فإنها تستهلك كثيرًا مما تم إبداعه وإنتاجه وتوظيفه من الأفكار والخطط والمشاريع والمناهج والوسائل والأساليب والتنظيمات والأعراف والتقاليد والخبرات والطاقات والإمكانات... وتفرض على المجتمع تجديد نفسه وقدراته وإمكاناته وأولوياته بشكل مستمر، حتى يواكب التحولات التي تجري داخله ومن حوله، ويستجيب للحاجيات والتحديات التي تطرح عليه، فإن لم يفعل ذلك تجاوزته الأحداث، ودفعت به حركة المدافعة والمداولة الحضارية إلى الخلف والضعف والتخلف والغثائية والتبعية الحضارية.

وهذه المواكبة أمر ضروري حتمي لا مفر منه لأي مجتمع، وهذا لا يتحقق له إلا بعملية تجديدية دائبة مستمرة لا تتوقف أبدًا، فإن توقفت لحظة أثَّر ذلك سلبًا على فعالية مدافعته ومواكبته ومداولته الحضارية، وربما كلفه ذلك غاليًا، إن لم يتدارك وضعه بسرعة.

ومن هنا، يفرض التجديد نفسه كقانون كلي مطَّرد في الحياة البشرية، وبدون الوعي به وبمقتضياته، وبدون تجسيده في واقع الحياة فعلًا، يتعرض وجود الأفراد والمجتمعات للخطر المحقق.

يقول مالك بن نبي: «وإنها لشرعة السماء: غير نفسك، تغير التاريخ»[1]. فإن عجزت عن تغيير نفسك، فإن التاريخ سيغيرك نحو الوجهة التي يريدها غيرك من الفاعلين الآخرين في حركة المدافعة والمداولة الحضارية والمؤثرين عليها، وهو ما قد لا يناسبك ويفرض عليك وضعًا ضد مصالحك الحيوية، ويعرضك للخطر.

وقد سبق أن أوردنا نصًّا قرآنيًّا في غاية الأهمية في هذا المجال، وهو قوله تعالى لرسول الله عليه الصلاة والسلام: ﴿فَإِذَا فَرَغْتَ فَٱنصَبْ﴾ [الشرح: 7]. أي إذا انتهيت من

(1) مالك بن نبي. شروط النهضة، ص32.

إنجاز «عمل من أعمالك النافعة لك ولأمتك، فانصب؛ أي خذ في عمل آخر واتعب فيه. فإنك تجد لذة الراحة عقب النصب بما تجنيه من ثمرة العمل»[1].

والنص في سياقاته السننية العامة، يؤكد على قضية أساسية في فقه التغيير والإصلاح الاجتماعي، وهي قضية الاستمرارية الدائبة في العمل والتجديد لشروط الأصالة والفعالية الإنجازية في كل الساحات؛ عقدية كانت أم فكرية أم روحية أم نفسية أم سلوكية أم ثقافية أم اجتماعية أم حضارية، للمحافظة على التوازن الذاتي في حياة الأفراد، والتوازن الاجتماعي في حركة المجتمع، وتحقيق المواكبة الفاعلة للتحولات الثقافية والاجتماعية والحضارية التي تفرضها حركة المدافعة والمداولة الحضارية على الأفراد والمجتمع معًا.

والنص يؤكد على أن أي استرخاء في حركة الإنجاز، أو غفلة عن تجديد شروط ومناهج ووسائل وأساليب هذا الإنجاز، يؤدي إلى الضعف والتراجع، ويدعو إلى ضرورة مضاعفة الجهد الإنجازي ورفع كفاءته وفعاليته، عبر شحذ القدرات التجديدية لدى الأفراد والمؤسسات والمجتمع عامة إلى أقصى مدى ممكن[2].

فالجماعات والمجتمعات البشرية تستجيب لمقاصد ومقتضيات الوعي بقانون الابتلاء ودوره في الحياة، وتحقق فعالية مدافعتها الحضارية على ضوئه، وتنجز نهضتها ومداولتها الحضارية الإنسانية المطلوبة، بقدر ما تتمكن من تحقيق التجديد الشامل المتوازن المتكامل، في وعيها الكوني الغائي بشكل مستمر أولًا، وفي وعيها الاستخلافي أو الحضاري ثانيًا، وفي وعيها التسخيري ثالثًا، وفي وعيها الوقائي رابعًا.

وتخفق هذه الجماعات والمجتمعات في ذلك كله، وتعرِّض وجودها الحضاري ومصيرها الأخروي للمخاطر، بقدر ما يضعف أو يتجزأ أو يضطرب ويتنافر تجديد فهمها بمعطيات كل منظومة أو ساحة من هذه المنظومات والساحات الأربع، أو تتجزأ وتضطرب وتتنافر علاقتها الوظيفية أو التسخيرية بها، أو تضعف فعالية استثمارها لمعطياتها في إدارة حياتها، وفي مواجهة التحديات التي تعترضها.

(1) القاسمي. محاسن التأويل، ج9/ 497.

(2) الطاهر بن عاشور. تفسير التحرير والتنوير، ج10/ 55.

إن التجديد بهذه الشمولية والتكاملية والتوازن والاطرادية التصاعدية، هو المحرك المركزي لحركة المداولة الحضارية في التاريخ، بما يوفره لها من فعالية المدافعة الثقافية والاجتماعية والحضارية، ومن ثَمَّ فهو مفتاح التحليل والتفسير والفهم الصحيح للصيرورات الحضارية لحركة التاريخ الإنساني في امتداداتها الصاعدة، أو في انحساراتها المتراجعة، ومن ثَمَّ في إمكانية التعامل الموضوعي الصحيح معها.

ومن أراد أن يفهم سر القوة أو الضعف، والنجاح أو الفشل، والإشعاع أو الاستلاب في حياة الأفراد وحركة المجتمعات والأمم والحضارات، فعليه أن ينظر في مستوى وعيها بقانون التجديد، وفي مدى حضوره في حركة التجديد الثقافي والاجتماعي والحضاري لديها، وفي مضمون هذا التجديد ومداه ومناهجه، وهل هو مستوعب للساحات الأربع المشار إليها سابقًا، أم أنه مقتصر على بعضها، أو على أجزاء من بعضها فحسب، ليكتشف سر النجاح أو الفشل، ويحدد المناطق أو الساحات التي يقع فيها التقصير أو تعاني من الاختلال والضعف.

فالوعي بقانون التجديد بمفهومه الشامل الذي يستوعب تجديد الوعي بالمنظور السنني الكوني الغائي، وبالقوانين الكلية الناظمة للصيرورات الحضارية لحركة الاستخلاف البشري في الأرض، وبالمنظومات السننية الكونية للمسخرات الموضوعة تحت تصرف الإنسان، وبالقوانين الكلية للوعي الوقائي الشامل، هو الذي يمكِّن الإنسان من التحليل والتفسير الموضوعي الشامل المتوازن للظواهر الحضارية أولًا، ثم من استشراف آفاقها المستقبلية ثانيًا، وامتلاك القدرة على التعامل الصحيح معها ثالثًا.

ونظرًا إلى هذه المكانة المحورية لقانون التجديد في حركة الاستخلاف البشري في الأرض، فقد منحه القرآن أهمية قصوى، بل ينبغي علينا أن نقول بحق إن القرآن كله يدور حول تأسيس الوعي بهذا القانون الكلي في الحياة، وبناء المعرفة والثقافة المرتبطتين به.

وسنكتفي هنا بالإشارة إلى بعض النصوص المركزية المؤسسة للوعي بمحورية قانون التجديد الحضاري في حركة الاستخلاف البشري في الأرض، والتي منها على سبيل المثال قوله تعالى: ﴿إِنَّ ٱللَّهَ لَا يُغَيِّرُ مَا بِقَوۡمٍ حَتَّىٰ يُغَيِّرُواْ مَا بِأَنفُسِهِمۡۗ وَإِذَآ أَرَادَ ٱللَّهُ بِقَوۡمٖ سُوٓءٗا فَلَا مَرَدَّ لَهُۥۚ وَمَا لَهُم مِّن دُونِهِۦ مِن وَالٍ﴾ [الرعد: 11].

فالأفراد والمجتمعات والأمم، لا تتغير حياتهم من الضعف إلى القوة، ومن الأسوأ إلى الأفضل، إلا بعملية تجديدية شاملة ومستمرة، في أوضاعهم الفكرية والروحية والنفسية والسلوكية والاجتماعية والحضارية، تمكنهم من مطابقة أنفسهم وحركة حياتهم مع مقاصد ومقتضيات منظومة سنن الوعي الكوني الغائي، ومقاصد ومقتضيات منظومة سنن الاستخلاف، ومقاصد ومقتضيات منظومة سنن التسخير، ومقاصد ومقتضيات منظومة سنن الوقاية الحضارية الشاملة.

كما نشير كذلك إلى قول الرسول عليه الصلاة والسلام: «**إن الله يبعث لهذه الأمة على رأس كل مائة سنة من يُجدِّد لها دينها**»[1]، الذي يؤكد على الدورات التجديدية الكلية الكبرى الشاملة والعميقة، التي تعيد تكييف أوضاع المجتمع والأمة مع التحولات الكبرى التي حدثت فيها وفي العالم من حولها، حتى تتمكن من مواكبة حركية المدافعة والمداولة الحضارية العالمية، وتستفيد منها، وتؤثر فيها، وتتجنب مؤثراتها السلبية، وتمضي قُدمًا على طريق تحقيق نهضتها ومداولتها الحضارية المطلوبة منها.

إن الإسلام مع تأكيده الكبير على ديمومة حركة التجديد الدائبة في كل الساحات، لم يكتفِ بهذه الحركة التجديدية الجزئية الضرورية المستمرة، بل عمل كذلك على تأسيس الوعي بالثورات الدورية التجديدية الشاملة الكبرى، التي ينبغي أن تهيَّأ وتُنجز بكل جدية من فترة إلى أخرى، لتخلية المنظومات والأوضاع والتركات الفكرية والثقافية والاجتماعية والحضارية للمجتمع، من الرواسب والنفايات المنهكة والمعطلة لفعاليته، أو ما يسميه مالك بن نبي تركة الأفكار الميتة والأفكار المميتة أو القاتلة[2]، التي تعد تصفيتها «الأساس الأول لأية نهضة حقة»[3].

وبهذا القانون تكتمل لدينا معالم الخريطة الكلية لتأسيس الوعي بالكليات أو القوانين الكلية الكبرى التي تحكم الصيرورات الحضارية لحركة الاستخلاف البشري في الأرض بشكل مطَّرد.

---

(1) سنن أبي داود، رقم4291.

(2) مالك بن نبي. مشكلة الأفكار في العالم الإسلامي، ص146.

(3) مالك بن نبي. وجهة العالم الإسلامي، ص83.

ومن استوعب موقفُه وجهده الفكري والنفسي والروحي والسلوكي والعملي، طبيعة كل قانون من هذه القوانين الكلية الأربعة، وما تقتضيه من شروط إنجاز وتحقُّق، تحركت حياته ونهضته ومداولته الحضارية في اتجاه **التوازن والخيرية والبركة والرحمة الكونية الشاملة**. ومن اضطرب موقفُه الفكري والعملي من معطيات هذه القوانين الكلية الأربعة، مفردة ومجتمعة، وما تقتضيه من شروط إنجاز وتحقُّق، تحركت حياته ونهضته ومداولته الحضارية في اتجاه **المادية المتوحشة، أو الروحية المخرِّفة، أو المثالية الحالمة، أو الاستكبارية المفسدة، أو الغثائية والتبعية المهينة**. ﴿سُنَّةَ ٱللَّهِ ٱلَّتِي قَدۡ خَلَتۡ مِن قَبۡلُۖ وَلَن تَجِدَ لِسُنَّةِ ٱللَّهِ تَبۡدِيلٗا﴾ [الفتح: 23].

وفيما يلي مخطط بياني عن خريطة النواظم السننية الكلية المؤطرة لحركة الاستخلاف البشري في الأرض:

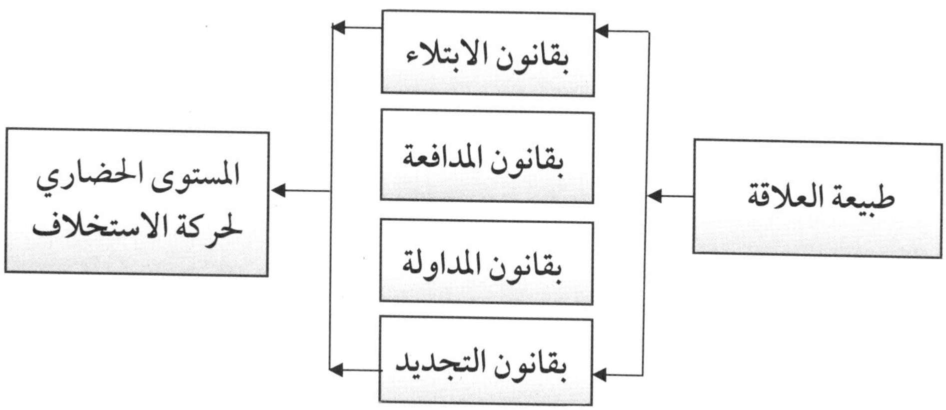

1. المستويات الحضارية للحركة الاستخلافية البشرية في الأرض، في المنظور السنني القرآني، يحكمها باستمرار، الموقف العقدي والفكري والعملي للإنسان، من القوانين الكلية الأربعة الأساسية وهي: **قانون الابتلاء، وقانون المدافعة، وقانون المداولة، وقانون التجديد**.

2. قوانين **الابتلاء والمدافعة والمداولة والتجديد**، هي المنافذ أو المداخل الكلية المحورية، التي تمر عبرها حركة المداولة الحضارية البشرية نحو القوة أو الضعف، والصعود أو التراجع، والعزة أو المذلة.

3. كلما اتسم الموقف الفكري والعملي من هذه القوانين الكلية الأربعة، بمزيد من الأصالة والشمولية والفعالية والتكاملية والتوازن والاطرادية، تحركت الصيرورات الحضارية لحركة الاستخلاف على خط البنائية الحضارية الإنسانية التكاملية الصاعدة في مدارج الرحمانية المتوازنة[1].

4. كلما اضطربت أصالة أو فعالية أو تكاملية أو اطرادية الموقف من ذلك كله، تحركت هذه الصيرورات الحضارية على **خط التنافرية والاهتلاكية والضنكية الحضارية المنهكة.**

5. قانون الابتلاء يعتبر القانون المركزي الأُم أو المفتاح في هذه المنظومة برمتها، فكلما تم إحكام العلاقة به جيدًا، واستحضار أبعاده ودلالاته العقدية والأخلاقية الشاملة، في تفكير الإنسان وتصوراته وعمله، انعكس ذلك إيجابًا على **حركة المدافعة والمداولة والتجديد،** وطبعها بمزيد من الأصالة والفعالية والتكاملية والإنسانية والرحمانية والبركة الشاملة.

6. كلما اهتزت واضطربت العلاقة **بقانون الابتلاء،** وغابت أو اهتزت أبعاده العقدية والأخلاقية في الفكر والتصور والفعل الإنساني، انعكس ذلك سلبًا على **حركة المدافعة والمداولة والتجديد،** وطبعها بالاستكبار والغطرسة والظلم والفساد المهلك، أو بالدونية والضعف والغثائية المهينة للكرامة الإنسانية.

7. قانون الابتلاء هو مركز الثقل المحوري في حركة المدافعة والمداولة والتجديد، إذا صلحت واستقامت العلاقة به صلح واستقام ما بعده، وإذا فسدت واضطربت هذه العلاقة، فسد واضطرب ما بعده.

والأسئلة الكبيرة التي تواجهنا الآن، هي:

إذا كانت هذه هي الكليات أو القوانين السننية الكلية العامة، التي تحكم مسارات وصيرورات حركة النهضة والمداولة الحضارية الصاعدة، أو حركة المداولة الحضارية

---

(1) نقصد بالرحمانية هنا: الرحمة الكونية التي جاءت في قوله تعالى: ﴿وَمَآ أَرۡسَلۡنَٰكَ إِلَّا رَحۡمَةٗ لِّلۡعَٰلَمِينَ﴾ [الأنبياء: 107]، باعتبار هذه الرحمة الكونية هي مقصد المقاصد التي جاءت الرسالات السماوية لتحرك الحياة البشرية نحوها.

المتقهقرة، فما الذي يتحكم في الوعي الفكري والعملي بهذه القوانين أو الكليات السننية العامة نفسها، ويجعل حركة النهضة الحضارية تسير في اتجاه المداولة الحضارية التكاملية الصاعدة، أو في اتجاه المداولة الحضارية التنافرية المتقهقرة؟

كيف يؤسس الفرد أو المجتمع وعيه بهذه القوانين الكلية الناظمة لحركة الاستخلاف البشري في الأرض؟ ومن أين يستمد وعيه بذلك كله؟ وهل تتوفر لدى الإنسان الإمكانات والشروط الموضوعية لتأسيس الوعي بهذه المنظومة السننية الكلية، التي تؤثر بشكل حاسم على حياة الأفراد وعلى حركة المجتمعات والحضارات، وعلى المصائر الأخروية للبشر بعد ذلك؟ وهل في المنظور القرآني لحركة الاستخلاف البشري في الأرض أي تصور عن هذه الإمكانات والشروط المتاحة للإنسان، لكي يؤسس وعيه بالقوانين الكلية الأربعة السابقة، المؤثرة بشكل مطَّرد على الصيرورات الحضارية لحركة الاستخلاف البشري في الأرض، ومن ثَمَّ على المصائر الأخروية للأفراد والجماعات البشرية؟

ثالثًا: معالم منظومة سنن بناء الوعي التسخيري الشامل

يعد امتلاك الوعي والاقتدار التسخيري الذي يواجه به الإنسان، فردًا ومجتمعًا، مشكلات وتحديات الابتلاء والمدافعة والمداولة والتجديد الحضاري، من المعضلات الكبرى التي واجهت البشر وتواجههم على الدوام، بسبب اضطراب وقصور وعي الإنسان بطبيعة ونوعية المسخَّرات أو الإمكانات الكونية التي وُضعت تحت تصرفه وفي خدمته كخليفة في الأرض.

فالإنسان في كثير من الأحيان لا يحيط علمًا بكل محتويات **ميزانيته التسخيرية الكونية** العظيمة، بل هناك من لا يعي أن هناك ميزانية تسخير كونية وضعت بين يدي الإنسان لكي ينجز خلافته في الأرض، ويستمتع بها، ويدفع بها التحديات والأخطار التي تطرحها عليه حركة المدافعة والمداولة الحضارية باستمرار، ويهيئ بها مصيره وحياته الأخروية.

والمستقرئ لحركة التاريخ، يلحظ هذا القصور متجليًا في جزئية وتنافرية أو اهتلاكية استثمار الميزانية التسخيرية الكونية الممنوحة للإنسان، بسبب تمحور اهتمام وجهد الإنسان حول الجوانب المادية في هذه الميزانية التسخيرية الكونية بشكل أساسي. ولم تتسع أو تنفتح هذه الاهتمامات على بقية مكونات هذه الميزانية الكونية العظيمة، على الرغم من

تتابع تأسيس الوعي بكون هذه الميزانية الكونية تستوعب جوانب وإمكانات تسخيرية أخرى كثيرة ذات أهمية كبرى، كما تجلى ذلك في الوعي الذي حاولت الحركات الرسالية نشره بين الناس عبر التاريخ.

فالحركات الرسالية الكثيرة التي بلغ العدد التقريبي للأنبياء فيها 124 ألف نبي، وعدد الرسل 315 رسولًا[1]، وأعداد لا حصر لها من المصلحين، كان من بين اهتماماتها الرئيسية تأسيس الوعي بميزانية التسخير الكونية التي وضعت بين يدي الإنسان، لترفع من أصالة وكفاءة وفعالية اقتداره التسخيري، لكن مع الأسف فإن الإنسان ما يلبث أن يغفل مرة أخرى عن الجوانب والإمكانات الأخرى غير المادية في هذه الميزانية الكونية الهائلة، ويتعرض من جديد وبشكل مزمن لاستقطاب مركّز وحاد من الجوانب المادية في «ميزانيته التسخيرية الكونية»، حارمًا بذلك نفسه من خدمات بقية الجوانب الأخرى بالغة الأهمية، بل والضرورية بالنسبة إلى خلافته في الأرض.

وقد لوحظ في تاريخ حركة الاستخلاف البشري في الأرض، أن امتلاك هذا الاقتدار التسخيري، ترافق باستمرار مع الحركات الرسالية، نبوية كانت أم راشدية، فهي وحدها التي امتلكت المنظور السنني الكوني الشامل لمحتويات ميزانية التسخير الكونية الموضوعة تحت تصرف الإنسان، ومكنته من استثمارها بشكل شامل، وبالتالي كانت لها العاقبة والغلبة باستمرار، حتى لو تم ذلك عبر نظام المعجزات، الذي سيأتي الحديث عنه في «منظومة سنن التأييد»، كمجال وإمكان تسخير عظيم في الميزانية التسخيرية الكونية البشرية، قلما استُثمر من قبل الإنسان بصورة فعالة.

ملاحظة مهمة:

هنا ملاحظة في غاية الأهمية، وهي أن كثيرًا من المجتمعات المادية المنخرطة في دوامة النزعة الاستهلاكية أو التكاثرية المادية بالمصطلح القرآني، مرعوبة من معضلة تناقص وشح الموارد في مقابل زيادة البشر، ويلجأ البعض فيها إلى العمل على التقليل من عدد البشر في الأرض، بالحروب والأوبئة وإبادة النسل، محافظة على مستوى الرفاهية والترف المهلك

(1) الألباني. سلسلة الأحاديث الصحيحة، 6/ 359.

الذي يعيش فيه، بدون أن يفكر أو ينتبه إلى أن المشكلة ليست كامنة في شح الموارد وزيادة البشر، وإنما تكمن في النزعة الاستهلاكية الترفيَّة المنهكة، التي عبثت بكثير من حقوق الأجيال القادمة في ميزانية التسخير الكونية المادية.

والسبب في هذه المعضلة، هو أن الإنسان المادي لا يعرف أن ميزانية التسخير الكونية لا تتضمن الموارد والإمكانات المادية فحسب، بل هناك موارد وإمكانات أخرى كثيرة ومهمة جدًّا، لو عُرفت، وتمكَّن الإنسان من استثمارها بشكل صحيح، لحافظت على الموارد والإمكانات المادية في ميزانية التسخير الكونية، ولاستمتع الإنسان بالحياة أكثر وأفضل.

فالموارد والإمكانات الأخرى في ميزانية التسخير الكونية البشرية، الموجودة في منظومات **سنن الأنفس والهداية والتأييد**، غير مستثمَرة بالشكل المطلوب، بل بعضها غير معروف أو غير معترف به أصلًا كما أسلفنا! وقد كان لهذا آثاره الخطيرة على الموارد المادية في ميزانية التسخير الكونية، مما يؤكد ضرورة الوعي ببقية المنظومات السننية الكونية الثلاث الأخرى، التي ترشِّد عملية التسخير والاستهلاك، وتحمي المسخرات من الهدر والتبديد العبثي المنهك والمهلك في نهاية المطاف.

وهذا البناء للوعي ببقية المنظومات السننية الكونية الأخرى، وهذا الترشيد لعملية التسخير والاستهلاك، وهذه الحماية للمسخرات الكونية، لا يمكنها أن تتحقق إلا عبر **منظور السننية الشاملة**، الذي يخرج الفكر الإنساني، والوعي الإنساني، والاهتمام الإنساني، والهم الإنساني، والطموح الإنساني، من دائرة المنظورات الجزئية المتنافرة المتمحورة حول الصراع على معطيات منظومة سنن الآفاق، إلى دائرة منظور السننية الشاملة الذي يستوعب كل الساحات والمنظومات الكونية الكلية المتكاملة، التي تتوزع فيها السنن الناظمة لحركة الحياة الإنسانية الفردية والجماعية، ويتيح للإنسان الاستفادة منها جميعًا في إدارة حياته، وتعظيم خيريتها وبركتها ورحمانيتها.

إن موارد الطبيعة أو منظومة سنن الآفاق، لا يمكن المحافظة عليها والاستعمال الرشيد الآمن لها، إلا في ظل منظومة معرفية وثقافية: تؤكد على احترام النعمة وعدم تبذيرها، كما نرى ذلك في مثل قوله تعالى: ﴿وَلَا تُبَذِّرۡ تَبۡذِيرًا ۝٢٦ إِنَّ ٱلۡمُبَذِّرِينَ كَانُوٓاْ إِخۡوَٰنَ ٱلشَّيَٰطِينِۖ﴾ [الإسراء]، وقوله سبحانه: ﴿وَلَا تَجۡعَلۡ يَدَكَ مَغۡلُولَةً إِلَىٰ عُنُقِكَ وَلَا تَبۡسُطۡهَا كُلَّ ٱلۡبَسۡطِ

﴿فَتَقْعُدَ مَلُومًا مَّحْسُورًا﴾ [الإسراء: 29]. وتنوه بالتوازن والوسطية في النفقة والمعيشة، كما في قوله تعالى: ﴿وَالَّذِينَ إِذَآ أَنفَقُواْ لَمْ يُسْرِفُواْ وَلَمْ يَقْتُرُواْ وَكَانَ بَيْنَ ذَٰلِكَ قَوَامًا﴾ [الفرقان: 67]. وتدعو إلى الاستمتاع بخيرات الطبيعة ومشاركة الآخرين في هذا الاستمتاع بدون إسراف، كما في قوله تعالى: ﴿وَهُوَ الَّذِىٓ أَنشَأَ جَنَّٰتٍ مَّعْرُوشَٰتٍ وَغَيْرَ مَعْرُوشَٰتٍ وَالنَّخْلَ وَالزَّرْعَ مُخْتَلِفًا أُكُلُهُۥ وَالزَّيْتُونَ وَالرُّمَّانَ مُتَشَٰبِهًا وَغَيْرَ مُتَشَٰبِهٍ كُلُواْ مِن ثَمَرِهِۦٓ إِذَآ أَثْمَرَ وَءَاتُواْ حَقَّهُۥ يَوْمَ حَصَادِهِۦ وَلَا تُسْرِفُوٓاْ إِنَّهُۥ لَا يُحِبُّ الْمُسْرِفِينَ﴾ [الأنعام: 141]. وتوجِّه إلى الاقتصاد في استعمال موارد الطبيعة عامة، مهما كانت وفرتها، كما نلحظ في هذا التوجيه النبوي بالغ الأهمية، الذي دعا فيه إلى المحافظة على الثروة المائية، من خلال التقليل من تبذير الماء حتى في الوضوء: «**وإن كنت على نهر جَارٍ**»[(1)]. وترغِّب في المحافظة على نظافة البيئة وسلامتها وجماليتها، وتثيب على ذلك، كما في قول الرسول عليه الصلاة والسلام: «**الإيمان بضع وسبعون شعبة أعلاها شهادة أن لا إله إلا الله وأدناها إماطة الأذى عن الطريق**»[(2)]، بل تجعله من شعب الإيمان، كما في قول رسول الله عليه الصلاة والسلام: «**وإماطة الأذى عن الطريق صدقة**»[(3)].

إن موارد ومقدرات منظومة سنن الآفاق المادية، لا يمكن المحافظة عليها والاستمتاع الصحيح بها، إلا بمثل هذه المنظومة المعرفية والثقافية التي تنظر إلى الطبيعة نظرة محبة وألفة، كما قال النبي عليه الصلاة والسلام زارعًا لهذه المعرفة والثقافة في جيل الصحابة وكل أجيال الأمة والإنسانية عبر التاريخ، عندما رأى جبل أُحد من بعيد: «**أُحدٌ جبل يُحبُّنا ونُحبُّه**»[(4)]!

وهذه المعرفة والثقافة المحبَّة للطبيعة، المنسجمة معها، المحافظة عليها، المستمتعة بها، لا يمكنها أن تتحقق للإنسان في شكلها الصحيح الشامل المتكامل، إلا **بمنظور السننية الشاملة**، لأنه المنظور السنني الكوني الذي يستوعب معطيات المنظومات السننية الكونية الكلية الأربع، ويدعو إلى التكاملية العضوية والوظيفية فيما بينها.

---

(1) الألباني. سلسلة الأحاديث الصحيحة، رقم3292.

(2) صحيح ابن حبان، رقم191.

(3) صحيح البخاري، رقم2631.

(4) صحيح البخاري، رقم1481.

وهذا يعني أن منظومات سنن التسخير الموضوعة تحت تصرف الإنسان، يخدم بعضها بعضًا، ويكمل بعضها بعضًا، ويعزز بعضها دور بعض، ويحافظ عليه (كما سيأتي مزيد تأكيد لذلك لاحقًا).

الساحات الكبرى التي تتوزع فيها المسخرات الكونية

ومن خلال الاستقراء لاهتمامات الوعي الرسالي خاصة، وخبرة الوعي البشري عامة، نلحظ أن ميزانية التسخير الكونية التي وضعت تحت تصرف الإنسان، تتوزع على أربع ساحات أو في أربع منظومات سننية تسخيرية كونية متكاملة، لا تغني إحداها عن الأخرى، بل تؤدي كل منها دورًا أساسيًّا في تحقيق أصالة وفعالية وتكاملية واطرادية حركة الابتلاء والمدافعة والمداولة والتجديد، التي تنتج لنا في النهاية نهضة ومداولة حضارية إنسانية صاعدة.

وتتمثل ساحات أو منظومات سنن التسخير الكونية الكلية الأربع في:

1. ساحة أو منظومة سنن الآفاق ودورها المحوري في حركة الاستخلاف البشري في الأرض.
2. ساحة أو منظومة سنن الأنفس ودورها المحوري في حركة الاستخلاف البشري في الأرض.
3. ساحة أو منظومة سنن الهداية ودورها المحوري في حركة الاستخلاف البشري في الأرض.
4. ساحة أو منظومة سنن التأييد ودورها المحوري في حركة الاستخلاف البشري في الأرض.

وفيما يلي خلاصة تعريفية مركزة عن كل منها:

1. منظومة سنن الآفاق ودورها المحوري في حركة الاستخلاف البشري في الأرض

إن الدراسة الاستقرائية للخبرة البشرية المستفيضة، تؤكد لنا أن المنظومة الأساسية الأولى من المسخرات الموضوعة تحت تصرف الإنسان لإنجاز خلافته في الأرض، هي منظومة سنن الآفاق، التي تغطي كل الضروريات والحاجيات والتحسينيات ذات الطابع المادي في خلافة الإنسان في الأرض.

فكل ما يتعلق بالحياة المادية للإنسان، فردًا ومجتمعًا، موجود في هذه الساحة أو المنظومة السننية الكونية الكلية الأولى، التي إذا ما فهم الإنسان سننها، وتحكم في استثمارها بشكل صحيح، منحته قوة تسخيرية غير عادية، ترفع من مستوى أصالة وفعالية علاقاته الوظيفية أو التسخيرية بحركة الابتلاء والمدافعة والمداولة والتجديد، إلى أعلى مستوياتها النموذجية القصوى.

ومنظومة سنن الآفاق تخص المسخرات المادية المهولة اللامعدودة في الأرض وفي السماء، وما بينهما، والتي يحتاج إليها الإنسان في كل تفاصيل حياته المادية خاصة؛ من صحة وغذاء ولباس ومواصلات ومساكن وقوة دفاع وحماية ورفاهية متوازنة... إلى ما لا يحصى من الضروريات والحاجيات والتحسينيات المادية للحياة.

وأهمية هذه المنظومة من المسخرات لا تقتصر فقط على الحياة المادية للإنسان، بل تنعكس آثارها الإيجابية الكبيرة على الحياة الاجتماعية للإنسان، فردًا ومجتمعًا، لأن إشباع الحاجيات المادية الضرورية والحاجية والتحسينية للإنسان، هي التي توفر له كثيرًا من شروط ترقية حياته الفكرية والنفسية والاجتماعية والحضارية عامة.

والتحكم في سنن هذه المنظومة الكونية المادية شاسعة الآفاق، وفهم سننها، وامتلاك القدرة على تسخيرها بشكل فعال وآمن ومتطور، يتيح للإنسان إمكانية هائلة لتحسين ظروف حياته، وضمان أمنه الصحي والغذائي والمعاشي والدفاعي عامة، وهو ما ينعكس على بقية أنواع أمنه الحضاري الأخرى.

لهذا، كان التحكم في المعطيات السننية لهذه المنظومة الكونية من المسخرات، هو مجال المنافسة، بل والمدافعة والصراع الكبير، بين البشر على مر التاريخ، لأن من يمتلك القوة المادية الشاملة، يمتلك الشرط الأساسي الأول للقوة والنفوذ والأمن الاجتماعي والحضاري، ومن تعوزه هذه القوة المادية المتطورة، لا يستطيع أن يلبي حاجياته الضرورية، فضلًا عن أن يفكر فيما بعدها من مكونات وعناصر وشروط القوة الأخرى، ويجد نفسه باستمرار في وضع المستضعف، ومنهوك القوى والإرادة، ومهدَر الكرامة.

فتحرير وتوفير الحاجيات المادية للحياة، هو الشرط والمقوم الطبيعي الأول من مقومات الحياة الكريمة وشروطها الضرورية، التي بدونها لا يمكن للإنسان أن يحفظ مقومات وجوده، ولا تحقيق غاية وجوده.

وهذا لا يتحقق للإنسان إلا بوعيه بمنظومة سنن الآفاق، واكتشافه لسننها، وامتلاكه للقدرات التسخيرية النوعية المتجددة، التي تمكنه من استثمارها في تلبية حاجيات حياته، ورفع مستوى كفاءة وفعالية مدافعته الثقافية والاجتماعية والحضارية، وتحقيق نهضته ومداولته الحضارية الصاعدة، ومواجهة التحديات التي تحيط بها، وحماية منجزاتها، وضمان استمراريتها التاريخية طويلة المدى.

لهذا، جاء في القرآن التأكيد الشديد على أهمية هذه المنظومة الحيوية من المسخرات المادية، كما نلحظ ذلك في آيات كثيرة جدًّا، نكتفي منها بقوله تعالى على سبيل المثال: ﴿وَسَخَّرَ لَكُم مَّا فِي ٱلسَّمَٰوَٰتِ وَمَا فِي ٱلْأَرْضِ جَمِيعًا مِّنْهُۚ إِنَّ فِي ذَٰلِكَ لَأٓيَٰتٍ لِّقَوْمٍ يَتَفَكَّرُونَ﴾ [الجاثية: 13]، وقوله سبحانه: ﴿ٱللَّهُ ٱلَّذِي خَلَقَ ٱلسَّمَٰوَٰتِ وَٱلْأَرْضَ وَأَنزَلَ مِنَ ٱلسَّمَآءِ مَآءً فَأَخْرَجَ بِهِۦ مِنَ ٱلثَّمَرَٰتِ رِزْقًا لَّكُمْۖ وَسَخَّرَ لَكُمُ ٱلْفُلْكَ لِتَجْرِيَ فِي ٱلْبَحْرِ بِأَمْرِهِۦۖ وَسَخَّرَ لَكُمُ ٱلْأَنْهَٰرَ ﴿٣٢﴾ وَسَخَّرَ لَكُمُ ٱلشَّمْسَ وَٱلْقَمَرَ دَآئِبَيْنِۖ وَسَخَّرَ لَكُمُ ٱلَّيْلَ وَٱلنَّهَارَ ﴿٣٣﴾ وَءَاتَىٰكُم مِّن كُلِّ مَا سَأَلْتُمُوهُۚ وَإِن تَعُدُّواْ نِعْمَتَ ٱللَّهِ لَا تُحْصُوهَآۗ إِنَّ ٱلْإِنسَٰنَ لَظَلُومٌ كَفَّارٌ﴾ [إبراهيم].

وهذه الساحة أو المنظومة السننية الكونية الضخمة، موضوعة تحت سلطة العقل، يكتشف الإنسان سننها ويسخرها عبر آليات المنهج العلمي القائم على دقة الملاحظة، وعلى منطق الاستقراء، وعلى الفرضيات الصحيحة، وعلى التجربة واستخلاص القوانين الناظمة لحركة الحياة المادية للإنسان، واستثمار ذلك كله في تحسين مستوى حياته المادية والاجتماعية.

وبهذه العناية المكثفة للقرآن والسنة معًا، بتأسيس الوعي بسنن الآفاق، يتوفر للإنسان ولحركته الاستخلافية في الأرض، الأساس الأول للكفاءة والفعالية والاقتدار التسخيري، الذي سيؤثر بشكل حاسم على حركة المدافعة والمداولة الحضارية، لما يوفره من شروط أساسية لنجاح «الدورات الإنجازية» للأفعال الإنسانية المؤثرة مباشرة على حركة المدافعة والمداولة الحضارية.

فإذا ما تم الوعي بسنن الآفاق، وأجيد استثمارها بالكفاءة والفعالية المطلوبة، يكون قد توفر للفعل الإنساني ركن أساسي من أركانه الأربعة الأساسية، ومقوم جوهري من مقوماته الأساسية، التي تمنحه فعالية نموذجية قد تبلغ أحيانًا درجات قصوى أو استثنائية. أما إذا لم يستوفِ الفعل الإنساني هذا البعد الأساسي في إعداد وبناء «دورته الإنجازية الكلية»، فإن ذلك سيؤثر سلبًا على بقية الأبعاد الأخرى في هذه «الدورة الإنجازية» لهذا الفعل، الذي يؤثر بدوره سلبًا على مجرى حركة الابتلاء والمدافعة والمداولة والتجديد أولًا، ثم على المصير الأخروي للإنسان ثانيًا، لارتباط المصير الأخروي بالوضع الدنيوي للإنسان.

فالوعي بأهمية منظومة سنن الآفاق، والتحكم الاستثماري الفعال المتجدد في معطياتها، من المقومات والشروط الأساسية لفعالية المدافعة والمداولة الثقافية والاجتماعية والحضارية، وبدونها لا يمكن لأي مجتمع أن يحقق نهضته ومداولته ومناعته الحضارية أبدًا.

لهذا، يعتبر الزهد أو التزهيد فيها، والتكاسل في اكتشاف سننها والاستثمار الفعال لها في ترقية حياة الإنسان، من الخطايا الكبرى في حق الأفراد والمجتمعات معًا، لأن ذلك يعرِّض وجودهم الدنيوي لخطر، بل ومحنة، الاستضعاف والغثائية والتبعية الحضارية المذلة من ناحية، كما يعرِّض مصيرهم الأخروي للخطر من ناحية أخرى.

إنه ليس من المعقول إطلاقًا أن يخلق الله تعالى كل هذا العالم المادي الهائل، ويذلله ويسخره للإنسان، ويضعه تحت تصرفه، ويدعوه إلى استثماره في عمارة الأرض، ويرتب على ذلك الجزاءات الدنيوية والأخروية، ثم يُترك ذلك كله، ويُزهد فيه، بحجة ذم الدنيا والاكتفاء منها بما يسد الرمق! فهذا العالم المادي مسخر ومهيأ لتحقيق العمران الحضاري الإنساني المتوازن في الأرض، كما قال تعالى: ﴿هُوَ ٱلَّذِى جَعَلَ لَكُمُ ٱلْأَرْضَ ذَلُولًا فَٱمْشُوا۟ فِى مَنَاكِبِهَا وَكُلُوا۟ مِن رِّزْقِهِۦ ۖ وَإِلَيْهِ ٱلنُّشُورُ﴾ [الملك: 15]، وليس للتفرج عليه وإدمان النوم فيه، أو تقديسه من دون الله تعالى، كما تفعل كثير من المجتمعات التي لا تمتلك رؤية أو منظورًا سننيًا كونيًا شاملًا متوازنًا!

والآية السابقة تشير إلى أمر منهجي في غاية الأهمية، وهو أن تحصيل المعاش الذي هو المقوم الأول للحياة، والاستمتاع الأمثل به، مرتبطان بالمشي في الأرض، أي بالسعي الدؤوب في اكتشاف سنن الاستفادة من هذه المسخرات الكونية في ترقية الحياة المادية

والمعنوية للإنسان[1]، فإذا قعد الإنسان واسترخى وتكاسل عن ذلك أو زهد فيه، ولم يشغل فكره وطاقاته بأقصى ما يستطيع، حُرم العيش الكريم، وحُرم القدرة على حماية نفسه من المؤثرات السلبية للجهل بطبائع المسخَّرات من ناحية، ومن المؤثرات السلبية لحركة المدافعة والمداولة الحضارية عليه من ناحية أخرى، التي ستدفع به حتمًا نحو مستنقعات الضعف والغثائية والتبعية الحضارية المذلة.

والأسئلة الكبيرة الآن، هي:

لماذا تحدث هذه الاختلالات في العلاقة التسخيرية بمنظومة سنن الآفاق، فيهملها البعض، ويجعلها البعض الآخر همهم ومنتهى غايتهم؟ وكيف نصحح هذه العلاقة الوظيفية المختلة، ونحمي الإنسان من مخاطر القوة التي تمنحها له معطيات هذه المنظومة السننية الكونية، فيطغى بها على نفسه وعلى غيره؟ وكيف نمكن الإنسان من الاستثمار الصحيح لمعطيات هذه المنظومة الكونية الهائلة في إدارة حياته بشكل صحيح فعال؟ وهل هناك منظومة سننية كونية أخرى يجد فيها الإنسان الإجابة عن كل هذه الأسئلة الحيوية الكبيرة؟

إن منظور السننية الشاملة لم يهمل الإجابة عن هذه الأسئلة الحيوية الكبيرة والخطيرة، بل استوعبها بشكل شامل ومتكامل ومتوازن، كما سنرى من خلال الحديث عن المنظومة السننية الكونية التالية، وهي منظومة سنن الأنفس.

2. منظومة سنن الأنفس ودورها المحوري في حركة الاستخلاف البشري في الأرض

إن الدراسة الاستقرائية المستفيضة للخبرة البشرية في الأرض، تؤكد لنا فعلًا أن الله سبحانه وتعالى، وقد مكَّن الإنسان من معطيات منظومة سنن الآفاق، بوضعها تحت سلطة العقل والجهد الإرادي للإنسان، لم يكتفِ بذلك، بل زوده كذلك بمنظومة سننية كونية كلية أخرى، تزيده قوة وقدرة على استثمار معطيات المنظومة السننية السابقة، بشكل أكثر كفاءة وفعالية، وهي منظومة سنن الأنفس.

(1) محمد صديق خان. فتح البيان في مقاصد القرآن، 14/ 239.

إن منظومة سنن الأنفس هي المنظومة التي تحوي سنن إدارة النفوس والمؤسسات والدول والمجتمعات والأمم والحضارات؛ فهمًا وتزكيةً وتنميةً وتنظيمًا وضبطًا وتوجيهًا وتسييرًا، وإشباعًا لكل حاجياتها وطموحاتها الفكرية والنفسية والسلوكية والثقافية والاجتماعية والحضارية، ومواجهة كل التحديات التي تفرضها عليها حركة المدافعة والمداولة الحضارية المهيمنة على الوجود البشري[1].

فهذه المنظومة السننية الثانية، عندما يتم الوعي بها، وتُستثمر معطياتها السننية بشكل صحيح، تضاعف قوة الإنسان وقدراته التسخيرية بشكل كبير، وتمنحه إمكانية كبيرة للتصرف الرشيد فيما جرى التحكم فيه من معطيات منظومة سنن الآفاق، حتى لا تتحول إلى طاقة وقوة مضرة بالإنسان والطبيعة معًا.

وقد لوحظ في الحياة الفردية والجماعية البشرية، أن الإنسان كثيرًا ما تطغيه السيطرة على بعض مقدرات منظومة سنن الآفاق والحيازة لها، فيتجاوز بذلك حدود المعقول في علاقته بنفسه وبالآخرين، ويلحق بهما أكبر الضر عاجلًا أم آجلًا!

وهذا ما نجد القرآن الكريم يقرره في مواطن كثيرة، نذكر منها قوله تعالى على سبيل المثال: ﴿كَلَّآ إِنَّ ٱلْإِنسَٰنَ لَيَطْغَىٰٓ ۝٦ أَن رَّءَاهُ ٱسْتَغْنَىٰٓ﴾ [العلق]. كما أورد عنه - أي القرآن - شواهد فردية وجماعية كثيرة جدًّا في التاريخ البشري، منها قول فرعون على سبيل المثال، بعد أن حاز كثيرًا من معطيات منظومة سنن الآفاق، واستقوى بها على الناس، وذهب به الغرور إلى حد ادعاء الربوبية، كما نرى ذلك في قوله تعالى وهو يصف لنا مشهدًا أو مقطعًا من مقاطع الصراع بينه وبين موسى عليه السلام[2]: ﴿وَنَادَىٰ فِرْعَوْنُ فِى قَوْمِهِۦ قَالَ يَٰقَوْمِ أَلَيْسَ لِى مُلْكُ مِصْرَ وَهَٰذِهِ ٱلْأَنْهَٰرُ تَجْرِى مِن تَحْتِىٓ ۖ أَفَلَا تُبْصِرُونَ﴾ [الزخرف: 51].

وفي كل زمان ومكان تُطْغي السيطرةُ على بعض معطيات منظومة سنن الآفاق والتحكم فيها، أفرادًا ومؤسسات ومجتمعات وأممًا، فتمعن في الظلم والغطرسة والفساد، كما نرى ذلك في الظاهرة الاستعمارية عبر التاريخ، على سبيل المثال، وما ينجم عنها من مآسٍ وتبعات لا حصر لآلامها وعذاباتها ومحنها المنهكة والمهلكة.

(1) الطيب برغوث. المنهج النبوي في حماية الدعوة ومنجزاتها في مرحلة بناء الدولة والمجتمع بالمدينة، ص289.

(2) محمد رشيد رضا. تفسير المنار، ج11/ 386.

ونحن الأجيال المعاصرة نعايش مآسي سيطرة الإنسان على سنن ومقدرات منظومة سنن الآفاق، وكيف تستعمل في إبادة البشر، وتدمير مجتمعات وأمم، وإنهاك الطبيعة، وتلويث البيئة، وفرض إرادة الأقوياء على الضعفاء، ولو كانت إرادة شريرة سالبة لحرية الإنسان وحقوقه، ومضرة بكرامته الآدمية، ومصالحه الحيوية!

ومن أجل احتواء كل هذه الجوانب السلبية في السيطرة على معطيات منظومة سنن الآفاق، وتجنب آثارها المضرة بالإنسان والطبيعة، والمصير الأخروي للإنسان، كانت الحاجة ماسة، بل وضرورية، إلى منظومة أخرى، وهي منظومة سنن الأنفس، التي تضع بين يدي الإنسان معطيات سننية أخرى تتعلق بكيفية الاستثمار الرشيد لمعطيات منظومة سنن الآفاق، والانتفاع الأمثل بها، والتقليل قدر المستطاع من مضاعفاتها السلبية.

وبهذا تشكِّل منظومة سنن الأنفس، المنظومة الأساسية الثانية من المسخرات الكونية الموضوعة تحت تصرف الإنسان لإنجاز خلافته في الأرض. فهي منظومة تغطي كل الضروريات والاحتياجات الفكرية والثقافية والنفسية والتربوية والاجتماعية والحضارية لخلافة الإنسان في الأرض، أي كل ما يخص الإدارة الرشيدة للموارد والإمكانات المادية من ناحية، والطاقات البشرية من ناحية أخرى، من أجل تحقيق مقاصد الخلافة البشرية في الأرض.

فكثير مما تحتاج إليه الحياة الفكرية والنفسية والثقافية والسلوكية والاجتماعية والسياسية والمعاشية والحضارية للإنسان، لكي تتكامل وتتوازن وتعظم خيريتها وبركتها وفعاليتها الاجتماعية، موجود في هذه المنظومة السننية الكونية الكلية الثانية، التي إذا ما اكتشف الإنسان سننها، وفهم آليات عملها، وتمكن من استثمارها بشكل صحيح، منحته قوة إضافية غير عادية كما أسلفنا.

والذين يغفلون عن حقيقة وجود هذه المنظومة السننية الكونية الثانية، ولا يبذلون جهدهم في اكتشاف سننها، والاستفادة منها في إدارة شؤون حياتهم، يرتكبون خطيئة جسيمة، في حق أنفسهم وحق مجتمعاتهم، لأنهم يذهلون عن منظومة سننية كونية أساسية في حياتهم، لا يمكنهم أن يحققوا الانسجام والتوازن والفعالية والخيرية والبركة في حياتهم بدونها، ولا يمكنهم أن يدفعوا تحديات ومخاطر المدافعة والمداولة الحضارية من حولهم، إلا بتحكمهم في معطياتها.

إن اعتقاد كون عالم الأنفس خلو من الانتظام السنني المطَّرد، جهل ووهمٌ خطير[1]، ناشئ في الأساس عن جهل الإنسان وضعف عنايته بالبحث العلمي المتكامل في مجالات سنن الأنفس الواسعة[2]. وينبغي أن ننبه هنا إلى أن هذا الوهم له مترتبات خطيرة من المنظور العقدي الإسلامي، لأنه يناقض صريح الوحي في تأكيده على التناظم والتناسق الكوني كله، سواء تعلق ذلك بعالم الآفاق، أو بعالم الأنفس، أو بعالم الهداية، فالكل صنع الله الذي أتقن كل شيء[3]، ولكل مجال من هذه المجالات طبيعته وسننه الناظمة له، والنافذة فيه، بلا تبدل ولا تغير ولا تأخر[4].

إنه من غير المعقول أن تنظم جوانب أو أجزاء من النظام الكوني، بدقة وإحكام وانتظام متناهٍ، وتترك جوانب وأجزاء أخرى بدون تنظيم دقيق محكم يضمن استمرارية أداء وظائفها في المركَّب الكوني الأكبر، ثم يُطلب من الإنسان أن يسخر مفرداته وسننه لأداء مهمته الاستخلافية!

فالتسخير يتنافى ويتعذر مع غياب القوانين في المسخرات في أي مجال من مجالات الكون والحياة. وفي هذا المعنى جاء في القرآن قوله تعالى: ﴿إِنَّا كُلَّ شَىْءٍ خَلَقْنَٰهُ بِقَدَرٍ﴾ [القمر: 49]، وقوله سبحانه: ﴿وَخَلَقَ كُلَّ شَىْءٍ فَقَدَّرَهُۥ تَقْدِيرًا﴾ [الفرقان: 2]، أي جعله على مقدار وحدٍّ معين، لا مجرد مصادفة، بل هو مقدر محكم مضبوط صالح لما خُلق لأجله، لا تفاوت فيه ولا خلل[5].

وعالم الأنفس محكوم بدوره بسنن منتظمة مطَّردة بوتيرة منسجمة مع طبيعة وخصائص هذه المنظومة، التي تنفذ فيها كثير من السنن بشكل تدرجي تراكمي، أو على التراخي. والقرآن زاخر بالحديث عن سنن الأنفس، كما نرى ذلك مثلًا في قوله تعالى: ﴿أَفَلَمْ يَسِيرُوا۟ فِى ٱلْأَرْضِ فَيَنظُرُوا۟ كَيْفَ كَانَ عَٰقِبَةُ ٱلَّذِينَ مِن قَبْلِهِمْ ۖ دَمَّرَ ٱللَّهُ عَلَيْهِمْ ۖ وَلِلْكَٰفِرِينَ أَمْثَٰلُهَا﴾ [محمد: 10]،

(1) محمد عبد الله دراز. مدخل إلى القرآن الكريم، ص79.

(2) أليكسيس كاريل. الإنسان ذلك المجهول، ص207.

(3) محمد رشيد رضا. تفسير المنار، ج8/ 48.

(4) ابن باديس. تفسير ابن باديس، ص350.

(5) الطاهر بن عاشور. تفسير التحرير والتنوير، ج18/ 319.

أي يصيبهم ما أصاب غيرهم من الأفراد والمجتمعات السابقة التي صادم تفكيرها أو سلوكها أو عملها سنن الله في خلقه[1]، وقوله سبحانه: ﴿وَيَسْتَعْجِلُونَكَ بِٱلسَّيِّئَةِ قَبْلَ ٱلْحَسَنَةِ وَقَدْ خَلَتْ مِن قَبْلِهِمُ ٱلْمَثُلَٰتُ﴾ [الرعد: 6]، أي مضت واطردت سنن الله في العباد، بحسب تناغم أو تنافر وتضاد حركتهم الاستخلافية مع سنن الله المطَّردة في الحياة[2]. ولولا خضوع عالم الأنفس لسنن مطَّردة، لما نبهت الآيات إلى ذلك، ولما حذرت من الجهل به، ولما أكدت على استمرارية نفاذ القانون في الحياة البشرية وهيمنته عليها، بلا تبدل ولا تأخر[3].

وعجز الإنسان عن الوصول إلى التحكم في سنن الأنفس المنظمة للحياة الروحية، والفكرية، والسلوكية، والاجتماعية أو العمرانية، ليس مدعاة لإنكار فاعلية هذه السنن، «فليس ميدان الروح والحياة الإنسانية بأقل خضوعًا لنواميس الفطرة من ميدان المادة والطاقة، وليست نواميس الفطرة في ناحيتها الإنسانية الاجتماعية بأقل دقة وصرامة من نواميس الفطرة في ناحيتها المادية... فالفطرة في حقيقتها كل شامل متصل، وإن جزأه الإنسان ميادين وعلومًا متباينة، لعجزه عن دراسة الفطرة دفعة واحدة»[4].

فالله سبحانه وتعالى منح الإنسان إمكانًا تسخيريًّا ثانيًا بعد إمكان سنن الآفاق، وهو سنن الأنفس، التي دعاه إلى تأسيس وعيه بها، واستثمارها بفعالية في تفسير وتأطير حركة الاستخلاف البشري في الأرض، خاصة أن مجال الأنفس أو البعد الفكري والنفسي والثقافي والسلوكي والاجتماعي والحضاري في الحياة الإنسانية، هو مجال تفاعل كل ما أعطي الإنسان من إمكانات تسخيرية عظيمة، تستوعب سنن الآفاق والأنفس والهداية والتأييد، فمجال سنن الأنفس، هو المجال الحقيقي لابتلاء إرادة الإنسان وتميُّزه، واقتداره، وسيادته، واختياراته الاستخلافية، التي إما أن تتحرك في اتجاه العبودية والخيرية والبركة والرحمة الكونية العامة[5]، وإما أن تتحرك نحو الشرك والفعالية التنافرية الاهتلاكية الهدمية المنهكة[6].

---

(1) الشوكاني. فتح القدير، ج5/ 32.

(2) محمد رشيد رضا. تفسير المنار، ج9/ 27.

(3) تفسير الطبري، ج26/ 46.

(4) محمد الغمراوي. الإسلام في عصر العلم، ص77.

(5) الراغب الأصفهاني. تفصيل النشأتين وتحصيل السعادتين، ص149 وما بعدها.

(6) أبو محمد عبد الحق بن غالب الأندلسي. المحرر الوجيز في تفسير الكتاب العزيز، ج11/ 293؛ أليكسيس كاريل. الإنسان ذلك المجهول، ص239-241.

وسنن هذه المنظومة موضوعة بدورها تحت سلطة العقل، الذي يكتشفها ويستثمرها في ترقية حياة الإنسان، عبر الملاحظة الدقيقة، والفرضيات الصحيحة، والاستقراء للظواهر، والتجربة التاريخية، واستخلاص القوانين والسنن الناظمة لحركة الحياة. وكلما تمكن الإنسان من اكتشاف سنن هذه المنظومة واستثمارها بشكل صحيح، زادت فعاليته في استثمار معطيات المنظومة السننية السابقة، وإدارة حياته بشكل أكثر كفاءة وتوازنًا وخيرية وبركة، وزادت فرصه في مواجهة تحديات حركة المدافعة والمداولة الحضارية من حوله. وكلما قصر الإنسان أو أخفق في اكتشاف سنن هذه المنظومة، أو لم يتمكن من استثمارها بشكل صحيح، ضعفت قدراته على الاستفادة من معطيات المنظومة السابقة، وتضاءلت فرصه في مواجهة التحديات التي تفرضها عليه حركة المدافعة والمداولة الحضارية الجارية من حوله، وقاده ذلك كله إلى الضعف والتخلف والغثائية والتبعية الحضارية المهينة.

لهذا، فإن الذين يجهلون هذه المنظومة، أو يزهدون فيها وفي علومها، أو يزهِّدون غيرهم فيها، ولا يمنحونها ما تستحقه من العناية الكبيرة والشديدة والدائمة، لاكتشاف سننها، والتحكم الاستثماري الفعال فيها، يرتكبون خطيئة جسيمة في حق أنفسهم وفي حق مجتمعاتهم، بل وفي حق مصيرهم الأخروي، لأنهم بذلك يصطدمون بسننها الغلَّابة، وينكسرون على صخرتها، ويعجزون عن تلبية حاجة حياتهم، ومواجهة التحديات التي تفرضها عليهم حركة المدافعة والمداولة الثقافية والاجتماعية والحضارية في عصرهم، فتضيع أوقاتهم، وتتبدد طاقاتهم، وتهدر فرص حياتهم، فيلقون الله تعالى بغير إنجاز دنيوي معتبر، فيجازون على قدر إنجازاتهم الدنيوية، كما نبههم على ذلك وهم يستقبلون دنياهم ويستشرفون آخرتهم: «**يا عبادي إنما هي أعمالكم أحصيها لكم، ثم أوفِّيكم إياها، فمن وجد خيرًا، فليحمد الله، ومن وجد غير ذلك، فلا يلومن إلا نفسه**»[1].

والأسئلة الكبيرة التي تواجهنا الآن، بعد معرفتنا بهاتين الساحتين أو المنظومتين السننيتين المهمتين الضروريتين، من ساحات ومنظومات سنن التسخير، هي:

هل معطيات هاتين المنظومتين السننيتين الكونيتين، كافية لتلبية ضروريات وحاجيات

(1) صحيح مسلم، رقم2577.

وتحسينيات حركة الحياة، ومواجهة التحديات التي تفرضها حركة المدافعة والمداولة الحضارية المحلية والعالمية على الناس، أفرادًا ومجتمعات وأممًا وحضارات؟ وهل الخبرة الحضارية التاريخية البشرية بينت أن هاتين المنظومتين كانتا كافيتين فعلًا، أم أنها قدمت مؤشرات ومعطيات أكيدة بأن معطياتهما وحدهما غير كافيتين، وأن الحياة البشرية في حاجة إلى معطيات سننية ضرورية أخرى؟ وهل هذه المعطيات السننية موجودة فعلًا؟ وإذا كانت موجودة فأين توجد؟ وما الطريق إليها؟

إن منظور السننية الشاملة لم يهمل الإجابة عن هذه الأسئلة الحيوية الكبيرة والخطيرة، بل استوعبها بشكل شامل ومتكامل ومتوازن كذلك، كما سنرى من خلال الحديث عن المنظومة السننية الكونية التالية، من منظومات سنن التسخير، وهي منظومة سنن الهداية.

3. منظومة سنن الهداية ودورها المحوري في حركة الاستخلاف البشري في الأرض

إن الدراسة الاستقرائية للخبرة البشرية المستفيضة، تؤكد لنا أن معطيات منظومتي سنن الآفاق وسنن الأنفس وحدهما غير كافيتين، لضمان تحقيق مستويات عليا من الخيرية والبركة والفعالية والتكاملية والتوازن المطلوب في الجهد الإنساني، لأن هناك مساحات ومناطق وفراغات وضروريات وحاجيات في الحياة الإنسانية، لا تغطيها معطيات المنظومتين السابقتين، كما سبق بيان ذلك في الفصل الثاني من الباب الثاني، عند حديثنا عن الأسئلة الكبرى التي تطرحها الفراغات الكونية الكبرى على الإنسان.

والمتأمل الموضوعي في واقع حياة الإنسان في ظل معطيات المنظومتين السابقتين وحدهما، يلحظ أن هاتين المنظومتين وضَعتا بين يدي الإنسان قدرات تسخيرية كبيرة وهائلة، لكنهما في الوقت نفسه فتحتا عليه تحديات كثيرة وكبيرة وخطيرة، لا يقوى على مواجهتها بشكل فعال ومتوازن بمعطيات منظومتي سنن الآفاق وسنن الأنفس وحدهما.

فالإنسان المعاصر على سبيل المثال، أو أي إنسان آخر، تتوفر له معطيات كثيرة من منظومتي سنن الآفاق وسنن الأنفس، تجعله يدرك تمامًا، ويقتنع عقليًا، بأن المشروبات الكحولية، أو الدخان، أو المخدرات، أو العلاقات الجنسية المحرمة، أو الرشوة، أو التبذير، أو الغش، أو الاعتداء على حقوق ومصالح الآخرين، أو شهوة الملك، أو العتو والاستكبار،

أو الشرك الجلي والخفي، أو الظلم بصفة عامة، مؤذنة بخراب النفس والمجتمع. ومع ذلك كله فإنه يخالف قناعاته العقلية والعاطفية، ويفعل ذلك، ولا يمتلك الإرادة والعزيمة القوية التي تعينه على حماية نفسه ومجتمعه من مخاطر ذلك كله، أو التقليل على الأقل من شحناته الضارة المهلكة!

فالطاقة والقدرة العقلية الهائلة التي منحها الله تعالى للإنسان، وجعلها مناط التكليف والتفضيل والتكريم والتسييد للإنسان في الأرض من ناحية[1]، والخبرات الكثيرة التي تمنحها له سنن الأنفس لإدارة شؤون حياته من ناحية أخرى، لا تكفيه للسير مع منطق السنن الناظمة لحركة الحياة في كثير من الأحيان، لأن العقل والعواطف الإنسانية يتحركان تحت ضغط مؤثرات عديدة، وفي مقدمتها الغرائز والشهوات المتناقضة فيه، وضغوطات البيئة وتحدياتها، ووسوسة الشيطان وتزييناته... إلى ما هناك من المؤثرات الذاتية والخارجية التي تفقده توازنه في كثير من الأحيان.

وما أكثر ما وجدنا أشخاصًا ناجحين ولامعين في مجتمعاتهم، بل وفي العالم، وحيزت لهم زينة الدنيا بحذافيرها، ومع ذلك يشعرون بالسآمة والملل والتفاهة، ويقدمون على نحر أنفسهم شنقًا أو تسميمًا أو رميًا لأنفسهم من شواهق العمارات... لا لشيء إلا لأنهم لم يفهموا حقيقة الحياة، ولم يحيطوا علمًا بشمولية السنن التي تحركها صعودًا وهبوطًا، وحشروا أنفسهم في ساحات سننية ضيقة، ولم ينفتحوا على بقية الساحات السننية الأخرى التي تكمل احتياجات حياتهم، وتوسع دائرة طموحهم وآمالهم، وتمنحهم القدرة على المصابرة والمكابدة من أجل ما هو أفضل مما هم فيه.

وفي تأكيد حقيقة قصور المعرفة والخبرة المعاصرة، وحاجتها إلى مزيد من الانفتاح على الساحات المعرفية الأخرى، يقول «أليكسيس كاريل»:

> «وفي الحق لقد بذل الجنس البشري مجهودًا جبارًا لكي يعرف نفسه، ولكن على الرغم من أننا نملك كنزًا من الملاحظات التي كدسها العلماء والفلاسفة والشعراء وكبار العلماء الروحانيين في جميع الأزمان، فإننا

---

(1) القرطبي. الجامع لأحكام القرآن، ج10/ 294.

استطعنا أن نفهم جوانب معينة فقط من أنفسنا، إننا لا نفهم الإنسان ككل، إننا نعرفه على أنه مكون من أجزاء مختلفة... فكل واحد منا مكون من موكب من الأشباح، تسير في وسطها حقيقة مجهولة»[1].

وينتهي إلى القول:

«وواقع الأمر أن جهلنا مطبق، فأغلب الأسئلة التي يلقيها على أنفسهم أولئك الذين يدرسون الجنس البشري، تظل بلا جواب، لأن هناك مناطق غير محدودة في دنيانا الباطنية ما زالت غير معروفة»[2].

وكما أسلفنا، فإن أسباب هذا القلق وهذه الحيرة، ترجع إلى قصور المنظور السنني الكوني الذي ترتكز عليه هذه الخبرات المعرفية التي تجمعت لدى الإنسان المعاصر، وهو منظور يقوم على المتاح من معطيات منظومتين سننيتين كونيتين فقط، هما منظومتا سنن الآفاق وسنن الأنفس، اللتان لا يمكنهما أن يذهبا إلى أبعد من الحد الذي رُسم لهما في تغطية حاجيات الحياة الإنسانية في دورتها الوجودية الكبرى، وهي حاجيات أوسع من طاقات وقدرات ذلك الحد بكثير، ولذلك فإن الاعتماد عليهما وحدهما لا يمكنه أن يمنح التوازن والسكينة والسلام الداخلي والخارجي للإنسان، وسينتهي به الأمر حتمًا إلى هذا القلق وهذه الحيرة التي نبه إليها هذا العالم الكبير، والتي تقف وراء كثير من الضنكية النفسية والروحية والسلوكية والاجتماعية المضمرة والمعلنة، التي يعاني منها الإنسان المعاصر، بل وكل إنسان مادي عبر التاريخ.

إن المنظومتين السابقتين بمعطياتهما، لا تغطيان إلا مساحات ومجالات محددة من الحياة الإنسانية في دورتها الوجودية الكبرى، ولا يمكنهما أن تتجاوزا ذلك النطاق المخصص لهما، والواقع ضمن مجال عملهما المحدد لهما، وتحت سلطتهما المرجعية الممنوحة لهما، بل هما أنفسهما في حاجة إلى ما يعززهما ويحميهما ويقيهما من الاستعمالات المضرة بهما وبمستعمليهما!

---

(1) أليكسيس كاريل. الإنسان ذلك المجهول، ص17.

(2) نفسه، ص17.

والإنسان تواجهه أسئلة كونية جذرية كبرى ليس لها إجابة شاملة في المنظومتين السننيتين السابقتين، وهي أسئلة تتعلق بالدورة الوجودية الكبرى للإنسان:

من حيث المنشأ أو المأتى الوجودي له: من أين جاء؟ ومن جاء به؟

من حيث الطبيعة والهوية الذاتية له: من هو بالضبط؟ وما حقيقته؟ وما قدراته؟ وما موقعه من الكون؟

من حيث الوظيفة الوجودية له: لماذا وجد؟ وما مهمته ورسالته في الحياة؟ ومن يحددها له؟ وعلى أي أساس؟ وكيف يعرف الإنسان ذلك كله؟

من حيث المسخرات التي وضعت بين يديه: ما هي؟ وكيف يعرفها ويصل إليها ويتمكن من استثمارها؟

من حيث المصير الوجودي له: أين يذهب بعد الموت؟ وهل الموت بداية لمرحلة جديدة من الحياة، أم هو عدم ونهاية للحياة؟ وما علاقة الحياة الدنيا بالحياة الأخروية؟

وبدون معرفة الإنسان الإجابة عن هذه الأسئلة الكونية الكبرى، تصبح المعرفة المحصلة من منظومتي سنن الآفاق وسنن الأنفس، بلا سند ولا مثابة أو مرتكز محوري تقف عليه وتدور حوله، ويتحول جزء منها إلى خطر على الإنسان كما مر في شهادة العالم الغربي السابق، وهناك آلاف الشهادات عن كون انفصال المعرفة السننية في المنظومتين السابقتين، عن سندها المرجعي المقصدي، خطر على الإنسان، إلى درجة قال فيها «فولتير» عن الله والدين على الرغم من نزعته المتحررة من الدين: «لو لم يكن الله موجودًا، فينبغي أن نوجده!»[1].

وهذا ما يفرض وجود منظومة سننية كونية أخرى، ذات طبيعة ووظيفة أخرى، تجيب عن الأسئلة الكونية السابقة، وتغطي المجالات غير المغطاة في حياة الإنسان وحركته الاستخلافية في الأرض، وتلبي ضرورياتها وحاجياتها وتحسينياتها، وتدفع بها قُدمًا في مدارج الخيرية والبركة والإحسان والرحمانية، وتدعم وتعزز عمل وفعالية المنظومتين السننيتين السابقتين، وتحميهما وتحمي مستعمليهما من الاستعمالات المضرة بهما معًا.

---

(1) محمد البهي. الفكر الإسلامي الحديث وصلته بالاستعمار، ص368.

وهذا الإمكان السنني موجود فعلًا، ولم يهمله منظور السننية الشاملة الذي جاء به القرآن الكريم، بل استوعبه كذلك، مضيفًا بذلك قدرات تسخيرية أساسية أخرى إلى ميزانية التسخير الكونية الممنوحة للإنسان، ألا وهو إمكان سنن الهداية، الذي يمثل منظومة سننية كونية كاملة، هي منظومة سنن الهداية.

إن هذه المنظومة السننية الأساسية الثالثة من المسخرات الموضوعة تحت تصرف الإنسان لإنجاز خلافته في الأرض، تغطي كل الاحتياجات العقدية والروحية والنفسية والسلوكية والأخلاقية والاجتماعية لخلافة الإنسان في الأرض من ناحية، كما تعين على الاستفادة القصوى من معطيات المنظومتين السابقتين، والمنظومة الرابعة التي سيأتي الحديث عنها لاحقًا.

وكل ما تحتاج إليه الحياة العقدية والروحية والنفسية والسلوكية والأخلاقية والاجتماعية الراقية أو العالية للإنسان، لكي تتكامل وتتوازن وتعظم خيريتها وبركتها وفعاليتها الاجتماعية، موجود في هذه المنظومة السننية الكونية الكلية الثالثة، التي إذا ما فهم الإنسان سننها، وتمكن من استثمارها بشكل صحيح، منحته قوة إضافية غير عادية، وأعانته على الاستثمار الأمثل لمعطيات المنظومتين السننيتين السابقتين، وضاعفت فعاليته الإنجازية الشاملة بشكل نموذجي غير عادي.

وسنن هذه المنظومة ليست موضوعة تحت سلطة العقل من حيث التحصيل المباشر لها، بل هي وحي إلهي يأتي به الأنبياء والرسل عليهم الصلاة والسلام، ويعرضونه على العقل الإنساني، الذي يتأمل في معطياته ومقاصده ومنافعه العاجلة والآجلة، فيؤمن به، ويستثمره في إدارة حياته العقدية والروحية والنفسية والسلوكية والأخلاقية والاجتماعية، ويحوله إلى ثروة إضافية لبقية الثروات الخبراتية البشرية الأخرى المحصَّلة من المنظومتين السابقتين.

إن وظيفة العقل تجاه معطيات هذه المنظومة السننية، هي التلقي الصحيح لها، والفهم السليم لمقاصدها ومعطياتها، واحترام طبيعتها وهويتها الذاتية، والوقوف عند أصولها وثوابتها، وإعمال الاجتهاد في جزئياتها ومتغيراتها التي تندرج في منطقة المصالح المرسلة الواسعة جدًّا جدًّا[1].

---

(1) الشاطبي. الاعتصام، (نسخة المكتبة الشاملة) ج2/ 111.

ونظرًا إلى محورية هذه المنظومة السننية الكونية الثالثة في ميزانية التسخير الكونية الموضوعة تحت تصرف الإنسان، ومن ثَمَّ في حياة الإنسان وحركته الاستخلافية في الأرض، فقد نبه الله تعالى الإنسان منذ بداية تكليفه بمهمة الخلافة في الأرض، إلى أنه سيتعهد مسيرته في الأرض بتأسيس منظومة سننية كونية كاملة هي منظومة سنن الهداية، التي تعينه على حسن استثمار منظومتي سنن الآفاق وسنن الأنفس، والاستفادة القصوى منهما في إنجاز خلافته في الأرض.

وهذا ما نراه مؤكدًا في قوله تعالى، وهو يأمر أبا البشرية آدم وأمها حواء بالهبوط إلى الأرض وبداية مسيرة الخلافة البشرية فيها، ومعهما عدوهما اللدود إبليس: ﴿قَالَ ٱهْبِطَا مِنْهَا جَمِيعًاۢ بَعْضُكُمْ لِبَعْضٍ عَدُوٌّ ۖ فَإِمَّا يَأْتِيَنَّكُم مِّنِّى هُدًى فَمَنِ ٱتَّبَعَ هُدَاىَ فَلَا يَضِلُّ وَلَا يَشْقَىٰ ﴿١٢٣﴾ وَمَنْ أَعْرَضَ عَن ذِكْرِى فَإِنَّ لَهُۥ مَعِيشَةً ضَنكًا وَنَحْشُرُهُۥ يَوْمَ ٱلْقِيَٰمَةِ أَعْمَىٰ﴾ [طه]، وقوله سبحانه: ﴿قُلْنَا ٱهْبِطُوا۟ مِنْهَا جَمِيعًا ۖ فَإِمَّا يَأْتِيَنَّكُم مِّنِّى هُدًى فَمَن تَبِعَ هُدَاىَ فَلَا خَوْفٌ عَلَيْهِمْ وَلَا هُمْ يَحْزَنُونَ﴾ [البقرة: 38].

وأخذت تتوالى الرسالات السماوية والحركات النبوية عبر التاريخ، لتؤسِّس الوعي بمنظومة سنن الهداية، وبالحاجة الملحة إليها في الحياتين الدنيوية والأخروية معًا[1]. وقد تعاقب على هذا التأسيس مئات الرسل وعشرات الآلاف من الأنبياء، ومئات الآلاف من المصلحين، حتى ختمت برسول الله محمد عليه الصلاة والسلام[2].

وقد ورد في الحديث النبوي أن عدد الأنبياء بلغ «**مائة ألف وأربعة وعشرون ألفًا**»، وأن «**الرسل من ذلك ثلاثمائة وخمسة عشر جمًّا غفيرًا**»[3]. ويشير القرآن إلى ضخامة عدد الأنبياء والرسل في مثل قوله تعالى: ﴿إِنَّآ أَرْسَلْنَٰكَ بِٱلْحَقِّ بَشِيرًا وَنَذِيرًا ۚ وَإِن مِّنْ أُمَّةٍ إِلَّا خَلَا فِيهَا نَذِيرٌ﴾ [فاطر: 24]، وقوله تعالى: ﴿وَلَقَدْ أَرْسَلْنَا رُسُلًا مِّن قَبْلِكَ مِنْهُم مَّن قَصَصْنَا عَلَيْكَ وَمِنْهُم مَّن لَّمْ نَقْصُصْ عَلَيْكَ ۗ﴾ [غافر: 78]. وهذه الأعداد الضخمة من الأنبياء والرسل والمصلحين السائرين على نهج النبوات، كانت مهمتهم جميعًا تأسيس الوعي بمنظومة سنن الهداية التي ترافق الإنسان في حركته الاستخلافية في الأرض من بدايتها إلى نهايتها.

(1) تفسير الرازي، ج3/ 472.

(2) تفسير الطبري، ج8/ 80.

(3) الألباني. سلسلة الأحاديث الصحيحة، ج6/ 359.

وهذه المنظومة، كما أسلفنا، تستقل ببناء وعى الإنسان بما لا طاقة للعقل به ابتداء، وتعين العقل على الاشتغال بكامل طاقاته فيما هو واقع تحت سلطته، وتحميه مما يؤثر فيه وفي توازنه سلبًا، وتعزز نفوذه في حياة الإنسان.

يقول شيخ الإسلام ابن تيمية عن الوظيفة المحورية للأنبياء عليهم السلام، إنهم «يخبرون الناس بما تقصر عقولهم عن معرفته، لا بما يعرفون أنه باطل ممتنع. فيخبرونهم بمحيرات العقول لا محالات العقول»[1]. فهم جاءوا بما تعجز العقول عن معرفته، ولم يجيئوا بما تعلم العقول بطلانه، فهم يخبرون بمحارات العقول لا بمحالات العقول[2].

إذن، فكل ما لا طاقة للعقل به، تتكفل به منظومة سنن الهداية، وكل ما هو في طاقة العقل وقدرته فهو متروك للعقل والاجتهاد البشري، وهو المجال الأكبر والأوسع جدًّا في حياة الإنسان وحركته الاستخلافية في الأرض، ودور سنن الهداية مرافقته وترشيده وحمايته وتعزيز حركته الاجتهادية الإبداعية الدائبة.

وهذه المنظومة الحيوية والتي تليها، تندرجان ضمن ما أسميه: **الوعي الاستخلافي الأعلى**[3]، لأن سنن الهداية وسنن التأييد تمثلان قمة وذروة الوعي الذي تحتاج إليه الخلافة البشرية في الأرض، لكي ترتقي بالحياة الإنسانية إلى مدارج الإحسان والرحمانية وذراها، حيث يتحرك الإنسان في الحياة وهو يعيش معية الله تعالى وحضوره في كل تفاصيل ودقائق هذه الحياة، فينعكس ذلك بقوة وعمق على أدائه الذاتي والاجتماعي، الذي يأتي متقَنًا صالحًا خيرًا نافعًا مباركًا، كما جاء في حديث الإحسان: «**الإحسان أن تعبد الله كأنك تراه، فإن لم تكن تراه فإنه يراك**»[4]، وفي رواية: «**أن تعمل لله كأنك تراه...**»[5]، وفي أخرى: «**أن تخشى الله كأنك تراه...**»[6].

(1) ابن تيمية. الجواب الصحيح لمن بدل دين المسيح، ج2/ 414.
(2) ابن تيمية. مجموع الفتاوى، تحقيق عبد الرحمن بن محمد بن قاسم، ج2/ 312.
(3) راجع دراستنا عن: مقدمة في الوعي الاستخلافي الأعلى: دراسة في دور الهداية الشرعية في حركة الاستخلاف البشري في الأرض.
(4) صحيح البخاري، رقم4777.
(5) صحيح ابن حبان، رقم173.
(6) صحيح مسلم، رقم10.

والخلافة البشرية في الأرض، لا ترتقي إلى قمم الخيرية والبركة والإحسان والرحمة وجمالياتها الفكرية والثقافية والروحية والنفسية والسلوكية والأخلاقية والحضارية الراقية، بدون معطيات هاتين المنظومتين السننيتين الأخيرتين، فهما وجدتا لترقية الحياة إلى قمم الخيرية والبركة والإحسان والرحمانية بكل جمالياتها الروحية والسلوكية والأخلاقية والمادية غير العادية.

وجوهر الحياة وعمق الحضارة روحي أخلاقي رحماني، فإذا لم تصل الحياة والحضارة إلى هذا الجوهر الروحي، وإلى هذا العمق الأخلاقي، وإلى هذه الرحمة الكونية، فهي حياة منقوصة، وحضارة مادية جزئية شكلية منقوصة الروحانية والرحمانية. ولذلك جاء في الحديث النبوي الشريف: «**إنما بُعثتُ لأُتمم مكارم** - وفي رواية «**صالح**» - **الأخلاق**»[1]. وجاء في الحديث كذلك: «**ما من شيء أثقل في الميزان من حسن الخلق**»[2]. والتزم هو عليه الصلاة والسلام ذلك في حياته إلى أبعد الحدود، وبلغ فيه الدرجات القصوى، كما وصفه القرآن في قوله تعالى: ﴿وَإِنَّكَ لَعَلَىٰ خُلُقٍ عَظِيمٍ﴾ [القلم: 4].

وقد أبدع الشاعر عندما اكتشف هذا القانون الأساسي، فقال بحق:

إنَّما الأُمَمُ الأخلاقُ ما بَقيت ... فإنْ هُمُ ذَهبتْ أخلاقُهم ذَهبوا

وأبدع ابن القيم كذلك عندما قال بحق إن «الدين كله خلق، فمن زاد عليك في الخلق زاد عليك في الدين»[3].

وفي هذا المعنى جاء في القرآن قوله تعالى: ﴿وَٱلَّذِينَ جَٰهَدُواْ فِينَا لَنَهۡدِيَنَّهُمۡ سُبُلَنَاۚ وَإِنَّ ٱللَّهَ لَمَعَ ٱلۡمُحۡسِنِينَ﴾ [العنكبوت: 69]، وهم الذين تحركت أعمالهم وتصرفاتهم وعلاقاتهم... في آفاق الإحسان والروحانية وجمالياتها الروحية والأخلاقية العالية، وهي مرتبة يصل إليها الإنسان عبر مجاهدة فكرية وروحية ونفسية وسلوكية وأخلاقية واجتماعية دائبة، تستثمر كل معطيات سنن الله تعالى في الآفاق والأنفس والهداية والتأييد، مجتمعة غير متفرقة ولا متنافرة.

---

(1) الألباني. سلسلة الأحاديث الصحيحة، رقم45.

(2) سنن أبي داود، رقم4799.

(3) ابن قيم الجوزية. مدارج السالكين، ج2/ 307.

والخلاصة التي ننتهي إليها هنا، هي أن الذين يهملون هذه المنظومة السننية الكونية الثالثة، أو يزهدون فيها، أو يخاصمونها، يعطلون جزءًا أساسيًا بالغ الأهمية من ميزانيتهم التسخيرية الكونية، ويعرِّضون حياتهم وحركتهم الاجتماعية والثقافية للخطر الدنيوي والأخروي معًا، كما سبق بيان ذلك.

والأسئلة الكبيرة التي تواجهنا الآن، بعد معرفتنا بساحات أو منظومات سنن التسخير الكونية الثلاث المهمة، بل والضرورية لتوازن وتكامل وفعالية ورُقي ورحمانية الحركة الاستخلافية البشرية في الأرض، هي:

هل معطيات منظومات سنن التسخير الكونية الكلية الثلاث، كافية لتلبية ضروريات وحاجيات وتحسينيات حركة الحياة، ومواجهة التحديات التي تفرضها حركة المدافعة والمداولة الحضارية المحلية والعالمية على الناس، أفرادًا ومجتمعات وأممًا وحضارات؟ وهل هي كافية للدفع بحركة الاستخلاف البشري في الأرض إلى قمم الإحسان والروحانية والأخلاقية والرحمانية الكونية العالية، أم أنها غير كافية، وأن دفعها مهما بلغ من الفعالية والتكاملية يظل محدود القدرة؟ وماذا يفعل الإنسان في تحقيق الطموحات ومواجهة التحديات التي لا تقوى عليها معطيات المنظومات الثلاث السابقة؟ وهل هناك معطيات سننية أخرى في ساحة أو منظومة سننية أخرى مختلفة، بإمكانها زيادة فعالية المنظومات الثلاث السابقة من ناحية، وتمكين الإنسان من تحقيق طموحاته، ومواجهة التحديات الاستثنائية التي تواجهه ولا تقوى عليها معطيات المنظومات الثلاث السابقة من ناحية أخرى؟ وهل هذه المعطيات السننية موجودة فعلًا؟ وإذا كانت موجودة فأين توجد؟ وما الطريق إليها؟

إن منظور السننية الشاملة لم يهمل الإجابة عن هذه الأسئلة الحيوية الكبيرة كذلك، بل استوعبها بشكل شامل ومتكامل ومتوازن، كما سنرى من خلال الحديث عن المنظومة السننية الكونية التالية، وهي منظومة سنن التأييد.

4. منظومة سنن التأييد ودورها المحوري في حركة الاستخلاف البشري في الأرض

إن الدراسة المستفيضة للخبرة البشرية، وللوعي الرسالي الذي جاءت به الرسالات السماوية عامة، تؤكد لنا أن الله تعالى لم يكتفِ بوضع معطيات منظومات سنن التسخير

الثلاث السابقة بين يدي الإنسان لإنجاز خلافته في الأرض فحسب، بل زوَّده بمعطيات منظومة أخرى رابعة، هي منظومة سنن التأييد.

فالإنسان يجد نفسه في كثير من الأحيان أمام تحديات ذاتية وخارجية، لا يتمكن من مواجهتها بما يتاح له من إمكانات في منظومات سنن الآفاق والأنفس والهداية، فيشعر من داخله بأنه في حاجة إلى عون وتأييد خارجي مُلح، ويعيش على هذا الأمل في هذا الدعم والتأييد الخارجي[1]. وفي أحيان أخرى كثيرة جدًّا، يشعر حتى في حالة نجاحه في تلبية حاجياته ومواجهة التحديات التي تحيط به، بأنه في حاجة إلى دعم وتأييد خارجي للمحافظة على هذه النجاحات وهذه المكتسبات التي حققها، والتي يمكن أن تُهدَر وتضيع منه في أي لحظة، مما يدل فعلًا على أن هناك حاجة حقيقية إلى منظومة سننية أخرى تضاف إلى المنظومات الثلاث السابقة.

وهذا موجود فعلًا في منظومة سنن التأييد أو العون الإلهي الذي يمكن للإنسان أن يحصل عليه في كل وقت، وأن يستفيد منه إذا استوفى شروطه، سواء في مواجهة التحديات التي تحيط به، وهي تحديات مستمرة غير منقطعة، أو في تعزيز فعاليته الإنجازية ورفع وتائرها إلى مستوياتها النموذجية القصوى، أو في حماية ما حصَّله من منجزات والمحافظة عليه.

إن منظومة سنن التأييد، هي المنظومة السننية الأساسية الرابعة من المسخرات الموضوعة تحت تصرف الإنسان لإنجاز خلافته في الأرض، وهي مخصصة لتغطية كل الضروريات والاحتياجات الاحتياطية التدعيمية التي تتطلبها خلافة الإنسان في الأرض من ناحية[2]، ومخصصة لرفع مستوى كفاءة وفعالية الاستفادة النموذجية القصوى من معطيات المنظومات السننية الثلاث السابقة من ناحية أخرى.

وعلى الرغم من أن هذه المنظومة تتكفل بالدعم الإضافي والوقائي للجهد الإنساني، بعد أن يستفرغ الإنسان وسعه في استثمار معطيات منظومات سنن الله في الآفاق والأنفس

---

(1) محمد رشيد رضا. تفسير المنار، ج7/ 340.

(2) يمكن مراجعة تفاصيل هذا المنظور في كتب المؤلف التالية: مدخل إلى سنن الصيرورة الاستخلافية على ضوء نظرية المدافعة والتجديد. الفعالية الحضارية والثقافة السننية. مقدمة في المنظور السنني لتفسير الظاهرة الحضارية. مقدمة في المنظور السنني لدراسة السيرة النبوية. وغيرها.

والهداية أولًا، فإنها عمليًا ترافق الجهد الإنساني في كل مراحل **دورته الإنجازية،** لتستكمل وتستوفي كل مرحلة منها شروطها المطلوبة، ليخرج الفعل في نهاية دورته، أصيلًا فعالًا تكامليًا مطَّرد النفَس التاريخي، مشحونًا بالخيرية والبركة والروحانية والرحمانية، مفعمًا بالأخلاقية، طافحًا بالإنسانية.

قوانين الاستفادة من معطيات منظومة سنن التأييد

إن معطيات منظومة سنن التأييد التي تتم الاستفادة منها عبر تفعيل القوانين المدخلية الأساسية لها، وهي: قانون التوبة النصوح أولًا، وقانون تجديد النية الصادقة ثانيًا، وقانون الشكر ثالثًا، وقانون الدعاء رابعًا، وقانون التوكل خامسًا، وقانون رفع وتيرة الذكر سادسًا، وقانون المصابرة سابعًا، تمنح «الدورة الإنجازية» للفعل الإنساني، شروطًا استثنائية وقدرات إضافية، تحدث نقلة غير عادية في فعاليته الإنجازية، وفي خيريته وبركته وروحيته ورحمانيته الكونية[1].

إن «الدورة الإنجازية» للفعل الإنساني عامة، تمر بعدة مراحل متكاملة يؤثر بعضها على بعض، كما نلحظ ذلك في هذه الخلاصة الجميلة لابن القيم، التي يصف فيها ما يشبه الآلية السننية للدورة الإنجازية لأي فعل إنساني في جانبه السلبي، حيث يقول:

> «دافع الخطرة، فإن لم تفعل صارت فكرة، فدافع الفكرة، فإن لم تفعل صارت شهوة، فحاربها، فإن لم تفعل صارت عزيمة وهمة، فإن لم تدافعها صارت فعلًا، فإن لم تتداركه بضده صار عادة، فيصعب عليك الانتقال عنها»[2].

ونفس الآلية السننية تمر بها الدورة الإنجازية للفعل الإنساني في جانبه الإيجابي، حيث على الإنسان أن يحرص أشد الحرص على تصيد وتثبيت الخواطر الحسنة أولًا، وأن يحولها إلى أفكار ومشاريع خيِّرة ثانيًا، ثم عليه أن يعزز الاقتناع بها وبجدواها ثالثًا، وأن يشحذ إرادته

---

(1) راجع للمؤلف: المنهج النبوي في حماية الدعوة ومنجزاتها في مرحلة بناء الدولة والمجتمع بالمدينة (أطروحة دكتوراه مخطوطة بجامعة الأمير عبد القادر للعلوم الإسلامية، قسنطينة، الجزائر).

(2) ابن قيم الجوزية. الفوائد، ص31.

وعزيمته لكي يحولها إلى فعل واقعي ملموس رابعًا، وأن يداوم عليه حتى يتحول إلى عادة أو ثقافة سارية في حياته ومحيطه الاجتماعي خامسًا.

فإذا كانت «الدورة الإنجازية» للفعل الإنساني، تمر بكل هذه المراحل حتى تعطينا فعلًا في النهاية، فإن هذا الفعل لكي يخرج إلى حيِّز الوجود أصيلًا وفعالًا وتكامليًا، وله القابلية أو القدرة على استمرارية التأثير الإيجابي، لا يكفي فيه أن يستثمر صاحبه معطيات منظومات سنن الآفاق والأنفس والهداية فحسب، بل عليه أن يستثمر كذلك معطيات منظومة سنن التأييد، في كل مرحلة من مراحل إعداد دورة هذا الفعل، بدءًا من مرحلة الخاطرة، وهي البذرة الجنينية للفعل، حيث على الإنسان أن يفعِّل القوانين السبعة السابقة وما تقتضيه من شروط، حتى يتمكن من تعديل الخاطرة وترشيدها، ثم تحويلها إلى فكرة صحيحة صالحة نافعة، ثم إلى رغبة ودافعية ملحة تحولها إلى عزيمة وإرادة وهمة، تدفع بالفكرة إلى حيز الوجود الفعلي، ومنه إلى حيز الوجود الثقافي مطَّرد التأثير، لأن ما يتحول إلى عادة وثقافة هو ما يدوم تأثيره في حياة الإنسان وحركة المجتمع.

فمعطيات منظومة سنن التأييد، يجب أن تلازم كل مراحل «الدورة الإنجازية» للفعل الإنساني، لتمنحه مزيدًا من الروحانية والرحمانية والأخلاقية والإنسانية التي هي أرواح الأعمال من ناحية[1]، وعاملٌ وقائي في غاية الأهمية والفعالية من ناحية أخرى. وبدون معطيات منظومة سنن التأييد يفقد الفعل الإنساني كثيرًا من روحيته وحرمانيته وأخلاقيته وبركته، أي عمقه الإنساني الحقيقي، كما يفقد بذلك بُعدًا مهمًّا جدًّا من أبعاد وقايته.

أ. أهمية تفعيل قانون التوبة النصوح

إن منطق منظومة سنن التأييد يفرض على الإنسان بصورة مطَّردة، أن يفعِّل **قانون التوبة النصوح** في كل مرحلة من مراحل دورة الفعل الذي يقوم به؛ في بدايتها ومسارها ونهايتها، أي يتوب عما يكون قد اعترى جهده السابق واللاحق، من الخطأ أو التقصير أو الاختلال المؤثر سلبًا على دورة الفعل.

---

(1) الشاطبي. الموافقات، تحقيق مشهور بن حسن، ج3/ 44.

فالتوبة كما يقول ابن القيم:

«نهاية كل عارف، وغاية كل سالك، وكما أنها بداية فهي نهاية، والحاجة إليها في النهاية أشد من الحاجة إليها في البداية، بل هي في النهاية في محل الضرورة»[1].

لهذا كان رسول الله عليه الصلاة والسلام يستغفر الله تعالى ويتوب إليه في اليوم سبعين مرة[2]، بل مائة مرة[3]، بل رُوي عن بعض الصحابة أنهم كانوا يعدون له مائة استغفار وتوبة في المجلس الواحد، كما روى ذلك ابن عمر رضي الله عنهما: «**إن كنا لنعد لرسول الله صلى الله عليه وسلم في المجلس الواحد مائة مرة: ربِّ اغفر لي، وتب عليَّ، إنك أنت التواب الرحيم**»[4].

فالتوبة مَغسلة مطهِّرة منقِّية للإنسان من آثار الأخطاء والمعاصي والنواقص، ومزيلة للغشاوات عن قلبه وفكره، ومجددة لقوته ونشاطه، ومصححة لمساراته في الحياة.

وهنا تُطرح أمامنا القضية الأساسية الأولى الملحة، وهي كيفية تأسيس وبناء علم أو فقه وثقافة التوبة النصوح، كمدخل أساسي أول للاستفادة القصوى من معطيات وخدمات منظومة سنن التأييد. إذ بقدر ما يحقق الإنسان توبته النصوح لله تعالى، ويصحح وضعه مع الله، ومع نفسه، ومع الناس، بقدر ما يزداد انتفاعه من معطيات منظومة سنن التأييد، وتعظم فعاليته وبركته في الحياة. وبقدر ما يعجز عن تحقيق توبته النصوح، ويستمر على الوضع اللاسنني الذي هو عليه، بقدر ما تضعف إمكانية استفادته من معطيات منظومة سنن التأييد وانتفاعه بها، وبقدر ما تتضاءل بالتالي فعاليته وبركته في الحياة.

ب. أهمية تفعيل قانون تجديد النية الصادقة

يرتكز الإنسان على ما سبق، ثم يشرع في تفعيل **قانون تجديد النية الصادقة** بعد ذلك، ليشحذ إخلاصه ويرتقي به إلى مستويات عالية من الصدق مع الله ومع نفسه وعمله، وعدم

---

(1) ابن قيم الجوزية. مدارج السالكين، ج3/ 435.

(2) صحيح البخاري، رقم 6307.

(3) صحيح ابن ماجة، رقم3091.

(4) صحيح أبي داود، رقم1516.

الغفلة عن ذلك أو التهاون فيه أبدًا. لأن تجديد النية وتصحيح القصد مجددًا، يعتبر عاملًا مهمًّا من عوامل استدراك النواقص السابقة في الفعل، وتلافيها في مراحل دورته التالية.

وفي الحديث أن رسول الله عليه الصلاة والسلام قال في دور النية في نجاح الأعمال وقبولها وبركتها: «**إنما الأعمال بالنيات، وإنما لكل امرئ ما نوى، فمن كانت هجرته إلى دنيا يصيبها، أو إلى امرأة ينكحها، فهجرته إلى ما هاجر إليه**»[1].

وهنا تُطرح أمامنا القضية الأساسية الثانية الملحة، وهي كيفية تأسيس وبناء علم أو فقه وثقافة تجديد النية وتصحيح القصد، كمدخل أساسي ثانٍ للاستفادة القصوى من معطيات وخدمات منظومة سنن التأييد. إذ بقدر ما يتجرد المقصد من الشوائب، بقدر ما يزداد انتفاع صاحبه من معطيات منظومة سنن التأييد، وتعظم فعاليته وبركته في الحياة. وبقدر ما تضطرب نيته، ويهتز قصده، بقدر ما تضعف إمكانية استفادته من معطيات منظومة سنن التأييد وانتفاعه بها، وبقدر ما تتضاءل بالتالي فعاليته وبركته في الحياة.

ت. أهمية تفعيل قانون الشكر

يلي ذلك خطوة تفعيل **قانون الشكر**، حيث على الإنسان أن يحمد الله تعالى ويشكره على ما وُفِّق إليه من إنجاز ثم من توبة وتجديد نية، وبذلك تزداد روحيته وأخلاقيته وإنسانيته ارتقاء في مدارج الإحسان والرحمانية الكونية.

وفي تأكيد الأهمية الكبيرة لتفعيل قانون الشكر، والدور المهم الذي يؤديه في مباركة الأعمال ومضاعفتها وحمايتها، جاء في القرآن قوله تعالى: ﴿وَإِذْ تَأَذَّنَ رَبُّكُمْ لَئِن شَكَرْتُمْ لَأَزِيدَنَّكُمْۖ وَلَئِن كَفَرْتُمْ إِنَّ عَذَابِي لَشَدِيدٌ﴾ [إبراهيم: 7].

وهنا تُطرح أمامنا القضية الأساسية الثالثة الملحة، وهي كيفية تأسيس وبناء علم أو فقه وثقافة الشكر لله تعالى، كمدخل أساسي ثالث للاستفادة القصوى من معطيات وخدمات منظومة سنن التأييد. إذ بقدر ما يشكر الإنسان الله تعالى حق شكره، بقدر ما يزداد انتفاعه من معطيات منظومة سنن التأييد، وتعظم فعاليته وخيريته ورحمانيته وبركته في الحياة.

---

(1) صحيح البخاري، رقم1.

ث. أهمية تفعيل قانون الدعاء

يرتكز الإنسان على المقدمات الثلاث السابقة بكل مقتضياتها، ليشرع في تفعيل **قانون الدعاء**، وهو طلب العون من الله تعالى على دوام النعمة والعون، وعلى تحصيل مزيد من النعم والعون على إتمام الأعمال على وجوهها الصحيحة الفعالة النافعة.

وفي تأكيد الأهمية الكبيرة لقانون الدعاء في تحصيل التأييد والعون الإلهي اللامحدود، جاء في القرآن الكريم قوله تعالى: ﴿وَقَالَ رَبُّكُمُ ٱدۡعُونِيٓ أَسۡتَجِبۡ لَكُمۡۚ إِنَّ ٱلَّذِينَ يَسۡتَكۡبِرُونَ عَنۡ عِبَادَتِي سَيَدۡخُلُونَ جَهَنَّمَ دَاخِرِينَ﴾ [غافر: 60]، وقوله سبحانه: ﴿وَإِذَا سَأَلَكَ عِبَادِي عَنِّي فَإِنِّي قَرِيبٌۖ أُجِيبُ دَعۡوَةَ ٱلدَّاعِ إِذَا دَعَانِۖ فَلۡيَسۡتَجِيبُواْ لِي وَلۡيُؤۡمِنُواْ بِي لَعَلَّهُمۡ يَرۡشُدُونَ﴾ [البقرة: 186].

وهي مرحلة متقدمة جدًّا من الشفافية الروحية والسمو الأخلاقي والكمال الإنساني، يشعر بها الإنسان وهو يتصل بالله تعالى ويدعوه مباشرة بدون وسائط، ويلتمس منه مزيدًا من العون والتأييد والتوفيق.

ولا شك أن هذا يرفع من مستوى قوة علاقته بالله تعالى وحرصه على مزيد من المراقبة لأعماله، والاستقامة على سنن الله في خلقه، لأنه من غير المعقول أن يبلغ هذه المرحلة من العلاقة بالله والاستقامة على سننه، وانتظار عونه ومعيته وتأييده وتوفيقه، ثم ينتكس على أعقابه، ويخسر ذلك كله.

وهنا تُطرح أمامنا القضية الأساسية الرابعة الملحة، وهي كيفية تأسيس وبناء علم أو فقه وثقافة الدعاء، كمدخل أساسي رابع للاستفادة القصوى من معطيات وخدمات منظومة سنن التأييد. إذ بقدر ما تستوفي شروط الدعاء حقوقها كاملة، بقدر ما يزداد انتفاع صاحبه من معطيات منظومة سنن التأييد، وتعظم فعاليته وبركته في الحياة.

ج. أهمية تفعيل قانون التوكل

بعد هذه المرحلة الروحية المتقدمة جدًّا، يشرع الإنسان في تفعيل **قانون التوكل**، الذي ينقله إلى حالة روحية وأخلاقية وإنسانية أعمق وأقوى، تبث في أعماق نفسه مزيدًا من الثقة في الله، واليقين في معيته، وقوة الاعتماد عليه، وتفويض الأمر إليه ليختار له ما هو أنفع له

في دينه ودنياه، بعد أن استفرغ وسعه في الأخذ بكل ما أتيح له من أسباب في منظومات سنن الآفاق والأنفس والهداية والتأييد، كما يتجلى لنا ذلك في دعاء الاستخارة[1]، الذي كان النبي عليه الصلاة والسلام يعلمه الصحابة كما يعلمهم السورة من القرآن[2].

وفي الأهمية الكبيرة للتوكل في تحصيل الدعم والتأييد الإلهي المستمر، جاء في القرآن الكريم قوله تعالى: ﴿فَإِذَا عَزَمْتَ فَتَوَكَّلْ عَلَى ٱللَّهِۚ إِنَّ ٱللَّهَ يُحِبُّ ٱلْمُتَوَكِّلِينَ﴾ [آل عمران: 159]. وجاء في الحديث النبوي قوله عليه الصلاة والسلام: «**لو أنكم توكلتم على الله حق توكله، لرزقكم كما يرزق الطير، تغدو خماصًا، وتروح بطانًا**»[3].

وهنا تُطرح أمامنا القضية الأساسية الخامسة الملحة، وهي كيفية تأسيس وبناء علم أو فقه وثقافة التوكل الصحيح على الله تعالى، كمدخل أساسي خامس للاستفادة القصوى من معطيات وخدمات منظومة سنن التأييد. إذ بقدر ما يفهم الإنسان حقيقة التوكل، ويتوكل على الله تعالى حق توكله، بقدر ما يزداد انتفاعه من معطيات منظومة سنن التأييد، وتعظم فعاليته وبركته في الحياة.

ح. أهمية تفعيل قانون رفع وتيرة الذكر

من أجل المحافظة على كل هذه المكاسب، وتحقيق مزيد من الارتقاء في مدارج الإحسان في العلاقة بالله تعالى، والعلاقة بالخلق، ورفع مستوى اليقظة الروحية والذهنية والسلوكية، ومضاعفة الخيرية والبركة في الجهد والعمل، ينبغي على الإنسان، بل يجب عليه، أن يفعِّل **قانون رفع وتيرة الذكر** في حياته، سواء باللسان أو الحال.

فالذكر حالة يقظة ذهنية وروحية متوقدة، تدفع بالإنسان تجاه قمم الإحسان، حيث يعبد الله تعالى وهو يستشعر رقابته ومعيته وعونه وآلاءه عليه باستمرار، فتتعزز لديه رقابته لنفسه، ومحاسبته لها، ومبادرته إلى التوبة النصوح، وتجديده الدائب لنيته، وشكره المستمر لله تعالى، ودعائه إياه، وتوكله عليه.

---

(1) أبو بكر بن العربي. عارضة الأحوذي، ج2/ 263.

(2) صحيح البخاري، رقم6382.

(3) صحيح ابن ماجة، رقم3377.

وفي أهمية الذكر في حياة الإنسان، وفي بلوغ الدرجات العليا من العلاقة بالله تعالى، جاء في القرآن الكريم قوله تعالى: ﴿ٱلَّذِينَ ءَامَنُواْ وَتَطۡمَئِنُّ قُلُوبُهُم بِذِكۡرِ ٱللَّهِۗ أَلَا بِذِكۡرِ ٱللَّهِ تَطۡمَئِنُّ ٱلۡقُلُوبُ﴾ [الرعد: 28].

وهذا، من دون شك، يشكِّل دعمًا نفسيًّا وروحيًّا وعمليًّا إضافيًّا غير عادي، لبقية الشروط الموضوعية التي توفرها له بقية المنظومات السننية الثلاث الأخرى في الآفاق والأنفس والهداية والتأييد، التي إذا ما أحسن استثمارها جميعًا في بناء «الدورة الإنجازية» لأي فعل من أفعاله، جاءت هذه الأفعال في قمة أصالتها وفعاليتها وتكامليتها، وقدرتها التأثيرية المستمرة في حياته وفي حركته الاجتماعية.

وهنا تُطرح أمامنا القضية الأساسية السادسة الملحة، وهي كيفية تأسيس وبناء علم أو فقه وثقافة الذكر لله تعالى، كمدخل أساسي سادس للاستفادة القصوى من معطيات وخدمات منظومة سنن التأييد. إذ بقدر ما يفهم الإنسان حقيقة الذكر لله تعالى، ويعي وظيفته في الحياة، ودوره الكبير في تنمية تقواه لله تعالى، ويذكر الله في كل أحواله وعلى جميع أوضاعه، بقدر ما يزداد انتفاعه من معطيات منظومة سنن التأييد، وتعظم فعاليته وبركته في الحياة.

خ. أهمية تفعيل قانون المصابرة

لكي ينتفع الإنسان بكل القوانين السابقة، ويديم الاستفادة منها في ترقية حياته الفكرية والروحية والسلوكية والاجتماعية، ويبلغ بها مستويات عليا من الإحسان والروحانية والرحمانية، ينبغي له، بل يجب عليه، أن يستثمر **قانون المصابرة** الدؤوبة، بكل ما يعنيه من شدة الاحتمال والثبات والمداومة، وطول النفس في مطاولة التحديات والصبر على مواجهتها والتغلب عليها، وعدم الوهن أمامها.

فالمصابرة بهذا المعنى تُكسب الإنسان روح المكابدة، وتطور وتنمي خبراته، وتصقل كفاءته، وتورثه الحكمة، من كثرة ما يواجهه من تحديات متنوعة ومتواصلة، يجتهد في فهمها وتفكيكها وصدها واحتوائها.

إن المصابرة بعمقها الروحي الاحتسابي، وبتأثيراتها النفسية والتربوية والسلوكية العميقة، وبالخبرات التي تراكمها، تمنح الإنسان بصيرة ومناعة كبيرة جدًّا، يستعصي بها في وجه التحديات، ذاتية كانت أم خارجية، وينال مراده في نهاية المطاف.

وفي الأهمية الكبيرة لتفعيل هذا القانون في حياة الإنسان، جاء في القرآن الكريم قوله تعالى: ﴿يَـٰٓأَيُّهَا ٱلَّذِينَ ءَامَنُواْ ٱصْبِرُواْ وَصَابِرُواْ وَرَابِطُواْ وَٱتَّقُواْ ٱللَّهَ لَعَلَّكُمْ تُفْلِحُونَ﴾ [آل عمران: 200]. وفي الحديث النبوي قوله عليه الصلاة والسلام: «**أحب الأعمال إلى الله أدومُها وإن قَلَّ**»[1]، لأن المداومة وعدم الملل والفتور والانقطاع، تحقق للإنسان مراده مع مرور الوقت، وتراكم الأعمال والمكاسب. أرأيت إلى قطرات الماء الصغيرة النازلة ببطء على صخرة صلدة، كيف تؤثر فيها مع مرور الوقت!

لذلك، فإن الملل والاستعجال والانقطاع، مؤثرات سلبية تحرم الإنسان من تحقيق التراكم البنائي المتين في عمله، وتفوت عليه قطف ثمرات جهده، وتجعله دائمًا يبدأ من الصفر! بخلاف المصابرة، فإنها تجعله دائمًا ناجحًا وإن طال به الوقت.

وهنا تُطرح أمامنا القضية الأساسية السابعة الملحة، وهي كيفية تأسيس وبناء علم أو فقه وثقافة المصابرة والمكابدة، كمدخل أساسي سابع للاستفادة القصوى من معطيات وخدمات منظومة سنن التأييد. إذ بقدر ما يزداد تحقق الإنسان بقانون المصابرة، وتتعزز لديه روح المكابدة الدؤوبة، بقدر ما يزداد انتفاعه من معطيات منظومة سنن التأييد، وتعظم فعاليته وبركته في الحياة.

وعلى ذلك، يبلغ الفعل الإنساني فعاليته النموذجية القصوى المتوازنة، عندما تستكمل **دورته الإنجازية** الأخذ بمعطيات منظومة سنن التأييد، وتتضاءل فعاليته المتوازنة، بقدر ما يضعف استثمار معطيات هذه المنظومة، أو يُهمَّش دورها في حياة الإنسان.

هذه هي ساحات أو منظومات سنن التسخير الكونية الكلية الأربع، التي توجد فيها الإمكانات التسخيرية الكاملة للإنسان، لكي ينجز مهمته الوجودية في الأرض بالكفاءة والفعالية والروحانية المطلوبة منه.

فالفعل الإنساني في المنظور القرآني، لكي يكون أصيلًا وفعالًا وتكامليًا، وله قدرة تأثيرية ممتدة في التاريخ، يجب أن تستثمِر **دورتُه الإنجازية** الكلية، كل ما تحتاج إليه من معطيات منظومات سنن التسخير الكونية الكلية الأربع المتكاملة.

---

(1) صحيح البخاري، رقم6464.

وليس هناك في المنظور السنني القراني، فعل إنساني، مهما كان حجمه، ومهما كانت قيمته، لا تحتاج **دورته الإنجازية** الكلية إلى معطيات معينة من منظومات سنن التسخير الكلية الأربع، بل ذلك أمر ضروري، لأن منظومات سنن التسخير الكونية الكلية الأربع، ما وجدت إلا لتُستثمَر معطياتها السننية جميعًا، في بناء **الدورة الإنجازية** الكلية للفعل الإنساني، حتى يخرج هذا الفعل إلى حيز الوجود في كامل أصالته وخيريته وفعاليته وتكامليته وبركته ورحمانيته، وقدرته الاطرادية طويلة المدى.

فالأصالة الفكرية والأخلاقية، والفعالية الإنجازية، والتكاملية الوظيفية، والقدرة الاطرادية للأفعال الإنسانية، كبيرة كانت أم صغيرة، ترتبط بمدى تمكُّن مُنتجي هذه الأفعال المؤثرة في حياتهم الذاتية والاجتماعية، من الاستثمار الصحيح لمعطيات منظومات سنن الله تعالى في الآفاق والأنفس والهداية والتأييد جميعًا، بشكل تكاملي متوازن، في إنتاج هذه الأفعال.

وفيما يلي مخطط بياني لمعالم خريطة منظومة سنن التسخير الكونية التي وضعت تحت تصرف الإنسان لإنجاز خلافته في الأرض:

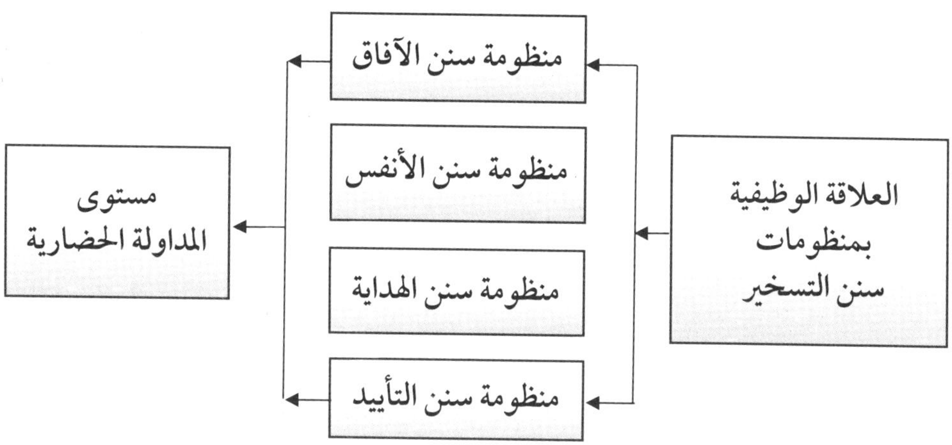

1. كل ما تحتاج إليه حركة المدافعة والمداولة الحضارية، لكي تكون أصيلة وفعالة وتكاملية ومطَّردة الصعود على خط الخيرية والرحمانية الكونية، متوفر في منظومات سنن التسخير الكونية الكلية الأربع، وهي منظومات سنن الله في **الآفاق والأنفس والهداية والتأييد.**

2. طبيعة الموقف الوظيفي أو التسخيري للإنسان من منظومات سنن التسخير الكونية الكلية الأربع مجتمعة، هو الذي يحدد طبيعة ومستوى الصيرورات الحضارية لحركة الاستخلاف البشري في الأرض، ويتحكم في مداها أو نفَسها التاريخي.

3. كلما اتسمت هذه العلاقة التسخيرية بالشمولية والأصالة والفعالية والتكاملية والتوازن والاطرادية، تحركت الصيرورات الحضارية لحركة الاستخلاف على خط البنائية الحضارية التكاملية الصاعدة على خط الخيرية والرحمانية الكونية.

4. كلما اضطربت أصالة أو فعالية أو تكاملية أو اطرادية هذا الموقف الوظيفي أو التسخيري من ذلك، تحركت هذه الصيرورات الحضارية على خط التنافرية والاهتلاكية والضنكية الحضارية المرهقة والمنهكة.

5. إن منظومات سنن التسخير الكونية الكلية الأربع، لا تؤتي ثمارها كاملة، إلا إذا استُثمرت جميعًا بشكل متوازن، وأي تجزئة لها، أو منافَرة فيما بينها، تؤثر سلبًا على فعالية استثمارها، وتضعف حركة المدافعة والمداولة الحضارية للفرد والمجتمع.

6. الخيرية والشرية، والصلاح والفساد، والتكامل والتنافر، والتوازن والاختلال، والقوة والضعف، والصعود والتقهقر، والعزة والذلة... في حياة الأفراد وحركة المجتمعات، مرتبطة جذريًّا بالعلاقة الاستثمارية الكلية المتوازنة لهذه المنظومات جميعًا، أو بالعلاقة الاستثمارية الجزئية المتنافرة لبعض هذه المنظومات دون غيرها.

7. شمولية وتكاملية الاستثمار لمعطيات منظومات سنن التسخير الكونية الكلية الأربع، أو جزئيته وتنافريته، هي التي تحدد مدى فعالية وخيرية وبركة ورحمانية الجهد الإنساني، أو اختلاله وسلبيته وفساده وقلة بركته وضعف رحمانيته الكونية، ومن ثَمَّ هي التي تحدد أوضاع ومواقع الأفراد والمجتمعات في المرحلة الدنيوية من دورتهم الوجودية الكلية الكبرى، وتحدد كذلك مصائرهم في المرحلة الأخروية منها.

8. «**إنما هي أعمالكم أُحصيها لكم ثم أوفِّيكم إياها. فمن وجد خيرًا فليحمد الله، ومن وجد غير ذلك فلا يلومن إلا نفسه**»[1]، كما جاء في الحديث القدسي عن رسول الله عليه الصلاة والسلام.

والأسئلة الكبيرة التي تواجهنا بعد معرفتنا لمدى حاجة حركة الاستخلاف البشري في الأرض إلى الوعي بمعطيات منظومة سنن بناء الوعي الكوني الغائي الشامل، ومعطيات منظومة سنن بناء الوعي الاستخلافي الشامل، ومعطيات منظومة سنن بناء الوعي التسخيري الشامل:

هل الوعي بمعطيات هذه المنظومات السننية الكونية الثلاث، كافٍ لتحقيق حركة الاستخلاف البشري في الأرض لمقاصدها وأهدافها في الحياة، أم أن الأمر يحتاج إلى معطيات سننية أخرى لتحقيق ذلك؟ وإذا كانت هذه الحركة الاستخلافية تحتاج إلى معطيات أخرى فما هي هذه المعطيات؟ وأين توجد؟ وكيف يصل إليها الإنسان ويحصلها ويستثمرها؟

إن منظور السننية الشاملة لم يهمل الإجابة عن هذه الأسئلة المهمة، بل استوعبها كذلك من خلال عنايته بتأسيس الوعي **بمنظومة سنن بناء الوعي الوقائي الحضاري الشامل**، الذي يحمي به الإنسان منجزات عمله، ويضمن لحركته الاستخلافية الاستمرارية التاريخية طويلة المدى، وهو ما سنراه في المنظومة التالية.

رابعًا: معالم منظومة سنن بناء الوعي الوقائي الحضاري الشامل

إن المتأمل في الخبرات الحضارية البشرية على مر التاريخ، يلحظ كيف أن عملية الهدم والتغيير والإصلاح للواقع الفاسد، وبناء واقع جديد أكثر صلاحًا وخيرية وبركة ورحمانية، على الرغم من تعقدها وصعوبتها الجمة، فإنها تبدو أقل صعوبة بالمقارنة مع تحديات عملية المحافظة على منجزات التغيير والإصلاح، وضمان استمرارية حركة التغيير والبناء والإصلاح.

فكثير من حركات التغيير والإصلاح تعجز عن تحقيق أهدافها، وكثير منها يعجز عن مواصلة عملية التغيير والبناء بعد تحقيق بعض أهدافه، وجُلها يعاني من النفَس التغييري قصير

---

(1) صحيح مسلم، رقم2577.

المدى، ومن الدورات التغييرية محدودة الزمن، سواء في مراحل تغيير الأوضاع السابقة، أو في مراحل إعادة البناء والإصلاح الاجتماعي[1].

وهذا ما يستدعي وجود منظومة سننية تتكفل بفهم هذه الظاهرة ابتداءً، ثم ببناء المعرفة والثقافة السننية التي تواجه بها المجتمعات، بل والأفراد، تداعيات هذه الظاهرة المعقدة، ومحاولة مواجهة تحدياتها بفعالية، وتجاوزها نحو إطالة مدى أو عمر التغيير، وضمان استمراريته الصاعدة أكبر فترة زمنية ممكنة، حتى يتمكن من تحقيق غاياته وأهدافه، ويمنح المجتمع مزيدًا من الشروط والقدرات التي بها يواصل مسيرته البنائية الصاعدة، وينتفع بثمراتها العاجلة والآجلة، ويؤدي دوره في محيطه الإقليمي وفي العالم.

وهذه المنظومة تتكفل بتحقيق الوقاية الشاملة لحركة النهضة والمداولة الحضارية، من الضعف والتراجع، وتحمي منجزاتها من الهدر والتبديد، وتضمن الاستثمار الرشيد والفعال لها، من خلال تنمية المعرفة والثقافة السننية الوقائية الشاملة.

وأي فرد أو مؤسسة أو جماعة أو مجتمع أو أمة أو حضارة، لا يمكنها أن تقوم وتنجح وتستمر أو يستمر تأثيرها في التاريخ، إلا إذا توفر لها هذا الوعي وهذا الإمكان الوقائي الشامل، وتحول إلى ثقافة عامة سارية في كل منظومات المجتمع الفكرية والتربوية والاجتماعية والسياسية.

فالوعي الوقائي الذي يتحسب ويحتاط للأخطاء والنواقص والأخطار مبكرًا، ولا يغفل عنها أو يتساهل معها، بل يواجهها في كل مراحل «الدورة الإنجازية» للفعل الإنساني الفردي أو الجماعي، ضرورة حيوية مرافقة لأي نجاح في حياة الأفراد أو المؤسسات أو المجتمعات، وبدونه تدخل عملية التغيير والإصلاح والتجديد في دوامة الاهتلاكية الذاتية المنهكة، التي تقلل إلى حدٍّ بعيد من أصالة أو فعالية أو تكاملية أو اطرادية الجهد، وتُضعف أداءه في معتركات المدافعة والمداولة الحضارية المهيمنة على الحياة البشرية.

فالجهد الفردي أو المجتمعي الذي يتمحور همه حول خطة الإنجاز، أو عملية الإنجاز فحسب، ويغفل عن عملية الوقاية لمرجعية حركة الإنجاز أولًا، ولحركة الإنجاز ذاتها ثانيًا،

---

(1) مالك بن نبي. بين الرشاد والتيه، ص15، 17.

وللمنجز الناتج عنها ثالثًا، جهد قاصر، وربما فاشل، لأنه سيكون جهدًا متنافرًا ومهتلكًا ذاتيًا، بسبب عوامل الضعف التي أُعطيت لها الفرصة لتكبر ويستفحل أمرها، وتؤثر سلبًا على أصالته أو فعاليته أو تكامليته أو اطراديته التاريخية.

والجهد التغييري الإصلاحي البنائي الفعال، الذي يؤثر في حركة التاريخ، هو الجهد الذي يتحرك على المحاور الثلاثة معًا: محور التنظير والتجديد الفكري العالي المستمر، ومحور الإنجاز والبناء الفعال الدائم، ومحور الوقاية لحركة الإنجاز ولمنجزاتها في الوقت نفسه. وأي اختلال يحدث في العلاقة التكاملية العضوية بين هذه المحاور الثلاثة الأساسية، ستكون له نتائج سلبية كبيرة على عملية التغيير والبناء والإصلاح والتجديد الحضاري عامة.

وتتمحور هذه المنظومة الحيوية حول تحقيق ثلاثة أنواع أو مستويات من الوقاية الحضارية الضرورية الشاملة، وهي:

1. الوقاية الاستشرافية المبكرة المرافقة لخطة أو مشروع الفعل

وهي وقاية استباقية مبكرة، ترافق عملية التخلق المبكرة لمشروع الفعل في الذهن، والتخطيط له قبل الشروع في عملية الإنجاز الفعلي له، حيث ينبغي أن تستجمع خطة أو مشروع الفعل ما أمكنها من شروط مادية ومعنوية لنجاحه، وألَّا تترك فيه أي ثغرات للضعف أو الفشل، قدر الإمكان.

والدراسة المتعمقة في الدورات الإنجازية للأفعال الإنسانية، مهما كانت، تبين لنا أن كثيرًا من الاختلالات والنواقص والانحرافات المؤثرة سلبًا على خيرية وبركة ورحمانية وفعالية وتكاملية واطرادية هذه الأفعال، تحدث في مراحل مبكرة من دورة الفعل، أي في مراحل بداية انبثاق فكرة الفعل في الذهن، ثم تبلورها شيئًا فشيئًا، وتحولها مع مرور الوقت إلى مشروع وخطة جاهزة للتنفيذ.

وكل هذه المراحل من دورة أي فعل إنساني، إذا لم تجرِ وقايتها وتخليصها من النواقص والسلبيات والاختلالات والانحرافات مبكرًا جدًّا، أي من بداية مرحلة الخطرة، فإنها ستؤثر سلبًا على المرحلة التي تليها، ثم هكذا يتسلسل التأثير السلبي ويكبر حجمه، مما يسلب من

هذا الفعل، كثيرًا من خيريته وبركته ورحمانيته وفعاليته وتكامليته وتوازنه وقدرته الاطرادية طويلة المدى.

وفي هذا يقول ابن القيم في خلاصة من أهم الخلاصات في الفكر والمنهج الوقائي الشامل، الذي يبدأ من الجذور الجنينية المبكرة للفكرة، ويمضي معها حتى ولادتها في الواقع المعيش:

«دافع الخطرة، فإن لم تفعل صارت فكرة، فدافع الفكرة، فإن لم تفعل صارت شهوة، فحاربها، فإن لم تفعل صارت عزيمة وهمة، فإن لم تدافعها صارت فعلًا، فإن لم تتداركه بضده صار عادة، فيصعب عليك الانتقال عنها»[1].

فالخاطرة كبذرة جنينية مبكرة للفعل، إذا كانت سيئة المقصد أو المضمون أو الوجهة، أو كانت مناقضة لسنن الله تعالى في خلقه، ولم يجرِ تصحيح مقصدها ومضمونها ووجهتها، وتحويل مسارها نحو الخيرية والمصلحة الحقيقية غير المضرة بالنفس أو بالآخرين، فإنها تشكِّل أول اختلال وقصور في دورة الفعل، ستتبعها اختلالات ونواقص كثيرة، تؤثر سلبًا على بقية مراحل الدورة الإنجازية للفعل، وتفقده كثيرًا من أصالته وفعاليته وتكامليته وخيريته وبركته ورحمانيته الكونية.

وقد مر معنا كيف اهتم الفقه السنني القرآني على سبيل المثال، بقضية تصحيح النيات والمقاصد، وجعلها أساس الأعمال، بل وروحها، وشرطًا جوهريًّا من شروط فعاليتها وبركتها، كما في حديث: «**إنما الأعمال بالنيات وإنما لكل امرئ ما نوى**»[2]. فبركة الأعمال تبدأ من ضبط الخواطر وتوجيهها وجهة صحيحة، حتى ينعكس ذلك على بقية مراحل دورة الفعل الإنساني[3].

وللأهمية، والخطورة البالغة في الوقت نفسه، للمقاصد والنيات في صلاح ونجاح الأفعال، أو فسادها وفشلها، رأى بعض أهل البصيرة[4] أن يتفرغ بعض العلماء والمربِّين

---

(1) ابن قيم الجوزية. الفوائد، ص31.

(2) صحيح البخاري، رقم1.

(3) المناوي. فيض القدير شرح الجامع الصغير، ج1/ 30.

(4) أبو عبد الله العبدري. المدخل، ج1/ 8، 21.

والمرشدين لتعليم الناس تصحيح نياتهم ومقاصدهم، في كل فعل من أفعالهم، بحيث لا يصدر عنهم خاطر أو قول أو فعل إلا بنية صالحة، ومقصد صحيح يبتغي به وجه الله تعالى ومرضاته، وموافاة سننه في خلقه.

وكما يُقال: من صلحت بدايته، أشرقت نهايته، أو صلحت نهايته. فالمقدمات الصحيحة تعطي نتائج صحيحة، والمقدمات الفاسدة يصعب أن تعطي نتائج صالحة طيبة. والبناءات التي تقوم على قواعد متينة، تتحمل ما يتأسس عليها من بناء بعد ذلك، أما البناءات التي تقوم على قواعد هشة، فإنها لا تستطيع تحمل ما يتأسس عليها من بناء بعد ذلك.

لهذا، فإن كل مرحلة في دورة الفعل، في حاجة إلى تركيز ورعاية وضبط ومراجعة وتنقيح مستمر، حتى تستوفي شروطها، وتستكمل متطلباتها، وتكونَ فعلًا قاعدةَ ارتكاز متينة داعمة للمرحلة التي تليها، وهكذا دواليك، تطَّرد منهجية بناء المعرفة والوعي والثقافة الوقائية الشاملة.

الملاحظ هنا أن كثيرًا من الناس، أفرادًا ومجتمعات وأممًا وحضارات، كثيرًا ما يفرض عليهم منطقُ المدافعة والمداولة الثقافية والاجتماعية والحضارية الدائبة، الجري المحموم إلى الأمام، لمواكبة التحديات التي تحيط بهم، أو رغبة في حيازة ما يستطيعون من المكاسب بأي طريقة، ويغفلون عن التدقيق في مراجعة النواقص والقصورات والاختلالات التي تحدث في المراحل المختلفة لإعداد «الدورات الإنجازية» لأفعالهم، وخاصة المراحل التأسيسية المبكرة منها، فتأخذ تلك النواقص وقتها للنمو والتطور، وربما الاستفحال، وهو ما يؤثر سلبًا على أصالة أو فعالية أو تكاملية الفعل في مراحله التنفيذية التالية.

ولكي يلبي الإنسان كل حاجيات هذه المرحلة من الوقاية المبكرة للفعل، ويواجه تحدياتها بشكل شامل وفعال، لا مناص له من استيعاب شامل ومتكامل لمعطيات منظومات سنن التسخير الكونية الكلية الأربع السابقة، وعدم تجزئتها، أو المفاضلة فيما بينها، أو الاقتصار على بعضها، أو تعويض بعضها ببعض، لأن ذلك لا يتيح له المعطيات المتكاملة للوقاية المطلوبة، وإنما تتاح له الوقاية الشاملة عندما ينفتح على معطيات كل هذه المنظومات، ويستثمرها بشكل صحيح في إعداد وبناء هذه المرحلة الأولى من الدورة الإنجازية لفعله.

وما أحوج حركات التغيير والإصلاح إلى تنمية ونشر وتعميق المعرفة والثقافة السننية الخاصة بالوقاية المبكرة، لتهيئة الأساس الفكري المتين لمشروع الفعل وخطته، بحيث يكون مشروعًا متكاملًا متناغمًا مع سنن الله تعالى في الآفاق والأنفس والهداية والتأييد معًا.

فاستيفاء كل مرحلة من مراحل «الدورة الإنجازية» للفعل الإنساني شروطها المطلوبة، يوفر للإنسان كثيرًا من الوقت والجهد والإمكانات، ليستثمرها في توفير شروط نجاح المرحلة التي تليها، وهكذا دواليك، تستكمل دورة الفعل مزيدًا من شروط أصالتها وفعاليتها وتكامليتها وخيريتها وبركتها ورحمانيتها الكونية المطلوبة.

2. الوقاية المرافقة لحركة الإنجاز الفعلي

هذه هي المرحلة الأساسية الثانية من «الدورة الإنجازية» للفعل، يتحول فيها مشروع الفعل وخطته النظرية، إلى فعل منجز في الواقع الفعلي المعيش.

وهي مرحلة أساسية في دورة الفعل، لأنها هي المقصودة. فالإنسان يتعلم ويعرف ويخطط ويضع المشاريع والخطط، لينفذ وينجز أعمالًا مؤثرة في الواقع المعيش للأفراد والمجتمع، وإلا فلا قيمة لهذه المعرفة أو الخطط والمشاريع النظرية، إذا لم تتحول إلى أعمال مغيِّرة ومصلِحة للواقع الإنساني. فالعمل المنجز هو مقصد العلم وروحه(1)، وهو المؤثر المباشر في حركة التاريخ.

وهذه مرحلة أكثر تعقيدًا وصعوبة، لتعدد وتنوع وتباين متغيراتها وتحدياتها، وحاجتها إلى شروط وإمكانات كثيرة، قد لا تتاح للإنسان بشكل كافٍ أحيانًا، وقد تتاح له لكنه لا يحسن استعمالها، وقد يحسن استعمالها لكن التحديات المحيطة بفعله تكون أكبر منه بكثير، فلا يحقق مطلوبه.

وما أكثر ما تتوفر للأفعال الإنسانية المشاريعُ والخطط الصالحة نظريًا، لكنها كثيرًا ما تخفق في عملية الإنجاز الفعلي لها، أو يأتي إنجازها ضئيلًا غير مؤثر بشكل جاد على حركة الحياة الفردية أو الجماعية. ولذلك ينبه الخبراء إلى الفوارق الجوهرية المهمة بين المراحل

---

(1) الشاطبي. الموافقات، ج1/ 31.

المختلفة في تشكل وبناء «الدورة الإنجازية» للفعل الإنساني، والتي يجب الوعي بها تمامًا، حتى تأخذ كل مرحلة منها حظها في الإعداد والوقاية.

ومن المقولات المهمة المنبهة إلى هذه الفوارق في الانتقال من مرحلة في دورة الفعل إلى المرحلة التي تليها، ما ذكره أحد الخبراء على سبيل المثال: «هناك بون شاسع بين الرغبة والإرادة، وبين الإرادة والتصميم، وبين التصميم واختيار الأساليب، وبين اختيار الأساليب والتنفيذ»[1]. وكل مرحلة من هذه المراحل لها طبيعتها ومتطلباتها.

وينبغي أن نضيف هنا مرحلة جوهرية قد تكون من أصعب وأخطر هذه المراحل، وهي مرحلة المحافظة على مكتسبات الفعل المنجَز، وضمان استمرارية السير التصاعدي لحركة الإنجاز، كما سبق بيان ذلك.

وكما منح منظور السننية الشاملة عناية كبيرة للوقاية الاستشرافية المبكرة، أي للمرحلة النظرية المهيئة والمنضجة لمشروع الفعل وخطته، منح لهذه المرحلة كذلك وقاية مرافقة أكثر ملازمة لعملية الإنجاز للفعل، حتى يُنجَز هذا الفعل بالكفاءة والفعالية المطلوبة في حينه، من خلال التأكيد على دقة الإنجاز، وديمومة الإشراف والرقابة واليقظة لأي متغيرات ومستجدات سلبية طارئة، يمكنها أن تعيق أصالة الإنجاز، أو فعاليته، أو تكامليته، أو اطراديته التاريخية طويلة المدى.

فمرحلة الإنجاز لا ينبغي أن ينصب فيها الجهد على عملية الإنجاز فحسب، بل عليه أن ينصب كذلك على الوقاية المرافقة التي تصحح بشكل فوري ومباشر ما يحدث من نواقص أو اختلالات في عملية الإنجاز، بل يجب أن يكون هذا الجهد الوقائي المرافق من لوازم حركة الإنجاز، لا ينفك عنها بأي حال من الأحوال، حتى لا تُترك أي فرصة للخطأ أو النقص أو القصور في الفعل.

وفي هذه المرافقة الوقائية لعملية الإنجاز، جاء في السنة النبوية الشريفة قول الرسول عليه الصلاة والسلام: «**إن الله تعالى يحب إذا عمل أحدكم عملًا أن يتقنه**»[2]، أي يؤديه

(1) جان بيريه. الذكاء والقيم المعنوية في الحرب، ترجمة المقدم الهيثم الأيوبي، ص51.

(2) الألباني. صحيح الجامع، رقم1880.

بالدقة والكفاءة والإحكام والأمانة المطلوبة، بحيث لا يترك فيه مجالًا لأي نقص أو قصور أو ضعف[1].

وهذا، من دون شك، يقتضي منه أن يتحلى بأقصى درجات المسؤولية والإخلاص والانتباه والتركيز، والقدرة الوقائية التي تجعله يكتشف أي نقص أو قصور في حينه، ويتلافاه فورًا من دون تسويف.

وكما ذكرنا في شروط توفير الوقاية المبكرة في المرحلة الأولى من دورة الفعل، فإن توفير الوقاية المرافقة لهذه المرحلة الحيوية الأساسية من دورة الفعل، يحتاج بدوره إلى الاستيعاب الشامل لمعطيات منظومات سنن التسخير الكونية الأربع، لأن الفعل يحتاج إلى معطيات ضرورية من كل منظومة من هذه المنظومات جميعًا، حتى يتم إنجازه بالكفاءة والفعالية المطلوبة من ناحية، وحتى تتم وقايته من أي نواقص أو اختلالات بشكل فوري من ناحية أخرى.

فمرحلة الإنجاز من دورة الفعل، تتوفر لها من الوقاية المرافقة الفعالة بقدر استثمار صاحبها، فردًا أو مؤسسة أو دولة أو مجتمعًا أو أمة، لمعطيات المنظومات الكلية السابقة، وتفتقر إلى هذه الوقاية بقدر ما يعجز أو يقصر صاحبها في استثمار معطيات كل هذه المنظومات، ويكتفي ببعضها فحسب.

3. الوقاية الاستدراكية الدائبة

الفعل الإنساني، كما سبقت الإشارة إلى ذلك، تعتريه باستمرار نواقص كثيرة، سواء في مرحلة الميلاد الفكري أو النظري له، أو في مرحلة الميلاد الفعلي أو الاجتماعي له، بسبب متغيرات ومستجدات كثيرة تفرضها حركة المدافعة والمداولة الثقافية والاجتماعية والحضارية على الإنسان بشكل مستمر. وفي كثير من الأحيان تفلت هذه الأخطاء والنواقص من غربال مرحلتي الوقاية المبكرة لإعداد وبناء مشروع الفعل وخطته، والوقاية المرافقة لعملية الإنجاز الفعلي، وحينئذ يصبح تأثيرها السلبي جديًّا، وربما خطيرًا، على أصالة الفعل وفعاليته وتكامليته واطراديته التاريخية.

---

(1) المناوي. فيض القدير شرح الجامع الصغير، ج2/ 286.

ووجه الخطورة في الأخطاء والنواقص التي تفلت من غربال الوقاية في المرحلتين السابقتين من دورة الفعل، يكمن في أنها أخذت وقتًا قد يمنحها فرصة لتتحول إلى جزء وَرَميٍّ من بنية ونسيج الفعل، يصعب الانتباه إليه قبل استفحال أمره، خاصة أن الزمن يجعل الناس يعتادون عليه ويألفونه ويتكيفون معه، بل والأخطر من ذلك أنهم يقاومون من ينبه إليه أو يحاول تغييره، بحكم الإلف والعادة!

وما أكثر ما استُنزفت أموال، وأُهدرت أوقات، بل وانتُهكت حقوق وأعراض، وأُزهقت أرواح، وفُوتت فرص ثمينة على الأفراد والمجتمعات، دفاعًا عن أخطاء ونواقص واختلالات فكرية أو ثقافية أو سلوكية أو اجتماعية أو سياسية... تحولت إلى مفاهيم وعادات وتقاليد وأعراف راسخة، لا يمكن القرب منها!

ولعل أبرز مثال على ذلك، ظاهرة الشرك المنهك والمهلك للأفراد والمجتمعات، التي تبدأ بسيطة، ثم تكبر وتتعقد كما تكبر كرة الثلج، وتأخذ مكانة غير عادية في حياة الأجيال اللاحقة، التي تنتقل في علاقتها بهذه الشركيات من مرحلة التبرير التي تبدأ بقول: ﴿مَا نَعۡبُدُهُمۡ إِلَّا لِيُقَرِّبُونَآ إِلَى ٱللَّهِ زُلۡفَىٰٓ﴾ [الزمر: 3]. ثم ترتقي مع الزمن إلى مرحلة أكثر جمودًا ويبوسة وصلابة ومقاومة للتغيير والإصلاح، بحيث يُرفع شعار: ﴿إِنَّا وَجَدۡنَآ ءَابَآءَنَا عَلَىٰٓ أُمَّةٖ وَإِنَّا عَلَىٰٓ ءَاثَٰرِهِم مُّهۡتَدُونَ﴾ [الزخرف: 22]، في وجه كل مصلح أو مجدد في المجتمع. ومنها إلى مرحلة محاصرة المصلحين والمجددين، وعزلهم، ومطاردتهم، ونفيهم من مجتمعاتهم، تحت شعار: ﴿أَخۡرِجُوهُم مِّن قَرۡيَتِكُمۡۖ إِنَّهُمۡ أُنَاسٞ يَتَطَهَّرُونَ﴾ [الأعراف: 82]. ومنها إلى مرحلة أشد خطرًا، وهي مرحلة استباحة حقوق وأعراض وأرواح من يناهض الشرك ومظاهره، ويدعو إلى تغييرهما، وتخليص المجتمع من أخطارهما ومهالكهما، حيث يُرفع في وجوههم شعار: ﴿قَالُواْ حَرِّقُوهُ وَٱنصُرُوٓاْ ءَالِهَتَكُمۡ إِن كُنتُمۡ فَٰعِلِينَ﴾ [الأنبياء: 68]، وشعار: ﴿ذَرُونِيٓ أَقۡتُلۡ مُوسَىٰ وَلۡيَدۡعُ رَبَّهُۥٓۖ إِنِّيٓ أَخَافُ أَن يُبَدِّلَ دِينَكُمۡ أَوۡ أَن يُظۡهِرَ فِي ٱلۡأَرۡضِ ٱلۡفَسَادَ﴾ [غافر: 26].

ومن يتتبع مخرجات ونتائج كل مرحلة من هذه المراحل في التاريخ الإنساني إلى يوم الناس هذا، سيقف على مظالم ومخازٍ ومآسٍ مروعة، تعرض لها المصلحون والمجددون عبر العصور والمجتمعات، بسبب أخطاء ونواقص في **الدورات الإنجازية** للأفعال الإنسانية، لم يتم تصحيحها في حينها، وأعطيت لها فرصة النمو والرسوخ، حتى تحولت إلى أجزاء

أساسية في الهويات العقدية والثقافية والحضارية للمجتمعات، تُستباح من أجلها الدماء والأرواح والأعراض والحقوق الآدمية!

لا أود أن أسترسل في ذكر الأمثلة عن خطورة إفلات الأخطاء والنواقص من غربال الوقاية المبكرة والمرافقة والاستدراكية، وتحولها إلى أورام سرطانية خبيثة فتاكة في النفوس والمجتمعات، لكنني أطلب الآن من القارئ الكريم أن يتخيَّل عواقب خطر الردة التي ظهرت في أواخر العهد النبوي، لو لم يتمكن أبو بكر الصديق رضي الله عنه من استئصال شأفتها في حينها وبلا هوادة.

تأمل، ماذا كان سيحدث للإسلام لو أن هذه الردة أتيحت لها الفرصة لتتمكن من المجتمع أو أجزاء منه، في ظل المنطق القبلي والوعي القبلي المغلق، والصراع القبلي المنهك؟ ماذا سيكون شكل الإسلام، ومستقبل الإسلام، ومستقبل الأمة الإسلامية والحضارية الإسلامية؟

أدعو القارئ أيضًا أن يتأمل في عواقب تعطيل مشروع الشورى الذي جاء به القرآن وجسَّده الرسول عليه الصلاة والسلام والخلفاء الراشدون في حياتهم، وانقلاب المُلك العضوض عليه وإجهاضه مبكرًا، بعد تولية معاوية رضي الله عنه لابنه يزيد بحجة المحافظة على وحدة الأمة وبيضتها!

إن الأمة منذ ذلك العهد، تعيش بمنطق المُلك الفردي القبلي العضوض، حتى فيما سُمي بـ«الجمهوريات الديمقراطية الشعبية» منذ منتصف القرن الماضي إلى يومنا هذا! وما تزال بعيدة عن منطق الشورى باعتبارها أعلى مراتب الإدارة الديمقراطية الرشيدة للمجتمعات الإنسانية[1].

لو أن هذا الخطأ استُدرك في حينه أو بعد ذلك، وتمكنت الأمة من تفعيل وتطوير ومأسسة نظام الشورى عبر الزمن من ناحية، ومن نشر وتعميم وتعميق وترسيخ ثقافة وسلوك ومنطق الشورى من ناحية ثانية، ومن حماية هذا النظام وهذه الثقافة الشورية بمجتمع مدني وسياسي صلب من ناحية ثالثة، لما استشرى الاستبداد والفساد والمظالم بهذا الشكل في جزء كبير من تاريخنا وحاضرنا، ولما تراجعت النهضة الإسلامية بهذا الشكل، ولما أصيبت الأمة بهذه الغثائية والتبعية الحضارية المذلة!

---

(1) محمد الشاوي. الشورى كأعلى مراتب الديمقراطية، ص7.

إن الأخطاء والنواقص عندما تفلت من مرحلتي الوقاية المبكرة والمرافقة، وتعبرهما إلى عمق ساحات أو منظومات الفكر والثقافة والسلوك، والنظم الاجتماعية والسياسية والاقتصادية والحياتية عامة، فإنها تضعف الأفراد والمجتمعات، وتنهك كثيرًا من طاقاتهما وإمكاناتهما، وتضاعف همومهما، وتعقد وضعهما في ساحات المدافعة والمداولة الحضارية التي لا وزن فيها للضعفاء.

وفي السنة النبوية الشريفة تنبيهات سننية في غاية الأهمية، إلى خطورة إفلات الأخطاء والنواقص والاختلالات من غربال مرحلتي الوقاية المبكرة والوقاية المرافقة من «الدورة الإنجازية» للفعل الإنساني، وعبورها إلى ساحات الحياة المختلفة، والتأثير فيها سلبيًّا. ونكتفي هنا بهذا الحديث، على سبيل المثال، الذي جاء فيه: «**إن العبد إذا أخطأ خطيئة نُكِتت في قلبه نُكتة سوداء، فإذا هو نزع واستغفر وتاب سقل قلبه، وإن عاد زيد فيها حتى تعلو قلبه، وهو الران الذي ذكرَ اللهُ:** ﴿كَلَّا ۖ بَلْ ۜ رَانَ عَلَىٰ قُلُوبِهِم مَّا كَانُوا يَكْسِبُونَ﴾»[1].

هكذا تؤثر الأخطاء والنواقص والاختلالات في تفكير الإنسان أو سلوكه أو علاقاته، إذا هو لم يتداركها ويتخلص منها في حينها، وتركها حتى يستحكم أمرها. ولذلك قيل بحق: «لا صغيرة مع الإصرار، ولا كبيرة مع الاستغفار»[2]، لأن الخطأ أو النقص الصغير إذا غُفل عنه، أو أصر صاحبه عليه، نما وصار كبيرًا ومؤثرًا، والكبير إذا بادره صاحبه بالتغيير والإصلاح، نقُص وضعُف تأثيره السلبي، وأمكن التخلص منه فورًا أو بالتدريج.

وهكذا شأن ومصير المؤسسات التي تعجز أو تقصِّر في تحقيق الوقاية المبكرة لميلاد الفكرة أو المشروع من ناحية، وتعجز أو تقصر كذلك في تحقيق الوقاية المرافقة لعملية الإنجاز الفعلي للمشروع في واقع الحياة من ناحية أخرى، وتتيح الفرصة للأخطاء والنواقص لكي تعبر إلى ساحات الحياة المختلفة وتفرخ فيها، وتتحول إلى جزء من ثقافة المؤسسة أو المجتمع ونفسيته، بل وربما عقيدته!

---

(1) سنن الترمذي، رقم3334.

(2) عبد الرحمن بن أحمد بن رجب. جامع العلوم والحكم، ج1/ 449.

من هنا تأتي الأهمية البالغة للوقاية الاستدراكية الدائبة، التي تلاحق النواقص والقصورات والأخطاء التي أفلتت من غربال الوقاية المبكرة للميلاد النظري لفكرة أو مشروع الفعل، والوقاية المرافقة لعملية التنفيذ والإنجاز العملي للفعل، وتنقب عنها، وتحرص على اكتشافها وتصحيحها وتخليص العمل منها، ولا تتيح لها أي فرصة لكي تكبر وتستشري وتستعصي على الحل، وتؤثر سلبًا على أصالة الإنجاز، أو على فعاليته، أو على تكامليته، أو على اطراديته التاريخية طويلة المدى، ومن ثَمَّ على وضع وموقع الأفراد والمجتمع والأمة في عصرهم.

وهذه الوقاية الاستدراكية لكي تحقق أهدافها بشكل فعال، تحتاج بدورها إلى الاستيعاب الشامل لمعطيات منظومات سنن التسخير الكونية الأربع، واستثمارها بشكل فعال، لأن المعطيات السننية للوقاية موزعة في كل هذه المنظومات، وليست موجودة في منظومة سننية واحدة أو اثنتين منها فقط.

وكثير من محاولات الوقاية، مبكرة كانت أم مرافقة أم استدراكية، تخفق، لأن أصحابها يغفلون أو يجهلون حقيقة توزع السنن على منظومات سنن التسخير الكونية الكلية الأربع، ولذلك تراهم يركزون جهودهم على منظومة أو منظومتين فقط، ويهملون بقية المنظومات الأخرى، فتأتي محاولاتهم جزئية ضعيفة الفعالية، لا تقوى على تحقيق الوقاية الشاملة العميقة المطلوبة.

لهذا، فإن عملية الوقاية الاستدراكية التي تلاحق كل مراحل «الدورة الإنجازية» للفعل الإنساني، بمزيد من المراجعة والفحص الشامل الدقيق المستمر، تتوفر لها من شروط اليقظة والبصيرة والفعالية والنجاح، بقدر استثمار صاحبها، فردًا أو مؤسسة أو دولة أو مجتمعًا أو أمة، لمعطيات منظومات سنن التسخير الكونية الكلية الأربع السابقة، وتفقد من شروط اليقظة والبصيرة والفعالية والنجاح، بقدر ما تعجز أو يقصِّر صاحبها في استثمار معطيات كل هذه المنظومات السننية المتكاملة، ويكتفي ببعضها فحسب.

إذا اجتمعت في «الدورة الإنجازية» للفعل الإنساني الفردي أو الجماعي، كل هذه المستويات من الوقاية ثلاثية الأبعاد: المبكرة والمرافقة والاستدراكية، فإنه سيخرج إلى حيز الوجود متمتعًا بمزيد من الأصالة والفعالية، والتكاملية والتوازن، والقدرة الاطرادية طويلة المدى، ومن ثَمَّ سيعطي لحركة المدافعة والمداولة الثقافية والاجتماعية والحضارية

للمجتمع، قوتها التأثيرية المطلوبة، ويجعلها في موقف جيد ومريح وآمن. أما إذا تجزأت أو تنافرت أو تعطلت فيه هذه المستويات الثلاثة من الوقاية، أو تعطل بعضها، فإنه سيخرج إلى حيز الوجود العملي فعلًا منقوص الأصالة والفعالية والتكاملية والتوازن، ومتسمًا بالنفَس التاريخي قصير المدى، ومن ثَمّ سيؤثر سلبًا على حركة المدافعة الثقافية والاجتماعية والحضارية للمجتمع، ويضعها في موقف صعب أو خطير.

الخلاصة هي أن منظومة الوعي الوقائي الشامل، لها أهمية بالغة جدًّا في حياة الأفراد والمؤسسات والمجتمعات والأمم والحضارات عامة، لأن الفعل أو المنجز الفكري أو النفسي أو الروحي أو السلوكي أو الاجتماعي أو الحضاري بصفة عامة، الذي لا يقيه صاحبه ولا يحميه، ولا يحافظ على أصالته الفكرية والروحية، وعلى فعاليته الإنجازية، وعلى تكامليته الاجتماعية، واطراديته التاريخية طويلة المدى، ويتركه يتعرض للتشويه أو الهدر العبثي من قبل غيره أو من قبله هو نفسه، لا يمكنه أبدًا أن يصل بصاحبه إلى الهدف المنشود، ولا أن يكون عنصرَ بناء تكاملي في مسيرة نهضته الذاتية أو الحضارية.

لهذا، رأينا القرآن قد أكثر من الحديث عن ضرورة المحافظة على مكاسب الأعمال، كما نلحظ ذلك مثلًا في قوله تعالى: ﴿وَلَا تَكُونُواْ كَٱلَّتِي نَقَضَتۡ غَزۡلَهَا مِنۢ بَعۡدِ قُوَّةٍ أَنكَٰثٗا﴾ [النحل: 92]. وكذلك السنة النبوية الشريفة، كما في قول الرسول عليه الصلاة والسلام: «**واعلموا أن أحب العمل إلى الله أدومُه وإن قَلّ**»[1]. كما نجد حرصًا شديدًا على استدراك النواقص والأخطاء بأقصى سرعة عند الانتباه إليها، وعدم تركها تتحول إلى عادات أو أنظمة مألوفة عند الإنسان أو في المؤسسات. وكما سبق أن أكدنا، فإن ما يعتاد عليه الإنسان من أخطاء، يصعب عليه تغييرها، وغالبًا ما ينسى أنها أخطاء، ويصل إلى مراحل الدفاع عنها، لأنها تحولت إلى جزء مكون لتفكيره أو نفسيته أو سلوكه أو منهجيته في الحياة، وترتبط به كثير من مصالحه الموهومة! لهذا كانت التوبة كنظام أو منظومة وقائية أساسية ذات أبعاد وأغوار روحية ونفسية عميقة، واجبة على الفور وليس على التراخي[2]، حتى لا تُعطى الفرصة للخطأ أو الانحراف أو الذنب لكي يكبر ويتعاظم تأثيره السلبي على حياة الفرد وحركة المجتمع.

---

(1) صحيح مسلم، رقم2818.

(2) القاسمي. محاسن التأويل، ج3/ 50.

وما أروع ما نقرأه في هذا الحديث النبوي بالغ الأهمية في مجال فقه الوقاية الشاملة، مبكرة كانت أم مرافقة أم استدراكية، حيث قال رسول الله عليه الصلاة والسلام: «**اتقِ الله حيثما كنت، وأتبع السيئة الحسنة تمحُها، وخالِق الناس بخُلق حَسن**»[1].

والتوجيه كما نرى، لا يؤكد فقط على ضرورة الوقاية المبكرة، ولا على ضرورة الوقاية المرافقة، ولا على الأهمية الكبيرة للمبادرة إلى تصحيح الأخطاء وتدارك النواقص بلا انتظار أو تسويف، بل يذهب في فقه الوقاية إلى ما هو أبعد من ذلك وأكثر فعالية، وهو الحرص على تعويض الأخطاء والنواقص بأضدادها، حتى ينتفي أثرها تمامًا من النفس والسلوك والواقع، ويحل محلها الصواب ويرسَخ في النفس والسلوك والواقع[2]، ويسد الباب نهائيًا أمام أي إمكانية لحدوثه مرة أخرى.

ولا شك أن أقوى وأفعل أنواع الوقاية، هي الوقاية التي تمحو آثار الخطأ من جذوره في الذاكرة الإنسانية، أو في لاشعور الإنسان، وليس فقط في تفكيره وسلوكه وأدائه المنظور أو المشهود. وتراكم الأفعال الصحيحة البديلة هو الذي يحقق ذلك، ويؤمن الإنسان والمجتمع أجنة ومورثات الأخطاء. وهو تطبيق للتوجيه السنني القرآني الذي جاء فيه قوله تعالى على سبيل المثال: ﴿إِنَّ ٱلْحَسَنَٰتِ يُذْهِبْنَ ٱلسَّيِّـَٔاتِ ۚ ذَٰلِكَ ذِكْرَىٰ لِلذَّٰكِرِينَ﴾ [هود: 114]، الذين لا يكتفون باكتشاف الأخطاء والنواقص والاختلالات في أعمالهم وتصحيحها فحسب، بل يمضون إلى ما هو أبعد من ذلك، وهو تعزيز الصلاح في العمل، وقطع الطريق على عودة الخطأ ثانية.

هكذا إذن، تحقق الوقاية الشاملة التي تلازم الفعل الإنساني في كل مراحل «دورته الإنجازية»، الأصالة والفعالية والتكاملية المطلوبة في الجهد الفردي والجماعي، وتحافظ على منجزاته، وتضمن استمراريته التاريخية طويلة المدى، وتمكنه من إحداث التراكم الكمي والنوعي المطلوب في العملية التغييرية والإصلاحية والتجديدية في المجتمع، ومن مضاعفة الفائض الحضاري للمجتمع، الذي به يرفع وتيرة فعالية مدافعته الثقافية والاجتماعية والحضارية إلى أعلى مستوياتها النموذجية القصوى من جهة، ويحقق نهضته ومداولته

---

(1) الألباني. صحيح الجامع، رقم97.

(2) الطاهر بن عاشور. تفسير التحرير والتنوير، ج12/ 180.

الحضارية ويؤمّنها من المؤثرات السلبية لحركة المدافعة والمداولة الثقافية والاجتماعية والحضارية المحيطة به من جهة أخرى.

وفيما يلي مخطط بياني عن معالم خريطة مسار الوقاية الحضارية الشاملة، سواء تعلَّق الأمر بحياة الأفراد أو إدارة المؤسسات أو حركة المجتمع والدولة بصفة عامة:

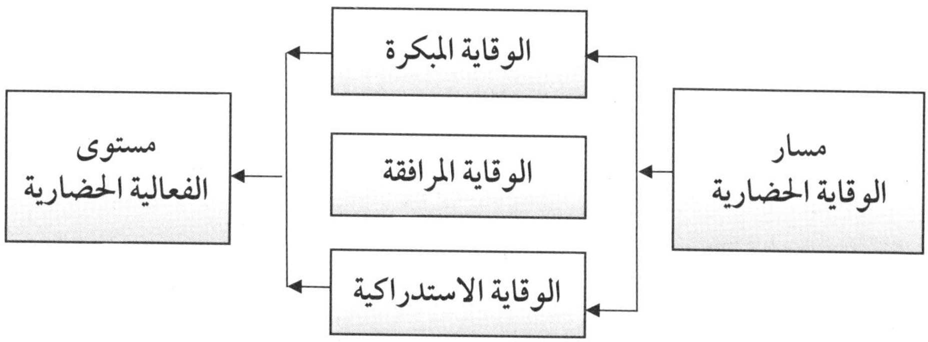

1. الصيرورات الحضارية لحركة الاستخلاف البشري في الأرض، ترتبط إلى حدٍّ بعيد بمدى أصالة وفعالية وتكاملية وتوازن الأفعال التي تصدر عن الأفراد والمؤسسات والمجتمع عامة.

2. اتسام أفعال الأفراد والمؤسسات والمجتمع، بهذه الأصالة والفعالية والتكاملية والتوازن، والقدرة التأثيرية طويلة المدى، يرتبط بمدى الوقاية الشاملة التي تتوفر **للدورات الإنجازية** الكلية لهذه الأفعال في كل مرحلة من مراحلها.

3. إذا توفرت **للدورة الإنجازية** للفعل، وقاية مبكرة في مرحلة ميلاده كفكرة ومشروع وخطة نظرية أولًا، ثم توفرت له وقاية مرافقة في مرحلة تحويل الفكرة والمشروع إلى منجز عملي في واقع الحياة ثانيًا، ثم توفرت له وقاية استدراكية تصحح الأخطاء والنواقص والاختلالات التي يتم اكتشافها لاحقًا ثالثًا، فإنه يخرج إلى حيز الوجود فعلًا أصيلًا وفعالًا وتكامليًا ومتوازنًا وذا قدرة على التأثير طويل المدى.

4. كلما نجح الأفراد والمؤسسات والمجتمع، في تحقيق هذه الوقاية الشاملة ثلاثية الأبعاد في **الدورات الإنجازية** الكلية لأفعالهم، أثَّر ذلك إيجابًا على فعالية

المدافعة الثقافية والاجتماعية والحضارية الكلية للمجتمع، وتحركت صيرورته الحضارية على خط البنائية الحضارية التكاملية الصاعدة المتوازنة.

5. كلما اضطربت أصالة أو فعالية أو شمولية أو تكاملية أو اطرادية هذه الوقاية، تحركت هذه الصيرورات الحضارية للمجتمع، على خط التنافرية والاهتلاكية الحضارية الهدمية المتقهقرة.

6. المادة السننية لهذه الوقاية المبكرة أو المرافقة أو الاستدراكية، التي تلازم أي **دورة إنجازية** لأي فعل إنساني، موزعة على منظومات سنن التسخير الكونية الكلية الأربع، وهي: سنن الآفاق، والأنفس، والهداية، والتأييد، التي يغطي كل منها جانبًا محددًا من **الدورة الإنجازية** للفعل الإنساني، حتى يخرج إلى حيز الوجود وهو يتمتع بمزيد من الأصالة والفعالية والتكاملية والقدرة الاطرادية طويلة المدى.

7. إن الوقاية الحضارية تتحقق بقدر وعي الإنسان بمنظومات سنن التسخير الكونية الكلية الأربع السابقة، وبقدر انفتاحه المتوازن عليها جميعًا، وبقدر تمكنه من الاستثمار الفعال لمعطياتها جميعًا في بناء **الدورات الإنجازية** لأفعاله المختلفة، بحيث تخرج إلى حيز الوجود الفعلي أصيلة وفعالة وتكاملية ومتوازنة، وذات قابلية وقدرة على الاطرادية التاريخية طويلة المدى.

8. إذا جزَّأ الإنسان علاقته التسخيرية أو الاستثمارية بمنظومات سنن التسخير الكونية الكلية الأربع، أو نافر فيما بينها، واستثمر بعضًا منها وأعرض أو غفل عن البعض الآخر، أثَّر ذلك سلبًا على عملية الوقاية الشاملة **للدورات الإنجازية** لأفعاله، وجاءت أفعالًا منقوصة أو مختلة الأصالة والفعالية والتكاملية والقدرة الاطرادية التاريخية طويلة المدى.

9. الفعل الإنساني الذي هذا شأنه، لا يؤثر إيجابًا في حركة المدافعة والمداولة الحضارية، لأنه ضعيف الأصالة أو الفعالية أو التكاملية أو القدرة الاطرادية طويلة المدى، وصاحبه، فردًا أو مؤسسة أو مجتمعًا، سيجد نفسه حتمًا، واقعًا

تحت نفوذ وسلطان وهيمنة حركة المدافعة والمداولة الحضارية المنافسة، الأكثر أصالة وفعالية وتكاملية وقدرة على التأثير طويل المدى.

10. هذه سنة الله، كما ورد في القرآن الكريم: ﴿سُنَّةَ ٱللَّهِ فِي ٱلَّذِينَ خَلَوْاْ مِن قَبْلُۖ وَلَن تَجِدَ لِسُنَّةِ ٱللَّهِ تَبْدِيلًا﴾ [الأحزاب: 62]. والإنسان المغلوب أو المقهور أو المستلب حضاريًّا، عليه أن يلوم نفسه فقط، ويدرك تمامًا أن ﴿ٱللَّهَ لَا يُغَيِّرُ مَا بِقَوْمٍ حَتَّىٰ يُغَيِّرُواْ مَا بِأَنفُسِهِمْۗ وَإِذَآ أَرَادَ ٱللَّهُ بِقَوْمٍ سُوٓءًا فَلَا مَرَدَّ لَهُۥۚ وَمَا لَهُم مِّن دُونِهِۦ مِن وَالٍ﴾ [الرعد: 11].

بصفة عامة، فإن معالم خريطة منظور السننية الشاملة، في مضغه[1] أو كلياته الأربع الأساسية الكبرى، التي إذا صح الوعي بها واستقام على سوقه، صحت حياة الإنسان واستقامت على سوقها، وإذا فسد الوعي بها واضطرب، فسدت حياته واضطربت تبعًا لذلك، هي:

1. مضغة أو كلية منظومة بناء الوعي الكوني الغائي الشامل

التي تمنح الإنسان الأجوبة عن أسئلة الفراغات الكونية الست الكبرى الأساسية، وهي:

- أسئلة فراغ المنشأ أو المأتى الوجودي للإنسان والكون: من أين جاء الإنسان والكون؟
- أسئلة فراغ الطبيعة والماهية الوجودية للإنسان: ما حقيقة الإنسان؟ وما موقعه من الكون؟
- أسئلة فراغ الوظيفة الوجودية للإنسان في الحياة: ما هي رسالة الإنسان في الحياة؟
- أسئلة فراغ المنهج الذي يؤدي به الإنسان مهمته الوجودية في الحياة: ما المنهج الذي ينجز به الإنسان رسالته في الحياة؟

---

(1) أخذنا هذا المفهوم من حديث: «**ألا وإن في الجسد مضغة إذا صلحت صلح الجسد كله، وإذا فسدت فسد الجسد كله، ألا وهي القلب**». ونعني بـ«المضغة» هنا، وفي غالب دراساتنا: أساس الشيء وكليته التي يقوم عليها وجوده، ويستمد منها هويته وذاتيته، وبدونها لا يقوم هذا الوجود، ولا تكون له هوية ذاتية، ولا يكون له أثر إيجابي في الحياة.

- أسئلة فراغ الإمكانات والقدرات المتاحة للإنسان: ما الإمكانات التي وضعت بين يدي الإنسان لينجز رسالته في الحياة؟
- أسئلة فراغ المصير الوجودي للإنسان: إلى أين سيسير الإنسان بعد الحياة الدنيوية؟

أي أسئلة الدورة الوجودية الكبرى للإنسان والكون والحياة، بدايتها وغايتها ومسارها ومآلها.

2. مضغة أو كلية منظومة بناء الوعي الاستخلافي الشامل

المتحكمة في الصيرورات الحضارية الصاعدة والمتقهقرة لحركة الاستخلاف البشري في الأرض، والتي تتمحور حول:

- كلية الابتلاء ومقتضياتها العقدية والعبادية والحضارية.
- كلية المدافعة ومقتضياتها الثقافية والاجتماعية والحضارية.
- كلية المداولة ومقتضياتها الثقافية والاجتماعية والحضارية.
- كلية التجديد ومقتضياتها الفكرية والتربوية والثقافية والاجتماعية والحضارية.

3. مضغة أو كلية منظومة بناء الوعي التسخيري الشامل

التي تتيح للإنسان الإمكانات والشروط الضرورية لتحقيق مداولته الحضارية على أحسن ما يرام، والتي تتمحور حول:

- منظومة سنن الآفاق التي يدير بها الإنسان حياته المادية خاصة.
- منظومة سنن الأنفس التي يدير بها الإنسان حياته الاجتماعية خاصة.
- منظومة سنن الهداية التي يدير بها الإنسان حياته الروحية والأخلاقية خاصة.
- منظومة سنن التأييد التي يرفع بها الإنسان أداءه إلى أعلى مستوياته النموذجية القصوى.

4. مضغة أو كلية منظومة بناء الوعي الوقائي الحضاري الشامل

التي تتيح للإنسان مواجهة الأخطاء والنواقص والاختلالات التي تعتري كل مراحل **الدورات الإنجازية** لأفعاله المختلفة، والتخلص منها، وتتمحور حول:

- الوقاية الاستشرافية المبكرة الملازمة للميلاد النظري لفكرة الفعل ومشروعه.
- الوقاية المرافقة لحركة الإنجاز الفعلي للفكرة في واقع الحياة.
- الوقاية الاستدراكية التي تتعقب ما خفي من الأخطاء والنواقص على الوقايتين السابقتين.

وإذا ما استوعبت حركة نهضة حضارية ما، أو حركة حياة فرد ما، هذه الخريطة الكلية لمنظور السننية الشاملة، وأقامت عليها إستراتيجيتها في الفهم والتخطيط والتنفيذ والبناء والوقاية، فإنها ستتمكن فعلًا من شحذ إرادتها الحضارية، وتعبئة إمكاناتها الحضارية، وتحقيق إنجازية حضارية فعالة ومتكاملة ومتوازنة وطويلة النفَس التاريخي، تلبي احتياجات المجتمع الضرورية والحاجية والتحسينية من ناحية، وتمكنه من مواجهة التحديات التي تحيط به من ناحية ثانية، وتساعده على تحقيق إشعاعيته الحضارية الممكنة من ناحية ثالثة، والمساهمة في صياغة الهوية الحضارية الإنسانية من ناحية رابعة.

نموذج تطبيقي عام عن تأثيرات منظور السننية الشاملة على حركة الحياة

نكتفي هنا بعرض وتحليل نموذج تطبيقي عام، نأخذه من السيرة النبوية الشريفة، يوضح لنا دور وأهمية الوعي بمنظومات سنن التسخير الكونية الكلية الأربع، والاستثمار الفعال لها في حياة الإنسان وحركة المجتمع، وكيف تحقق التوازن والتكامل والفعالية النموذجية القصوى فيهما معًا.

ومن شاء الاطلاع على نماذج تطبيقية مستفيضة، عن دور معطيات كل منظومة من هذه المنظومات السننية في رفع مستوى كفاءة وفعالية وتكاملية الفعل الإنساني، فسيجدها في دراساتي الكثيرة في هذا المجال[1]. وستأتي نماذج تطبيقية أخرى في

---

(1) راجع على سبيل المثال كتب المؤلف التالية: مدخل إلى سنن الصيرورة الاستخلافية. الفعالية الحضارية والثقافة السننية. المنهج النبوي في حماية الدعوة ومنجزاتها بجزءيه. إشكالية المنهج في استثمار السنة النبوية. سلطة المنهج في الحركة النبوية. وغيرها.

الفصل التالي، عند حديثنا عن الحجية والسلطة المرجعية لمنظومات سنن التسخير الكونية الكلية الأربع.

وقد اخترت السيرة النبوية لأنني أعتقد أن أقوى الساحات التي تظهر فيها الاستفادة النموذجية من منظور السننية الشاملة في إدارة حركة الحياة الذاتية والاجتماعية أو الحضارية عامة، هي سيرة الأنبياء والرسل عليهم السلام، وفي طليعتهم السيرة النبوية المحمدية، باعتبارها السيرة التي اجتمع فيها من الخيرية والقوة والتوفيق والنجاح ما تفرق في سير الأنبياء السابقين عليه جميعًا[1]، كما جاءت الإشارة إلى ذلك في القرآن في مثل قوله تعالى: ﴿أُوْلَٰٓئِكَ ٱلَّذِينَ هَدَى ٱللَّهُۖ فَبِهُدَىٰهُمُ ٱقۡتَدِهۡۗ قُل لَّآ أَسۡـَٔلُكُمۡ عَلَيۡهِ أَجۡرًاۖ إِنۡ هُوَ إِلَّا ذِكۡرَىٰ لِلۡعَٰلَمِينَ﴾ [الأنعام: 90].

فكل ما تفرق من الفضائل والقوة والكمالات في الرسالات السابقة وفي حياة الرسل السابقين، اجتمع في رسالة القرآن وفي سيرة الرسول محمد عليه الصلاة والسلام[2]، كما تؤكد ذلك هذه الآية الكريمة على سبيل المثال: ﴿شَرَعَ لَكُم مِّنَ ٱلدِّينِ مَا وَصَّىٰ بِهِۦ نُوحًا وَٱلَّذِيٓ أَوۡحَيۡنَآ إِلَيۡكَ وَمَا وَصَّيۡنَا بِهِۦٓ إِبۡرَٰهِيمَ وَمُوسَىٰ وَعِيسَىٰٓۖ أَنۡ أَقِيمُواْ ٱلدِّينَ وَلَا تَتَفَرَّقُواْ فِيهِۚ﴾ [الشورى: 13].

فالدين الذي توالت على إرساء معالمه الكلية رسالات كثيرة، وأنبياء ورسل كثر في التاريخ البشري، بلغت أعدادهم مائة وأربعة وعشرين ألفًا، منهم ثلاثمائة وخمسة عشر رسولًا[3]، اكتملت أصوله وثوابته في القرآن والسنة التشريعية الصحيحة، واستقرت معالمه فيهما، واتخذت أبعادها السننية الإنسانية الكونية، وانتهت بهما حركة الوحي المباشر، وانفتح بهما المجال أمام العقل البشري ليأخذ دوره ومسؤوليته في الاجتهاد الإبداعي المواكب والمؤطِّر لحركة الاستخلاف البشري في الأرض، في ضوء ثوابت منظور السننية الشاملة الذي اكتملت معالمه الكبرى في القرآن الكريم والسنة التشريعية الصحيحة، كما سبق بيان ذلك.

---

(1) الطاهر بن عاشور. تفسير التحرير والتنوير، ج7/ 355.

(2) تفسير الرازي، ج6/ 522.

(3) أبو الفداء إسماعيل بن عمر بن كثير. البداية والنهاية، ج1/ 226.

وفي هذا المعنى جاء في القرآن قوله تعالى: ﴿ٱلْيَوْمَ أَكْمَلْتُ لَكُمْ دِينَكُمْ وَأَتْمَمْتُ عَلَيْكُمْ نِعْمَتِي وَرَضِيتُ لَكُمُ ٱلْإِسْلَٰمَ دِينًا﴾ [المائدة: 3]. وجاء في السنة النبوية قول الرسول عليه الصلاة والسلام: «**إن مثلي ومثل الأنبياء من قبلي، كمثل رَجل بنى بيتًا فأحسنه وأجمله إلا موضع لبنة من زاوية، فجعل الناسُ يطوفون به ويعجبون له ويقولون هلا وُضِعت هذه اللبنة، قال فأنا اللبنة وأنا خاتم النبيين**»[1].

فالقرآن ابتداء، والسنة والسيرة في المستويين التطبيقي الثاني والثالث بعد القرآن، يشكلون معًا منظومة وساحة نموذجية متكاملة، تتجلى فيها معالم منظور السننية الشاملة نظرية وتطبيقًا.

لهذا، سأقتصر هنا على حركة السيرة النبوية كنموذج تطبيقي على تجليات منظور السننية الشاملة في واقع الحياة البشرية. ولن أخوض في التطبيقات الجزئية لهذا المنظور كثيرًا، لأن معطياته تسري في كل تفاصيل حركة السيرة النبوية، وإنما سأهتم بالنظرة الكلية التي يمكن عبرها استدعاء ما لا يُحصى من النماذج التطبيقية المؤكِّدة للحضور القوي لمنظور السننية الشاملة في الحركة النبوية والمنجزات الضخمة التي حققتها في التاريخ الإنساني.

إن دارسي الحركة النبوية من الزاويتين التأريخية البحتة، والتحليلية السننية معًا، يجمعون تقريبًا على أنها أكبر الحركات تأثيرًا في التاريخ الإنساني، بما أحدثته من تحولات ضخمة، وما تزال وستظل تحدثه من تأثيرات مستمرة منذ ظهورها، إلى درجة أن أحد كبار الدارسين المعاصرين وهو «مايكل هارت»، حاول رصد أكثر الشخصيات والحركات تأثيرًا في تاريخ الإنسانية، فوجد أن النبي محمدًا عليه الصلاة والسلام يأتي في طليعة المؤثرين في التاريخ البشري. وكتب يقول:

> «لقد اخترت محمدًا في أول هذه القائمة على رأس المائة، لأن محمدًا عليه السلام هو الإنسان الوحيد في التاريخ الذي نجح نجاحًا مطلقًا على المستوى الديني والدنيوي»[2].

---

(1) صحيح البخاري، رقم3535.

(2) مايكل هارت. المائة الأوائل، ترجمة أنيس منصور، ص13.

ويضيف في نهاية الصفحات المخصصة للحديث عن الرسول عليه الصلاة والسلام وسيرته:

«فهذا الامتزاج بين الدين والدنيا، هو الذي جعلني أؤمن بأن محمدًا صلى الله عليه وسلم أعظم الشخصيات أثرًا في تاريخ الإنسانية كلها»[1].

وفي محاولةِ كثيرٍ من الدارسين للحركة النبوية خاصة، وللحركة الحضارية الإسلامية عامة في التاريخ، تقصِّي وتفسير أسباب وعوامل هذه القدرة التأثيرية غير العادية على حركة التاريخ البشري، ذكروا أسبابًا وعوامل جزئية كثيرة صحيحة مهمة، كالقدوة النموذجية، والروحانية العالية، والأخلاقية العظيمة، وقوة الإرادة، وقوة التنظيم، والقدرة على بناء وإدارة العلاقات، والقدرة على إدارة البشر، والقدرة على إدارة الإمكانات، والقدرة على إدارة الوقت، والقدرة على إدارة الأزمات، والقدرة على التكيف مع المتغيرات، والقدرة على الجمع بين المرونة والحزم، ودور الوحي والتأييد الإلهي... إلى غير ذلك من الأسباب والعوامل المؤثرة بشكل قوي على فعالية أدائه السلوكي والتربوي والدعوي والاجتماعي.

ولا شك أن كل هذه الأسباب والعوامل مهمة جدًّا، وهي متوفرة بمستويات عالية جدًّا في الحركة النبوية، إلا إن ذلك كله لا يكشف لنا حقيقة أو سر هذه القدرات نفسها: كيف تحصَّل عليها واجتمعت له وفيه جميعًا بهذا الشكل غير العادي؟ وما الذي يقف وراء كل هذه القدرات العالية؟ وكيف وظفها بشكل تكاملي فعَّال ومتوازن في حياته الخاصة وفي إدارته لعملية التغيير والإصلاح والتجديد في حركة الحياة؟ وهل ذلك خاص به وحده لا يشاركه فيه أحد، أم أن ذلك يمكن أن يحصِّله أي إنسان ولو في حده الأدنى أو الأوسط، إذا انكشفت له أسباب ذلك وأسراره، على اعتبار أنه عليه الصلاة والسلام جاء ليكون قدوة وأسوة لغيره، وإلا فما معنى وما جدوى دعوة القرآن والسنة إلى الاقتداء والتأسي به، إذا كان ذلك غير ممكن لغيره؟

إن بُعد القدوة والأسوة في حياته عليه الصلاة والسلام هو المقصود في عموم حياته، وهو ما يتيح المجال والفرصة لأي إنسان لكي يستفيد من حياته عليه الصلاة والسلام، ويرتقي

(1) نفسه، ص19.

بنفسه إلى مسسويات مقبولة من الكمال الإنساني كذلك، إذا ما عرف أسرار وشروط ذلك، وأخذ نفسه بها بشكل تربوي جدي دائب، ما عدا طبعًا ما هو من خصوصياته عليه الصلاة والسلام، ومن باب الكمال العالي الذي يجعل منه القدوة النموذجية الفذة العليا للبشر إلى يوم الدين.

وهذه الخصائص محدودة، ولا تثبت إلا بدليل صحيح صريح من كتاب أو سُنة ثابتة، ولا يجوز التوسع فيها، حتى لا تُحرم الأمة من خيرية وبركة الاقتداء والتأسي به عليه الصلاة والسلام، التي هي مقصد الدعوة إلى الاقتداء به، كما جاء ذلك في قوله تعالى: ﴿لَّقَدْ كَانَ لَكُمْ فِي رَسُولِ ٱللَّهِ أُسْوَةٌ حَسَنَةٌ لِّمَن كَانَ يَرْجُواْ ٱللَّهَ وَٱلْيَوْمَ ٱلْآخِرَ وَذَكَرَ ٱللَّهَ كَثِيرًا﴾ [الأحزاب: 21]. وحتى لا تُدخل الحياة النبوية كذلك، في متاهات المغيبات المفتوحة على الذاتية والذوقية والخرافية المميعة، التي تجعل الاقتداء به عليه الصلاة والسلام متعذرًا من ناحية، أو منفرًا وليس فيه جاذبية من ناحية أخرى[1]، في الوقت الذي تشكِّل فيه سيرته وحياته الرسالية قمة الجاذبية الآسرة، لكل من ﴿كَانَ لَهُۥ قَلْبٌ أَوْ أَلْقَى ٱلسَّمْعَ وَهُوَ شَهِيدٌ﴾ [ق: 37].

فهذه القدرة والقوة والفعالية النموذجية القصوى، وهذا التوازن المبهر في حياته وحركته عليه الصلاة والسلام، وهذا النجاح والتأثير الممتد في التاريخ بلا انقطاع، لا يمكن تفسيره بعوامل جزئية، مهما كانت أهميتها وفعاليتها، لأنها، من دون شك، منتوج عوامل ومؤثرات أكثر شمولًا وأهمية وفعالية، وهو ما ينبغي التركيز عليه، والحرص على فهمه واستيعابه في حركة السيرة النبوية الشريفة.

والخلاصة التي يخرج بها الدارس للسيرة النبوية وحركته التغييرية الإصلاحية التجديدية الشاملة، من منظور سنني كلي متكامل، هي أن كل هذه القدرات الإنجازية الاستثنائية، التي نرى نحن نتائجها ومكتسباتها في نهاية «الدورة الإنجازية» الكلية لأي فعل من أفعاله عليه الصلاة والسلام، هي في الحقيقة محصِّلة لمنظور السننية الشاملة الذي تستند إليه وترتكز عليه كل «دورة إنجازية» لأي فعل من أفعاله الذاتية أو الاجتماعية أو السياسية أو الدعوية أو التربوية عليه الصلاة والسلام.

(1) عبد الله التليدي. تهذيب الخصائص النبوية الكبرى، ص7.

فمن يتعمَّق في دراسة «الدورات الإنجازية» الكلية لأفعاله عليه الصلاة والسلام جميعًا، سيصل في النهاية إلى أنها:

- كانت تستند بشكل مطَّرد[1] على كليات الوعي الكوني الغائي، وتتجه نحوها باستمرار. فكل فعل من أفعاله عليه الصلاة والسلام كانت تحكمه مقاصد ومقتضيات تحقيق التوحيد، والخلافة، والعبودية، والعمران الحضاري، والعمران الأخروي. فمنظومة الوعي السنني الكوني الغائي، كانت تقف وراء كل مواقفه وتصرفاته وأفعاله، وتتحكم فيها، وتؤثر عليها بشكل عميق ومطَّرد.
- كانت تراعي دائمًا مقتضيات وشروط منظومة سنن الاستخلاف البشري في الأرض، في قوانينها الأربعة الكلية المحورية، وهي: قانون الابتلاء، وقانون المدافعة، وقانون المداولة، وقانون التجديد، ولا تغفل عنها أبدًا، باعتبارها المداخل والمعابر الكلية نحو المقاصد الكلية المحددة في منظومة الوعي الكوني الغائي السابقة.
- كانت تستثمر من أجل تلبية مقتضيات حركة الاستخلاف، ومواجهة تحدياتها المتلاحقة، كل ما أتيح لها من معطيات منظومات سنن التسخير في الآفاق والأنفس والهداية والتأييد، بشكل شمولي تكاملي متوازن، ولا تغفل عن أيٍّ منها، أو تهمش دورها في الحياة، بل تنفتح بشكل متوازن على كل منظومات سنن التسخير الكونية الكلية الأربع.
- كانت تهتم إلى أبعد الحدود بتحقيق الوقاية الاستباقية المبكرة في مرحلة البناء النظري لمشروع الفعل. والوقاية المرافقة لعملية الإنجاز العملي أو الميداني للفعل. والوقاية الاستدراكية التي تلاحق اكتشاف وإصلاح النواقص والأخطاء التي أفلتت من غربال الوقايتين السابقتين. فالدورات الإنجازية للأفعال النبوية كلها، تتحكم فيها هذه الوقاية الشاملة، بحيث تخرج في النهاية في كامل أصالتها وفعاليتها وتكامليتها وقدرتها الاطرادية طويلة المدى.

---

(1) راجع التفاصيل في كتابنا: إشكالية المنهج في استثمار السنة النبوية، الكويت، وزارة الأوقاف، سلسلة روافد، 2007م. وكذلك دراستنا: سلطة المنهج في الحركة النبوية، الجزائر، دار النعمان، 2012م.

إن كل فعل من أفعاله السلوكية أو التربوية أو الدعوية أو الاجتماعية أو السياسية... كانت تشترك في صياغة **دورته الإنجازية** الكلية، بشكل مطّرد، كل معطيات منظومات سنن التسخير الكونية الكلية الأربع المتكاملة، التي يخدم بعضها بعضًا، ولا يناقض بعضها بعضًا، ولا يغني بعضها عن بعض، لذلك يأتي فعله أصيلًا فعالًا تكامليًّا متوازنًا مؤثرًا، بل ومطّرد التأثير.

هذا هو السر الأكبر أو الأعظم في اجتماع كل هذه القدرات النموذجية العالية في حياته الخاصة، وفي حركته الدعوية والتربوية والاجتماعية عليه الصلاة والسلام من ناحية، واتسام إنجازيتهما بأقصى درجات الأصالة والفعالية والتكاملية والتوازن والخيرية والبركة، واطرادية التأثير طويلة المدى من ناحية أخرى.

ومهما أخذنا من أفعال نبوية، لنحللها ونبحث عن سر قوتها وفعاليتها ونجاحها، فإننا سننتهي إلى النتيجة نفسها دائمًا. إنها تأثير العلاقة الفهْمية والوظيفية أو التسخيرية الصحيحة بكل معطيات منظور السننية الشاملة، الذي تتوفر فيه جميع المعطيات التي تحتاج إليها حياة وحركة الأفراد والمجتمعات باستمرار، لكي تتوازن وتنسجم وتتكامل وتعظُم فعاليتها وخيريتها وبركتها.

الهجرة نموذجًا تطبيقيًّا

لو أخذت مثلًا حدث الهجرة النبوية الذي يعتبر من الأحداث الخطيرة الحاسمة في حركة الدعوة الإسلامية وفي الحركة التاريخية الإنسانية بعد ذلك، وحللت **دورته الإنجازية** الكلية بتحدياتها ومخاطرها الجدية، واحتياجاتها المادية والنفسية والروحية والاجتماعية والمنهجية، على ضوء منظور السننية الشاملة، لتأكّد لديك أن السر في نجاحه يكمن في استيعابه عليه الصلاة والسلام لهذا المنظور، واستثماره الصحيح لمعطياته المتاحة له، في إعداد وبناء وإنجاز دورة هذا الحدث، وتوفير شروط نجاحها.

كيف خطط رسول الله عليه الصلاة والسلام لمواجهة الخطر المفاجئ؟ وكيف جمع الإمكانات المطلوبة للهجرة، على شحّها؟ وكيف استثمر تلك الإمكانات بشكل فعال؟ وكيف أمّن خطواته وسط كل تلك الأخطار المحدقة به في كل لحظة وخطوة؟

وقبل ذلك، كيف خطط وأدار حركة الهجرة في نطاقها الأوسع، الذي بدأ منذ أن تأكد له أن الظروف في مكة لم تعد تساعد على نمو حركة الدعوة وأمنها، وأخذ يبحث عن ساحات أخرى أكثر قابلية لاحتضان الدعوة وتأمينها من المخاطر التي أخذت تكبر في وجهها؟

كيف استثمر عليه الصلاة والسلام ما أتيح له من معطيات منظومات سنن الله في الآفاق والأنفس والهداية والتأييد، بتلك الكفاءة والفعالية النموذجية القصوى؟ وكيف حقق تلك النتيجة الباهرة التي سيكون لها ما بعدها من تأثيرات حاسمة على حركة الدعوة والدولة والمجتمع الإسلامي، وعلى الحركة التاريخية البشرية بصفة عامة؟

إن المتأمل في وقائع هذا الحدث الضخم، وفي كيفية إدارة الرسول عليه الصلاة والسلام له، يرى كيف استثمر عليه الصلاة والسلام جغرافية ومعطيات المكان والزمان والإنسان بشكل فعال جدًّا، مكَّنه من تحقيق هدفه بكل دقة ونجاح.

ونذكر هنا مؤشرات عديدة عن الهجرة في بُعدها الحدَثي المباشر فقط، وندع مؤشرات حركة الهجرة في نطاقها الأوسع، للتأمل الشخصي للقارئ الكريم، الذي سيكتشف ويدرك مدى الأهمية البالغة للوعي بمنظور السننية الشاملة فعلًا.

ومن هذه المؤشرات الخاصة بحادث الهجرة، على سبيل المثال: اختياره عليه الصلاة والسلام للمدينة المنورة كمضغة أو محضن لهجرته وميلاد المجتمع الإسلامي الجديد، وتهيئة الشروط النفسية والظروف الاجتماعية للهجرة إلى المدينة قبلها بفترة طويلة، وترتيب هجرته وتأمينها بشكل دقيق، من خلال كتمان وقت هجرته الذي لم يعلم به أحد قبل شروعه الفعلي عليه الصلاة والسلام في الخطوات المباشرة للمغادرة، وتكليفه عليًّا رضي الله عنه بالنوم في مكانه ورد الأمانات بعده، وخروجه من بيته بدون أن تراه الفرقة المكلفة بقتله، وذهابه إلى دار أبي بكر متنكرًا وفي وقت الهاجرة، وخروجه متخفيًا إلى غار ثور عكس اتجاه المدينة المنورة، واستئجاره دليلًا مشركًا خبيرًا بالطرق الصحراوية، وترتيب من يأتيه بأخبار قريش أولًا بأول، ومن يزيل آثار الأقدام، ومن يأتيهم بالطعام في الغار، ورباطة جأشه في الغار عندما وصل إليه الباحثون عنه، ومحاولته استيعاب سراقة بن مالك بعد أن لحق بهم في الطريق، وتثبيته لأبي بكر عندما خاف أن يكتشف الباحثون عنهم مكانهم، وما حدث له مع أم معبد وكيف أسر قلبها بتصرفاته الراقية، وإخفاؤه لهويته في الطريق، وتوكله الرفيع

على الله تعالى وثقته فيه وفي عونه وتأييده... إلى غير ذلك من مؤشرات كثيرة يمكن رصدها في هذا الحدث الكبير.

إن تحليل كل خطوة في حركة الهجرة النبوية، وإعادتها إلى مجالها أو موقعها من خريطة منظومات أو حقول سنن التسخير الكونية الأربع، التي وضعها الله سبحانه وتعالى بين يدي الإنسان لكي ينجز خلافته في الأرض، يبين لنا بوضوح: كيف كان رسول الله عليه الصلاة والسلام يتحرك في إطار الوعي التام بسلطان سنن الله تعالى في خلقه، التي يجري كل شيء في الحياة على مراد الله فيها بدون تغير أو تأخر. وكيف كان عليه الصلاة والسلام يحترم بشكل صارم الحجية والسلطة المرجعية والمعرفية والوظيفية لكل منظومة من هذه المنظومات السننية التسخيرية الكونية، ولا يغفل أيًا منها، أو يستعيض عنها بغيرها، وهو يؤسس تصوراته، ويبني مواقفه، ويدير حركة حياته ودعوته.

إنه، وهو يبني **الدورات الإنجازية** الكلية لأفعاله ومواقفه وتصرفاته، يعطي لكل منظومة حجمها ودورها في إعداد دورة الفعل، ولا يغفل عنها أبدًا، بل يحرص أشد الحرص على استيفاء هذه الدورة حاجتها وحقها كاملًا من معطيات تلك المنظومة قدر الاستطاعة.

إنه، وهو يتعامل مع معطياتها، يركز عليها بشكل تام، وكأنها وحدها التي ستحقق له مراده.

فإذا انتقل إلى منظومة أخرى عاملها بنفس الاهتمام والجدية والتركيز، حتى يستوفي منها كذلك كل حاجيات ومتطلبات وحقوق دورة الفعل أو الموقف، قدر الاستطاعة.

فإذا انتقل إلى غيرها تعامل مع معطياتها بنفس الحرص والتركيز والجدية، حتى يستوفي منها كذلك ما تحتاجه دورة الفعل أو الموقف من معطيات وشروط.

وهكذا دواليك، كان يتعامل مع كل منظومات سنن التسخير الكونية الكلية الأربع، بشكل متوازن ومتكامل، ويعطي لكلٍّ منها حقها كاملًا، ويحترم حجيتها وسلطتها المرجعية على المجال الذي وجدت من أجل تغطيته.

هذا هو سر ما يراه الناس من مظاهر القوة والفعالية والأصالة، والنجاح والخيرية والبركة، في أفعاله ومواقفه وحركة حياته بصفة عامة، بدون أن يدركوا في بعض الأحيان أو في كثير من الأحيان، حقيقة هذا السر بشكل كامل، ويقعوا أسرى للتفسيرات والفهوم

الجزئية لذلك، ثم أسرى للاقتدائية الحرفية والشكلية البعيدة عن روح ومقاصد التأسي والاقتداء به عليه الصلاة والسلام.

إنها النظرة السننية الكلية الصحيحة لمنظور السننية الشاملة، الذي تحكم معطياته حياة الأفراد وحركة الصيرورات الحضارية للمجتمعات البشرية على الدوام، فترفع من يحقق الاستثمار الشامل المتكامل لها، وتخفِض من يجزِّئها وينافر بين معطياتها.

فالحياة البشرية الفردية والجماعية، لا تتحرك في اتجاه الانسجام والتوازن والتكاملية والفعالية والخيرية والبركة والرحمانية، إلا إذا استوعبت هذا المنظور السنني الكوني الكلي، واستفادت من معطيات منظوماته كلها، واحترمت الحجية والسلطة المرجعية لكل منظومة منها بشكل صارم ودائم.

كما أن هذه الحياة البشرية الفردية والجماعية، تتحرك في اتجاه الاختلال والضعف والتنافرية والاهتلاكية المنهكة، كلما اضطرب وعي الأفراد أو المجتمع بالحجية والسلطة المرجعية لأي منظومة من منظومات سنن التسخير الكونية الكلية الأربع، أو تجزأت وتنافرت العلاقة الوظيفية بها.

فمن أراد من الأفراد أن يحقق التوازن والانسجام والتكامل والفعالية في حياته، فعليه أن يحسِّن وعيه بمنظور السننية الشاملة، ويستفيد منه في إدارة حياته. ومن أراد من المجتمعات أن ينجز نهضته الحضارية المتوازنة، فعليه أن يعمِّق وعي أجياله بمنظور السننية الشاملة، ويمكِّنها من الاستفادة القصوى منه في رفع مستوى أصالة وفعالية وتكاملية واطرادية وخيرية وبركة ورحمانية مدافعته ومداولته الحضارية.

هذا هو طريق النهضة الحضارية المستقيم الآمن المضمون.

الفصل الرابع
أهمية الوعي بالحجية والسلطة المرجعية لمنظومات سنن التسخير الكونية الكلية الأربع

ثمة قضية أساسية جدًّا، بل ومحورية، يجب الوعي بها جيدًا، لأنها تعتبر شرطًا أساسيًّا للاستفادة من معطيات منظور السننية الشاملة بالشكل الصحيح في إدارة الحياة، ألا وهي قضية **الوعي بالحجية والسلطة المرجعية لمنظومات سنن التسخير** الكونية الكلية الأربع، وطبيعة ومجال سلطة وفاعلية كل منظومة منها على حدة، لأنه بدون الوعي الصحيح بذلك، تظل الاستفادة منها منقوصة ومرتبكة، ويظل الاختلال والتنافر والاهتلاك يلازم الحياة الخاصة للأفراد والحركة الثقافية والاجتماعية والحضارية للمجتمعات عامة.

ونقصد بالحجية والسلطة المرجعية هنا: القوة الذاتية المودَعة في كل منظومة من منظومات سنن التسخير الكونية الكلية الأربع، والسلطة المرجعية الممنوحة لها، لكي تمارس نفوذها المقدَّر لها في المجال الحياتي الذي وجدت من أجل تغطيته، وتمكينه من أداء وظيفته بالشكل المطلوب.

فكل منظومة من هذه المنظومات السننية الكونية، أودع الله فيها قوة ذاتية، ومنحها سلطة ذاتية، تجعل الناس يقرون بها وبأهميتها في حياتهم، ويرجعون إليها في إدارة شؤونهم، ويُخضعون حياتهم لها.

وأود أن أثبت هنا ما كنت قد ذكرته في دراسة سابقة[1]، عن الحجية والسلطة المرجعية لهذه المنظومات، والأهمية بل والضرورة البالغة للوعي بها في حياة جميع الناس.

---

(1) راجع دراستنا: حركة المداولة الحضارية وشبكة القوانين الكلية المؤثرة فيها. وراجع كذلك: نحو رؤية سننية أشمل لمفهوم الأصالة والتأصيلية.

ومن أجل الاستفادة القصوى من معطيات منظومات سنن التسخير الكونية الكلية الأربع، في إدارة حياة الإنسان، وتعظيم فعاليتها وخيريتها وبركتها الحضارية، لا بد من الاعتراف بهذه السنن جميعًا، واحترامها جميعًا، وإعمالها جميعًا، وعدم التفريق أو المفاضلة بينها، أو تهميش أي منها لصالح الأخرى، أو تعويض أي منها بغيرها، لأن كل واحدة منها وجدت لتغطية مجال محدد في حياة الإنسان وحركته الاجتماعية والحضارية، لا تغطيه الأخرى، بصرف النظر عن مساحات التلاقي والتداخل والتعاضد فيما بينها، التي لا تلغي دور أي منها، بل تعززه وتقويه.

وهذه الدراسة ليست معنية بالدرجة الأولى بالمجادلة عن وجود كل هذه المنظومات، وخاصة منها منظومتي سنن الهداية وسنن التأييد، بقدر ما يهمها عرض الرؤية القرآنية التي تؤكد على وجود كل هذه المنظومات وتعطيها حجية وسلطة مرجعية مطلقة على حياة الإنسان، وهو ما يتطابق مع حقائق الواقع الفطري البشري والكوني.

فالإنسان يؤمن بأن هناك منظومة سنن آفاق، لأنه يعيشها في نفسه وفي الطبيعة المادية من حوله، فلا يحتاج إلى من يقنعه بذلك. فالنار تحرق، والسم يقتل، والمرض يوهن، والجوع والبرد والحر يؤذي... وهكذا.

كما يؤمن بأن هناك منظومة سنن أنفس، وإن بنسبة أقل قليلًا من الأولى، لأنه يعيشها في نفسه كذلك، ويدرك قيمتها وأهميتها في حركة الواقع النفسي والسلوكي والثقافي والاجتماعي والحضاري من حوله.

فالعدل يقيم دولًا ومجتمعات قوية، والظلم يخرب دولًا ومجتمعات قوية، والمعرفة والنظام والانضباط والإتقان والكفاءة والجدية والاحترام والتقدير والقدوة... تعطي للأفراد والدول والمجتمعات مزيدًا من الفعالية والقوة والنفوذ، وتمكِّنهم من تحقيق نهضتهم ومداولتهم الحضارية. والجهل والفوضى والرداءة والتسيب وقلة الاحترام وازدواجية السلوك، وسوء الإدارة الذاتية والاجتماعية... تسلب من الأفراد والدول والمجتمعات كثيرًا من القوة والفعالية، وتقودها إلى الضعف والتخلف والغثائية والتبعية الحضارية.

والمشكلة الكبرى للإنسان هي مع منظومتي **سنن الهداية وسنن التأييد**، اللتين يلاحظ في الوعي بهما، وفي الاستفادة منهما، اضطراب كبير عبر التاريخ، تُعبِّر عنه حركة الشرك والنفاق والضلال العقدي والتيه السلوكي المستشري في حياة كثير من الأفراد والمجتمعات، وهو ما أشارت إليه الآية الكريمة: ﴿وَمَا يُؤْمِنُ أَكْثَرُهُم بِٱللَّهِ إِلَّا وَهُم مُّشْرِكُونَ﴾ [يوسف: 106].

والأديان السماوية، وحركات الإصلاح والتجديد التي سارت على نهجها، هي وحدها التي امتلكت وضوحًا تامًّا تجاه هاتين المنظومتين السننيتين الكونيتين الأساسيتين، وكانتا في عمق اهتمامها وأولوياتها على طول المدى، بصرف النظر عما اعترى بعضها من انحرافات وخرافات دخيلة على حقيقة هذه الرسالات عبر التاريخ.

والقرآن بوصفه آخر الكتب السماوية، تمحورت رسالته حول استكمال تأسيس الوعي بهاتين المنظومتين السننيتين الكونيتين بدرجة كبيرة جدًّا، لأن الوعي بهما وبمقتضياتهما، هو الذي يصحح الوعي والعلاقة بمنظومتي سنن الآفاق وسنن الأنفس، ويضعهما في سياقهما ومكانهما الصحيح، ويمكِّن الإنسان من الاستفادة القصوى من معطياتهما في تحقيق خلافته في الأرض، وإقامة العمران الحضاري المتوازن فيها، واستثماره في تهيئة المرحلة الأخروية من دورته الوجودية الكبرى.

إن الشعور بالحاجة إلى هاتين المنظومتين يسكن نفوس غالبية البشر منذ الخليقة، بأشكال متعددة، تراوحت بين التوحيد الخالص والشرك لامنتهي الصور والتجليات، كما تؤكد ذلك حركة الرسالات السماوية عبر التاريخ من ناحية، والدراسات الأنثروبولوجية والتاريخية الجادة من ناحية أخرى، التي تثبت ملازمة الشعور الديني، والحاجة الدينية، والشوق الروحي، والرمز أو التعبير الديني للإنسان على مدار الوجود البشري في الأرض، إلى درجة حملت أحد علماء الاجتماع والأنثروبولوجيا، على تنبيه بعض الاتجاهات العلمانية المتطرفة، التي تحاول التغطية على هذا البعد الروحي العميق في الفطرة البشرية، والعمل على تهميشه بشتى الطرق، بأن ما تقوم به مضاد للطبيعة البشرية، وخطير عليها. قائلًا إن ما يقوم به بعض هؤلاء ضد الدين ورموزه التعبيرية المختلفة، من محاولة «إخفاء الحاجة إلى

الله، يفرض إحداث تغيير يشبه تحول الجنس»[1]! أي نقل الإنسان من جنس إلى جنس آخر ذي طبيعة وهوية أخرى غير الطبيعة والهوية الإنسانية!

إنها كلمة دقيقة وعميقة ومعبرة جدًّا، عن ملابسة وملازمة ومماهاة الشعور الديني والحاجة الدينية للوجود والماهية الإنسانية، بحيث إن أي محاولة لتجريد الإنسان من ذلك، أو تشويه هذه الحاجة والحاسة الدينية فيه أو طمسها، يعد تغييرًا جذريًّا في ماهية الإنسان وهويته الإنسانية، ونقلًا له من جنس الآدمية إلى جنس آخر من المخلوقات الدنيا.

فالإنسان احتل المرتبة العليا في مصاف الكائنات البشرية، بفطرة وقابلية وحاجة التدين لديه، التي بسببها زُود بالملكة والقدرة العقلية التي تمكِّنه من أن يكون كائنًا متدينًا ومسؤولًا عن أمانة الخلافة في الأرض، ومكرمًا ومفضلًا بها على سائر المخلوقات.

وإذا جُرِّد الإنسان من هذه الملكة والقابلية، وحُرم من هذه الحاجة الفطرية العميقة فيه، فإنه سينزل إلى مرتبة دون مرتبة الإنسان، ويفقد كثيرًا من ميزات التشريف والتكريم والتفضيل، لأنها منوطة بإنسانيته، فإذا تخلى عن مقومات وشروط تحقيق إنسانيته، فإنه ينزل من مرتبة الإنسانية إلى ما دونها، كما جاء ذلك في القرآن: ﴿لَهُمۡ قُلُوبٞ لَّا يَفۡقَهُونَ بِهَا وَلَهُمۡ أَعۡيُنٞ لَّا يُبۡصِرُونَ بِهَا وَلَهُمۡ ءَاذَانٞ لَّا يَسۡمَعُونَ بِهَآۚ أُوْلَٰٓئِكَ كَٱلۡأَنۡعَٰمِ بَلۡ هُمۡ أَضَلُّۚ أُوْلَٰٓئِكَ هُمُ ٱلۡغَٰفِلُونَ﴾ [الأعراف: 179].

هذا المعنى متناغم تمامًا مع المنطق القرآني في نظرته للدين، واعتباره له فطرة تكوينية ذاتية ملازمة للماهية والهوية الإنسانية كسائر الغرائز الفطرية الأخرى، كما نرى ذلك في قوله تعالى على سبيل المثال، وهو ينبه الإنسان إلى ضرورة المحافظة على هذا الجزء الجوهري في فطرته الآدمية، الذي بدونه يفقد جزءًا أساسيًّا من جوهر آدميته وإنسانيته: ﴿فَأَقِمۡ وَجۡهَكَ لِلدِّينِ حَنِيفٗاۚ فِطۡرَتَ ٱللَّهِ ٱلَّتِي فَطَرَ ٱلنَّاسَ عَلَيۡهَاۚ لَا تَبۡدِيلَ لِخَلۡقِ ٱللَّهِۚ ذَٰلِكَ ٱلدِّينُ ٱلۡقَيِّمُ وَلَٰكِنَّ أَكۡثَرَ ٱلنَّاسِ لَا يَعۡلَمُونَ﴾ [الروم: 30].

فالمنظور القرآني يخلِّص الإنسان من هذا الغموض والقلق والاضطراب والتيه، في الموقف من منظومات سنن التسخير الكونية الكلية الأربع، والعلاقة التسخيرية أو الوظيفية

(1) بتيرال بيرجر. أَدْيَنَةُ الكون، https://www.facebook.com/HekmahOrg/posts/1856975724574906

بها، والحجية والسلطة المرجعية لكلٍّ منها، ويوفر عليه الجهد والوقت والإمكانات، ليسخرها في تحقيق مزيد من المعرفة بهذه المنظومات السننية، وبالحجية والسلطة المرجعية لكلٍّ منها، ورفع كفاءة وفعالية الاستثمار لها، في تحقيق مداولته الحضارية الذاتية والاجتماعية المطلوبة، وفي تهيئة مصيره الأخروي الذي ينتظره.

إن المنظور القرآني يوجه الجزء الأكبر من اهتماماته إلى بناء وعي الإنسان بالساحات الكونية الأربع التي تتوزع عليها أو فيها سنن التسخير والاستخلاف، ويدعوه إلى استفراغ وسعه في البحث عنها واكتشافها واستعمالها بشكل صحيح، في إدارة حياته وتحقيق مداولته الحضارية في دائرتها الذاتية والحضارية.

فالمسلم المستوعب لحقيقة الإسلام ومقاصده في الحياة، يدرك تمامًا، أن المسخرات المتاحة للإنسان لكي ينجز خلافته في الأرض، موزعة على أربع منظومات سننية كونية كلية متكاملة، هي: منظومات سنن الآفاق والأنفس والهداية والتأييد.

لهذا، قلنا آنفًا إن هذه الدراسة ليست معنية بالمجادلة عن وجود كل هذه المنظومات[1]، لأن المنظور الكوني القرآني السنني المتكامل، يدفع بنا إلى مرحلة ضبط العلاقة الوظيفية بمنظومات سنن التسخير الكونية الأربع، من حيث الشمولية والتكاملية والتوازن والحجية والسلطة المرجعية.

فالمنظور الكوني القرآني لم يتوقف عند مجرد تأسيس الوعي بوجود منظومات سنن التسخير الكونية الكلية، بل مضى قُدمًا نحو ضبط العلاقة الوظيفية التسخيرية بها، وخاصة فيما يخص مجالات هذه الحجية والسلطة المرجعية، وهو أمر في غاية الأهمية، كثيرًا ما يضطرب وعي الناس به، وتفوت عليهم بسبب ذلك، مصالح كثيرة، وتلحق بهم أضرار كبيرة في العاجلة والآجلة.

إن الله سبحانه وتعالى منح كل منظومة من هذه المنظومات حجيةً وسلطةً مرجعيةً ذاتية خاصة بها، على مجال معين من المجالات أو ساحة معينة من الساحات الكونية الأربع،

---

(1) نتحدث هنا عن اهتمامات هذه الدراسة، ولا نعني بذلك ألَّا تهتم دراسات وأبحاث أخرى أكثر عمقًا وجدية ومصداقية، بالمجادلة عن وجود منظومتي سنن الهداية والتأييد، وبناء الوعي بأهميتهما القصوى في الحياة الإنسانية، فذلك أمر ضروري جدًّا، في عالم ينحصر وعيه واهتمامه في منظومتي سنن الآفاق والأنفس، ويغفل عن منظومتي سنن الهداية والتأييد.

التي تتوزع عليها المسخرات الكونية الشاملة، وأناط استثمار معطيات كل منظومة من هذه المنظومات، بمدى احترام الإنسان لحجيتها ولسلطتها المرجعية، والحرص على عدم الاعتداء عليها وعلى هويتها وآليات عملها، لأن أي اعتداء عليها، أو خذلان لها، يُقابَلُ بالانتقام من قِبَلها، فالأفكار أو السنن المخذولة تنتقم من خاذليها إما فورًا أو على التراخي[1].

ونظرًا إلى الأهمية القصوى للوعي بحجية وسلطة منظومات سنن التسخير الكونية الكلية الأربع، فإننا سنحاول الإشارة هنا باختصار، إلى المجالات والساحات التي تقع تحت الحجية والسلطة المرجعية لكل منظومة من هذه المنظومات السننية الكلية، وما يترتب على عدم احترام هذه الحجية والسلطة المرجعية لكل منظومة من هذه المنظومات، من أخطار كبيرة آنية ومستقبلية أو مصيرية[2]. وإن كنا قد تناولنا شيئًا من ذلك في فصول سابقة.

مجال الحجية والسلطة المرجعية لمنظومة سنن الآفاق

إن مجال الحجية والسلطة المرجعية لمنظومة سنن الآفاق، هو الساحة المادية، أي كل ما يتعلق بسنن الله تعالى في العالم المادي الفسيح؛ بحثًا عنها، وكشفًا لها، وفهمًا للآلية السننية لعملها، وتحكمًا في مناهج ووسائل وأساليب الاستثمار لمعطياتها بشكل فعال صحيح.

إن كل ما يخص معرفة وفهم عالم الجمادات، وعالم النباتات، وعالم الحيوانات، وعالم الإنسان في جانبه المادي العضوي، فالحجية والسلطة المرجعية فيه، تعود إلى منظومة سنن الآفاق وطبائعها ومناهجها وآليات عملها، التي لا يجوز أن تُفرض عليها طبائع ومناهج ووسائل وأساليب منظومات سننية أخرى مغايرة لها.

وقد سبق أن استشهدنا بنص قرآني بالغ الأهمية في هذا المجال، وهو قوله تعالى: ﴿وَلَا تَقْفُ مَا لَيْسَ لَكَ بِهِۦ عِلْمٌۚ إِنَّ ٱلسَّمْعَ وَٱلْبَصَرَ وَٱلْفُؤَادَ كُلُّ أُوْلَـٰٓئِكَ كَانَ عَنْهُ مَسْـُٔولًا﴾ [الإسراء: 36]، الذي يؤكد على ضرورة احترام الحجية والسلطة المرجعية لكل منظومة من المنظومات المعرفية الكلية الأربع. فالمنطق السنني الذي تؤسسه وتؤصله هذه الآية، يدعو إلى أخذ

---

(1) مالك بن نبي. مشكلة الأفكار في العالم الإسلامي، ص153.

(2) راجع ما كتبه سيد قطب تحت عنوان «عقوبة الفطرة» في كتابه «الإسلام ومشكلات الحضارة»، فقد حشد فيه كمًّا مهمًّا من شهادات أهل الاختصاص والدراية والاستشراف.

المعرفة من أهلها الخبراء بها، وليس من أي أحد، حتى لو كان من أهل المعرفة الخبيرة في مجالات أخرى غير المجال الذي يقع فيه سؤالك أو اهتمامك أو حاجتك. فمن أراد معرفة شيء من سنن الآفاق في العوالم السابقة كلها، فلا يبحث عنه خارج منظومة سنن الآفاق، ولا يسأل عنه أحدًا من غير متخصصي هذه المنظومة وأهل الذكر فيها. فإن فعل ذلك، فقد تعدى حدود الله، وخالف أمره سبحانه وتعالى للناس بسؤال أهل الذكر فيما لا علم لهم به، وستكون نتيجة ذلك انتقام سنن الآفاق منه فورًا أو على التراخي، بل وانتقام سنن المنظومات الأخرى غير المعنية التي حاول البحث فيها عن الإجابة، واستجلاب الحلول لحاجياته ومشكلاته منها، لأنه سيأخذ منها معطيات غير صالحة لما يريد معرفته أو عمله، ويستخدمها في غير محلها، فتأتيه بعكس المرجو منها، لأنه اعتدى عليها باستخدامها في غير محلها، وبتحميلها ما ليس في طاقتها، وإظهارها بمظهر العاجز عن أداء مهماتها الوجودية بالكفاءة والفعالية المطلوبة!

فهذه المنظومات تؤدي وظائفها بالفعالية المطلوبة منها، إذا استعملت فيما وجدت من أجله. فإذا استخدمت في غير مجالها ضعفت فعاليتها، بل وتضاعف خطرها. والمنظومات السننية لها مجال فعالية رئيسية، ومجال فعالية تكميلية، مثل الأدوية الرئيسية أو الأساسية والمكملات الغذائية لها، فإذا اعتمد الإنسان في مواجهة المرض والضعف الجسماني على الأدوية الرئيسية، تعافى بسرعة، وإذا اعتمد على المكملات لها، طال أمد شفائه، وربما تفاقم مرضه مع مرور الزمن.

نماذج تطبيقية عن الحجية والسلطة المرجعية لمنظومة سنن الآفاق

سنذكر هنا عدة نماذج تطبيقية عن الأهمية الكبيرة، بل والضرورة القصوى لاحترام الحجية والسلطة المرجعية لمنظومة سنن الآفاق، والحذر الشديد من تجاوزها، لما في ذلك من عواقب وخيمة على الجسم والبيئة والحياة عامة. وسنأخذ هذه النماذج التطبيقية من السنة والسيرة النبوية الشريفة بصفة خاصة.

• النموذج التطبيقي الأول

نأخذه من موقف رسول الله عليه الصلاة والسلام من قضية تأبير أو تلقيح النخل لتحقيق الخصوبة المطلوبة في منتوج التمر كمادة غذائية أساسية، وكمنتوج اقتصادي

مهم في المجتمع يومئذ، وكمنظر جمالي رائع، ورئة بيئوية بالغة الأهمية، ينبغي العناية بها والمحافظة عليها.

فقد جاء في السنة أنه صلى الله عليه وسلم لما قدم المدينة وجد قومًا «**وهم يَأْبُرُون النَّخل يقولون يُلَقِّحُونَ النَّخل. فقال: ما تصنعون؟ قالوا: كنا نصنعه. قال: لعلكم لو لم تفعلوا كان خيرًا. فتركوه، فنَفَضَتْ، أو فنَقَصَتْ. قال فذكروا ذلك له، فقال: إنما أنا بشر، إذا أمرتكم بشيء من دينكم فخذوا به، وإذا أمرتكم بشيء من رأيي، فإنما أنا بشر**»[1]. وفي رواية: «**أنتم أعلم بأمر دنياكم**»[2].

والتأمل في موقفه عليه الصلاة والسلام، يؤكد لنا مدى احترامه للحجية والسلطة المرجعية لمنظومة سنن الآفاق، والوقوف عند ثوابتها، وعدم التساهل في ذلك مطلقًا، حتى إن بدا للبعض أن في ذلك انتقاصًا من مقامه عند أصحابه وعند الناس عامة، وقد كان بإمكانه أن يلف الموضوع أو يجد له مخرجًا آخر يحافظ به على مقامه، لكنه عليه الصلاة والسلام لم يسلك هذه المسالك الملتوية، لأن الأمر يتعلق بسنن ناظمة للحياة، لا يجوز التحايل عليها، وكان واضحًا ومباشرًا، لما تبين له الصواب، فدعاهم إلى احترام سنن الله تعالى في هذه الساحة الأساسية من ساحات الحياة، وتقويم المعارف والسلوكيات التي تناقضها، وعدم تكريس ما هو غير صحيح، لأنه اعتداء على حدود الله تعالى. وحدود الله في إطارها الكلي العام، هي سننه في خلقه.

ولا يخفى ما في هذا الموقف من بُعد تربوي بالغ الأهمية، يخص احترام حجية وسلطة منظومة سنن الآفاق كما أسلفنا، حيث سيستقر بل وينحفر في نفوس من شهدوا هذه الواقعة، ونفوس غيرهم عبر الأجيال، أمر احترام حجية وسلطة السنن المرجعية، لأن الحوار النفسي الداخلي سيرسخ لديهم قناعة أساسية وهي: إذا كان رسول الله عليه الصلاة والسلام يحمل نفسه على فعل هذا، ويختار الموقف المنسجم مع سنن الله تعالى في خلقه، فكيف بنا نحن البشر العاديين؟

---

(1) صحيح مسلم، رقم2362.

(2) نفسه، رقم2363.

• النموذج التطبيقي الثاني

نأخذه من قضية تتعلق بالصحة الجسمية للإنسان وببعض السنن التي تحكمها، وكيف يجب على الإنسان **أن يحترم حجيتها وسلطتها المرجعية ولا يصادمها بدون مبررات استثنائية ملجئة لذلك.**

فقد جاء في السنة النبوية عن جابر بن عبد الله رضي الله عنه قوله: «خرجنا في سفر، فأصاب رجلًا منا حَجرٌ فشجَّه في رأسه، ثم احتلم، فسأل أصحابه فقال: هل تجدون لي رُخصة في التيمم؟ فقالوا: ما نجد لك رُخصة وأنت تقدر على الماء. فاغتسل فمات. فلما قدِمنا على النبي صلى الله عليه وسلم أُخبر بذلك، فقال: قتلوه قتلهم الله! ألا سألوا إذ لم يعلموا، فإنما شفاء العيِّ السؤال؟ إنما كان يكفيه أن يتيمم ويعصر على جرحه خرقة، ثم يمسح عليها ويغسل سائر جسده»[1].

إن الواقعة تبين لنا كذلك، كيف يرسِّخ رسول الله عليه الصلاة والسلام في كل مرة، الوعي باحترام الحجية والسلطة المرجعية لمنظومة سنن الآفاق في نفوس الناس، وتحويل ذلك إلى معرفة وثقافة راسخة سارية في المجتمع، يتلقاها الجميع ويتمثلونها في تفكيرهم وسلوكهم وسائر مناشط حياتهم.

وينبغي أن تلاحَظ هنا نبرة النهي، وما ترسله من إيحاءات نفسية قوية عميقة إلى الذاكرة، وإلى لاشعور الإنسان، تفعل فعلها الإيجابي في تمتين موقفه من حجية وسلطة منظومة سنن الآفاق من ناحية، وضبط علاقاته بها من ناحية أخرى، بحيث يتحرك في ساحات الحياة، وفي ذهنه ضرورة احترام هذه الحجية والسلطة المرجعية، والحذر من مصادمتها.

• النموذج التطبيقي الثالث

نأخذه من قضية تتعلق بظاهرة طبيعية وهي كسوف الشمس، وكيف ينبغي لنا أن ننظر إليها نظرة سننية، وأن نفسرها تفسيرًا علميًّا منسجمًا مع سنن الله تعالى في خلقه، وخاصة سنن المجال الذي تنتمي إليه الظاهرة، وألَّا نتعسف في التماس تفسيرات لها من غير مجالها الطبيعي، وألَّا نمنحها دلالات بعيدة عنها، وألَّا نرتب عليها مواقف غير سننية، تصادم الواقع

(1) صحيح أبي داود، رقم336.

السنني لمنظومة سنن الآفاق ابتداء، ثم الواقع السنني لمنظومات سننية أخرى ذات علاقة بالحادثة، كمنظومتي سنن الهداية وسنن التأييد.

فقد جاء في السنة النبوية كذلك، أن الشمس كسفت «**على عهد رسول الله صلى الله عليه وسلم يوم مات إبراهيم، فقال الناس: كسفت الشمس لموت إبراهيم. فقال رسول الله صلى الله عليه وسلم: إن الشمس والقمر لا ينكسفان لموت أحد ولا لحياته، فإذا رأيتم فصلُّوا، وادعوا الله**»[1].

لقد حرص عليه الصلاة والسلام على تعميق وعي الناس بحجية وسلطة منظومة سنن الآفاق، التي هي خلق من خلق الله تعالى، تجب المعرفة بحقائقه السننية، ثم الانتفاع بها في إدارة الحياة، وتعزيز الإيمان بعظمة الله تعالى وإفراده بالتوحيد والعبودية سبحانه وتعالى.

فتثبيت وتقوية الوعي بحجية وسلطة منظومة سنن الآفاق، من أقوى منمِّيات ومعززات الإيمان بالله تعالى، ومعمقات الصلاح الذاتي للإنسان، والإصلاح الاجتماعي، لما تضعه أمامه من حقائق مذهلة في عوالم المادة، تجعله مسبحًا بحمد الله، وشاكرًا لأنعمه، ومنسجمًا مع سننه في خلقه، كما جاء ذلك في القرآن في مثل قوله تعالى: ﴿ٱلَّذِينَ يَذۡكُرُونَ ٱللَّهَ قِيَٰمًا وَقُعُودًا وَعَلَىٰ جُنُوبِهِمۡ وَيَتَفَكَّرُونَ فِي خَلۡقِ ٱلسَّمَٰوَٰتِ وَٱلۡأَرۡضِ رَبَّنَا مَا خَلَقۡتَ هَٰذَا بَٰطِلًا سُبۡحَٰنَكَ فَقِنَا عَذَابَ ٱلنَّارِ﴾ [آل عمران: 191].

والخلاصة هنا هي أن منظومة سنن الآفاق تشكِّل مصدرًا أساسيًا للمعرفة، لا يمكن التغافل عنه إطلاقًا، فضلًا عن الاستغناء عنه بأي حال من الأحوال. فالإنسان تزداد معرفته بنفسه وبالله وبسنن الحياة، كلما ازدادت معرفته بمعطيات منظومة سنن الآفاق، كما أوضح ذلك القرآن في مثل قوله تعالى: ﴿سَنُرِيهِمۡ ءَايَٰتِنَا فِي ٱلۡأٓفَاقِ وَفِيٓ أَنفُسِهِمۡ حَتَّىٰ يَتَبَيَّنَ لَهُمۡ أَنَّهُ ٱلۡحَقُّۗ أَوَلَمۡ يَكۡفِ بِرَبِّكَ أَنَّهُۥ عَلَىٰ كُلِّ شَيۡءٖ شَهِيدٌ﴾ [فصلت: 53].

وكشف سنن هذه المنظومة يرفع الغموض والاختلاف، ويوحد الموقف من ظواهر الكون المادي، ثم ينعكس على تقليص الاختلاف والتباين في الموقف في مجالات الحياة

---

(1) صحيح البخاري، رقم1043.

الأخرى، لأن العلم بالسنن رافع للجهل، ومؤسس للمعرفة اليقينية، ولذلك نرى في القرآن الكريم دعوة واسعة جدًّا إلى الاحتكام إلى حجية وسلطة سنن الآفاق، واستثمارها في الوصول إلى كثير من حقائق الأمور[1].

ومن أجل ألَّا يقف الإنسان عند ظاهر المادة، وألَّا ينحبس وعيه عند حدودها الخارجية، وألَّا يُحرم من خيرية الأبعاد المقاصدية الأخرى في منظومة سنن الآفاق، ينقله منظور السننية الشاملة إلى آفاق الحجية والسلطة المرجعية للمنظومة السننية الثانية، وهي منظومة سنن الأنفس، التي توسع مداركه، وتمكنه من شروط كثيرة تعينه على الاستعمال الرشيد لمعطيات منظومة سنن الآفاق، وتعزز إيمانه وعبوديته لله تعالى، وانسجامه مع سننه في خلقه.

مجال الحجية والسلطة المرجعية لمنظومة سنن الأنفس

إن مجال الحجية والسلطة المرجعية لمنظومة سنن الأنفس، هو الساحة الفكرية والنفسية والسلوكية والثقافية والاجتماعية والحضارية، أي كل ما يتعلق بالبحث والكشف عن سنن الحركة الحضارية البشرية في الأرض، من حيث مداولتها الصاعدة ومداولتها المتقهقرة؛ كيف تحدث؟ وما شروطها؟ وما أسبابها؟ وما مظاهرها؟ وما تأثيراتها على الإنسان، فردًا وأسرة ومجتمعًا وأمة وحضارة؟

إنها الساحة السننية التي نعرف من خلالها: النفس الإنسانية في سوائيتها وقلقها، والفكر الإنساني في سننيته وخرافيته، والشخصية الإنسانية في توازنها واختلالها، والسلوك الإنساني في جماله وقبحه، وصلاحه وفساده. والمجتمع الإنساني في تركيبه ووظائفه وآليات اشتغاله، والعلاقات الإنسانية في انسجامها وتكاملها وفعاليتها الاجتماعية، وفي اضطرابها وتنافرها واهتلاكية فعاليتها الاجتماعية. والإدارة التربوية والسياسية والاجتماعية... في قوتها وصلاحها وخيريتها، وفي ضعفها وفسادها وضررها. والحركة الحضارية في مناشئها ومساراتها وامتداداتها ومآلاتها الصاعدة والمتقهقرة، والشبكات السننية التي تقف وراء ذلك كله... إلى ما هناك من القضايا والمشكلات التي تتعلق بهذه الساحة أو المنظومة السننية الكونية الكلية.

---

(1) الطاهر بن عاشور. تفسير التحرير والتنوير، ج25/ 19.

إن كل ما يتعلق بفهم هذه الساحة السننية والاستفادة منها في الحياة، فالحجية والسلطة المرجعية فيه، تعود إلى منظومة سنن الأنفس وطبائعها ومناهجها وآليات عملها، التي لا يجوز كذلك أن تُفرض عليها طبائع ومناهج ووسائل وأساليب منظومات سننية أخرى مغايرة لها في الطبيعة والوظيفة والمنهجية، وإن كانت متكاملة معها من حيث تزويد الإنسان بالشروط الكلية لإدارة حياته بشكل متوازن وفعال.

فمن أراد معرفة أو فهم شيء من سنن الأنفس، ودورها في بناء عالم الأفكار والمشاعر، والسلوكيات والعلاقات، وقيام المجتمعات والحضارات وصعودها وامتداد نفوذها، وضعفها وغثائيتها الحضارية، فليبحث عنه في منظومة سنن الأنفس، وليسأل عنه متخصصي هذه المنظومة وأهل الذكر فيها، لأن كثيرًا من السنن المتعلقة بذلك مودعة في هذه المنظومة السننية الكلية. فإن لم يفعل ذلك ولجأ إلى البحث عن المعرفة والفهم في المنظومات الأخرى، فقد أخطأ الطريق والمكان، وتعدى حدود الله، وخالف أمره سبحانه وتعالى للناس بسؤال أهل الذكر فيما لا علم لهم به، وستكون نتيجة ذلك انتقام سنن الأنفس منه فورًا أو على التراخي، بل وانتقام سنن المنظومات الأخرى التي لجأ إلى البحث فيها عن الإجابة واستجلاب الحلول لحاجياته ومشكلاته منها، لأنه سيأخذ منها معطيات غير صالحة لما يريد معرفته أو عمله، ويستخدمها في غير محلها، فتأتيه بعكس المرجو منها، لأنه اعتدى عليها باستخدامها في غير محلها، وبتحميلها ما ليس في طاقتها، وإظهارها بمظهر العاجز عن أداء مهماتها الوجودية بالكفاءة والفعالية المطلوبة!

ملاحظة مهمة:

عندما نؤكد على أهمية، بل وضرورة، احترام حجية وسلطة كل منظومة سننية على حدة، فليس معنى ذلك أنها معزولة عن بقية المنظومات الأخرى، لأن هذه المنظومات في وضعية تكاملية من الناحية الوظيفية، وأن أيًّا منها لا يمكنه أن يستقل بالوفاء بكل حاجيات الإنسان فردًا ومجتمعًا وأمة وحضارة، بل هو في حاجة إلى معطياتها جميعًا لتغطية حاجيات حياته وحركته الحضارية، وإنما القصد هنا هو مراعاة المجال المحوري الحيوي الذي يقع تحت سلطة كل منظومة، والتوسع والتعمق في المعرفة به، واحترامه التام، وعدم الغفلة عنه، أو مصادمته.

نماذج تطبيقية عن الحجية والسلطة المرجعية لمنظومة سنن الأنفس

فيما يلي بعض النماذج التطبيقية عن ضرورة مراعاة الحجية والسلطة المرجعية لهذه المنظومة السننية الحيوية في حياة الإنسان وحركته الحضارية.

• النموذج التطبيقي الأول

نأخذه من دعوة القرآن الناس إلى دراسة وتأمل تجارب الأفراد والجماعات والحضارات البشرية السابقة، والتعمق في أسباب قوتها وصلاحها وصعودها، أو ضعفها وفسادها وسقوطها، وأخذ العبرة اللازمة من ذلك، كما نرى ذلك في مثل قوله تعالى: ﴿قَدْ خَلَتْ مِن قَبْلِكُمْ سُنَنٌ فَسِيرُوا۟ فِى ٱلْأَرْضِ فَٱنظُرُوا۟ كَيْفَ كَانَ عَٰقِبَةُ ٱلْمُكَذِّبِينَ﴾ [آل عمران: 137].

ولا شك أن سنن الأنفس لها دور وتأثير كبير في هذه العواقب التعيسة التي تؤول إليها أحوال الأفراد والجماعات البشرية، التي لا تحترم الحجية والسلطة المرجعية لهذه المنظومة السننية الحيوية، التي لها أهمية كبيرة في الاستفادة من منظومة سنن الآفاق وبقية المنظومات الأخرى، لأنها تمثل المنظومة الوسيطة التي تتجمع فيها الخبرات الفنية المعينة على كفاءة وفعالية الاستثمار والإنجاز.

وكل هذا يؤكد لنا مدى الحجية والسلطة المرجعية التي تحتلها هذه المنظومة في منظومات سنن التسخير الكونية الكلية الأربع، ومدى الضرورة والحاجة إليها، وخطورة الغفلة عنها، أو تجاوزها. فالغفلة عن هذه الحجية والسلطة المرجعية لهذه المنظومة، تؤدي لا محالة إلى الصدام معها والتحطم على صخرتها من ناحية، وإلى الحرمان من الاستفادة منها في إدارة الحياة وترقية جوانب الخيرية والبركة والرحمانية فيها من ناحية أخرى.

فهذه السنن الناظمة للصيرورات الحضارية لحركة الاستخلاف البشري في الأرض، غلَّابة قاهرة، لا يمكن مقاومتها والاعتداء عليها، بدون عواقب وخيمة، كما قال تعالى: ﴿فَهَلْ يَنظُرُونَ إِلَّا سُنَّتَ ٱلْأَوَّلِينَ ۚ فَلَن تَجِدَ لِسُنَّتِ ٱللَّهِ تَبْدِيلًا ۖ وَلَن تَجِدَ لِسُنَّتِ ٱللَّهِ تَحْوِيلًا﴾ [فاطر: 43].

• **النموذج التطبيقي الثاني**

نأخذه من إجابة القرآن على التساؤل الكبير الذي أحدثته هزيمة المسلمين في موقعة أُحد، حيث لم يهضموا أسباب هذه الهزيمة الكبيرة، التي قضت في ساعات على عدد كبير من نخبة المجتمع الإسلامي الوليد، مما أحدث صدمة كبيرة في نفوسهم، وتساءلوا: كيف يحدث لنا هذا؟ كيف ننهزم أمام قوة تحارب الله ورسوله، ونحن نجاهد في سبيل الله لإعلاء كلمة الإسلام وإقامة المجتمع الإسلامي الصالح العادل في الأرض؟ كيف يستقيم هذا؟ أين تأييد الله لرسوله وللمؤمنين؟

وكانت الإجابة هي أنه يجب عليكم أن تراجعوا أنفسكم، وتفحصوا جيدًا علاقتكم بسنن الله تعالى في الأنفس، وهل احترمتم الحجية والسلطة المرجعية لهذه السنن أم صادمتموها واعتديتم عليها، فكان لا بد أن يحدث لكم ما حدث، جزاءً وفاقًا؟ وفي هذا جاء قوله تعالى: ﴿أَوَلَمَّآ أَصَٰبَتۡكُم مُّصِيبَةٞ قَدۡ أَصَبۡتُم مِّثۡلَيۡهَا قُلۡتُمۡ أَنَّىٰ هَٰذَاۖ قُلۡ هُوَ مِنۡ عِندِ أَنفُسِكُمۡۗ إِنَّ ٱللَّهَ عَلَىٰ كُلِّ شَيۡءٖ قَدِيرٞ﴾ [آل عمران: 165]، الذي يبين بوضوح أن القوة والضعف، والنصر والهزيمة، والنجاح والفشل في الحياة، تحكمها سنن مطَّردة، تجري على جميع الناس، مسلمين وغير مسلمين، فمن عرفها واستثمرها بفعالية، حقق مراده، وإن كان غير مسلم، ومن جهلها أو غفل عنها، أو لم يستثمرها بالفعالية المطلوبة، لم يدرك بها مراده، وإن كان مسلمًا!

فمشيئة الله تعالى في خلقه، كما يقول العلامة رشيد رضا:

> «إنما تنفذ على سنن حكيمة وطرائق قويمة، فمن سار على سنته في الحرب - مثلًا - ظفر بمشيئة الله وإن كان ملحدًا أو وثنيًا، ومن تنكَّبها خسر وإن كان صدِّيقًا أو نبيًّا، وعلى هذا يتخرَّج انهزام المسلمين في وقعة أُحد»[1].

والتعليق القرآني عن تساؤلات الصحابة، يرسخ في النفس ضرورة احترام حجية وسلطة سنن الله تعالى في الأنفس، وعدم الغفلة عنها، أو التساهل في أمرها. لأن السبب المباشر لهذه الهزيمة الكبيرة التي سماها القرآن «مصيبة»، يكمن في الغفلة عن الانضباط بتعليمات

---

(1) محمد رشيد رضا. تفسير المنار، ج4/ 116.

وأوامر القيادة، مما أدى إلى ثغرة في نظام وخطة إدارة المعركة، استغلها العدو بفعالية، وألحق هذه الهزيمة الكبيرة بالمسلمين. فاحترام معطيات منظومة سنن الأنفس، والحرص على عدم تجاوز حجيتها وسلطتها المرجعية، يمنح الإنسان ثقافة سننية متينة تنعكس تأثيراتها الإيجابية العادلة على كل مناحي حياته.

• النموذج التطبيقي الثالث

نأخذه من تأكيد القرآن الكريم على الأهمية البالغة للشورى في حياة المجتمع، منذ العهد المكي[1]، لكونها من السنن الأساسية المؤمِّنة له من الأخطار من جهة، والمساعدة على الإدارة الفعالة له من جهة ثانية، والمحافِظة على انسجامه وتكامله ومصالحه من جهة ثالثة، والمنمِّية لروح المسؤولية لدى كل فرد فيه من جهة رابعة، إلى ما هناك من الأبعاد والفوائد التربوية والاجتماعية والسياسية لهذه الوسيلة المهمة.

وقد ورد التأكيد على سنة الشورى مرة أخرى في سياق مواجهة تبعات هزيمة المسلمين في أُحد، بعد إعمال الرسول عليه الصلاة والسلام لها في تحضير المجتمع لمواجهة غزو قريش للمدينة، وتحمس الشباب ومن لم يشهد بدرًا، لملاقاة العدو خارج المدينة، وقد اعتمد رسول الله رأي القائلين بملاقاة العدو خارج المدينة، على الرغم من أن رأيه كان مع القائلين بالمقاومة من داخل المدينة[2]!

إن الهزيمة الكبيرة التي مُني بها المسلمون في أُحد، لم تمنع إعادة التأكيد على مبدأ الشورى بصيغة الأمر، لأنها من السنن المهمة في منظومة سنن الأنفس، ولأن الخطأ في التعامل مع السنن وما يترتب عليه من عواقب، لا يلغي قيمة وأهمية هذه السنن نفسها، بل هي ثابتة مطَّردة. بل إن الرأي الأسدَّ في قانون الشورى، كما يقول ابن عطية، هو أن:

> «الشورى من قواعد الشريعة وعزائم الأحكام، ومن لا يستشير أهل العلم والدين فعزله واجب، هذا ما لا خلاف فيه»[3].

---

(1) محمد صديق خان. فتح البيان في مقاصد القرآن، ج12/ 271.

(2) ابن حجر العسقلاني. فتح الباري شرح صحيح البخاري، ج13/ 353.

(3) أبو محمد عبد الحق بن غالب الأندلسي. المحرر الوجيز في تفسير الكتاب العزيز، ج1/ 534.

وفي تعزيز الأخذ بقانون الشورى، جاء في القرآن قوله تعالى، في سياق التنويه بمجموعة من الصفات النبوية الحميدة، وقواعد الإدارة الرشيدة: ﴿فَبِمَا رَحْمَةٍ مِّنَ ٱللَّهِ لِنتَ لَهُمْ ۖ وَلَوْ كُنتَ فَظًّا غَلِيظَ ٱلْقَلْبِ لَٱنفَضُّواْ مِنْ حَوْلِكَ ۖ فَٱعْفُ عَنْهُمْ وَٱسْتَغْفِرْ لَهُمْ وَشَاوِرْهُمْ فِى ٱلْأَمْرِ ۖ فَإِذَا عَزَمْتَ فَتَوَكَّلْ عَلَى ٱللَّهِ ۚ إِنَّ ٱللَّهَ يُحِبُّ ٱلْمُتَوَكِّلِينَ﴾ [آل عمران: 159].

وتعميقًا لهذا القانون المهم من قوانين إدارة الحياة العامة، بل والخاصة، رفض الرسول عليه الصلاة والسلام التراجع عن قرار ملاقاة العدو خارج المدينة، بعد المشاورة، على الرغم من ندم بعض من تحمسوا للخروج في بداية الأمر، وإلحاحهم عليه بالبقاء في المدينة، وقال لهم بكل حسم وعزم: «**إنه ليس لنبي إذا لبس لأْمتَه أن يضعها حتى يقاتل**»[1].

لقد حرص عليه الصلاة والسلام أن يعلم المسلمين احترام سنن إدارة الحياة، وعدم اتخاذها لعبة، حتى يعمق الوعي بأهمية الشورى وضرورة الجدية فيها، وأنه بعد الشورى لا تردد في المضي في العمل، حتى لا تتميع الأمور، وتحدث البلبلة، وتضعف الجدية في اتخاذ القرارات.

ومهما أخذنا من النماذج التطبيقية الخاصة بسنن إدارة الحياة الفردية والعامة، فإنها ستفضي بنا باستمرار إلى نتيجة أساسية، وهي ضرورة ترسيخ ثقافة احترام الحجية والسلطة المرجعية لمفردات منظومة سنن الأنفس، في أي تفكير أو سلوك أو عمل أو جهد فردي أو اجتماعي يقوم به الإنسان، والحذر من الجهل بها، أو تجاهلها، أو التصادم معها.

وهنا يتأكد لدينا مدى ضحالة بل وخطورة الزهد أو التزهيد في التحكم في العلوم الإنسانية والاجتماعية المختلفة، التي تمكن الإنسان من امتلاك مزيد من القدرات الفهمية والفنية أو الإنجازية المعينة له على إدارة حياته بشكل فعال ومتوازن ومتجه دومًا نحو مزيد من الخيرية والبركة والرحمانية الكونية.

كما يتأكد لدينا مدى الحاجة الملحة إلى المضي قُدمًا في تطوير هذه العلوم، وإنشاء علوم إضافية جديدة، تغطي كل المساحات الواسعة جدًّا في منظومة سنن الأنفس، وتستجيب للحاجيات الإنسانية المتجددة بشكل مستمر. فاستكشاف مجاهيل هذه المنظومة، وتحقيق

---

(1) الألباني. سلسلة الأحاديث الصحيحة، ج6/ 21.

مزيد من التحكم الاستثماري فيها، يحتاج إلى اكتشاف علوم إضافية جديدة، وربما هجر علوم قائمة لم تعد مجدية، أو استنفدت أغراضها، كما قد يحتاج إلى تطويرها وإصلاحها إن كانت قابلة لذلك.

مجال الحجية والسلطة المرجعية لمنظومة سنن الهداية

إن مجال الحجية والسلطة المرجعية لمنظومة سنن الهداية، هو الساحة العقدية والعبادية والأخلاقية والقيمية وثوابت الفطرة الإنسانية، والمقاصد العليا للوجود والحياة. أي كل ما يتعلق بالبحث عن المعنى والقيمة والخيرية والبركة والرحمانية في الوجود والحياة والإنسان.

إن كل ما يتعلق بالأجوبة الشاملة عن أسئلة الفراغات الكونية الكبرى المحيطة بالإنسان؛ من سؤال المنشَأ الإنساني والمنشِئ له؟ وسؤال الغاية الوجودية ومقتضياتها؟ وسؤال القيمة والمكانة الوجودية للإنسان ودلالاتها ومقتضياتها؟ وسؤال المنهج الاستخلافي وثوابته؟ وسؤال المصير الوجودي للإنسان ومقتضياته؟ وما يتصل بذلك من أسئلة تكميلية أخرى كثيرة، وما يتعلق بفهم هذه الساحة السننية الكونية والاستفادة منها في الحياة، فالحجية والسلطة المرجعية فيها، تعود إلى منظومة سنن الهداية بالدرجة الأولى، ولطبائعها ومناهجها وآليات عملها، التي لا يجوز كذلك أن تُفرض عليها طبائع ومناهج ووسائل وأساليب منظومات سننية أخرى مختلفة عنها في الطبيعة والوظيفة والمنهجية.

وكما سبق أن رأينا في الفصل السابق، فإن سنن الآفاق وسنن الأنفس، وضعها الله تعالى تحت سلطة العقل والتجربة البشرية مباشرة، أما منظومة سنن الهداية فهي وحي إلهي خالص، يتلقاه الناس من خلال رسول معصوم، ويستكملون به معرفتهم السننية الضرورية التي لا توفرها لهم منظومتا سنن الآفاق وسنن الأنفس. فالوحي يغطي المجالات الرئيسية التي لا يستقل العقل والخبرة البشرية بتغطيتها، أما ما يستقلان بتغطيته، فإن وظيفة الوحي أو منظومة سنن الهداية عامة، تكون حينئذ هي الدعم والترشيد والحماية لهما أولًا، والاستفادة من المعطيات والخبرات التي تتيحها منظومتا سنن الآفاق وسنن الأنفس ثانيًا، في توسيع دائرة الفهم للوحي، وتعميق الوعي بمقاصده وثوابته، ورفع مستويات الإحساس بالضرورة القصوى له في حياة الإنسان.

وقد مرت معنا عبارة جميلة جامعة، لشيخ الإسلام ابن تيمية في المجال الرئيسي للوحي، وهي قوله إن الأنبياء عليهم السلام:

«يخبرون بمحارات العقول، وهو ما تعجز العقول عن معرفته، ولا يخبرون بمحالات العقول، وهو ما يعلم العقل استحالته»[1].

وعلى هذا الأساس، فإن من أراد معرفة أو فهم شيء من سنن الهداية، ويدرك مقاصده على حقيقتها، فليبحث عنه في منظومة سنن الهداية، وليسأل عنه متخصصي هذه المنظومة وأهل الذكر من الخبراء بها. ومن أراد أن يستفيد من معطياتها في تطوير حياته وتحقيق الفعالية والتكاملية والتوازن فيها، فعليه أن يحترم حجيتها وسلطتها المرجعية، في المجالات الخاصة بها، فإن لم يفعل ذلك، ولجأ إلى البحث عن المعرفة بها والفهم لها، في المنظومات السننية الأخرى، فقد أخطأ الطريق والمكان، وتعدى حدود الله، وخالف أمره للناس بسؤال أهل الذكر المتخصصين في منظومة سنن الهداية والخبراء بها.

وكما أكدنا مرارًا، فإن هذا المسلك غير السليم، ستكون له عواقب غير محمودة على الإنسان، فردًا ومجتمعًا، لأنه بذلك يحرم نفسه من الخدمات الضرورية لهذه المنظومة السننية الحيوية من جهة، ويعرِّض نفسه لمخاطر مصادمتها من جهة ثانية، كما تضطرب فعالية استثماره لمعطيات منظومتي سنن الآفاق وسنن الأنفس من جهة ثالثة.

أما من يعترف بحجيتها وسلطتها المرجعية، ويحترمهما في تفكيره وتصرفاته وأعماله ومواقفه، فإنه سيضيف معرفة وخبرة وقوة وقدرة جديدة لجهده الفردي وحركته الاجتماعية والحضارية، تمكنه من رفع مستوى أصالتهما وفعاليتهما وتكامليتهما وتوازنهما، وتوفر لهما مزيدًا من شروط الوقاية والحماية لمنجزاتهما، التي بها يحقق المجتمع مزيدًا من التراكم المطلوب في خبراته المعرفية والثقافية، وفي إمكانه الحضاري.

نماذج تطبيقية عن الحجية والسلطة المرجعية لمنظومة سنن الهداية

فيما يلي بعض النماذج التطبيقية عن ضرورة مراعاة الحجية والسلطة المرجعية لهذه المنظومة السننية الحيوية في حياة الإنسان، وحركته الحضارية، ومصيره الأخروي.

---

(1) ابن تيمية. بيان تلبيس الجهمية، ج2/ 361.

• النموذج التطبيقي الأول

نأخذه من آية عظيمة الشأن في القرآن الكريم، تؤكد لنا الوجود الفعلي لمنظومات سنن التسخير الكونية الكلية الأربع أولًا، ثم الحجية والسلطة المرجعية لهذه المنظومات مفردة ومجتمعة ثانيًا، والضرورة الملحة لاحترام الحجية والسلطة المرجعية لها جميعًا مفردة ومجتمعة ثالثًا.

ونقصد بهذه الآية قوله تعالى: ﴿سَنُرِيهِمْ ءَايَٰتِنَا فِى ٱلْءَافَاقِ وَفِىٓ أَنفُسِهِمْ حَتَّىٰ يَتَبَيَّنَ لَهُمْ أَنَّهُ ٱلْحَقُّ ۗ أَوَلَمْ يَكْفِ بِرَبِّكَ أَنَّهُۥ عَلَىٰ كُلِّ شَىْءٍ شَهِيدٌ﴾ [فصلت: 53]. فالآية تؤكد على وجود منظومتي **سنن الآفاق وسنن الأنفس** ابتداء، وعلى حجيتهما وسلطتهما المرجعية ثانيًا، لأنهما محل اتفاق واحترام واسع بين البشر عامة، بصرف النظر عن مصادمة بعض جزئياتهما هنا أو هناك، لأسباب شتى. ثم تؤكد بعد ذلك على أن استمرار تعمُّق المعرفة بمعطيات وحقائق وحجية وسلطة هاتين المنظومتين السننيتين الأساسيتين، سيفضي حتمًا، مع مرور الزمن، إلى تعميق الوعي بوجود منظومتي **سنن الهداية وسنن التأييد** أولًا، وإلى ضرورة احترام الحجية والسلطة المرجعية لكلٍّ منهما ثانيًا، إذ من غير المعقول أن تعترف بوجودهما، ثم لا تعترف بحجيتهما وسلطتهما المرجعية ولا تحترمهما!

وبصرف النظر عن التفاصيل الواردة في معنى «**الْحَقُّ**» في الآية، أهو القرآن، أم الإسلام، أم الرسول، أم الحق الذي جاءوا به[1]... فإن المحصلة النهائية هي الإيمان بوجود منظومتي سنن الهداية وسنن التأييد، والاعتراف بحجيتهما وسلطتهما المرجعية، لأن باقي ما يذكر من تفاصيل موجود فيهما، وهو فرع عنهما، وبغير المعرفة بهاتين المنظومتين، والاعتراف بحجيتهما وسلطتهما المرجعية، لا يمكن للإنسان أن يعرف هذه التفاصيل، ولا أن يتخذ منها موقفًا صحيحًا، ولا أن يقيم بها علاقات صحيحة، ولا أن يستفيد منها في حياته بشكل صحيح.

والدارس لتاريخ وواقع الحركة المعرفية في منظومتي سنن الآفاق وسنن الأنفس، بروح موضوعية متوازنة، يتأكد أنهما تفضيان فعلًا إلى الإيمان بمنظومة سنن الهداية، والاعتراف

---

(1) القرطبي. الجامع لأحكام القرآن، ج15/ 375.

بحجيتها وسلطتها المرجعية لا محالة، كما تشهد بذلك هذه الحشود الهائلة من العلماء المؤمنين ومن ورائهم هذه الحشود الهائلة من عامة الناس عبر التاريخ.

فالعلم بمعطيات منظومتي سنن الآفاق وسنن الأنفس لا يدعو فقط إلى الاعتراف بمنظومة سنن الهداية ومقتضياتها، أو إلى الإيمان، كما قال «كريسي موريسون» في كتابه «العلم يدعو إلى الإيمان» في القرن الماضي، بل يقود الإنسان إلى ذلك، كما صرحت بذلك الآية التي نحن بصددها.

• النموذج التطبيقي الثاني

نأخذه من آية قرآنية تؤكد لنا أهمية منظومة سنن الهداية، وضرورة الاعتراف بحجيتها وسلطتها المرجعية، واحترامها الجاد في الحياة، وعدم الغفلة عنها أو مصادمة حقائقها السننية، لما يترتب على ذلك من عواقب وخيمة في حياة الأفراد وحركة المجتمعات. وهي قوله تعالى: ﴿وَلَقَدْ بَعَثْنَا فِي كُلِّ أُمَّةٍ رَّسُولًا أَنِ ٱعْبُدُواْ ٱللَّهَ وَٱجْتَنِبُواْ ٱلطَّٰغُوتَۖ فَمِنْهُم مَّنْ هَدَى ٱللَّهُ وَمِنْهُم مَّنْ حَقَّتْ عَلَيْهِ ٱلضَّلَٰلَةُۚ فَسِيرُواْ فِي ٱلْأَرْضِ فَٱنظُرُواْ كَيْفَ كَانَ عَٰقِبَةُ ٱلْمُكَذِّبِينَ﴾ [النحل: 36]. والآية لم تكتفِ بتقرير حقيقة وجود منظومة سنن الهداية، وحقيقة التبليغ لمقتضياتها إلى الناس عبر التاريخ فحسب، بل تجاوزت ذلك إلى الدعوة إلى دراسة التاريخ البشري، والتأمل في نتائج وبركات الاعتراف بالحجية والسلطة المرجعية لهذه المنظومة السننية واحترامها، في حياة الأفراد وحركة المجتمع من ناحية، وعواقب ومخاطر الغفلة عنها أو مصادمتها، في حياة الأفراد وحركة المجتمع كذلك من ناحية أخرى.

ولا شك أن من يتعمق في دراسة حركة التاريخ البشري، سيتأكد له ما للاعتراف بالحجية والسلطة المرجعية لمنظومة سنن الهداية واحترامها، أو الغفلة عنها وتهميشها، ومصادمة حقائقها، من دور محوري في المسارات الحضارية الصاعدة لحركة التاريخ، التي تتعاظم فيها الخيرية والبركة والرحمانية الكونية، أو في المسارات الحضارية التنافرية المهلكة المنهكة، التي تتضاءل فيها الخيرية والبركة والرحمانية الكونية كثيرًا، وتقذف بالإنسان في دوامات التعاسة والضنكية النفسية والروحية والاجتماعية.

- **النموذج التطبيقي الثالث**

نأخذه من نص قرآني، جاء فيه التأكيد كذلك على محورية الدور الذي تؤديه منظومة سنن الهداية في حياة الإنسان، وفي حركته الحضارية، وفي مصيره الأخروي، والمخاطر الدنيوية والأخروية التي تنجم عن عدم الاعتراف بحجيتها وسلطتها المرجعية واحترامها في إدارة الحياة[1]. وهذا النص يعود بنا إلى بداية حركة الاستخلاف البشري في الأرض، ويقص لنا التوصيات والإرشادات الأساسية التي تلقاها الإنسان الخليفة الأول في الأرض، وهو ينزل إليها من الجنة ليبدأ رحلة خلافته فيها.

وتتعلق هذه الإرشادات والتوصيات أساسًا بطمأنة الإنسان بأن رعاية الله تعالى ستلازمه، عبر منظومة سنن الهداية، التي يتولى الأنبياء والرسل عليهم السلام تبليغ وتعليم حقائقها للناس، وتجسيدها في واقع حياتهم عبر الأجيال. وفي هذا يقول الله تعالى: ﴿قَالَ ٱهْبِطَا مِنْهَا جَمِيعًۢا ۖ بَعْضُكُمْ لِبَعْضٍ عَدُوٌّ ۖ فَإِمَّا يَأْتِيَنَّكُم مِّنِّى هُدًى فَمَنِ ٱتَّبَعَ هُدَاىَ فَلَا يَضِلُّ وَلَا يَشْقَىٰ ۝١٢٣ وَمَنْ أَعْرَضَ عَن ذِكْرِى فَإِنَّ لَهُۥ مَعِيشَةً ضَنكًا وَنَحْشُرُهُۥ يَوْمَ ٱلْقِيَٰمَةِ أَعْمَىٰ﴾ [طه].

والآيات والأحاديث النبوية الشريفة التي تؤكد ضرورة الاعتراف بالحجية والسلطة المرجعية لمنظومة سنن الهداية، واحترامها في إدارة الحياة الإنسانية، كثيرة جدًّا، نكتفي منها بقوله تعالى الذي جاء فيه التحذير من عواقب الغفلة عن هذه الحجية والسلطة المرجعية: ﴿فَلْيَحْذَرِ ٱلَّذِينَ يُخَالِفُونَ عَنْ أَمْرِهِۦٓ أَن تُصِيبَهُمْ فِتْنَةٌ أَوْ يُصِيبَهُمْ عَذَابٌ أَلِيمٌ﴾ [النور: 63]، وقوله كذلك محذرًا ومؤكدًا على ضرورة احترام هذه الحجية والسلطة المرجعية لمنظومة سنن الهداية: ﴿فَلَا وَرَبِّكَ لَا يُؤْمِنُونَ حَتَّىٰ يُحَكِّمُوكَ فِيمَا شَجَرَ بَيْنَهُمْ ثُمَّ لَا يَجِدُوا۟ فِىٓ أَنفُسِهِمْ حَرَجًا مِّمَّا قَضَيْتَ وَيُسَلِّمُوا۟ تَسْلِيمًا﴾ [النساء: 65].

ومهما استعرضنا من النماذج التطبيقية المختلفة بشأن هذه المنظومة، فإن النتيجة الأساسية التي نجد أنفسنا ننتهي إليها باستمرار، هي ضرورة ترسيخ ثقافة احترام الحجية والسلطة المرجعية لمفردات منظومة سنن الهداية، في إدارة حركة الحياة الفردية والجماعية، والحذر من الجهل بذلك، أو تجاهله، أو التصادم معه.

---

(1) سيد قطب. في ظلال القرآن، ج4/ 2355.

مجال الحجية والسلطة المرجعية لمنظومة سنن التأييد

الإنسان، كما مر بنا في الفصل السابق، يتحرك ضمن المحددات والمؤثرات والمتغيرات الدائبة لحركة المدافعة والمداولة الثقافية والاجتماعية والحضارية، وما تفرضه من تجديد مستمر، يدفع بأفراد ومجتمعات نحو الأمام، وبأخرى نحو الخلف، وهو ما يجعل الإنسان في كثير من الأحيان يشعر بأنه ليس في حالة التوازن المطلوبة، أو أن توازنه مهدد بالاختلال بشكل مستمر، حتى لو امتلك كثيرًا من معطيات منظومات سنن الآفاق والأنفس والهداية. لأن هذا الامتلاك لهذه المعطيات لا ينتفع منه بالشكل الذي يرجوه، إلا إذا امتلك القدرة على الاستثمار الفعال للمنظومة السننية الرابعة، وهي منظومة سنن التأييد والدعم الإلهي الذي يمكِّنه من التصرف الأفضل في معطيات منظومات سنن الآفاق والأنفس والهداية.

وقد مر معنا في الفصل السابق، أن **الدورة الإنجازية** للفعل الإنساني، تبلغ مداها النموذجي الأقصى؛ من حيث الأصالة والفعالية والتكاملية والتوازن واستمرارية التأثير، باستكمالها الاستفادة من معطيات منظومة سنن التأييد، التي تأخذ فيها قوانين التوبة والشكر وتجديد النية والدعاء والتوكل والذكر والمصابرة... مداها في حياة الإنسان، وتدفع به قُدمًا نحو آفاق الإحسان الرحبة، فيعبد الله تعالى وهو يستشعر كل أبعاد ودلالات ربوبيته وألوهيته وأسمائه الحسنى وصفاته العلى، التي ترفع منسوب الصلاح والخيرية والبركة لديه إلى أعلى مستوياته.

ومن هنا، تأتي الحجية والسلطة المرجعية لمنظومة سنن التأييد، التي إذا ما اعتُرف بها، واحتُرمت حجيتها وسلطتها بشكل صحيح، أضافت قوة وكفاءة وفعالية أكبر لقوة وكفاءة وفعالية المنظومات الثلاث الأخرى، ودفعت بالحركة الإنجازية للأفراد والمجتمع، إلى مستوياتها النموذجية القصوى، كما سبق بيان ذلك.

ومجال الحجية والسلطة المرجعية لمنظومة سنن التأييد، هو الساحة الغيبية الشاملة، المتصلة بعون الله للإنسان وإمداده له بالمؤيدات المختلفة، المنظورة وغير المنظورة، المباشرة وغير المباشرة، التي تعزز فعاليته الإنجازية الذاتية والاجتماعية، وترفع وتائرها إلى مستويات نموذجية أو استثنائية قصوى من ناحية، وتمده بقدرات وقائية غير عادية، ترافق «الدورة الإنجازية» لفعله في كل مراحلها المختلفة من ناحية أخرى.

إن كل ما يتعلق بفهم هذه الساحة السننية الكونية والاستفادة القصوى منها في الحياة، فالحجية والسلطة المرجعية فيها، تعود إلى منظومة سنن التأييد بالدرجة الأولى، ولطبائعها ومناهجها وآليات عملها، التي لا يجوز كذلك أن تُفرض عليها طبائع ومناهج ووسائل وأساليب منظومات سننية أخرى، مغايرة لها في الطبيعة والمجال والوظيفة والمنهجية.

فمن أراد معرفة أو فهم شيء من سنن التأييد، والاستفادة القصوى منها، في تحصيل الدعم والتأمين المطلوب لعمله وجهده، فليبحث عنه في منظومة سنن التأييد، وليسأل عنه متخصصي هذه المنظومة وأهل الذكر فيها إن وجدوا. فإن لم يفعل ذلك، واكتفى بالبحث عن المعرفة والفهم والدعم في المنظومات السننية الثلاث الأخرى فقط، فقد أخطأ الطريق والمكان، وخالف أمر الله سبحانه وتعالى للناس بسؤال أهل الذكر فيما لا علم لهم به، وستكون نتيجة ذلك حرمان نفسه ومجتمعه من خدمات لا تعوض بثمن، لأنها لا توجد إلا في هذه المنظومة. فكل ما تعجز معطيات المنظومات السننية الثلاث الأخرى عنه، فإن الإنسان يمكنه تحصيله من منظومة سنن التأييد، إذا كان قد استفرغ وسعه في الأخذ بمعطيات المنظومات السابقة، ولم يقصر، واستوفى شروط الاستفادة من منظومة سنن التأييد، التي سبق الحديث عنها في الفصل السابق.

وقد جاء في الحديث النبوي بيان كيفية الاستفادة من الدعاء كقانون مدخلي أساسي من قوانين الاستفادة من معطيات وخدمات منظومة سنن التأييد. يقول الرسول عليه الصلاة والسلام: **«ما من مسلم يدعو بدعوة ليس فيها إثم، ولا قطيعة رحم، إلَّا أعطاه الله بها إحدى ثلاث: إما أن تُعَجَّل له دعوته، وإما أن يَدَّخِرها له في الآخرة، وإما أن يَصرِف عنه من السُّوء مثلها»**[1].

فالتأييد والدعم الإلهي حاصل للإنسان في كل الحالات، بحسب استيفائه للشروط المطلوبة لذلك، التي كلما زاد الأخذ بها، زاد الدعم والتأييد الإلهي له بطرق منظورة وغير منظورة. وكلما نقص الأخذ بها، نقص الدعم والتأييد له بحسب ذلك[2].

وهذا ما يعزز الحجية والسلطة المرجعية لهذه المنظومة السننية الأساسية في حياة الإنسان.

---

(1) مسند الإمام أحمد بن حنبل، رقم11133.

(2) ابن حجر العسقلاني. فتح الباري شرح صحيح البخاري، ج11/ 96.

نماذج تطبيقية عن الحجية والسلطة المرجعية لمنظومة سنن التأييد

فيما يلي بعض النماذج التطبيقية عن ضرورة مراعاة الحجية والسلطة المرجعية لهذه المنظومة السننية الحيوية في حياة الإنسان وحركته الحضارية، ومصيره الأخروي.

• النموذج التطبيقي الأول

نأخذه من حادثة تربوية بالغة الأهمية، وقعت للرسول عليه الصلاة والسلام مع بعض خصوم دعوته من أهل الكتاب والمشركين الذين سألوه اختبارًا وتعجيزًا له، عن خبر أهل الكهف، وعن قصة ذي القرنين، وعن حقيقة الروح، فوعدهم بالإجابة عن ذلك لاحقًا ولم يستثنِ، فاحتبس عنه الوحي فترة[1]، لأسباب أراد الله تعالى أن يعطي من خلالها درسًا عقديًّا تربويًّا بالغ الأهمية، للمسلمين وللناس عامة، وهو ضرورة رعاية مشيئة الله تعالى في عمل الإنسان الذي يحتاج إلى معطيات كثيرة وزَّعها الله تعالى في أربع منظومات سننية كونية متكاملة، على الإنسان أن يأخذ بها جميعًا، وأن يستفيد منها جميعًا، وإلا خرج فعله منقوصًا قاصر الأصالة والفعالية والتكاملية والتوازن والقدرة التأثيرية طويلة المدى.

وقد سبق أن استشهدنا بالمقولة المهمة للإمام رشيد رضا، في هذا المجال، والتي يؤكد فيها أن مشيئة الله تعالى في خلقه، إنما تنفذ على سنن حكيمة وطرائق قويمة، من عرفها وأخذ بها في حياته، ظفر بمشيئة الله، وإن كان ملحدًا أو وثنيًّا، ومن تنكَّبها خسر وإن كان صديقًا أو نبيًّا[2].

وفي هذه الحادثة جاء في القرآن الكريم قوله تعالى: ﴿وَلَا تَقُولَنَّ لِشَاْىْءٍ إِنِّي فَاعِلٌ ذَٰلِكَ غَدًا ﴿٢٣﴾ إِلَّآ أَن يَشَآءَ ٱللَّهُۚ وَٱذْكُر رَّبَّكَ إِذَا نَسِيتَ وَقُلْ عَسَىٰٓ أَن يَهْدِيَنِ رَبِّي لِأَقْرَبَ مِنْ هَٰذَا رَشَدًا﴾ [الكهف]، لترسيخ القاعدة العقدية المنهجية التربوية الأساسية السابقة، التي تؤكد ضرورة احترام الحجية والسلطة المرجعية لمنظومة سنن التأييد في كل أفعال الإنسان ومواقفه.

---

(1) القرطبي. الجامع لأحكام القرآن، ج10/ 385.

(2) محمد رشيد رضا. تفسير المنار، ج4/ 116.

وإذا كان هذا التوجيه والإرشاد قد تم في حق النبي المعصوم عليه الصلاة والسلام، فإنه موجَّه إلى غيره من غير المعصومين في الأساس، لكي يُنَمُّوا وعيهم بحاجتهم إلى منظومة سنن التأييد، ويعززوا احترامهم لحجيتها وسلطتها المرجعية، حتى يتمكنوا من الاستفادة من معطياتها الضرورية، في إدارة حياتهم بشكل أكثر كفاءة وفعالية وخيرية وبركة ورحمانية.

فأفعال ومواقف الإنسان وحركته الاجتماعية عامة، تجري في ضوء متغيرات كثيرة، ليس بمقدوره الإحاطة بها جميعًا، على الرغم مما أتيح له من إمكانات تسخيرية كونية هائلة، لذلك عليه أن يولي عناية خاصة بمنظومة سنن التأييد، لأنها تؤثر بقوة في بقية منظومات سنن التسخير الكونية الثلاث الأخرى، وتتيح له إمكانات إضافية لاستيعاب ومواجهة أي متغيرات وتحديات تواجهه.

فكل ما هو غيب ولا يحيط الإنسان به وبمعطياته وملابساته، وليس له قدرة على التحكم الآني أو الدائم فيه، يجب عليه أن يستثمر في الاستفادة منه، أو في الوقاية من مخاطره، معطيات منظومة سنن التأييد، التي من مفاتيحها المباشرة؛ الاستعانة بالله تعالى، والتوكل الصحيح عليه، وتفويض الأمر إليه، بعد استيفاء الأخذ بمعطيات منظومات سنن التسخير الثلاث السابقة طبعًا[1].

• النموذج التطبيقي الثاني

نأخذه مما ذكره القرآن عن حالات كثيرة يلجأ فيها الناس إلى استثمار معطيات منظومة سنن التأييد، على الرغم من غفلتهم عنها وعدم اعتبارهم لها في حالات أمنهم واستقرار وضعهم، ولكن عندما تحاصرهم المشكلات والمحن، ويدركون بأنهم لا طاقة لهم لمواجهتها ودفع الخطر الذي يتهدد مصالحهم، بل ووجودهم، تتحرك غريزة حب البقاء في نفوسهم، وتزيل الران الذي كان يحجب عنهم الإمكانات الهائلة التي وضعها الله تعالى في منظومة سنن التأييد، فيعترفون بحجيتها وسلطتها المرجعية مؤقتًا! ويلجأون إلى محاولة استثمارها والاستفادة منها للخروج مما هم فيه، ثم ينكص بعضهم على عقبيه

(1) تفسير الشعراوي، ج11/ 5311.

بمجرد خروجه من المحنة! ويعود مرة أخرى إلى الغفلة عن خدمات هذه المنظومة السننية الكونية الكبيرة[1]!

وفي وصف هذه الحالة متعددة الأشكال في حياة كثير من الناس، جاء في القرآن الكريم قوله تعالى: ﴿هُوَ ٱلَّذِي يُسَيِّرُكُمْ فِي ٱلْبَرِّ وَٱلْبَحْرِ حَتَّىٰٓ إِذَا كُنتُمْ فِي ٱلْفُلْكِ وَجَرَيْنَ بِهِم بِرِيحٍ طَيِّبَةٍ وَفَرِحُواْ بِهَا جَآءَتْهَا رِيحٌ عَاصِفٌ وَجَآءَهُمُ ٱلْمَوْجُ مِن كُلِّ مَكَانٍ وَظَنُّوٓاْ أَنَّهُمْ أُحِيطَ بِهِمْ دَعَوُاْ ٱللَّهَ مُخْلِصِينَ لَهُ ٱلدِّينَ لَئِنْ أَنجَيْتَنَا مِنْ هَٰذِهِۦ لَنَكُونَنَّ مِنَ ٱلشَّٰكِرِينَ ﴿٢٢﴾ فَلَمَّآ أَنجَىٰهُمْ إِذَا هُمْ يَبْغُونَ فِي ٱلْأَرْضِ بِغَيْرِ ٱلْحَقِّ يَٰٓأَيُّهَا ٱلنَّاسُ إِنَّمَا بَغْيُكُمْ عَلَىٰٓ أَنفُسِكُم مَّتَٰعَ ٱلْحَيَوٰةِ ٱلدُّنْيَا ثُمَّ إِلَيْنَا مَرْجِعُكُمْ فَنُنَبِّئُكُم بِمَا كُنتُمْ تَعْمَلُونَ﴾ [يونس]. فهذا إقرار من الإنسان بوجود هذه المنظومة السننية الكونية، وإدراك منه لأهميتها في حياته، ومع ذلك يغفل عنها بعض الناس في أحيان كثيرة، ولا يستثمرونها في تعزيز فعالية الاستفادة من منظومات سنن التسخير الثلاث الأخرى أولًا، ولا يستفيدون من خدماتها هي في مواجهة تحديات حياتهم ثانيًا، وفي ذلك حرمان للإنسان من إمكانات تسخيرية مهمة جدًّا، يمكنها أن ترفع أصالة وفعالية أدائه الذاتي والاجتماعي إلى مستويات نموذجية، وتمده بشحنات غير عادية من الأخلاقية والروحانية والرحمانية والبركة.

• النموذج التطبيقي الثالث

نأخذه من حديث صلاة الاستخارة الشهير، الذي مرت معنا الإشارة إليه، وكيف أن الرسول عليه الصلاة والسلام كان يحرص على تعليمها للصحابة، كما يعلمهم السورة من القرآن، لما في هذه الاستخارة من تجسيد وترسيخ عملي لحجية وسلطة منظومة سنن التأييد في حياتهم، وكيف ينبغي لهم أن يعززوا وعيهم بها، وقناعتهم بأهميتها، ويحترموا حجيتها وسلطتها المرجعية، ويستثمروها في كل فعل من أفعالهم، وكل موقف من مواقفهم في الحياة[2].

---

(1) سيد قطب. في ظلال القرآن، ج3/ 1773.

(2) أبو محمد عبد الله بن أبي جمرة، بهجة النفوس وتحليها بمعرفة ما لها وما عليها.. شرح مختصر صحيح البخاري، ج2/ 87.

وجاء في هذا الحديث: «**كان رسول الله صلى الله عليه وسلم يُعلِّم أصحابه الاستخارة في الأمور كلها، كما يُعلِّمهم السورة من القرآن يقول: إذا هَمَّ أحدكم بالأمر فليركع ركعتين من غير الفريضة، ثم ليقل اللهم إني أستخيرك بعلمك وأستقدرك بقدرتك، وأسألك من فضلك، فإنك تقدر ولا أقدر، وتعلم ولا أعلم، وأنت علام الغيوب، اللهم فإن كنت تعلم هذا الأمر - ثم تسميه بعينه - خيرًا لي في عاجل أمري وآجله - قال: أو في ديني ومعاشي وعاقبة أمري - فاقدره لي ويسره لي، ثم بارك لي فيه، اللهم وإن كنت تعلم أنه شر لي في ديني ومعاشي وعاقبة أمري - أو قال: في عاجل أمري وآجله - فاصرفني عنه، واقدر لي الخير حيث كان ثم رضِّني به**»[(1)].

هكذا كان رسول الله عليه الصلاة والسلام يعمل بكل جد، على تحويل استثمار معطيات منظومة سنن التأييد إلى سلوك اعتيادي راسخ لدى المسلم، وإلى منهجية عمل مستقرة في حياته، تمكنه من الأخذ بما يتاح له من معطيات منظومات سنن الله في الآفاق والأنفس والهداية أولًا، ثم لا يتوقف عند ذلك أو يكتفي به، حتى لو كان ذلك كافيًا لتلبية حاجته آنيًّا، بل يأخذ كذلك بما يستطيع من معطيات منظومة سنن التأييد، في بناء «الدورة الإنجازية» الكلية لأي فعل من أفعاله، أو موقف من مواقفه ثانيًا، ولا يغفل عن ذلك أو يتساهل فيه أبدًا، وهكذا دواليك تطرد منهجية عمله في الحياة.

هذا هو صلب المنهج وبنيته الثابتة: أخذٌ بمعطيات سنن الآفاق، واحترام حجيتها وسلطتها المرجعية، ثم أخذ بسنن الأنفس، واحترام حجيتها وسلطتها المرجعية، ثم أخذ بسنن الهداية، واحترام حجيتها وسلطتها المرجعية، ثم أخذ بسنن التأييد، واحترام حجيتها وسلطتها المرجعية، بدون محاولة للمفاضلة بينها، أو تعويض بعضها ببعض، أو تعطيل بعضها، لأن ذلك خرق للمنهج، وهدم لبنيته المتكاملة، وتعطيل لفعاليته الوظيفية في الحياة، التي لا تؤتي ثمراتها الكاملة إلا إذا استوعِبت كل معطياته، واستُثمرت بطريقة متكاملة في بناء «الدورة الإنجازية» لأي فعل من أفعال الإنسان.

وإذا رسخت هذه المنهجية في حياة المسلم أو الإنسان عامة، وصارت تتحكم في بناء «الدورة الإنجازية» لكل فعل من أفعاله، فإن حياته وحركته ستتسم بمزيد من الأصالة

---

(1) صحيح البخاري، رقم7390.

والفعالية والتكاملية والتوازن، على المستوى الإنجازي، وبمزيد من الأخلاقية والخيرية والبركة والرحمانية الكونية، على المستوى المضموني أو المقاصدي، لأن معطيات منظومة سنن التأييد تشتغل على عمق العمق الأخلاقي والروحي والرحماني في حياة الإنسان، وتدفع بكل خواطره ومشاعره وأفكاره وتصرفاته ومواقفه وأعماله، في اتجاه هذا العمق العميق الذي يصوره لنا هذا الحديث القدسي، الذي جاء فيه عن رسول الله عليه الصلاة والسلام: «**إن الله قال: من عادى لي وليًّا فقد آذنته بالحرب، وما تقرَّب إليَّ عبدي بشيء أحبَّ إليَّ مما افترضتُ عليه، وما يزال عبدي يتقرب إليَّ بالنوافل حتى أُحبه، فإذا أحببتُه كنتُ سمعه الذي يسمع به، وبصره الذي يبصر به، ويده التي يبطش بها، ورِجله التي يمشي بها، وإن سألني لأُعطينه، ولئن استعاذني لأُعيذنه**»[1].

هكذا يصل الإنسان، وتصل حركته الاجتماعية والحضارية، بعد استكماله لاستثمار معطيات المنظومة السننية الكونية الرابعة، أي منظومة سنن التأييد، إلى الفعالية والخيرية والبركة والرحمة الكونية النموذجية القصوى.

والخلاصة هي أن خريطة الحجية والسلطة المعرفية المرجعية، تتوزع على منظومات سنن التسخير الكونية الكلية الأربع المتكاملة، حيث أعطى الله تعالى لكل واحدة منها حجيتها وسلطتها المرجعية على مجال تسخيري سنني كوني محدد، ليؤدي كل منها دوره في حياة الإنسان بالكفاءة والفعالية المطلوبة، ويمنح الحركة الفردية والاجتماعية والحضارية للإنسان أقصى درجات أصالتها الفكرية والروحية والأخلاقية، وفعاليتها الإنجازية، وتكامليتها الاجتماعية، واطراديتها التاريخية طويلة المدى، ويمضي بها على طريق ﴿وَٱبْتَغِ فِيمَآ ءَاتَىٰكَ ٱللَّهُ ٱلدَّارَ ٱلْـَٔاخِرَةَ ۖ وَلَا تَنسَ نَصِيبَكَ مِنَ ٱلدُّنْيَا ۖ وَأَحْسِن كَمَآ أَحْسَنَ ٱللَّهُ إِلَيْكَ ۖ وَلَا تَبْغِ ٱلْفَسَادَ فِى ٱلْأَرْضِ ۖ إِنَّ ٱللَّهَ لَا يُحِبُّ ٱلْمُفْسِدِينَ﴾ [القصص: 77].

ولو أن قضية الحجية والسلطة المرجعية لمنظومات سنن التسخير الكونية الكلية الأربع، أخذت حقها وحظها من النضج والوعي والاحترام في حياة الناس عامة، وفي حياة المسلمين خاصة، لتغيرت أمور كثيرة في الحياة، بشكل عميق وحاسم، في اتجاه مزيد من الأصالة

(1) صحيح البخاري، رقم6502.

والفعالية والتكاملية والاطرادية التاريخية طويلة المدى، ولتحركت المداولة الحضارية في اتجاه مزيد من الخيرية والبركة والرحمة الكونية.

لهذا، فإن هذه القضية المحورية في الوعي الاستخلافي البشري، وفي فقه العمران الحضاري البشري، ينبغي بل يجب أن تأخذ حقها وحظها الكامل، من الإنضاج والتعميم والترسيخ في المنظومات المعرفية والثقافية للمجتمعات، على أيدي الأجيال الجديدة من العلماء، وأن تُبنى عليها المعرفة البشرية، وتقام عليها الحركة الحضارية البشرية، لتجنب، أو على الأقل التخفيف من حالة التجزيئية والتنافرية والتلفيقية المنهكة، التي تعاني منها المعرفة والحياة البشريتان بشكل حاد ومتعب ومرهق جدًّا.

فالمعضلات البشرية كلها، كما أسلفنا، تأتي من تجزُّؤ وتنافر واضطراب الموقف من منظومات سنن التسخير الكونية الكلية الأربع أولًا، ثم من اضطراب الموقف من الحجية والسلطة المرجعية لكل منظومة منها على حدة ثانيًا.

وكل ما يراه ويعيشه الإنسان من اختلالات ونواقص واضطرابات وضعف ومنغصات وضنكية في حياته وواقعه، ناجم عن هذه المعضلة الأُم، أي ناجم عن علاقة فهمية ووظيفية مرتبكة بمنظومات سنن التسخير الكونية الكلية الأربع. وكل ما يراه أو يعيشه الإنسان من انسجام وتكاملية وتوازن وخيرية وبركة ورحمانية في حياته أو حياة غيره، فإنه آتٍ من علاقة صحيحة بهذه المنظومات، ومن احترام حجيتها وسلطتها المرجعية، وتفعيلها جميعًا، كل منها في المجال الذي وجدت من أجل تغطيته وتلبية متطلباته الضرورية أو الحاجية أو التحسينية.

فمن أراد من الأفراد والجماعات والمجتمعات البشرية، أن يتخلص من الازدواجية التنافرية المنهكة، وتستقيم حياته، وتعظُم خيريته وبركته ورحمانيته الكونية، فعليه أن يصحح ويوطِّد علاقته المعرفية والوظيفية أو التسخيرية بهذه المنظومات السننية الكونية الكلية جميعًا، التي ستوصله مباشرة وبشكل محكم، بالمنظومة السننية الكونية الأُم وهي منظومة سنن الوعي الكوني الغائي، التي ستضعه بدورها على طريق التكاملية العضوية بين كل مراحل دورته الوجودية الكبرى، وتنهي معضلة الانفصالية المهلكة بين حياته الدنيوية وحياته الأخروية.

هذا هو المنهج الذي سيمكن الإنسان من تحقيق هذه الإستراتيجية الكونية الشاملة، التي تلخصها هذه الآية الكريمة في القرآن، وهي قوله تعالى: ﴿وَٱبْتَغِ فِيمَآ ءَاتَىٰكَ ٱللَّهُ ٱلدَّارَ ٱلْءَاخِرَةَ ۖ وَلَا تَنسَ نَصِيبَكَ مِنَ ٱلدُّنْيَا ۖ وَأَحْسِن كَمَآ أَحْسَنَ ٱللَّهُ إِلَيْكَ ۖ وَلَا تَبْغِ ٱلْفَسَادَ فِى ٱلْأَرْضِ ۖ إِنَّ ٱللَّهَ لَا يُحِبُّ ٱلْمُفْسِدِينَ﴾ [القصص: 77].

السننية الشاملة هي مصب حركة الخبرة البشرية والطريق إلى النهضة الحضارية المتوازنة

وبالنظر إلى ما يمكن استخلاصه من النظرة الاستقرائية الكلية لمقاصد القرآن الكريم من جهة، وللحركة التاريخية البشرية عامة من جهة أخرى، وللعرض الذي قدمته هذه الدراسة، فإن هناك مصبًّا كليًّا تحركت وتتحرك نحوه المعرفة والخبرة البشرية باستمرار من ناحية، والمعرفة والخبرة الرسالية التي رافق بها الوحي الإلهي حركة الاستخلاف البشري في الأرض من ناحية أخرى، هو مصب أسميه **منظور السننية الشاملة**، الذي يحدد اتجاهات ومسارات حركة المداولة الحضارية الجزئية أو الكلية لحركة الاستخلاف البشري في الأرض بشكل مطّرد.

فحركة المداولة الحضارية الجزئية أو الكلية الصاعدة أو المتقهقرة، التي تهيمن على الوجود الحضاري البشري بشكل مطّرد[1]، تتحكم فيها طبيعة الموقف الفكري والوظيفي أو العملي من **منظور السننية الشاملة** إلى حدٍّ بعيد، بل وحاسم.

فمن اتسعت آفاق وعيه من الأفراد والمجتمعات البشرية، لتستوعب الخريطة الكلية لهذا المنظور السنني الكوني الكلي المتكامل، وتستفيد من معطياته جميعًا، في حركتهم الإنجازية والوقائية معًا، تتحرك مداولته الحضارية على خط المداولة الحضارية الإنسانية التكاملية الشاملة بحسب ذلك. ومن ضاق أفق وعيه وانحسر في بعض منظومات الخريطة الكلية لهذا المنظور السنني الكوني الكلي، ولم يستفد من بقية معطيات أبعاده ومنظوماته السننية الكلية الأخرى، تحركت مداولته الحضارية على خط المداولة الحضارية الجزئية التنافرية المتقهقرة بحسب ذلك، وظل مصيره الحضاري مرهونًا بمصالح وخيارات وقرارات القوى التي حققت مداولة حضارية أشمل وأقوى وأكثر فعالية.

---

(1) راجع التفاصيل في دراستنا عن: حركة المداولة الحضارية وشبكة القوانين الكلية المؤثرة فيها.

هنا يكمن السر الجوهري في حركة المداولة الحضارية الصاعدة أو المتقهقرة، التي يشاهد الإنسان تجلياتها الواضحة، سواء في دراسته لحركة التاريخ الحضاري البشري عامة، أو فيما يعيشه من هذه التجليات والحقائق الماثلة أمامه في الحركة الحضارية للعصر الذي يحيا فيه هو مباشرة.

وفي هذا المفصل أو المعبر الحاسم من الوعي البشري، تاه ويتيه أفراد وجماعات بشرية كثيرة، وضاع ويضيع منهم رأس الخيط كما يُقال، وانزلقت حياتهم وحركتهم الثقافية والاجتماعية والحضارية في متاهات التجزيئية والتنافرية والاهتلاكية المنهكة. وأمسك آخرون برأس هذا الخيط، وهو منظور السننية الشاملة، ومضت حياتهم وحركتهم الثقافية والاجتماعية والحضارية معه على خط التكاملية والتوازن والفعالية والخيرية والبركة والرحمة الكونية العامة.

وهذا هو الصراط المستقيم الذي جاء الحديث عنه في القرآن الكريم في قوله تعالى: ﴿وَأَنَّ هَٰذَا صِرَٰطِي مُسۡتَقِيمٗا فَٱتَّبِعُوهُۖ وَلَا تَتَّبِعُواْ ٱلسُّبُلَ فَتَفَرَّقَ بِكُمۡ عَن سَبِيلِهِۦۚ ذَٰلِكُمۡ وَصَّىٰكُم بِهِۦ لَعَلَّكُمۡ تَتَّقُونَ﴾ [الأنعام: 153]. وأُلزِم المسلمون بطلبه، ومداومة التحري له، والثبات عليه، في كل صلواتهم اليومية المفروضة والمسنونة، من خلال قراءتهم لسورة الفاتحة التي لا تصح الصلاة إلا بها[1]، حيث يرددون هذا الدعاء الخالد: ﴿ٱهۡدِنَا ٱلصِّرَٰطَ ٱلۡمُسۡتَقِيمَ﴾ [الفاتحة: 6].

إن الجماعات البشرية الصاعدة كانت علاقتها المعرفية والوظيفية **بمنظور السننية الشاملة**، أكثر سعة وعمقًا وفعالية وتكاملية، ولذلك تحركت مداولتها الحضارية على خط الصعود الحضاري. وكذلك الجماعات البشرية التي تليها في المداولة الحضارية الجزئية، فهي تحقق من المداولة الحضارية بحسب علاقتها المعرفية والوظيفية بمعطيات **منظور السننية الشاملة** كذلك. بينما الجماعات البشرية المتقهقرة، فعلاقتها المعرفية والوظيفية بمنظور السننية الشاملة، أقل سعة وعمقًا وفعالية وتكاملية، ولذلك كان لا بد لحركة مداولتها الحضارية أن تتحرك على خط الضعف والتقهقر والغثائية الحضارية، ولو بعد حين، إمضاءً لسنة الله

---

(1) القرطبي. الجامع لأحكام القرآن، 1/ 122.

تعالى في المداولة الحضارية بين البشر، التي لا تتبدل ولا تتحول، كما جاء تقرير ذلك في القرآن الكريم في مثل قوله تعالى: ﴿فَهَلْ يَنظُرُونَ إِلَّا سُنَّتَ ٱلْأَوَّلِينَ ۚ فَلَن تَجِدَ لِسُنَّتِ ٱللَّهِ تَبْدِيلًا ۖ وَلَن تَجِدَ لِسُنَّتِ ٱللَّهِ تَحْوِيلًا﴾ [فاطر: 43].

لهذه الاعتبارات كلها، يُعَد **منظور السننية الشاملة**، المصب المحوري الرئيسي لحركة المعرفة والخبرة الحضارية البشرية باستمرار من جهة، والطريق الصحيح إلى النهضة الحضارية الإنسانية المتوازنة من جهة أخرى.

فالجماعات البشرية كلها تندفع في اتجاهه شعوريًا وإراديًا، أو لاشعوريًا أي غريزيًا وفطريًا، لكي تحوز من القوة والفعالية ما يمكّنها من تلبية حاجياتها أولًا، ودفع التحديات والأخطار عنها ثانيًا، وتحقيق طموحاتها في النهضة والمداولة الحضارية الصاعدة ثالثًا.

والأسئلة الكبيرة التي تطرح نفسها علينا في نهاية هذا العرض لملامح منظور السننية الشاملة، ومحاولة تبيان أهميته في حياة الناس عامة، هي:

هل يمكن لأطروحة منظور السننية الشاملة أن تعرف طريقها إلى الإنضاج والبناء والاستثمار في واقع الأفراد والمؤسسات والمجتمع، لتحقيق التكاملية الفكرية والوظيفية المتوازنة بين قوى الروح والعقل والغرائز أولًا، وجعلها تؤثر بشكل إيجابي فعال على صلاح وصلاحية عالم أفكار المجتمع، وعالم أشخاصه، وعالم أشيائه ثانيًا، ومنح عناصر الإنسان والتراب والوقت فعاليتها الوظيفية المطلوبة، في إنجاز النهضة الحضارية المنشودة للمجتمع ثالثًا، عبر بناء شبكة علاقات اجتماعية حيوية منسجمة ومتماسكة وفعالة رابعًا؟

كيف ننقذ حركة النهضة الإسلامية المعاصرة، من دوامات التجزيئية والتنافرية والاهتلاكية والاستئنافية الصفرية المزمنة، التي أهدرت وتهدر كثيرًا من الإمكانات والجهود والأوقات والفرص، وراكمت وتراكِم كثيرًا من المديونيات الجزئية التي تضاعف المديونية الحضارية العامة للمجتمع والأمة، وتصعِّب مهمة الأجيال القادمة؟

كيف نمضي قُدمًا على طريق مشروعي **المقدمة** و**شروط النهضة**، وغيرهما من الأعمال والأطروحات الفكرية الجادة، السابقة لهما أو اللاحقة عليهما، نحو **منظور السننية الشاملة**،

الذي يمكِّننا من استثمار كل معطيات وإمكانات وقدرات **ميزانية التسخير الكونية** الهائلة، لإنجاز نهضتنا الحضارية المنشودة، وتحقيق مقاصد خلافتنا في الأرض، بالأصالة والكفاءة والفعالية والتكاملية والتوازن المطلوب، والخيرية والبركة والرحمة الكونية المنشودة؟

إن منظور السننية الشاملة، كما تعرضه هذه الدراسة المدخلية، يفتح أمام الإنسان آفاقًا غير عادية، ويضع بين يديه إمكانات غير عادية، ويمنحه فعالية إنجازية غير عادية، ويزوده بقدرات وقائية غير عادية، ويمضي به نحو مزيد من التوازن والانسجام والتكامل والفعالية في حياته الذاتية والاجتماعية، بفضل شمولية رؤيته، وتكاملية القدرات المتنوعة التي يتيحها للإنسان، من أجل الفهم الصحيح، والوعي العميق، والحركة الحضارية الراشدة، والفعالية الإنجازية العالية والمتوازنة.

لهذا، تلح هذه الدراسة على أهمية العناية بأطروحة **منظور السننية الشاملة**، للخروج من نفق ودوامة الازدواجية التنافرية الاهتلاكية المنهكة، التي فرضها منطق المنظورات الجزئية أو التجزيئية على الحياة البشرية عامة، وعلى الأمة خاصة.

فالظواهر الحياتية الكلية المركبة، لا يمكن فهمها ولا إدارتها بشكل صحيح وتكاملي وفعال، من خلال منظورات واستشرافات وتدابير وتغييرات جزئية متناثرة ومتنافرة، حتى إن كانت سننية، بل هي لا تُفهم ولا تُدار بشكل موضوعي متوازن، إلا من خلال منظورات سننية كلية متكاملة، تستوعب كل أبعادها والمؤثرات الفاعلة في تشكُّلاتها المآلية القائمة أو المأمولة.

وما أسميناه «منظور السننية الشاملة» في هذه الدراسة، هو المنظور الأشمل، والأكثر قدرة وكفاءة على تحقيق شمولية وموضوعية الفهم والاستيعاب للظواهر المختلفة من ناحية، وعلى فعالية وكفاءة التعامل معها من ناحية ثانية، وعلى الإدارة الشاملة المتوازنة لحركة الحياة بصفة عامة من ناحية ثالثة.

الفصل الخامس

مستخلصات الدراسة وتوصياتها

أولًا: مستخلصات الدراسة

فيما يلي مستخلص بالنتائج الأساسية التي تمخضت عنها الدراسة:

1. منظور السننية الشاملة الذي تمحورت حوله هذه الدراسة، يقوم على قاعدة كلية أساسية، وهي أن كل مفردات الوجود الكوني تنتظمها سنن ذاتية مطَّردة، تمكِّن كل واحدة منها من أداء وظائفها الذاتية من ناحية، وتجعلها قابلة للتسخير والاستثمار من ناحية أخرى.

2. الوجود البشري، بل والكوني كله، منظوم بشبكات سننية مترابطة ومطَّردة، توفر للإنسان الشروط الموضوعية التي تمكنه من إدارة حياته بالكفاءة والفعالية المطلوبة، التي تجعلها في تناغم وانسجام مع بقية مفردات الكون الأخرى.

3. يقوم منظور السننية الشاملة كذلك، على أساس أن الحركة الحضارية البشرية التي يجسد الإنسان عبرها خلافته في الأرض، ويهيئ من خلالها حياته الأخروية، مرتبطة بمدى معرفة الإنسان بهذه السنن أولًا، وبمدى احترامه لها في إدارة حياته الفكرية والنفسية والروحية والسلوكية والاجتماعية والحضارية ثانيًا، وبمدى قدرته على استثمارها بالكفاءة والفعالية المطلوبة ثالثًا.

4. منظور السننية الشاملة على هذا الأساس يعني الرؤية الكونية الشاملة للدورة الوجودية الكبرى للإنسان، وللنواظم السننية الشاملة المؤثرة بشكل مطَّرد على الصيرورات الحضارية الصاعدة أو المتقهقرة، لحركته الاستخلافية في الأرض.

5. يقوم منظور السننية الشاملة على أساس أن ظاهرة المداولة الحضارية الصاعدة أو المتقهقرة، التي تهيمن على الحياة البشرية بشكل مطَّرد، تتحكم فيها طبيعة العلاقة الوظيفية أو التسخيرية للإنسان بهذه السنن المطَّردة، فإن كانت علاقةً شاملة ومتكاملة ومتوازنة وفعالة، تحركت المداولة الحضارية في اتجاه القوة والصعود والنفوذ الحضاري، وإن كانت علاقةً جزئية ومتنافرة ومضطربة وغير فعالة، تحركت المداولة الحضارية في اتجاه الضعف والتقهقر والغثائية والتبعية الحضارية.

6. يقوم منظور السننية الشاملة كذلك، على أساس أن هذه السنن التي تحتاج إليها الحركة الحضارية البشرية في الأرض بشكل مطَّرد، موزعة في أربع أو على أربع ساحات أو منظومات سننية تسخيرية كونية متكاملة، هي **منظومات سنن الله في الآفاق، والأنفس، والهداية، والتأييد،** التي تتكفل كل واحدة منها بتغطية وتلبية حاجيات جانب محدد من جوانب هذه الحركة الحضارية البشرية، التي لا يمكن لغيرها من المنظومات الأخرى أن تغطيه، لأنها مسؤولة عن تغطية جوانب أخرى في هذه الحركة الحضارية البشرية.

7. في ضوء منظور السننية الشاملة فإن هذه المنظومات السننية الكونية الكلية الأربع المتكاملة، أودع الله تعالى في كل واحدة منها طبيعة وهوية ذاتية خاصة بها، ومنح لكل واحدة منها قوتها وحجيتها وسلطتها المرجعية النافذة، وأناط استثمارها بمدى المعرفة بهذه الطبيعة والهوية الذاتية من ناحية، وبمدى احترام هذه الحجية والسلطة المعرفية المرجعية الممنوحة لها، وعدم تجاهلها أو الاعتداء عليها من ناحية أخرى.

8. يقوم منظور السننية الشاملة كذلك، على أساس أن كل فعل إنساني معرفي أو ثقافي أو سلوكي أو اجتماعي، صغير أو كبير، يحتاج بالضرورة، لكي يستكمل «دورته الإنجازية» الكلية، ويخرج إلى حيز الوجود أصيلًا فعالًا تكامليًا مطَّرد التأثير، إلى استثمار معطيات من جميع المنظومات السننية الكونية الكلية الأربع السابقة، وبدون ذلك يخرج فعلًا منقوص الأصالة أو الفعالية أو التكاملية أو الاطرادية التاريخية طويلة المدى.

9. يفسر منظور السننية الشاملة، حركة القوة والصعود الحضاري، وحركة الضعف والتقهقر الحضاري في حياة المجتمعات البشرية، كما في حياة الأفراد كذلك، بناء على موقف هؤلاء الأفراد وهذه المجتمعات من منظومات السنن الكونية الكلية الأربع، وطبيعة علاقتها الوظيفية أو التسخيرية بها.

10. بناء على هذا، فإن منظور السننية الشاملة، هو وحده القادر على حل معضلات المنافرة الاهتلاكية المنهكة التي أوجدتها في الحياة البشرية، المنظورات الجزئية المتنافرة، المتمحورة حينًا حول الروحانية المتحسسة من المادية، وحينًا ثانيًا حول المادية المتحسسة من الروحانية، وحينًا ثالثًا حول الدنيوية المتحسسة من الأخروية، وحينًا رابعًا حول الأخروية المتحسسة من الدنيوية، وحينًا خامسًا حول السياسة المتحسسة من الدين، وحينًا سادسًا حول الدين المتحسس من السياسة، وحينًا سابعًا حول الصوفية المتحسسة من السلفية، وحينًا ثامنًا حول السلفية المتحسسة من الصوفية، وحينًا تاسعًا حول العلمانية المتحسسة من الدينية، وحينًا عاشرًا حول الدينية المتحسسة من العلمانية... وهكذا دواليك، تتنافر وتهتلك ملكات الأفراد، وقوى المجتمع وطاقاته، التي لا حل لها إلا في ضوء منظور السننية الشاملة، الذي يعترف بكل هذه الأبعاد والأجزاء، ويحتويها ويستوعبها، ويلبي حاجياتها ويشبعها جميعًا بشكل متوازن ومتكامل.

11. الخريطة المعرفية والوظيفية لمنظور السننية الشاملة، تفضي بنا في نهاية المطاف إلى أن الصيرورات الحضارية لحركة المداولة الحضارية في الأرض، يحكمها قانون محوري كلي هو **قانون المدافعة والتجديد** الذي ينبغي أن تؤسَّس وتُضبط على ضوء حقيقته وشروطه ومتطلباته، كلُّ الإستراتيجيات والسياسات والبرامج الفكرية والتربوية والثقافية والاجتماعية في المجتمع.

12. المجتمع الذي يرفع مستوى أصالة وفعالية وتكاملية واطرادية مدافعته الحضارية، يحقق مداولته الحضارية الصاعدة. والمجتمع الذي يعجز عن ذلك أو يقصر في ذلك، يتعذر عليه تحقيق مداولته الحضارية الصاعدة، وإن كان قد حققها

من قبل، فإنها تُنزع منه، ويُجبر على التقهقر وتجرُّع مرارة بل وويلات الغثائية والتبعية الحضارية المذلة.

13. فعالية المدافعة الحضارية يتحكم فيها بشكل مطَّرد، نوع وجدية وشمولية التجديد الذي يحدثه المجتمع في علاقاته بمنظومات سنن التسخير الكونية الكلية الأربع التي سبق الحديث عنها، وهي سنن الله في الآفاق والأنفس والهداية والتأييد، مجتمعة ومتكاملة.

14. إن التجديد الشامل المتكامل المتوازن المطَّرد، هو المفتاح الذي يفتح به الأفراد والمجتمع أبواب وخزائن المنظومات السننية الكونية الكلية الأربع، ويمسكون به أسرار القوة والفعالية والنجاح بشكل مطَّرد.

15. بناء على كل ما سبق، يتبين لنا فعلًا، كيف أن منظور السننية الشاملة يشكِّل المصب المحوري لكل روافد الخبرة المعرفية والثقافية البشرية، والمقصد الرئيسي للحركة الرسالية التي جاءت لتعمق الوعي بشمولية مصادر المعرفة والخبرة، وشمولية شروط تحقيق الخلافة البشرية في الأرض.

16. فيما يتعلق بأطروحة «شروط النهضة» لمالك بن نبي، ومن قبلها «المقدمة» لابن خلدون، فإن الدراسة تؤكد على أنهما تندرجان في سياق منظور السننية الشاملة بكل جدارة وأصالة، بل وتعتبران من الأعمال التنظيرية والتأسيسية المبكرة الجادة في هذا المجال، وإن لم تقولا الكلمة النهائية الفصل في ذلك، كسائر الأعمال الفكرية البشرية التي تبقى دائمًا في طور استكمال البناء.

17. «المقدمة» هي الشرارة أو النقلة المعرفية السننية الأولى المبكرة، التي أطلقت «شروط النهضة» على طريق المعرفة والثقافة السننية الشاملة. و«شروط النهضة» هي الشرارة أو النقلة المعرفية السننية الثانية التي أطلقت تيارًا أو حراكًا معرفيًّا واسعًا على طريق المعرفة والثقافة السننية الشاملة، التي نأمل أن تفضي إلى انطلاق الشرارة أو النقلة المعرفية السننية الثالثة على طريق المعرفة والثقافة السننية الشاملة، وهي مرحلة بناء الخريطة الكلية لما أسميناه «منظور السننية الشاملة» في هذه الدراسة.

18. من أجل إبراز القيمة المعرفية والوظيفية لأطروحتَي «المقدمة» و«شروط النهضة» وغيرهما من ناحية، واستثمار ذلك كله في تعميق الوعي بمنظور السننية الشاملة من ناحية أخرى، جاءت هذه الدراسة لتساهم في وضع هاتين الأطروحتين وغيرهما، في سياقها السنني الكلي المطلوب، وتضع الإطار الذي ينبغي قراءتها في ضوئه مجددًا، وهو إطار **منظور السننية الشاملة**، لأنه الأفق المعياري الأكثر استيعابية وموضوعية وجدوائية، الذي بإمكانه أن يعطي لكل أطروحة معرفية أو وظيفية قيمتها الحقيقية، ويخلِّصها من غواشي وشوائب وملابسات التجزيئية والظرفية والذاتية والخرافية، ويضعها في مكانها الصحيح من الخريطة الفكرية والثقافية للمجتمع، أو الخريطة الفكرية والثقافية الإنسانية عامة.

19. مما يميز أطروحة «شروط النهضة» لمالك بن نبي عن غيرها من الأطروحات الفكرية العديدة، ويعطيها قيمة كبيرة، استنادها على نظرية كلية في فلسفة التاريخ والحضارة، ترتكز عليها رؤيته التحليلية النقدية التقييمية البنائية الاستشرافية، وليس فقط على رؤية فنية إجرائية أو رؤية أيديولوجية أو مذهبية مغلقة، كما هو شائع في العديد من الرؤى الفكرية والسياسية والإصلاحية.

20. من الأفكار أو النظريات الأساسية في أطروحة «شروط النهضة» نظرية المراحل الثلاث في تفسير المسار التطوري لنهضة المجتمعات أو تخلفها، والتي تمر حسب مالك بن نبي بمرحلة الروح، وهي المرحلة الذهبية في نهضة أي مجتمع، ثم مرحلة العقل، وهي المرحلة التي يخف فيها سلطان الروح على العقل تدريجيًّا، ثم مرحلة الغريزة التي تنفك فيها العلاقة التكاملية بين الروح والعقل والغريزة، وتتحول الروح والعقل إلى أداة في يد الغريزة التي تدمر الفرد والمجتمع معًا.

21. المستخلص من مفهوم المرحلة الروحية في أطروحة «شروط النهضة»، هو أنها المرحلة التي تهيمن فيها الغايات والمثل العليا، والأخلاقيات الروحية والنفسية والسلوكية المرتبطة بها، على حياة الأفراد وحركة المجتمع، فتصبغها بمزيد من الشفافية الروحية، والجمالية الأخلاقية، والغيرية الإيثارية العالية، والفعالية

الإنجازية المتوازنة، لأن العقل والغرائز يكونان عندئذ مشحوذين لخدمة هذه الغايات والمثل العليا التي تهيمن عليها الأشواق الأخروية التواقة إلى المقامات العليا في الجنة، والفوز بمرضاة الله تعالى، وهذا ما يتوافق مع مرحلة الإحسان في منظور السننية الشاملة الذي يطرحه القرآن الكريم.

22. أطروحة «شروط النهضة»، على الرغم مما يمكن ملاحظته عليها من نواقص هنا أو هناك، حاولت الانطلاق من رؤية كلية للنهضة الحضارية كقضية مركزية في المرحلة الدنيوية من حياة الإنسان، وهذا ما ينبغي علينا التركيز عليه، ومواصلة بنائه، وترسيخ الوعي به لدى أجيال المجتمع والأمة، بل والإنسانية عامة، باعتبار الأطروحات الكلية تنزع باستمرار إلى ما هو إنساني كوني عام.

23. أطروحة **منظور السننية الشاملة**، تندرج في هذا السياق الكلي العام، الذي يحاول البحث عن الخريطة السننية الهيكلية الكلية التي تتحرك في إطارها الصيرورات الحضارية لحركة الاستخلاف البشري في الأرض بصفة عامة، بصرف النظر عن محدداتها وتجلياتها التاريخية المرتبطة بالمعادلات الثقافية والاجتماعية والجغرافية الزمنية لهذا المجتمع أو ذاك.

24. إن الوسطية التي يتحدث عنها كثير من الناس، ويدعيها كثير منهم في فهومهم وأعمالهم، وينشُدها جميع الناس في حياتهم الفردية والجماعية، والتي تتماهى كثيرًا مع مفهوم البصيرة والحكمة، التي تعني التمكن من وضع الشيء في موضعه الصحيح المناسب له، مقصدًا ومقدارًا وزمانًا وكيفية، من خلال «فعل ما ينبغي، على الوجه الذي ينبغي، في الوقت الذي ينبغي»[1]، لا يمكنها أن تتحقق لأي شخص، وفي أي عمل فردي أو جماعي، بمعزل عن الوعي بالإطار الكلي لمنظور السننية الشاملة من ناحية، ومن غير استجابة شاملة ومتوازنة ومتكاملة لمقتضياته السننية من ناحية أخرى.

25. إن منظور السننية الشاملة هو الطريق المستقيم نحو تحقيق الوسطية في التفكير، وفي الفهم، وفي المشاعر، وفي تقدير المآلات، وفي إجراء الموازنات، وفي

(1) ابن قيم الجوزية، مدارج السالكين، ج2/ 479.

ضبط الأولويات، وفي السلوك، وفي العمل والإنجاز، وفي العلاقات، وفي تلبية الحاجيات، وفي مواجهة التحديات، وفي حماية المنجزات... إلى ما هنالك من متطلبات الحياة.

26. الإنسان، فردًا ومؤسسة ومجتمعًا وأمة وإنسانية، يحقق من الوسطية والخيرية والرحمة والبركة في حياته، بقدر وعيه بمنظور السننية الشاملة، وبقدر تمكنه من الاستفادة الشاملة من معطياته جميعًا، في إدارة حياته الفكرية والروحية والنفسية والسلوكية والاجتماعية والحضارية.

27. إن منظور السننية الشاملة، بإطاره الهيكلي الكلي، وبما يحيل إليه أو عليه من معطيات سننية إجرائية تفصيلية شاملة، يضع أمام الإنسان الخريطة المرجعية الشاملة التي تمكنه من البناء المحكم «للدورة الإنجازية» لكل فعل من أفعاله، بحيث يخرج إلى حيز الوجود أكثر أصالة وتكاملية وفعالية وقدرة على التأثيرية التاريخية طويلة المدى.

28. أتصور في النهاية أن الإجابة عن سؤال أو أسئلة النهضة الحضارية المتعثرة في مجتمعاتنا الإسلامية المعاصرة، وأسئلة النهضة الحضارية المتأزمة في المجتمعات المتطورة المعاصرة، تبدو واضحة تمامًا في خطوطها العريضة، بعد أن تبينت لنا معالم خريطة منظور السننية الشاملة، التي يمكننا من خلالها أن نعرف بالضبط أين الخلل في مشروع النهضة أو في مسيرتها، ونبادر إلى استدراكه.

29. إن النهضة الحضارية للمجتمع إما أن يكون الخلل فيها حاصلًا في العلاقة بمنظومة وعيها الكوني الغائي الكلي، أو في العلاقة بمنظومة سنن الاستخلاف، أو في العلاقة بمنظومة سنن التسخير، أو في العلاقة بمنظومة سنن الوقاية الحضارية الشاملة.

30. الخلل عندما يكون حاصلًا في المنظومة الأُم، أي في منظومة الوعي الكوني الغائي الكلي، فإن آثاره السلبية تمتد لتطال العلاقة الفهمية والوظيفية أو التسخيرية ببقية المنظومات السننية الكلية الثلاث الأخرى، وتحرم حركة النهضة الحضارية

للمجتمع من خدماتها الضرورية الحاسمة، وتعمق اختلالاتها وضعفها وقابليتها للإمعية والغثائية والتبعية الحضارية المنهكة أو المهلكة.

31. بناءً على هذا، فإن اختلالات النهضة الحضارية الإسلامية المعاصرة، كامنة في كل هذه المنظومات بدون استثناء، فهي في أزمة في العلاقة بمنظومة الوعي الكوني الغائي، وفي أزمة في العلاقة بمنظومة سنن الاستخلاف الحضاري، وفي أزمة في العلاقة بمنظومة سنن التسخير الكونية، وفي أزمة في العلاقة بسنن الوقاية الحضارية الشاملة، ولذلك لا ينبغي أن يستغرب الناس عجزها المزمن عن تحقيق أهدافها المرجوة في التنمية الحضارية الشاملة، وفي تحقيق المناعة الحضارية الشاملة. وفاقد الشيء لا يعطيه كما يُقال!

32. إن اختلالات النهضة الحضارية الغربية المعاصرة، كامنة في العلاقة بمنظومة الوعي الكوني الغائي، الذي تنعكس آثاره السلبية على بقية العلاقات الوظيفية بالمنظومات السننية الكلية الثلاث الأخرى، وتؤثر بقوة على النجاحات الفنية أو التسخيرية الكثيرة التي تحققت في العلاقة بها، وتسحب منها كثيرًا من الروحانية والأخلاقية والبركة والرحمة.

33. الطريق الصحيح إلى النهضة التي تحقق التنمية الحضارية المتوازنة، والمناعة الحضارية المتوازنة، والمنافسة الحضارية الفعالة، يمر عبر تصحيح الاختلالات الحاصلة في العلاقات الفهمية والوظيفية أو الاستثمارية بالمنظومات السننية الكلية الأربع السابقة.

34. لهذا، ينبغي على عملية التخطيط للنهضة الابتدائية، أو النهضة المنطلقة، أو النهضة المنجَزة، وعلى عمليات الإدارة التنفيذية لهذه الخطط الإستراتيجية للنهضة في كل مستوياتها ومراحلها، أن تستوعب جيدًا خريطة منظور السننية الشاملة، وأن تبني خطط النهضة وسياساتها التنفيذية أو الإنجازية، على ضوء مقاصد ومقتضيات هذا المنظور وأخلاقياته.

35. هذا وحده الذي يضمن لخطط النهضة في كل مراحلها ومستوياتها، مزيدًا من الأصالة والشمولية والتكاملية والتوازن والفعالية والاستمرارية، ويعمق خيريتها،

ويعظِّم بركتها، وينثر رحمتها الكونية، ويقيها من مخاطر التجزيئية والتنافرية والاهتلاكية والاستئنافية الصفرية المنهكة، التي تنزع منها قسطًا من خيريتها وبركتها ورحمتها الاجتماعية والحضارية.

ثانيًا: توصيات الدراسة

فيما يلي التوصيات التي تمخضت عنها الدراسة:

1. التأكيد على أهمية إنجاز عمل معرفي متكامل، يكون مدخلًا للتعريف بمنظور السننية الشاملة، كما عرضته هذه الدراسة، مع التركيز على مفهومه وأهميته وخريطته المعرفية الكلية، ومصادره في الخبرة الثقافية الإسلامية والإنسانية، ونماذج من أطروحاته الكبرى.

2. قد يكون من المناسب تسمية هذا العمل المعرفي «**مدخل معرفي إلى منظور السننية الشاملة**» أو «**المدخل إلى منظور السننية الشاملة**». وأتمنى أن تكون كلية الدراسات الإسلامية بجامعة حمد بن خليفة بقطر، أول من يتبنى هذه الفكرة ويعمل على تجسيدها إنجازًا وتدريسًا.

3. العمل على اعتماد هذا المدخل في المقررات الدراسية الجامعية لكل التخصصات، لما له من أهمية بالغة في بناء الخريطة المعرفية الذهنية للإنسان، وتوجيه طاقاته بشكل فعال لخدمة نفسه ومجتمعه وأمته والإنسانية بشكل إيجابي تكاملي فعال.

4. يمكن الاستفادة منه مبكرًا في المرحلة الأخيرة من التعليم الثانوي، في مادتَي الفلسفة والثقافة الإسلامية على وجه الخصوص، لأنه يساعد كثيرًا على بناء الخريطة الذهنية للطالب، ويزيل كثيرًا من الغموض والارتباك والتنافرية من ذهنه وحياته.

5. العمل على نشر هذا المدخل المعرفي وتعميم الوعي به على أوسع نطاق في المجتمع والأمة عامة، لتأطير عملية التفكير، ومواجهة مخاطر التجزيئية والتنافرية، والتمكُّن من إدارة الحياة السلوكية والاجتماعية بشكل صحيح تكاملي فعال.

6. تنظيم دورات تكوينية مستمرة لمختلف شرائح المجتمع، وخاصة أجيال الشباب منها، للتعريف بمنظور السننية الشاملة، وبناء وعي هذه الأجيال به، وبكيفية الاستفادة منه في إدارة حياة الأفراد وحركة المجتمع.

7. منح شهادات تقديرية لكل من يشارك في هذه الدورات التكوينية، ويجتاز اختبارات التمكن من استيعاب معطيات منظور السننية الشاملة، أو يقدم مذكرة في ذلك، مع تطبيقات لها على بعض الظواهر الثقافية أو الاجتماعية أو السياسية أو الحضارية عامة.

8. العمل على إعادة دراسة وتقييم الأعمال والمشاريع الفكرية الكبرى، التي تحركت في إطار تأسيس الوعي بمنظور السننية الشاملة، ومحاولة عرضها والتعريف بها من جديد، خدمة للمعرفة والثقافة السننية التي ينبغي أن تأخذ حقها في حياة المجتمعات الإسلامية المعاصرة على وجه الخصوص.

9. تشجيع طلبة الدراسات الجامعية العليا على إنجاز أطروحات حول منظور السننية الشاملة، وأهميته البالغة في حياة الأفراد وحركة المجتمعات. والتعمق في إنضاج بعض المحاور الرئيسية في الخريطة المعرفية الكلية لهذا المنظور.

10. تشجيع طلبة الدراسات العليا على تطبيق خريطة منظور السننية الشاملة في إعادة قراءة وتقييم دراسة السيرة النبوية الشريفة، والتجربة الحضارية التاريخية للأمة بصفة عامة.

11. تشجيع طلبة الدراسات العليا على تطبيق خريطة منظور السننية الشاملة في إعادة قراءة وتقييم الخبرة التفسيرية للقرآن الكريم، ووضع ملخصات بالمعرفة والثقافة السننية في كل تفسير من التفاسير الرئيسية، تعميقًا للوعي بالمعرفة والثقافة السننية في القرآن الكريم، وإبرازًا لمكامن القوة والعظمة والإعجاز فيه.

12. تشجيع طلبة العلم والباحثين الناشئين الجادين على إنجاز قراءات تفسيرية للقرآن الكريم على ضوء خريطة منظور السننية الشاملة، التي ستعطي أبعادًا معرفية ومنهجية وتربوية مهمة للقرآن الكريم.

13. تشجيع طلبة الدراسات العليا على تطبيق خريطة منظور السننية الشاملة في إعادة قراءة وتقييم شروح السنة النبوية الشريفة، ومحاولة وضع ملخصات بالمعرفة والثقافة السننية في كل شرح من هذه الشروح الرئيسية، تعميقًا للوعي بالمعرفة والثقافة السننية في السنة النبوية الشريفة، وإبرازًا لمكامن القوة والعظمة فيها.

14. تشجيع طلبة الدراسات العليا على تطبيق منظور السننية الشاملة في إعادة دراسة وتقييم تجارب النهضة وحركات الإصلاح في العالم الإسلامي.

15. تشجيع طلبة الدراسات العليا على تطبيق منظور السننية الشاملة في إعادة دراسة وتقييم تجارب التنمية والتحديث في المجتمعات الإسلامية المعاصرة.

16. محاولة استثمار منظور السننية الشاملة في التخطيط الإستراتيجي، لما له من أهمية كبيرة في ضمان التوازن والتكامل والفعالية في هذا التخطيط.

17. تمكين الأئمة والمربِّين ذوي التأثير في المجتمع خاصة، من استيعاب الخريطة الكلية لهذا المنظور، لأنها ستساعدهم كثيرًا في عملية التوجيه وبناء المعرفة والثقافة السننية الصحيحة، خاصة أنهم أكثر الفئات علاقة بالناس من خلال وظائفهم وأدوارهم المهمة.

18. العمل على تمكين النخب الفكرية والسياسية والاجتماعية في المجتمعات الإسلامية المعاصرة، من الانفتاح على منظور السننية الشاملة، والاستفادة منه في منح حركة النهضة الحضارية الإسلامية المعاصرة شروطها الحقيقية الشاملة المتوازنة، التي يعرض هذا المنظور السنني الشامل خريطتها الكلية، وتجنيبهم مخاطر التجزيئية التنافرية المنهكة، التي كثيرًا ما يفرضها عليهم منطق المنظورات الجزئية من ناحية، ومنطق الواقع المحلي والعالمي الراهن وتحدياتهما من ناحية أخرى.

19. العمل على تأسيس الوعي بكون منظور السننية الشاملة، هو الطريق الوحيد والصراط المستقيم أمام الإنسان عامة، وأمام المجتمعات الإسلامية خاصة، لإنجاز نهضتها ومداولتها الحضارية المتوازنة، القائمة على **قاعدة أو إستراتيجية الرحمة الكونية** التي يدعو القرآن الكريم البشرية إليها، كما نرى ذلك في قوله تعالى على سبيل المثال: ﴿**وَمَا أَرْسَلْنَاكَ إِلَّا رَحْمَةً لِلْعَالَمِينَ**﴾ [الأنبياء: 107].

خاتمة

هكذا إذن، يتبين لنا أن **منظور السننية الشاملة**، يشكِّل خريطة الطريق المحورية المتاحة للأفراد لكي يحققوا توازنهم وانسجامهم وتكاملهم وفعاليتهم الذاتية من ناحية، والمتاحة كذلك للمجتمعات لكي تحقق انسجامها وتكاملها وفعاليتها الاجتماعية، وتنجز نهضتها الحضارية الإنسانية المتوازنة من ناحية ثانية، وتتيح لكل فرد فيها تحضير واستشراف آفاق حياته الأخروية من ناحية ثالثة.

كما يتبين لنا كذلك، أن كل منظور كوني لا يتيح لكل فرد من أفراد البشرية، ولكل مجتمع من المجتمعات البشرية، تلبية هذه المقاصد أو الأهداف المركزية الثلاثة الكبرى، فهو منظور جزئي لا يحقق للإنسان إلا أهدافًا ومصالح جزئية محدودة، سرعان ما يكتشف أنها غير ذات جدوى كبرى، وأنها قد فوتت عليه مصالح حيوية ومصيرية كبرى لا تعوض، وألحقت به أضرارًا آنية ومستقبلية كثيرة قد لا تجبر.

كما تأكد لنا، أن منظور السننية الشاملة، باستيعابه للمنظومة السننية الكونية الغائية المركزية الأُم، ولكل المنظومات السننية المنبثقة عنه، والموزَّعة في **عوالم الآفاق والأنفس والهداية والتأييد**، يمنح الأفراد والمجتمعات كل الإمكانات المادية والفكرية والنفسية والروحية والاجتماعية المتكاملة، التي تجعل **الدورة الإنجازية** للفعل الإنساني، تستوفي كل أو جُل شروطها، فيخرج هذا الفعل إلى حيز الوجود الفعلي، وهو في كامل أو في أفضل حالات أصالته وفعاليته وتكامليته وتوازنه واطرادية تأثيره.

فمنظور السننية الشاملة على هذا الأساس، هو المصب العام الذي يستوعب كل روافد المعرفة والخبرة الإسلامية والإنسانية الجزئية المبثوثة في حقول معرفية وثقافية شتى، ويعيد صياغتها في اتجاه التكاملية المطلوبة بين المعارف والخبرات البشرية المتنوعة، ما هو موجود منها فعلًا وما سيوجد لاحقًا عبر الأجيال البشرية القادمة. وشتان بين غنى وقيمة وجدوى

وأهمية مصب منظور السننية الشاملة، وبين غيره من المنظورات السننية الجزئية محدودة الغنى والقيمة والجدوى والأهمية.

وعليه، فإن الوعي بخريطة منظور السننية الشاملة، والقدرة على استثمار كل معطياته السننية في واقع الحياة الفردية والجماعية، هو الذي يدفع بحركة الحياة نحو مزيد من الأصالة والتكاملية والفعالية والتوازن والاطرادية التاريخية طويلة المدى، التي تفضي بالمجتمع إلى تحقيق نهضته ومداولته الحضارية المنشودة، وإلى إتاحة الفرصة لكل فرد فيه لكي يستعد ويستشرف آفاق مصيره ومقامه الأخروي، باعتبار ذلك الغاية النهائية التي تتحرك نحوها الحياة البشرية برمتها، كما يؤكد القرآن ذلك في مثل قوله تعالى: ﴿وَٱبۡتَغِ فِيمَآ ءَاتَىٰكَ ٱللَّهُ ٱلدَّارَ ٱلۡأٓخِرَةَۖ وَلَا تَنسَ نَصِيبَكَ مِنَ ٱلدُّنۡيَاۖ وَأَحۡسِن كَمَآ أَحۡسَنَ ٱللَّهُ إِلَيۡكَۖ وَلَا تَبۡغِ ٱلۡفَسَادَ فِي ٱلۡأَرۡضِۖ إِنَّ ٱللَّهَ لَا يُحِبُّ ٱلۡمُفۡسِدِينَ﴾ [القصص: 77]، وفي مثل قوله تعالى: ﴿وَمَا هَٰذِهِ ٱلۡحَيَوٰةُ ٱلدُّنۡيَآ إِلَّا لَهۡوٞ وَلَعِبٞۚ وَإِنَّ ٱلدَّارَ ٱلۡأٓخِرَةَ لَهِيَ ٱلۡحَيَوَانُۚ لَوۡ كَانُواْ يَعۡلَمُونَ﴾ [العنكبوت: 64].

وأخيرًا، فإن من أراد من الأفراد والمجتمعات أن يحقق سلامه وأمنه وأمانه الفكري والنفسي والروحي الذاتي، وسلامه وأمنه وأمانه الثقافي والاجتماعي والحضاري، وسلامه وأمنه وأمانه الأخروي المصيري، فليس أمامه إلا الانفتاح المتوازن على منظور السننية الشاملة، والاستفادة القصوى من كل معطياته السننية الموزعة على الساحات الكونية الكلية الأربع وهي: ساحة سنن الله في الآفاق، وساحة سننه في الأنفس، وساحة سننه في الهداية، وساحة سننه في التأييد.

هذا هو الصراط المستقيم نحو التكاملية الذاتية، والتكاملية الثقافية، والتكاملية الاجتماعية، والتكاملية الحضارية، والتكاملية المصيرية للأفراد والمجتمعات في كل زمان ومكان. كما جاء بيان ذلك في القرآن الكريم في مثل قوله تعالى: ﴿وَأَنَّ هَٰذَا صِرَٰطِي مُسۡتَقِيمٗا فَٱتَّبِعُوهُۖ وَلَا تَتَّبِعُواْ ٱلسُّبُلَ فَتَفَرَّقَ بِكُمۡ عَن سَبِيلِهِۦۚ ذَٰلِكُمۡ وَصَّىٰكُم بِهِۦ لَعَلَّكُمۡ تَتَّقُونَ﴾ [الأنعام: 153].

ومن حصر مفهوم الصراط المستقيم في بعض أبعاده ومؤشراته الجزئية، وانكفأ عليها، ولم يتسع أفقه لاستيعاب بقية الأبعاد والمؤشرات الأخرى في الساحات السننية الكونية الكلية الأربع المشار إليها سابقًا، فقد حشر نفسه في زوايا ضيقة، وحرم حياته من خدمات

بقية المعطيات السننية الضرورية لتوازنها وانسجامها وتكاملها وفعاليتها، وجنى على وضعه الدنيوي، وعلى مصيره الأخروي.

إن السننية الشاملة المتوازنة، هي طريق الخيرية والعبودية المحرِّرة، وطريق النهضة الحضارية المتوازنة، وطريق الحياة الأخروية الكريمة الموعودة، وطريق الكمال الإنساني المنشود.

وإذا كان بعض أهل العلم، أُثر عنه أنه قال تنويهًا بفضل العلم وتأكيدًا لدوره المحوري العظيم في الحياة: «من أراد الدنيا فعليه بالعلم، ومن أراد الآخرة فعليه بالعلم، ومن أرادهما معًا فعليه بالعلم». فإنني أقول تأكيدًا على أهمية منظور السننية الشاملة في الحياة: «من أراد الدنيا فعليه باستيعاب منظور السننية الشاملة، وبناء دنياه على ضوء معطياته ومقتضياته، ومن أراد الآخرة فعليه باستيعاب منظور السننية الشاملة، وتحضير آخرته على ضوء معطياته ومقتضياته، ومن أرادهما معًا فعليه باستيعاب منظور السننية الشاملة، وبناء حركة حياته على ضوء معطياته ومقتضياته». لأن منظور السننية الشاملة، بشمولية وتكامل وتوازن رؤيته ومعطياته، لا يتيح للإنسان شروط وفرص تحقيق ذلك كله فحسب، بل يفرض عليه ذلك، ويدفعه إليه دفعًا، ويقود خطواته نحوه بتوازن وتكامل وفعالية واطراد.

ملاحق الكتاب

أود أن أثبت هنا ملحقين مهمين: يخص الأول مشروع تقييم أطروحة «شروط النهضة». ويخص الثاني بعض الموضوعات المهمة التي تصلح كأطروحات جامعية عالية في الثقافة السننية، لتعميق ما ورد في هذا الكتاب من قضايا ومفاهيم عديدة.

أولًا: مشروع تقييم أطروحة «شروط النهضة»[1]

المناسبة

بمناسبة مرور سبعين عامًا على صدور كتاب «شروط النهضة» المرجعي المهم (1948)، للمفكر الجزائري مالك بن نبي رحمه الله، يسر **موقع السننية** الذي يشرف عليه المفكر الجزائري الدكتور الطيب برغوث، أن يفتح نقاشًا حول أصداء وتفاعلات ومآلات هذا المشروع الذي حمله هذا الكتاب المرجعي المهم.

وفيما يلي الخطوط العريضة للمحاور الكبرى التي وضعها الدكتور الطيب برغوث، لمدارسة وتقييم هذا المشروع، والتي يمكن لكل الجهات المعنية بفقه النهضة الحضارية على مستوى المجتمع والأمة، أن تفتح حولها نقاشًا علميًّا هادفًا، في المواقع والجامعات والمؤسسات الثقافية والاجتماعية والسياسية بصفة عامة.

(1) نظرًا إلى مناسبة هذا الموضوع لمحتوى الكتاب، فقد رأيت وضعه كملحق فيه، خاصة أن هذا الموضوع لم يُنشر كاملًا في موقع السننية حتى الآن، وإن تكرم الإخوة في كلية الدراسات الإسلامية بجامعة حمد بن خليفة بقطر، بالاستفادة من بعض أجزائه في ديباجة الملتقى الدولي المهم الذي نظمته الكلية حول «أسئلة النهضة بمناسبة الذكرى السبعين لكتاب «شروط النهضة» لمالك بن نبي» في الفترة من 2-4 فبراير 2019م، وتشرفت بالمشاركة فيه، وتقديم خلاصة مركزة عن هذا الكتاب في الجلسة الافتتاحية للملتقى.

أسئلة النهضة وشروطها

كيف تنهض المجتمعات والأمم وتحقق ريادتها وإشعاعيتها الحضارية؟ وكيف تفقد المجتمعات والأمم نهضتها الحضارية وتدخل في ليل الغثائية والتبعية الحضارية المهينة؟ لماذا فقدت المجتمعات الإسلامية نهضتها الحضارية؟ وما تبعات ذلك؟ وكيف تستعيد هذه المجتمعات نهضتها الحضارية من جديد؟

تلك هي الأسئلة المحورية الحاسمة التي تمحور حولها كتاب «شروط النهضة» المرجعي المهم، الذي أصدره مفكر جزائري مهموم بشروط النهضة الحضارية للمجتمعات الإسلامية المعاصرة، وبمخاطر النزعة المادية والإمبراطورية في الحضارة الغربية المعاصرة، وهو مالك بن نبي رحمه الله، منذ أكثر من سبعين سنة مضت، واستهله بأنشودة رمزية شحنها بآماله العريضة في أن يساهم هذا المشروع في تحقيق نهضة الأمة، وأن تساهم هذه النهضة في تصحيح المسار المادي الإمبراطوري للحضارة المعاصرة، وأن تنقذها وتنقذ الإنسانية معها، من المخاطر التي تهددهما.

وقد جاء في هذه الأنشودة الرمزية الرائعة التي وجهها لكل مواطن في المجتمعات الإسلامية، ولكل إنسان في هذا العالم يعنيه أمر مجتمعه، وأمر كرامته الإنسانية، ومصيره الإنساني الدنيوي والأخروي:

«أي صديقي:

* لقد حانت الساعة التي ينساب فيها شعاع الفجر الشاحب بين نجوم الشرق. وكل من سيستيقظ بدأ يتحرك وينتفض في خدر النوم وملابسه الرثة.
* ستشرق شمس المثالية على كفاحك الذي استأنفته، هنالك في السهل، حيث المدينة التي نامت منذ أمس ما زالت مخدرة.
* ستحمل إشعاعات الصباح الجديد، ظل جهدك المبارك، في السهل الذي تبذر فيه، بعيدًا عن خطواتك. وسيحمل النسيم الذي يمر الآن البذور التي تنثرها يداك... بعيدًا عن ظلك.

* ابذر يا أخي الزارع. من أجل أن تذهب بذورك بعيدًا عن حقلك، في الخطوط التي تتناءى عنك... في عمق المستقبل.
* ها هي بعض الأصوات تهتف. الأصوات التي أيقظتها خطواتك في المدينة، وأنت منقلب إلى كفاحك الصباحي. وهؤلاء الذين استيقظوا بدورهم، سيلتئم شملهم معك بعد حين.
* غنِّ! يا أخي الزارع! لكي تهدي بصوتك هذه الخطوات التي جاءت في عتمة الفجر، نحو الخط الذي يأتي من بعيد.
* وليدوِّ غناؤك البهيج. كما دوَّى من قبل غناء الأنبياء، في فجر آخر، في الساعات التي ولدت فيها الحضارات».

وعلى الرغم من القيمة المعرفية والوظيفية المهمة لهذا الكتاب المرجعي المتميز، فإن غالب النخب الفكرية والسياسية والاجتماعية في المجتمعات الإسلامية المعاصرة، لم تنتبه إليه، ولم تعره ما يستحقه من الاهتمام، بل وهناك من حرَّض ضده، وزهَّد الشباب فيه، وحاول التعتيم عليه، وكانت النتيجة هي أن الأمة لم تستفد منه، كما لم تستفد من «مقدمة» ابن خلدون من قبل.

ذهول المجتمع الجزائري عن كتاب «شروط النهضة»

الغريب، هو أن المجتمع الذي وُلد فيه هذا المشروع الفكري المهم، وتوجه به صاحبه إليه مباشرة، وهو المجتمع الجزائري، حيث كانت الطبعة الأولى للكتاب تحمل عنوان «شروط النهضة الجزائرية»، لم يستفد قَطُّ من هذا المشروع، بل وتحول صاحبه في بعض الفترات إلى قضية أمنية وطنية! وعملت جهات متعددة على محاصرة الرجل وفكره والتعتيم عليهما، والحيلولة بينهما وبين الأجيال الجديدة، لولا ثبات الرجل وإصراره على تبليغ أفكاره ومشروعه إلى الأجيال، بكل الوسائل التي أتيحت له.

ذهول الأمة من قبل عن كتاب «المقدمة» لابن خلدون

إن مشروع مالك بن نبي وقع له ما وقع لمشروع ابن خلدون من قبله تمامًا، حيث تعرَّض بدوره للتهميش والإهمال، وغطت عليه الثقافة التجزيئية والتلقينية والخرافية والاستلابية،

ولم تستفد منه الأمة في تصحيح وتجديد وبناء نهضتها الحضارية على أسس صحيحة متينة، حتى الآن، على الرغم من أهميته الكبيرة على المستويين المعرفي والمنهجي معًا.

ولو قدِّر لمشروع «المقدمة» ومنهجها المعرفي، أن يُعرَف، ويُعمَّم الوعي به، ويُستكمل ويُعمَّق التأسيس له معرفيًّا ومنهجيًّا وثقافيًّا واجتماعيًّا وسياسيًّا، لتحول مسار النهضة الحضارية الإسلامية جذريًّا، ولامتد تألقُ هذا المسار أمدًا طويلًا في التاريخ الإنساني، ولاستفادت الأمة والإنسانية من بركاته كثيرًا.

خسارة الأمة والإنسانية من توقف المشروع السنني الخلدوني

لا شك أن الأمة الإسلامية خاصة، والإنسانية عامة، قد خسرتا كثيرًا من جراء توقف المشروع الفكري والمنهجي السنني المتوازن، الذي أطلقت «مقدمة» ابن خلدون بذوره الأولى، وحاولت شق طريق له في المعرفة والثقافة الإسلامية والإنسانية. فما تعيشه الأمة والإنسانية من ازدواجية تنافرية منهكة، بين المادية والروحية، والدينية والدنيوية، والفردية والجماعية، والعلمانية والإسلامية، والأخلاقية واللاأخلاقية، والاستبداد والحرية، والإنسانية والوحشية، والفطرية والشذوذ... يرجع في الأساس إلى الرؤية الكونية التي تقوم عليها المنظومات المعرفية والعقدية والثقافية والاجتماعية والحضارية، للأفراد والمجتمعات.

وكثير من هذه الرؤى الكونية، تقوم على معرفة وثقافة منقوصة السننية، أو على معرفة وثقافة سننية جزئية متنافرة، لا يعترف بعضها ببعض، ويهمش بعضها بعضًا، وينافر بعضها بعضًا، وينهك بعضها بعضًا، في الوقت الذي تحتاج فيه الحياة البشرية لكي تتوازن وتتكامل، وتعظُمَ فعاليتها وخيريتها وبركتها الحضارية، إلى معرفة وثقافة سننية شمولية تكاملية متوازنة، تغطي كل جوانب هذه الحياة، وتضمن لها تنمية فكرية ونفسية وروحية وسلوكية واجتماعية وكونية متوازنة، تخلِّصها من الازدواجية والتنافرية والاهتلاكية والاستلابية المنهكة.

فتعثُّر وتوقف هذا المشروع السنني الذي أطلقته «المقدمة»، حرم المنظومة المعرفية والثقافية للأمة والإنسانية، من ثقافة سننية شمولية تكاملية متوازنة، توفِّر للإنسان المعطيات المعرفية السننية الشاملة، التي بها يبني منظوره أو رؤيته السننية الكونية الكلية الصحيحة المتوازنة، المطابقة لحقائق الأشياء والفِطر التي هي عليها فعلًا.

وهذه المعطيات السننية المؤثرة في بناء المنظورات والرؤى الكونية الكلية المتوازنة، موزعة على أربع منظومات كبرى متكاملة، هي منظومات: **سنن الله في الآفاق، والأنفس، والهداية، والتأييد**، وهو ما ينطلق منه مشروع «المقدمة»، ويرتكز عليه، ويؤكد عليه، بحكم مرجعيته القرآنية الكونية السننية المتكاملة والمتوازنة، التي تعترف بكل منظومات سنن التسخير الكونية الكلية الأربع، وتعطي لكل واحدة منها حجيتها وسلطتها المرجعية المستقلة، التي لا ينازعها فيها غيرها من المنظومات الأخرى، عندما يتعلق الأمر بما وجدت من أجله، ووُضِع تحت سلطتها.

والمعرفة والثقافة المعاصرة، إسلامية كانت أم إنسانية عامة، انشطر فيها الوعي بالمنظومات السننية الكونية الكلية الأربع، وتمحور اهتمام كل منظومة مجتمعية منها، حول منظومة أو منظومتين من المنظومات السننية الكونية الأربع على الأكثر، وتمت مخاصمة وإقصاء أو تهميش بقية المنظومات السننية الأخرى، وبُنِيت حياة الإنسان وحركته المعرفية والثقافية والاجتماعية والسياسية والحضارية في هذه المجتمعات، على هذه التجزيئية المتنافرة.

وكانت نتيجة ذلك كله، هي مزيد من الازدواجية والتنافرية والاهتلاكية والاستلابية المعرفية والثقافية والنفسية والسلوكية والاجتماعية والحضارية المنهكة، التي جعلت أحد العلماء الغربيين الكبار يقول إن الإنسان المعاصر يعيش «اليوم ليس غريبًا عن أخيه الإنسان فحسب، بل الأهم أنه غريب معزول عن أعماق ذاته»، وتلك قمة الضنكية كما يصفها القرآن الكريم في مثل قوله تعالى: ﴿وَمَنْ أَعْرَضَ عَن ذِكْرِى فَإِنَّ لَهُۥ مَعِيشَةً ضَنكًا وَنَحْشُرُهُۥ يَوْمَ ٱلْقِيَـٰمَةِ أَعْمَىٰ﴾ [طه: 124].

إن الحداثة المعاصرة بمنظوراتها الجزئية المتنافرة، تدفع بالحياة في المجتمعات الغربية المعاصرة خاصة، ومن ورائها المجتمعات الإنسانية المستلبة لها عامة، إلى حالة من النسبوية والسيولة السرابية الشاملة، التي تدخل الإنسان في حالة متقدمة من اللايقينية والتيه والخوف المستحكم.

«شروط النهضة» وامتداد المنهج الخلدوني

من أجل مواجهة تبعات هذه السيولة الجارفة، وهذه السرابية والتيه المتزايد، وهذه الاستلابية والغثائية الحضارية المنهكة، تأتي الأهمية الكبيرة لمشروع «شروط النهضة»،

الذي يأتي في سياق إعادة الربط بين حلقات التاريخ المعرفي والثقافي والمنهجي للأمة والإنسانية من جديد، ويدفع في اتجاه مزيد من الوعي بمنظور السننية الشاملة، والاستثمار المتوازن له في إدارة حركة الحياة.

فكتاب «شروط النهضة» ومشروعه الثقافي، هو امتداد طبيعي لكتاب «المقدمة» ومشروعه الثقافي، وهما معًا يتحركان في اتجاه التأكيد على الرؤية السننية القرآنية المتكاملة لحركة الحياة، والقوانين الكلية التي تحكم صيروراتها الحضارية.

من هنا تأتي أهمية العناية بهذا الكتاب المرجعي، الذي يحيل صاحبه حتمًا إلى «المقدمة» ومنهجها، وإلى كل ما يتحرك في أفق «المقدمة» من معرفة وثقافة إسلامية وإنسانية عامة، تحقق للإنسان التوازن المعرفي والثقافي المطلوب، الذي يحقق له التكامل والتوازن في شخصيته وأدائه الذاتي والاجتماعي في نهاية المطاف. وهو ما تهدف إليه كل المجتمعات الإنسانية.

واجبنا تجاه هذا الخط المعرفي والمنهجي السنني في الثقافة الإسلامية والإنسانية

بمناسبة الذكرى السبعين لميلاد هذا المشروع المرجعي المهم، الذي استطاع فيه صاحبه أن يربطه بمشروع ابن خلدون، وأن يستعيد له حيويته، ويوسع دائرة الرؤية فيه ويعمقها، ويرتقي بها من مستوى الدائرة القبلية أو السياسية الضيقة، إلى مستوى الدائرة المجتمعية والحضارية العامة، التي يتحرك في إطار قوانينها ومؤثراتها الحاسمة؛ الفرد والقبيلة والسلطة والدولة والمجتمع والأمة والإنسانية عامة، وتتحدد على ضوء الموقف منها، مصائر المجتمعات البشرية في عالم الشهادة، ومصائر الأفراد في عالم الغيب الأخروي القادم، بمناسبة هذه الذكرى السبعين لصدور كتاب «شروط النهضة»، يسر **موقع السننية**، أن يفتح حوارًا علميًّا شاملًا، حول سؤال مشروع النهضة الحضارية الذي طرحه هذا الكتاب المرجعي المهم.

ومن أجل تقييم شامل ومعمق ومتكامل ومفيد، لهذا الكتاب المرجعي العام من ناحية، ومنسجم مع الرؤية السننية التي يحرص موقع السننية على الالتزام بها وتكريسها في منهجية دراسة الظواهر الفكرية والثقافية والاجتماعية والحضارية من ناحية أخرى، نود أن ترتكز عملية الدراسة والتقييم حول المحاور التالية:

1. كيف بنى مالك بن نبي مشروعه لشروط النهضة الحضارية؟ أي، كيف شخَّص وضع الأمة وحلَّل أزمتها الحضارية؟ وما النتائج التي انتهى إليها هذا التشخيص؟ وما الأدوات المنهجية والمعرفية التي استعملها في ذلك التشخيص وفي الوصول إلى تلك النتائج؟
2. ما مصداقية التشخيص الذي قدمه مالك بن نبي لوضع الأمة وأزمتها الحضارية؟ وما مصداقية النتائج التي انتهى إليها ذلك التشخيص؟ وما المصداقية العلمية للمنهج الذي استعمله في ذلك كله؟
3. ما العوامل الذاتية والخارجية التي ألهمت مالك بن نبي تلك الرؤية الكلية التي نحا فيها منحى سننيًّا كليًّا متميزًا في الساحة الثقافية الإسلامية المعاصرة؟
4. كيف شخَّص مالك بن نبي تجربة الحضارة الإنسانية المعاصرة؟ وما النتائج التي انتهى إليها فيما يخص الحضارة المعاصرة؟ وهل هي في وضع طبيعي أم في حالة أزمة حضارية؟ وما مصداقية التشخيص الذي قدمه مالك بن نبي في مشروع «شروط النهضة»، للأزمة الحضارية الإنسانية؟ وما مصداقية النتائج التي انتهى إليها في هذا المجال؟
5. هل استطاع مالك بن نبي أن يؤسس لنظرية كلية في فلسفة التاريخ والحضارة وشروط النهضة الحضارية؟ وما معالم هذه النظرية الكلية؟ وما المصداقية المعرفية لهذه النظرية الكلية؟
6. ماذا بقي صالحًا للاستصحاب من مشروع «شروط النهضة»، على مستوى الأفكار والمصطلحات والمنهجية والمشاريع...؟
7. إلى أي مدى تأثر مالك بن نبي بالثقافة الغربية المعاصرة؟ وما صدى هذا التأثر في تراثه الفكري؟ وأين يتجلى هذا الصدى؟ وإلى أي مدى كان مالك بن نبي متوازنًا في علاقته بالثقافة الغربية المعاصرة؟
8. إلى أي مدى اطلعت نخب المجتمعات الإسلامية الفكرية والسياسية والاجتماعية على المشروع الفكري الذي طرحه كتاب «شروط النهضة»؟ وما الأصداء

والجدالات التي أحدثها؟ وإلى أي مدى استفادت هذه النخب من ذلك كله؟ وما العوائق الفكرية والنفسية والاجتماعية والسياسية، التي حالت وما تزال تحول دون تعميم الوعي بهذا المشروع والاستفادة منه؟

9. ماذا فعل مالك بن نبي شخصيًّا لتبليغ رؤيته لأجيال المجتمع والأمة؟ وما صدى وجدوى هذا الفعل الذي بذله للتعريف بمشروعه الفكري؟

10. ما الذي ينبغي فعله لتعميم الوعي بهذا المشروع الفكري، على مستوى الجامعات والمؤسسات التربوية والثقافية والاجتماعية والسياسية عامة؟

11. هل يمكن وضع كشَّاف أو معجم معرفي مركز للمصطلحات التي طرحها مالك بن نبي، بحيث يمكن لمن يطلع عليها ويفهمها، أن يمسك بمفاتيح فكر مالك بن نبي ومشروعه للنهضة الحضارية؟

12. هل يمكن وضع كشف أو قائمة للموضوعات المحورية في فكر مالك بن نبي، التي يمكن تحويلها إلى دراسات معمقة على مستوى البحث الجامعي أو البحث المعرفي العام؟

13. هل يمكن رصد نوعية وحجم الصدى الفكري والعملي لفكر «شروط النهضة» في الساحة الفكرية والثقافية الإسلامية المعاصرة؟ وأين تتجلى هذه الأصداء في العالم الإسلامي؟

14. هل يمكن وضع مفاتيح لفهم وتفهيم فكر «شروط النهضة» عند مالك بن نبي؟

15. ما صدى حضور مالك بن نبي في ساحة الثقافة الفرنكوفونية، باعتباره من الكُتَّاب البارزين باللغة الفرنسية، ومن ذوي الاطلاع الواسع والعميق على الثقافة الفرنسية خاصة والغربية عامة؟ ولماذا تهمش حضور مالك بن نبي في هذه الساحة الفرنكوفونية؟

16. إذا كانت المشاريع والنظريات الفكرية الكبرى في حاجة مستمرة إلى تطوير وبناء وتفعيل، فكيف يمكن أن نطور مشروع «شروط النهضة» ونجدده، ونضع عليه بصمتنا بعد سبعين سنة من ميلاده، وأن نبلغه للأجيال التي تأتي بعدنا لتستكمل التطوير والبناء؟

17. هل هناك مشاريع كلية جدية في الساحة الفكرية الإسلامية المعاصرة حاولت المضي بالمشروع نحو آفاق جديدة؟

18. أين موقع أطروحة «شروط النهضة» من **منظور السننية الشاملة**، الذي ينبغي أن تتحرك نحوه كل الخبرة المعرفية والثقافية البشرية، باعتباره المصب الطبيعي لكل روافد هذه الخبرة من ناحية، وباعتباره المنظور المرجعي الذي ينبغي أن تتأطر به حركة المعرفة والخبرة الثقافية والحضارية الإنسانية من ناحية أخرى؟

19. ماذا ينبغي عمله من أجل إنضاج الوعي **بمنظور السننية الشاملة**، وتعميم نشره على أوسع نطاق في المجتمعات الإسلامية خاصة والإنسانية عامة، باعتباره المنظور الأكثر استجابة وتلبية لضروريات وحاجيات وتحسينيات الحياة البشرية، والأكثر قدرة على تمكيننا من شروط مواجهة التحديات التي تفرضها عليها حركة الصيرورات الحضارية لحركة الاستخلاف البشري في الأرض؟

20. كيف نعيد صياغة وتكييف منظومتنا الفكرية والثقافية والتربوية والسلوكية والاجتماعية والسياسية... على ضوء معطيات ومقتضيات هذا المنظور السنني الكوني الكلي المتكامل، الذي يضمن لها مزيدًا من الانسجام والتكاملية والفعالية والخيرية والبركة؟

ثانيًا: **موضوعات مقترحة للدراسة السننية**

هذه مجموعة من الموضوعات الرئيسية المهمة، التي شكّلت مفاتيح كلية في هذا الكتاب، وتحتاج إلى مزيد من الدراسة التخصصية المعمقة، لتوسيع دائرة الوعي **بمنظور السننية الشاملة**، وإبراز الأهمية الكبيرة له في حياة الأفراد والمجتمعات، أقترحها على طلبة الدراسات الجامعية العليا خاصة، أو الباحثين المهتمين بالثقافة السننية عامة، لتوسيع وتعميق البحث فيها، على ضوء الخريطة الكلية لأطروحة منظور السننية الشاملة كما عرضته هذه الدراسة.

فكل هذه الموضوعات وغيرها، ينبغي أن تدرَس على ضوء معطيات منظور السننية الشاملة بمنظوماته الأربع الكلية المتكاملة، وهي منظومة الوعي الكوني الغائي، الذي يمثل

المنظومة المرجعية الأُم لكل ما سواه من المنظومات الأخرى، المتمثلة في منظومة سنن الاستخلاف، ومنظومة سنن التسخير، ومنظومة سنن الوقاية الشاملة.

1. **دور المنظورات السننية الكونية في حركة الاستخلاف البشري في الأرض**

الهدف: يهدف هذا الموضوع إلى دراسة أهمية ودور المنظورات أو الرؤى الكونية في حياة الأفراد وحركة المجتمعات والأمم والحضارات البشرية، ومصائرها الأخروية. فالحياة البشرية كلها تدار عبر منظورات سننية كونية، كلية أو جزئية، صحيحة أو تعاني من أخطاء بنيوية تؤثر على إيجابيتها وفعاليتها وخيريتها وبركتها. وليس هناك إنسان أو جماعة بشرية لا منظور كونيًا لها على الإطلاق.

2. **دور منظور السننية الشاملة في حركة الاستخلاف البشري في الأرض**

الهدف: يهدف هذا الموضوع إلى دراسة أهمية منظور السننية الشاملة الذي تجمعت فيه كل روافد الخبرة الرسالية والبشرية الجزئية والكلية عبر التاريخ، ودوره في حياة الأفراد وحركة المجتمعات والأمم والحضارات، ومصائرها الأخروية. وتقديم الإسلام كنموذج أعلى لهذا المنظور الكوني الشمولي التكاملي المتوازن، باعتباره آخر الرسالات السماوية وخاتمتها.

3. **دور الوعي بالحجية والسلطة المرجعية لمنظومات سنن التسخير الكونية في حركة الاستخلاف البشري في الأرض**

الهدف: يهدف هذا الموضوع إلى دراسة أهمية ودور الوعي بالحجية والسلطة المرجعية لمنظومات سنن التسخير الكونية الكلية الأربع، في حياة الأفراد وحركة المجتمعات والأمم والحضارات الصاعدة أو المتقهقرة، في المرحلة الدنيوية من الدورة الوجودية الكبرى للإنسان أولًا، ثم تأثيراته على مصائرها في المرحلة الأخروية من هذه الدورة الوجودية الكبرى ثانيًا.

4. **دور الوعي بالحجية والسلطة المرجعية لمنظومة سنن الآفاق في حركة الاستخلاف البشري في الأرض**

الهدف: يهدف هذا الموضوع إلى دراسة أهمية ودور الوعي بالحجية والسلطة المرجعية لمنظومة سنن الآفاق، في حياة الأفراد وحركة المجتمعات والأمم والحضارات الصاعدة أو

المتقهقرة، في المرحلة الدنيوية من الدورة الوجودية الكبرى للإنسان أولًا، ثم تأثيراته على مصائرها في المرحلة الأخروية من هذه الدورة الوجودية الكبرى ثانيًا.

5. **دور الوعي بالحجية والسلطة المرجعية لمنظومة سنن الأنفس في حركة الاستخلاف البشري في الأرض**

الهدف: يهدف هذا الموضوع إلى دراسة أهمية ودور الوعي بالحجية والسلطة المرجعية لمنظومة سنن الأنفس، في حياة الأفراد وحركة المجتمعات والأمم والحضارات الصاعدة أو المتقهقرة، في المرحلة الدنيوية من الدورة الوجودية الكبرى للإنسان أولًا، ثم تأثيراته على مصائرها في المرحلة الأخروية من هذه الدورة الوجودية الكبرى ثانيًا.

6. **دور الوعي بالحجية والسلطة المرجعية لمنظومة سنن الهداية في حركة الاستخلاف البشري في الأرض**

الهدف: يهدف هذا الموضوع إلى دراسة أهمية ودور الوعي بالحجية والسلطة المرجعية لمنظومة سنن الهداية، في حياة الأفراد وحركة المجتمعات والأمم والحضارات الصاعدة أو المتقهقرة، في المرحلة الدنيوية من الدورة الوجودية الكبرى للإنسان أولًا، ثم تأثيراته على مصائرها في المرحلة الأخروية من هذه الدورة الوجودية الكبرى ثانيًا.

7. **دور الوعي بالحجية والسلطة المرجعية لمنظومة سنن التأييد في حركة الاستخلاف البشري في الأرض**

الهدف: يهدف هذا الموضوع إلى دراسة أهمية ودور الوعي بالحجية والسلطة المرجعية لمنظومة سنن التأييد، في حياة الأفراد وحركة المجتمعات والأمم والحضارات الصاعدة أو المتقهقرة، في المرحلة الدنيوية من الدورة الوجودية الكبرى للإنسان أولًا، ثم تأثيراته على مصائرها في المرحلة الأخروية من هذه الدورة الوجودية الكبرى ثانيًا.

8. **دور الوعي بقانون المدافعة الحضارية ومقتضياته في حركة الاستخلاف البشري في الأرض**

الهدف: يهدف هذا الموضوع إلى دراسة أهمية ودور الوعي بقانون المدافعة الحضارية في حياة الأفراد وحركة المجتمعات والأمم والحضارات الصاعدة أو المتقهقرة، في المرحلة

الدنيوية من الدورة الوجودية الكبرى للإنسان أولًا، ثم تأثيراته على مصائرها في المرحلة الأخروية من هذه الدورة الوجودية الكبرى ثانيًا.

9. **دور الوعي بقانون المداولة الحضارية ومقتضياته في حركة الاستخلاف البشري في الأرض**

الهدف: يهدف هذا الموضوع إلى دراسة أهمية ودور الوعي بقانون المداولة الحضارية في حياة الأفراد وحركة المجتمعات والأمم والحضارات الصاعدة أو المتقهقرة، في المرحلة الدنيوية من الدورة الوجودية الكبرى للإنسان أولًا، ثم تأثيراته على مصائرها في المرحلة الأخروية من هذه الدورة الوجودية الكبرى ثانيًا.

10. **دور الوعي بقانون التجديد ومقتضياته في حركة الاستخلاف البشري في الأرض**

الهدف: يهدف هذا الموضوع إلى دراسة أهمية ودور الوعي بقانون التجديد في حياة الأفراد وحركة المجتمعات والأمم والحضارات الصاعدة أو المتقهقرة، في المرحلة الدنيوية من الدورة الوجودية الكبرى للإنسان أولًا، ثم تأثيراته على مصائرها في المرحلة الأخروية من هذه الدورة الوجودية الكبرى ثانيًا.

11. **دور الوعي بقانون الابتلاء ومقتضياته في حركة الاستخلاف البشري في الأرض**

الهدف: يهدف هذا الموضوع إلى دراسة أهمية ودور الوعي بقانون الابتلاء في حياة الأفراد وحركة المجتمعات والأمم والحضارات الصاعدة أو المتقهقرة، في المرحلة الدنيوية من الدورة الوجودية الكبرى للإنسان أولًا، ثم تأثيراته على مصائرها في المرحلة الأخروية من هذه الدورة الوجودية الكبرى ثانيًا.

12. **دور الوعي بمنظومة قوانين الوقاية الحضارية ومقتضياتها في حركة الاستخلاف البشري في الأرض**

الهدف: يهدف هذا الموضوع إلى دراسة أهمية ودور الوعي بمنظومة سنن الوقاية الحضارية في حياة الأفراد وحركة المجتمعات والأمم والحضارات الصاعدة أو المتقهقرة، في المرحلة الدنيوية من الدورة الوجودية الكبرى للإنسان أولًا، ثم تأثيراته على مصائرها في المرحلة الأخروية من هذه الدورة الوجودية الكبرى ثانيًا.

13. أهمية الوعي بمنظور السننية الشاملة في التفسير السنني للقرآن الكريم

الهدف: يهدف هذا الموضوع إلى دراسة أهمية ودور الوعي بمنظور السننية الشاملة، في القراءة والفهم السنني المتوازن للقرآن الكريم ومقاصده في الحياة، والاستفادة منه في الإدارة الفعالة المتكاملة لحياة الأفراد وحركة المجتمعات والأمم والحضارات.

14. أهمية الوعي بمنظور السننية الشاملة في الفهم المتوازن للسنة النبوية الشريفة

الهدف: يهدف هذا الموضوع إلى دراسة أهمية ودور الوعي بمنظور السننية الشاملة، في القراءة والفهم السنني المتوازن للسنة النبوية الشريفة ومقاصدها في الحياة، وكيفية الاستفادة الصحيحة منها في الإدارة الفعالة المتكاملة لحياة الأفراد وحركة المجتمعات والأمم والحضارات.

15. أهمية الوعي بمنظور السننية الشاملة في الفهم المتوازن للسيرة النبوية الشريفة

الهدف: يهدف هذا الموضوع إلى دراسة أهمية ودور الوعي بمنظور السننية الشاملة، في القراءة والفهم السنني المتوازن للسيرة النبوية الشريفة، ودورها في حياة المسلمين خاصة وحركة التاريخ الحضاري البشري عامة، وكيفية الاستفادة الصحيحة منها في الإدارة الفعالة المتكاملة لحياة الأفراد وحركة المجتمعات والأمم والحضارات.

16. أهمية الوعي بمنظور السننية الشاملة في دراسة مرحلة الصعود في التجربة الحضارية للأمة الإسلامية

الهدف: يهدف هذا الموضوع إلى دراسة أهمية ودور الوعي بمنظور السننية الشاملة في نشوء الدورة الحضارية الأولى للأمة الإسلامية، وامتدادها طويلًا، وتأثيرها الكبير في التاريخ.

17. دور اضطراب الوعي بمنظور السننية الشاملة في توقف الدورة الحضارية الإسلامية الأولى

الهدف: يهدف هذا الموضوع إلى دراسة تأثير اضطراب وتنافر الوعي بمنظور السننية الشاملة، في ضعف وعجز وتخلف الأمة الإسلامية في أقطارها المختلفة وإصابتها بالتنافرية والاهتلاكية الذاتية، التي قادتها تدريجيًّا إلى الغثائية التبعية الحضارية في نهاية المطاف.

18. **دراسة وتقييم تجربة حركة الإصلاح في العالم الإسلامي المعاصر في ضوء منظور السننية الشاملة** (عصر الأفغاني، ومحمد عبده، ورشيد رضا، نموذجًا).

الهدف: يهدف هذا الموضوع إلى دراسة وتقييم تجربة حركة الإصلاح في العالم الإسلامي، في مراحلها المبكرة، ودور تنافرية أو تجزيئية الوعي بمنظور السننية الشاملة، في المآلات الزهيدة التي آلت إليها.

19. **دراسة وتقييم تجربة الحداثة في العالم الإسلامي المعاصر في ضوء منظور السننية الشاملة**

الهدف: يهدف هذا الموضوع إلى دراسة تجربة تبني أطروحات ونماذج الحداثة المعاصرة في تنمية وتحديث العالم الإسلامي، ودور اضطراب الوعي بمنظور السننية الشاملة في المآلات أو النتائج الزهيدة أو الخائبة التي آلت إليها جُل هذه التجارب في العالم الإسلامي.

20. **دراسة وتقييم تجربة حركات الإصلاح في العالم الإسلامي المعاصر في ضوء منظور السننية الشاملة** (اختيار نماذج لتجارب محددة: تجربة الإخوان، تجربة الجماعة الإسلامية في الهند وباكستان، تجربة جمعية العلماء المسلمين في الجزائر، تجربة الحركة النورسية في تركيا...).

الهدف: يهدف هذا الموضوع إلى دراسة وتقييم تجارب محددة في المرحلة الثانية من حركة الإصلاح في العالم الإسلامي، وتبيان مدى مسؤولية الوعي بمنظور السننية الشاملة أو اضطرابه لديها، في المآلات والنتائج التي وصلت إليها.

البعد العالمي والإنساني لمنظور السننية الشاملة[1]

إن هذا المنظور السنني الشامل والمتكامل فيما بين منظوماته الأربع الكلية مصدرًا ووظيفةً وعملًا، يوجب علينا اعتباره ميزان النظر والاستقراء

(1) هذه الفقرات المهمة، من تحرير الأستاذ عبد الرشيد زروقة، المهتم بالدراسات الحضارية، بعد اطلاعه على مخطوطة الكتاب، وعلى قائمة الموضوعات المقترحة، وقد أحببت أن أثبتها هنا، لأهمية ما ورد فيها من تقييم لأطروحة منظور السننية الشاملة وآفاقه الإنسانية والعالمية التي ينبغي إبرازها، وتناول قضايا الإنسان ومشكلات الحضارة الإنسانية على ضوئه. فالمنظور ليس محصورًا في الدائرة الإسلامية فقط، أو يعني المسلمين وحدهم، بل هو منظور إنساني كوني ينبغي أن تُدار به الحياة الإنسانية عامة.

لكل حركة الإنسان والإنسانية في الأرض، وبوصلته الكلية الثابتة التي لا تتبدل ولا تتحول ولا تتغير أبدًا؛ منذ أن بدأ آدم أول خطوات الخلافة البشرية في الأرض، مرورًا بحركات وجهود الأقوام والأمم والشعوب والمجموعات والجماعات البشرية، سواء في تاريخها الغابر، أو في وجودها القائم اليوم، أو في وجودها القادم في رحم المستقبل المنظور منه أو القريب أو البعيد، فهو وحده ووحده فقط، الذي يمد الجهد المعرفي الإنساني بمناهج العلم، وأدوات الفقه، ومفاتيح التحليل التي تؤهله وتمكنه من كشف السنن الحاكمة والناظمة لحركة الإنسان في الأرض، والفاعلة والمؤثرة في جريانها في كل مسارات حياته الفردية والجماعية والمجتمعية والحضارية.

وعليه، يجب عدم قصر هذا المنظور السنني الشامل والمتكامل على دراسة فكرنا الإسلامي فقط، وعلى استقراء خبرتنا التاريخية فحسب، بل يجب فتحه في دراساتنا الأكاديمية وبحوثنا العلمية، وقراءاتنا للعالم من حولنا، وتاريخه ومآلاته المستقبلية المنظور منها وغير المنظور، على استقراء ودراسة تجربة الحضارة الغربية الحديثة والمعاصرة، والتجارب الحديثة والمعاصرة لها، والتي تريد تقديم نماذجها على أنها نهاية التاريخ، والنموذج النهائي المنشود للإنسانية المغري الذي يجب أن يحتذى به.

إن هذا المنظور السنني الشامل المتكامل يجب أن يأخذ بعده العالمي، ويجب أن نعمل على إصلاح أنفسنا ومجتمعاتنا وحضارتنا الإسلامية به، كما يجب في الوقت نفسه أن نساهم به في إصلاح الوضع العالمي من حولنا في رؤيته وفي علومه وفي مناهجه المعرفية، من كل أشكال الجزئية والتجزيئية والفصامات النكدة التي جنى بها على نفسه وعلى البشرية، لما اعتمدها في حقول العلوم والمعرفة الإنسانية والطبيعية.

من هنا وجب تعميم مجال دراسة وتطبيق هذا المنظور السنني الشامل المتكامل في منظوماته الكلية في العلوم الطبيعية والعلوم الإنسانية والاجتماعية وعلوم الوحي الكريم، وهذا هو جوهر التوحيد ومضمونه ومقاصده الكلية، التي أراد الله سبحانه وتعالى أن يكون هو مصدر الهداية الأساسي للإنسان إلى الصراط المستقيم، وأن يكون كذلك هو العاصم للإنسان رؤيةً ومعرفةً ومنهجًا وحركةً وعملًا، من كل أنواع التيه والضلال والظلم، التي تقصمها جميعًا بقواصم الشرك والثنائيات والتجزيئية والفصم، التي ترديه في مهالك التنافرية والاهتلاكية وخسران الحياة الطيبة في عاجل حياته وفي آجلها.

المراجع

أولًا: المراجع العربية

1. ابن أبي جمرة، أبو محمد عبد الله. بهجة النفوس وتحلِّيها بمعرفة ما لها وما عليها.. شرح مختصر صحيح البخاري. القاهرة - مصر، مطبعة الصدق الخيرية، 1348هـ.
2. ابن باديس، عبد الحميد. تفسير ابن باديس في مجالس التذكير من كلام الحكيم الخبير، علَّق عليه وخرَّج آياته وأحاديثه أحمد شمس الدين. بيروت - لبنان، دار الكتب العلمية، 1995م.
3. ابن تيمية، عبد الحليم. بيان تلبيس الجهمية، مجموعة من المحققين. المدينة المنورة، مجمع الملك فهد لطباعة المصحف الشريف، 1426هـ.
4. ______. الجواب الصحيح لمن بدل دين المسيح، تحقيق علي بن حسن وآخرين. السعودية، دار العاصمة، 1999م.
5. ______. مجموع الفتاوى. الرباط، دار المعارف.
6. ______. مجموع الفتاوى، تحقيق عبد الرحمن بن محمد بن قاسم. السعودية، مجمع الملك فهد لطباعة المصحف، 1995م.
7. ابن الحاج، أبو عبد الله محمد بن محمد العبدري. المدخل. القاهرة - مصر، مكتبة دار التراث، (د.ت).
8. ابن حبان، محمد بن حبان البستي. صحيح ابن حبان، ط2، تحقيق شعيب الأرناؤوط. بيروت - لبنان، مؤسسة الرسالة 1414هـ.
9. ابن حنبل، أحمد. مسند الإمام أحمد بن حنبل، تحقيق شعيب الأرناؤوط وآخرين. بيروت - لبنان، مؤسسة الرسالة، (د.ت).
10. ابن خلدون، عبد الرحمن. المقدمة، ط7. القاهرة - مصر، دار نهضة مصر، طبعة علي عبد الواحد وافي، 2014م.

11. ـــــــــ. المقدمة، ط2، تحقيق خليل شحادة. بيروت - لبنان، دار الفكر، 1988م.
12. ابن رجب، عبد الرحمن بن أحمد. جامع العلوم والحكم، تحقيق شعيب الأرناؤوط. بيروت - لبنان، مؤسسة الرسالة، 1411هـ.
13. ابن عاشور، محمد الطاهر. تفسير التحرير والتنوير. تونس، الدار التونسية، 1984م.
14. ابن العربي، أبو بكر. عارضة الأحوذي. بيروت - لبنان، دار الكتب العلمية.
15. ابن عطية، أبو محمد عبد الحق بن غالب الأندلسي. المحرر الوجيز في تفسير الكتاب العزيز، تحقيق عبد السلام عبد الشافي محمد. بيروت - لبنان، دار الكتب العلمية، 1422هـ.
16. ابن قيم الجوزية، محمد بن أبي بكر. إعلام الموقعين عن رب العالمين، تحقيق طه عبد الرؤوف سعد. بيروت - لبنان، دار الجيل 1973م.
17. ـــــــــ. التفسير القيم. مكتب الدراسات والبحوث العربية والإسلامية بإشراف الشيخ إبراهيم رمضان، بيروت - لبنان، دار ومكتبة الهلال، 1410هـ.
18. ـــــــــ. مفتاح دار السعادة ومنشور ولاية العلم والإرادة. بيروت - لبنان، دار الكتب العلمية.
19. ـــــــــ. مدارج السالكين، ط2، تحقيق محمد الفقي. بيروت - لبنان، دار الكتاب العربي، 1973م.
20. ـــــــــ. الفوائد، ط2. بيروت - لبنان، دار الكتب العلمية، 1973م.
21. ابن كثير، أبو الفداء إسماعيل بن عمر. تفسير القرآن العظيم، تحقيق محمد حسين شمس الدين. بيروت - لبنان، دار الكتب العلمية، 1419هـ.
22. ـــــــــ. البداية والنهاية، تحقيق عبد الله بن عبد المحسن التركي. السعودية، دار هجر للطباعة والنشر، 1997م.
23. ابن ماجة. صحيح ابن ماجة. بيروت - لبنان، المكتب الإسلامي، 1391هـ.
24. ابن منظور، محمد بن مكرم. لسان العرب. بيروت - لبنان، دار صادر، (دت).
25. ابن نبي، مالك. إنتاج المستشرقين وأثره في الفكر الإسلامي الحديث. دار الإرشاد للطباعة والنشر والتوزيع، 1969م.

26. ــــــــ. بين الرشاد والتيه. دمشق - سورية، دار الفكر، 1979م.

27. ــــــــ. تأملات. دمشق - سورية، دار الفكر، 1979م.

28. ــــــــ. دور المسلم ورسالته في الثلث الأخير من القرن العشرين. دمشق - سورية، دار الفكر، 1991م.

29. ــــــــ. شروط النهضة، ط4، ترجمة عبد الصبور شاهين. دمشق - سورية، دار الفكر، 1986م.

30. ــــــــ. الصراع الفكري في البلاد المستعمرة، ط3. دمشق - سورية، دار الفكر، 1988م.

31. ــــــــ. الظاهرة القرآنية، ط4، ترجمة عبد الصبور شاهين. دمشق - سورية، دار الفكر، 2000م.

32. ــــــــ. فكرة الإفريقية الآسيوية، ط3. دمشق - سورية، دار الفكر، 2001م.

33. ــــــــ. فكرة كمنويلث إسلامي، ط2، ترجمة الطيب الشريف. دمشق - سورية، دار الفكر، 2000م.

34. ــــــــ. القضايا الكبرى. دمشق - سورية، دار الفكر، 2000م.

35. ــــــــ. مجالس دمشق، ط2. دمشق - سورية، دار الفكر، 2006م.

36. ــــــــ. مذكرات شاهد القرن. دمشق - سورية، دار الفكر، 1984م.

37. ــــــــ. المسلم في عالم الاقتصاد. دمشق - سورية، دار الفكر، 2000م.

38. ــــــــ. مشكلة الأفكار في العالم الإسلامي، ترجمة بسام بركة وأحمد شعبو. دمشق - سورية، دار الفكر، 1988م.

39. ــــــــ. مشكلة الثقافة، ط4. دمشق - سورية، دار الفكر، 2000م.

40. ــــــــ. ميلاد المجتمع، ط3. دمشق - سورية، دار الفكر، 1986م.

41. ــــــــ. وجهة العالم الإسلامي، ط5. دمشق - سورية، دار الفكر، 1986م.

42. أبو داود، السجستاني. صحيح أبي داود. مكتب التربية العربي لدول الخليج، 1409هـ.

43. أبو عيسى، محمد الترمذي. صحيح الترمذي. مكتب التربية العربي لدول الخليج، 1409هـ.

44. البخاري، محمد بن إسماعيل. الجامع الصحيح المسند من حديث رسول الله وسننه وأيامه، تحقيق محب الدين الخطيب. القاهرة - مصر، المكتبة السلفية، 1400هـ.

45. الألباني، محمد ناصر الدين. سلسلة الأحاديث الصحيحة وشيء من فقهها وفوائدها. الرياض - السعودية، مكتبة المعارف للنشر والتوزيع، 1995م.

46. ـــــــ. صحيح الجامع. ط3، تحقيق زهير الشاويش. بيروت - لبنان، المكتب الإسلامي، 1408هـ.

47. برغوث، الطيب. إشكالية المنهج في استثمار السنة النبوية. الكويت، وزارة الأوقاف، 2007م.

48. ـــــــ. الأطروحة السننية الخلدونية ونظرية المدافعة والتجديد. الجزائر، دار النعمان للطباعة والنشر، 2017م.

49. ـــــــ. حركة المداولة الحضارية وشبكة القوانين الكلية المؤثرة فيها. الجزائر، دار النعمان للطباعة والنشر، 2018م.

50. ـــــــ. سلطة المنهج في الحركة النبوية. الجزائر، دار النعمان للطباعة والنشر، 2012م.

51. ـــــــ. الفعالية الحضارية والثقافة السننية. الجزائر، دار قرطبة، 2004م.

52. ـــــــ. محورية البعد الثقافي في إستراتيجية التجديد الحضاري عند مالك بن نبي. الجزائر، الشاطبية للنشر والتوزيع، 2012م.

53. ـــــــ. مدخل سنني إلى النظرية الكلية في فقه العمران الحضاري. الجزائر، دار النعمان للطباعة والنشر، 2017م.

54. ـــــــ. مدخل سنني إلى خريطة المقاصد الكلية في القرآن الكريم. الجزائر، دار النعمان للطباعة والنشر، 2017م.

55. ـــــــ. مقدمة في الوعي الاستخلافي الأعلى. الجزائر، الشاطبية للنشر والتوزيع، 2012م.

56. ـــــــ. مقدمة في المنظور السنني لدراسة السيرة النبوية. الجزائر، دار النعمان للطباعة والنشر، 2017م.
57. ـــــــ. المنهج النبوي في حماية الدعوة ومنجزاتها في مرحلة بناء الدولة والمجتمع بالمدينة، (رسالة دكتوراه مخطوطة بجامعة الأمير عبد القادر للعلوم الإسلامية، الجزائر، 2010م).
58. ـــــــ. نحو رؤية سننية أشمل لمفهوم الأصالة والتأصيلية. الجزائر، دار النعمان للطباعة والنشر، 2017م.
59. ـــــــ. النهضة الحضارية ومركزية شرط الوعي الحضاري فيها. الجزائر، مؤسسة الأصالة، 2018م.
60. البغدادي، أحمد بن علي بن ثابت. اقتضاء العلم العمل، تحقيق ناصر الدين الألباني. بيروت - لبنان، المكتب الإسلامي، 1984م.
61. البهي، محمد. الفكر الإسلامي الحديث وصلته بالاستعمار الغربي، ط4. القاهرة - مصر، مكتبة وهبة، 1964م.
62. التليدي، عبد الله. تهذيب الخصائص النبوية الكبرى، ط2. بيروت - لبنان، دار البشائر الإسلامية، 1410هـ.
63. الحصري، ساطع. دراسات عن مقدمة ابن خلدون، ط2. القاهرة - مصر، مكتبة الخانجي، 1967م.
64. الرازي، فخر الدين. تفسير الرازي.. مفاتيح الغيب، ط3. بيروت - لبنان، دار إحياء التراث العربي، 1420هـ.
65. الراغب، الحسين بن محمد بن المفضل الأصفهاني. تفصيل النشأتين وتحصيل السعادتين. بيروت - لبنان، منشورات مكتبة دار الحياة، 1973م.
66. ـــــــ. مفردات ألفاظ القرآن، ط4، تحقيق صفوان عدنان داوودي. دمشق - سورية، دار القلم، 2009م.
67. رضا، محمد رشيد. تفسير المنار. القاهرة - مصر، الهيئة المصرية العامة للكتاب، 1990م.

68. الشاطبي، إبراهيم بن موسى بن محمد اللخمي. الموافقات، تحقيق أبو عبيدة مشهور بن حسن آل سلمان. دار ابن عفان، 1997م.
69. ـــــــ. الاعتصام. القاهرة - مصر، المكتبة التجارية الكبرى، (نسخة المكتبة الشاملة).
70. الشاوي، محمد توفيق. الشورى كأعلى مراتب الديمقراطية. القاهرة - مصر، دار الزهراء للإعلام، 1974م.
71. الشعراوي، محمد متولي. تفسير الشعراوي. القاهرة - مصر، مطابع أخبار اليوم، 1997م.
72. الشنقيطي، محمد الأمين بن المختار. أضواء البيان في إيضاح القرآن بالقرآن. بيروت- لبنان، دار الفكر، 1995م.
73. الشوا، محمد. ولاية المتغلب: دراسة فقهية مقارنة، (بدون بيانات نشر).
74. الشهرستاني، أبو الفتح محمد بن عبد الكريم. الملل والنحل، ط2، تعليق أحمد فهمي محمد. بيروت - لبنان، دار الكتب العلمية، 1992م.
75. الشوكاني، محمد بن علي. فتح القدير. بيروت - لبنان، دار ابن كثير، دار الكلم الطيب، 1414هـ.
76. الطبري، محمد بن جرير. تفسير الطبري.. جامع البيان عن تأويل آي القرآن، تحقيق عبد الله بن عبد المحسن التركي. الرياض - السعودية، دار هجر للطباعة والنشر، 2001م.
77. القاسمي، محمد جمال الدين. محاسن التأويل. بيروت- لبنان، دار الكتب العلمية، 1418هـ.
78. القرضاوي، يوسف. العبادة في الإسلام، ط24. القاهرة - مصر، مكتبة وهبة، 1995م.
79. ـــــــ. الإسلام حضارة الغد. القاهرة - مصر، مكتبة وهبة، 1995م.
80. قطب، سيد. الإسلام ومشكلات الحضارة. القاهرة - مصر، دار الشروق، 1999م.
81. ـــــــ. في ظلال القرآن. القاهرة - مصر، دار الشروق، (د.ت).
82. ـــــــ. هذا الدين، ط14. بيروت - لبنان، دار الشروق، 2001م.
83. قطب، محمد. دراسات في النفس الإنسانية، ط6. بيروت - لبنان، 1983م.

84. عبد الغني، عبد الخالق. حجية السنة. المنصورة - مصر، دار الوفاء للطباعة والنشر، 1987م.

85. العسقلاني، أحمد بن علي بن حجر. فتح الباري شرح صحيح البخاري، تحقيق محمد فؤاد عبد الباقي، ومحب الدين الخطيب. بيروت - لبنان، دار المعرفة، 1379هـ.

86. عليش، محمد بن أحمد. منح الجليل شرح مختصر خليل. بيروت - لبنان، دار الفكر، 1989م.

87. الغزالي، أبو حامد. إحياء علوم الدين. بيروت - لبنان، دار المعرفة.

88. الغمراوي، محمد. الإسلام في عصر العلم. القاهرة - مصر، مطبعة السعادة، 1973م.

89. الفاسي، علال. مقاصد الشريعة ومكارمها، ط5. بيروت - لبنان، دار الغرب الإسلامي، 1993م.

90. القرطبي، أبو عبد الله محمد بن أحمد. الجامع لأحكام القرآن، ط2، تحقيق أحمد البردوني وإبراهيم أطفيش. القاهرة - مصر، دار الكتب المصرية، 1964م.

91. القنوجي، محمد صديق خان. فتح البيان في مقاصد القرآن. بيروت - لبنان، المكتبة العصرية للطباعة، 1992م.

92. الكيلاني، ماجد عرسان. أهداف التربية الإسلامية، ط2. المدينة المنورة - السعودية، دار التراث، 1988م.

93. المسيري، عبد الوهاب. العالم من منظور غربي. القاهرة - مصر، كتاب الهلال، عدد 602، 2001م.

94. المناوي، زين الدين محمد. فيض القدير شرح الجامع الصغير. القاهرة - مصر، المكتبة التجارية الكبرى، 1356هـ.

95. الميجي، عبد الله بن عمر بن سليمان. الإمامة العظمى عند أهل السنة والجماعة. الرياض - السعودية، دار طيبة، (د.ت).

96. النجار، عبد المجيد. فقه التحضر الإسلامي. بيروت - لبنان، دار الغرب الإسلامي، 1999م.

97. الندوي، أبو الحسن. ماذا خسر العالم بانحطاط المسلمين. المنصورة - مصر، مكتبة الإيمان، (د.ت).

98. النسفي، أبو البركات عبد الله حافظ الدين. مدارك التنزيل وحقائق التأويل، تحقيق يوسف علي البدري. بيروت - لبنان، دار الكلم الطيب، 1998م.

99. النيسابوري، مسلم بن الحجاج. صحيح مسلم، تحقيق محمد فؤاد عبد الباقي. القاهرة - مصر، دار إحياء الكتب العربية.

ثانيًا: المراجع المترجمة

1. أغروس، روبرت م، وستانلي جورج ن. العلم في منظوره الجديد، ترجمة كمال خلايلي. الكويت، سلسلة عالم المعرفة، رقم 134، 1989م.

2. بوكانن، باتريك جيه. موت الغرب، ترجمة محمد محمود التوبة. الرياض - السعودية، مكتبة العبيكان، 2005م.

3. بيرجر، بتيرال. أَدْيَنَةُ الكون، https://www.facebook.com/HekmahOrg/posts/1856975724574906

4. بيريه، جان. الذكاء والقيم المعنوية في الحرب، ترجمة المقدم الهيثم الأيوبي، ط2. بيروت - لبنان، المؤسسة العربية للدراسات والنشر، 1997م.

5. دراز، محمد عبد الله. مدخل إلى القرآن الكريم، ترجمة محمد عبد العظيم علي. الكويت، دار القلم، 1994م.

6. دوبو، رينيه. إنسانية الإنسان، ترجمة نبيل صبحي الطويل. بيروت - لبنان، مؤسسة الرسالة، 1979م.

7. ديورانت، ويل. قصة الحضارة، ترجمة زكي نجيب محمود وآخرين. بيروت - لبنان، دار الجيل، 1988م.

8. روش، ليون. اثنتان وثلاثون سنة في رحاب الإسلام: مذكرات ليون روش، ترجمة محمد خير البقاعي. بيروت - لبنان، الجداول للنشر والتوزيع، 2011م.

9. الفاروقي، إسماعيل راجي. التوحيد: مضامينه على الفكر والحياة، ترجمة السيد عمر. القاهرة - مصر، مدارات للأبحاث والنشر، 2014م.
10. كاريل، أليكسيس. الإنسان ذلك المجهول، ترجمة عادل شفيق. القاهرة - مصر، الدار القومية للطباعة، 1964م.
11. لوبون، غوستاف. سيكولوجية الجماهير، ترجمة هاشم صالح. بيروت - لبنان، دار الساقي، 1991م.
12. هارت، مايكل. المائة الأوائل، ترجمة أنيس منصور. القاهرة - مصر، المكتب المصري الحديث، (د.ت).